中国社会科学院学部委员专题文集
ZHONGGUOSHEHUIKEXUEYUAN XUEBUWEIYUAN ZHUANTI WENJI

中国古代法制论考

高　恒◎著

中国社会科学出版社

图书在版编目(CIP)数据

中国古代法制论考/高恒著 . —北京：中国社会科学出版社，2013.8
（中国社会科学院学部委员专题文集）
ISBN 978 - 7 - 5161 - 2716 - 2

Ⅰ.①中…　Ⅱ.①高…　Ⅲ.①法制史—研究—中国—古代
Ⅳ.①D929.2

中国版本图书馆 CIP 数据核字(2013)第 112743 号

出 版 人	赵剑英
责任编辑	孔继萍
责任校对	高　婷
责任印制	戴　宽

出　　　版	中国社会科学出版社
社　　　址	北京鼓楼西大街甲 158 号（邮编 100720）
网　　　址	http://www.csspw.cn
	中文域名:中国社科网　　010 - 64070619
发 行 部	010 - 84083685
门 市 部	010 - 84029450
经　　　销	新华书店及其他书店

印刷装订	环球印刷（北京）有限公司
版　　次	2013 年 8 月第 1 版
印　　次	2013 年 8 月第 1 次印刷

开　　本	710×1000　1/16
印　　张	25.5
插　　页	2
字　　数	405 千字
定　　价	78.00 元

前　　言

　　哲学社会科学是人们认识世界、改造世界的重要工具，是推动历史发展和社会进步的重要力量。哲学社会科学的研究能力和成果是综合国力的重要组成部分。在全面建设小康社会、开创中国特色社会主义事业新局面、实现中华民族伟大复兴的历史进程中，哲学社会科学具有不可替代的作用。繁荣发展哲学社会科学事关党和国家事业发展的全局，对建设和形成有中国特色、中国风格、中国气派的哲学社会科学事业，具有重大的现实意义和深远的历史意义。

　　中国社会科学院在贯彻落实党中央《关于进一步繁荣发展哲学社会科学的意见》的进程中，根据党中央关于把中国社会科学院建设成为马克思主义的坚强阵地、中国哲学社会科学最高殿堂、党中央和国务院重要的思想库和智囊团的职能定位，努力推进学术研究制度、科研管理体制的改革和创新，2006 年建立的中国社会科学院学部即是践行"三个定位"、改革创新的产物。

　　中国社会科学院学部是一项学术制度，是在中国社会科学院党组领导下依据《中国社会科学院学部章程》运行的高端学术组织，常设领导机构为学部主席团，设立文哲、历史、经济、国际研究、社会政法、马克思主义研究学部。学部委员是中国社会科学院的最高学术称号，为终生荣誉。2010 年中国社会科学院学部主席团主持进行了学部委员增选、荣誉学部委员增补，现有学部委员 57 名（含已故）、荣誉学部委员 133 名（含已故），均为中国社会科学院学养深厚、贡献突出、成就卓著的学者。编辑出版《中国社会科学院学部委员专题文集》，即是从一个侧面展示这些学者治学之道的重要举措。

　　《中国社会科学院学部委员专题文集》（下称《专题文集》），是中国社会科学院学部主席团主持编辑的学术论著汇集,作者均为中国社会科学院学部委员、荣誉学部委员,内容集中反映学部委员、荣誉学部委员在相关学科、专业方向中的专题性研究成果。《专题文集》体现了著作者在科学研究实践中长期关注的某一专业方向或研究主题,历时动态地展现了著作者在这一专题中不断深化的研究路径和学术心得,从中不难体味治学道路之铢积寸累、循序渐进、与时俱进、未有穷期的孜孜以求,感知学问有道之修养理论、注重实证、坚持真理、服务社会的学者责任。

2011年,中国社会科学院启动了哲学社会科学创新工程,中国社会科学院学部作为实施创新工程的重要学术平台,需要在聚集高端人才、发挥精英才智、推出优质成果、引领学术风尚等方面起到强化创新意识、激发创新动力、推进创新实践的作用。因此,中国社会科学院学部主席团编辑出版这套《专题文集》,不仅在于展示"过去",更重要的是面对现实和展望未来。

这套《专题文集》列为中国社会科学院创新工程学术出版资助项目,体现了中国社会科学院对学部工作的高度重视和对这套《专题文集》给予的学术评价。在这套《专题文集》付梓之际,我们感谢各位学部委员、荣誉学部委员对《专题文集》征集给予的支持,感谢学部工作局及相关同志为此所做的组织协调工作,特别要感谢中国社会科学出版社为这套《专题文集》的面世做出的努力。

《中国社会科学院学部委员专题文集》编辑委员会

2012年8月

目　　录

序　言

　　秦汉简牍的出土，尤其近数十年经科学发掘出土的简册，为研究古代法制提供了丰富资料。20 世纪 70 年代，湖北云梦县睡虎地秦墓出土的一批竹简，其中多是秦时的法制文献。笔者有幸随诸位历史学者、古文字家参与整理、注释。由此开始对古代法制的研究，开始对前人已辑录成册的秦汉简，如《睡虎地秦墓竹简》、《居延新简》、《敦煌汉简释文》，以及以后陆续出土的汉代简牍，如《使者和中（仲）所督察诏书四时月令五十条》、《尹湾汉墓简牍》、《张家山汉墓竹简》等资料，进行爬梳，将其中汉代的律、令、式等条文，一一考证，厘定性质。将散见于其中属于举、劾、案验文书和债务文书竹简考订成篇。扩展了对汉代律令、司法制度的了解。出土的这些简牍，大大增长了对秦汉法制的知识。并从中令人窥察到封建社会演进的陈迹。兹有两点认识，值得在此一述。

　　第一点，中国古代的徒刑制度是随着社会政治、经济制度的变化，逐渐演进的。封建时代实行的有一定刑期的徒刑制度，是由奴隶时代将罪犯定为官奴隶，令其终身服役的刑罚制度逐渐演变而形成的。从云梦秦简中发现秦时的刑徒城旦春、鬼薪、白粲、隶臣妾、司寇、斥候，都是因犯罪而定为终身服役的官奴隶，不经过赦、赎不得恢复为自由庶民。西汉文帝十三年（公元前 167 年）诏令，废除此种刑罚，规定出上述刑徒的刑期，所谓"有年而免"。此论纠正了东汉卫宏《汉旧仪》对秦刑徒身份的错误认识。汉文帝废除刑徒为官奴隶的刑罚，不仅是对刑罚制度的重大改革，同时也是中国历史上废除奴隶制度的重要举措。众所周知，奴隶制社会的奴隶，主要来源有三：战俘、罪犯和债务奴隶。汉文帝废除以罪犯为官奴隶的制度，自然具有瓦解奴隶制社会的重要意义（详见本书载文《秦律中"隶臣妾"问题的探讨》，《秦律中的刑徒及其刑期问题》）。

　　第二点，从秦汉竹简得知，当时的统治者很重视法律的贯彻执行。那时已经制定出较完备的司法审判制度。云梦秦简中有一册署为《封诊式》的法律文书，详细规定了审案的基本原则，对于各类案件如何侦破、勘验、审讯都有具体规定，并列出相应的文书程序。汉初制定出了更完备的司法审判制度。《张家山汉墓竹简》中有题为《奏谳书》的案例汇编一册，其中秦汉时期的奏谳文书十五例，阐述录囚、乞鞫、复审、集议、侦缉典型案例五件。另外还有春秋时期的办案故事两则。收入这两则当时流传的故事，是为了提倡司法者办案应当实事求是，执法不阿。汉初，戎马倥偬，百废待兴。匆忙之中却急着颁行这样一册法制文献推行新的司法审判制度，足以说明当时的统治者对法制建设的重视。

　　史学家班固曾说，春秋以降，"诸子百家，可观者九家而已，皆起于王道既微，诸侯力政，时君世主，好恶殊方，是以九家之（说）［术］蜂出并作，各引一端，崇其所善，以此驰说，取合诸侯。其言虽殊，辟犹水火，相灭而相生也，仁之与义，敬之与和，相反而皆相成也"。① 此说符合历史实际。不仅先秦诸子百家如此，任何一个时代的社会意识形态的产生、发展及其相互关系也都是如此。法制、法学与其他各种社会学说一样，与其同一时代的社会诸意识形态的关系，也是互有影响，甚至是"相反而相成"的。在研究法制问题时不注意这种复杂的关联，就不可能正确揭示出古代法制的特点及其发展、变化的规律。基于这种认识，我很注意秦汉时期的法制与先秦时期诸子百家学说的关系。从古代法制文献中可以看出，制定于先秦时的法制，尤其颁行于秦、汉的律令、条文、篇章，都很有"法"的特性。"法"已有专门的术语、名词，即所谓"法言"、"法语"。这也就是说，法学已经成为独立的学科了。但在思想内容方面，这门初形成的学科，与先秦诸学说确有密切关系。

　　诸子学说中，与法制、法学最密切的当数法、名、儒三家。

　　法家主张法治，强调"不别亲疏，不殊贵贱，一断于法"。主张强化君主专制，以严刑峻法治民。他们认为法作为治国工具，人的行为规范的总和，应该公正、公开、平等。《管子·禁藏》："法者，天下之仪也，所

---

① 《汉书·艺文志》。

以决疑而明是非也。"《管子·七法》："尺寸也，绳墨也，规矩也，衡石也，斗斛也，角量也，谓之法。"《韩非子·定法》："法者，编著之图籍，设之于官府，而布之于百姓者也。"法家上述论点，于秦汉时代颁行的法制中基本得到印证。它为中国古代法制构筑了法理论基础。

名学，又称辩学，随着先秦法家学说同时兴起的学问，专门研究概念、判断、推理和事物间相互联系的规则、规律的学科。先秦以后，秦汉时代制定的法律制度，使用的名词、术语，概念精当，论证命题的判断推理符合逻辑，法制条文和体例周密、协调，审判过程严谨有序。这些无不与名学的兴起有关。本书所载《论中国古代法学与名学的关系》，专门阐述了名学的主要范畴"类"、"故"、"譬"、"效"、"辩"及其基本论点"循名责实"、"参伍案验"、"微显阐幽"等，对于中国古代法制、法学有广泛而深入的影响。以名学为逻辑理论基础的古代法制、法学，有别于当时的政治学、哲学、伦理学，成为中华法系的显著特征。

先秦诸子之中，儒学与中国古代法制的关系最为密切。如果说秦时的法制基本上是以法家思想为理论基础，汉以后逐渐由儒家学说所代替。西汉武帝时采纳董仲舒"罢黜百家，独尊儒术"的建议。这时兴起的儒家公羊学说成为了治国指导理论。史载："景武之世，董仲舒治公羊春秋，始推阴阳，为儒者宗"，① "于是上（武帝）尊公羊春秋；由是公羊大兴"。② 经董仲舒等人发挥、宣扬的"春秋"之义，成为治世政治理论，在社会生活各方面（包括法制建设）受到重视。

（一）重"三纲"，维护封建等级制度

"三纲"，即"君为臣纲，父为子纲，夫为妻纲"。早在战国时代就有此论。汉董仲舒对于确立"三纲"的神圣地位起了重要作用。他综合先秦儒、法、阴阳诸家理论对"三纲"问题作了全面论证，使之成为封建统治者调整社会关系的指导原则。汉以后历代法制明确规定破坏纲常伦理的行为为犯罪，甚至是重罪。法制是维护"三纲"的工具。

---

① 《汉书·五行志》。
② 《汉书·儒林传》。

(二)"大一统",强调君主中央集权

"大一统"是儒家一贯的政治主张。孔子说:"天无二日,民无二主。"孟子强调:"定于一。"荀子说:"隆一而治,二而乱,自古及今,未有二隆争重而能长久者。"公羊学因袭先秦儒家主张,进一步阐发"大一统"的微言大义,宣称"大一统"是一则永恒规律:"春秋大一统者,天地之常经,古今之通谊也。"① 这就是说,实行君主中央集权专制合乎"天道"。

"大一统"理论的主要内容有两点:一是实行君主中央集权制,所谓"诸侯皆系统于天子,不得自专"。② 二是实行思想文化一统,所谓"六合同风,九州共贯"。③ 在公羊家看来,此二者是一国实行法治的基础,只有遵循此原则,才能"法度可明"、"统纪可一"。

(三)尚法制,重视以律令治国

经学家皮锡瑞说:"《春秋》近于法家。"他说的"近于法家"④ 表现在重视以法制建立、维护社会秩序的功效。尤其注意以法律维护以"三纲"为核心的封建社会的等级制度。西汉社会实际也证明公羊学派崇尚法制。汉武帝提倡公羊学,在政治上重用公羊派人物,如任公孙弘为丞相。公孙弘与董仲舒齐名。"治《春秋》不如仲舒,而希世用事,位至公卿",封平津侯。汉代丞相封侯自此始。曾"招进张汤、赵禹之属,条定法令,作见知故纵,监临部主之法,缓深故之罪,急纵出之诛。其后奸猾巧法,转相比况,禁罔寝密。律令凡三百五十九章,大辟四百九十条,千百八十二事,死罪决事比万三千四百七十二事。文书盈于几阁,典者不能徧睹"。⑤《汉书》中的这段记载,足以说明公羊学派崇尚法制。

---

① 《汉书·董仲舒传》。
② 同上。
③ 《汉书·王吉传》。
④ (清)皮锡瑞:《经学通论》卷四。
⑤ 《汉书·刑法志》。

（四）任权变，主张行权济事变

司马迁强调学习《春秋》的重要性时说道："为人臣者不可不知《春秋》，守经事而不知其宜，遭变事而不知其权。"① 这就是说学习《春秋》，既可以通经，又能够懂权。无怪乎东汉经学家贾逵说："公羊多任于权变。"② "经"，儒家经义，一般原则。"权"，原则的灵活运用。公羊学任权变，是说制定方针政策，或处理具体事情，可以根据不同情况采取不同措施，即便这些措施与儒家经义有所抵牾，也是允许的。董仲舒曾说："《春秋》无通辞，从变而移。"③ "《春秋》固有常义，又有应变。"④ "明乎经变之事，然后知轻重之分，可与适权矣。"⑤ 司法审判实践常有依律断案，违背常理的事例。如何处理这类案例？依公羊学的"经权"主张，可不依法办案，而变通处理。所谓"阳为德，阴为刑，刑反德而顺于德，亦权之类也。"⑥ 有学者认为："后世刑书，有律有例，律以断法，例以准情。律一定，而例因时而变通。经犹之律，权犹之例也。"⑦ 以例变通律的规定，就是公羊学的经权理论在法制中的应用。

在研究中国古代法律思想史时，应始终关注儒家上述基本原则与研究儒学与法制的关系时，还有一个问题当引起人们的注意，那就是儒者积极参与法制实践活动。一是参与释律，即对律文"缘饰以儒术"。汉王充说，董仲舒解律，"表《春秋》之意，稽合于律，无乖义者"。二是主张"引经决狱"（亦名"春秋决狱"、"经义决狱"）。所谓"引经决狱"，即要求审理案件时，以儒学经义作为分析案情、适用法律，以及定罪量刑的理论依据。简言之，即以儒说指导司法审判活动。经董仲舒等人倡导的这种审判案件的方式汉代颇为盛行。儒者的释律和引经决狱，对于中国传统法律"儒家化"产生过重要作用。

---

① 《史记·太史公自序》。
② 《后汉书·贾逵传》。
③ 《春秋繁露·竹林》。
④ 《春秋繁露·精华》。
⑤ 《春秋繁露·玉英》注。
⑥ 《春秋公羊传》桓公十一年。
⑦ 《春秋繁露·玉杯》注。

以上所述可以说明，中国古代封建社会形成之初，就与先秦诸子中的法、名、儒学说有密切关系。研究法制史，务必正确揭示出其间的关系。如此方能展现中国古代法制的特征及其发展、演变过程。

2012 年 8 月 10 日

秦律中"隶臣妾"问题的探讨

1975 年年底，湖北云梦睡虎地出土的秦简，其中大部分是秦时的法律条文。它为研究秦律提供了丰富而又珍贵的史料。认真研究这批有关秦律的竹简，不仅有助于了解秦律的阶级实质，同时也有助于认识当时的政治、经济制度和阶级、阶级斗争等问题。本文仅就秦简律文中有关隶臣、妾的规定，提出一点看法。

《汉书·刑法志》："鬼薪白粲一岁为隶臣妾。隶臣妾一岁免为庶人。隶臣妾满二岁为司寇。司寇一岁及作如司寇二岁，皆免为庶人。"这是汉文帝十三年对各类刑徒实行减刑的措施。从中可以看出，隶臣、妾是汉代各类刑徒中的一种。颜师古注："男子为隶臣，女子为隶妾。"至于汉文帝减刑后，隶臣、妾是服一岁刑或二岁刑尚无定论。不过根据上述引文可以断定，汉文帝减刑后，隶臣、妾是服一定期限徒刑的刑徒之一。在《汉书》中记载有关罪犯被判处为隶臣的案例多起，如武阳侯萧胜"坐不斋耐为隶臣"，戚圉侯季信成"坐为太常纵丞相侵神道，为隶臣"。[1]

过去有人认为汉代刑徒隶臣、妾之名"是秦所无，汉增之也"。[2] 可是出土的秦铜器，[3] 特别是云梦秦简说明，汉律中所用的刑徒隶臣、妾名称也是因袭秦制。秦简中有关隶臣、妾的规定，有三十余条，这就使我们有可能比较全面地了解秦的隶臣、妾的问题。

---

① 《汉书·功臣表》。

② 例如清人沈家本说，《汉旧仪》"所言，秦制鬼薪、白粲之次无隶臣妾之名，是秦所无，汉增之也"（《沈寄簃遗书·刑法分考十一》）。

③ 睡虎地秦墓竹简出土之前，出土的秦铜器上，已见到过秦刑徒"隶臣"的名称。例如，北京故宫博物院收藏的两件上郡戈，一件有铭文："工隶臣稽"；另一件有铭文："隶臣庚"。据张政烺先生考释，这两件上郡戈，皆秦国兵器。见张政烺《秦汉刑徒的考古资料》，载《北京大学学报》1958 年第 3 期。

一 隶臣、妾的身份

清人沈家本认为,隶臣、妾仅是一种刑徒名称,"其名与奴婢近,而实非奴婢"。① 这一说法是根据汉以后各家对于汉代刑徒隶臣、妾的解释。从秦简来看,这种说法与秦的隶臣、妾的身份不相符合。从以下三方面来看,秦时的隶臣、妾实际上就是一种官奴婢。

1. 刑徒隶臣、妾服刑期限问题

秦律中的隶臣、妾,也是一种刑徒名称。秦简中有不少律文关于罪犯被判处为隶臣、妾的规定。例如,将"盗窃犯"处为隶臣的规定:"公祠未阕,盗其具,当赀以下耐为隶臣。"② 按照这条律文,盗窃公祠里的一具祭祀供物,就要判处为隶臣。再如,对于犯"诬告"罪者判为隶臣的规定:《法律答问》中有所谓"有收当耐未断,以当刑隶臣罪诬告人,是谓当刑隶臣"。依此规定,原犯"耐"罪者,在未判决前又以"当刑隶臣罪诬告人",就改为"刑隶臣"的罪。

这是两则因本人犯罪而被判处为隶臣的例子。一是"刑为隶臣";二是"耐为隶臣"。所谓"刑",即处为隶臣的同时,施加"黥"、"劓"等肉刑。所谓"耐",按《说文》段玉裁注:"髡者,剃发也。不剃发,仅去须鬓是曰耐,亦曰完。谓之完者,言完其发也。"显而易见,"耐为隶臣",比"刑为隶臣"的处罚要轻。

值得注意的是,《睡虎地秦墓竹简》中所有的秦律条文未见有关刑徒,包括刑徒隶臣、妾服刑期限的规定。根据史籍及新出土的秦简来分析,简文中未见到各类刑徒,如城旦舂、鬼薪、白粲、隶臣妾、司寇、斥候等刑徒应服刑期限的规定,绝非偶然。它表明,秦时的刑徒,可能就是没有服刑期限的终身服役。也就是说,不是服刑一定期限之后,能够恢复其自由人的身份。这一点与后世的刑徒是很不同的。

秦时的刑徒无服刑期限,从汉文帝十三年减刑诏令中可以看出。《汉

① 《沈寄簃遗书·刑法分考十一》。
② 《睡虎地秦墓竹简·法律答问》。以下凡引《睡虎地秦墓竹简》文,仅注篇名。

书·刑法志》记载，汉文帝"制诏御史：……其除肉刑，有以易之；及令罪人各以轻重，不亡逃，有年而免。具为令"。根据这道诏令，丞相张苍、御史大夫冯敬制定出了一套具体的减刑措施，一是"除肉刑"，即除黥、劓、刖等肉刑，所谓"以笞代刑"；二是规定出各种刑徒的刑期和对原已服刑者的减免办法。原文如下："罪人狱已决，完为城旦舂，满三岁为鬼薪、白粲。鬼薪、白粲一岁，为隶臣妾。隶臣妾一岁，免为庶人。隶臣妾满二岁，为司寇。司寇一岁，及作如司寇二岁，皆免为庶人。其亡逃及有罪耐以上，不用此令。前令之刑城旦舂岁而非禁锢者，如完为城旦舂岁数以免。"根据这段文字，后人仅注意去推算各种刑徒服刑期限的长短，却忽略了一个重要事实，即规定出了刑期，改原来的终身服刑为有期徒刑。在汉文帝诏令中的"及令罪人各以轻重，不亡逃，有年而免"之后，魏人孟康注："其不亡逃者，满其年数，得免为庶人。"他的解释是对的，已认识到诏令中"有年"的意思是要规定出期限，改终身服刑为有期，并不是单纯强调要对犯人刑满释放。

前人对于汉文帝的减刑诏中的"除肉刑"一项，有褒有贬，议论纷纷，却未看到此诏令对于消除奴隶制残余所具有的意义。当然，汉文帝此次减刑的意图，绝不是如诏令所说的，对犯罪者的怜悯，而是出于对当时阶级斗争形势的考虑。当时外有匈奴奴隶主贵族的攻扰，内有"诸侯王僭儗，地过古制"。斗争异常尖锐，以至于有人惊呼"资贼直须时耳"。① 汉文帝为了缓和这种形势不得不采取"除肉刑"的措施。

根据以上所述，可以认为在汉文帝发布减刑诏令之前，各种刑徒都是无刑期的。刑徒隶臣、妾当然也没有服刑期限。所以在秦律中因犯罪而判为隶臣、妾者，不是后世有人认为的服一岁或二岁刑的一般刑徒。秦律中的刑徒隶臣、妾，实质上是因犯罪被确定的一种官奴婢身份。如：秦简中有以下一则法律答问："当耐为隶臣，以司寇诬人，何论？当耐为隶臣，又系城旦六岁。"显然，答问中所说的"当耐为隶臣"，是给予某罪犯原犯罪行的处分，即确定为一种官奴婢的身份。"又系城旦六岁"是对这个"当耐为隶臣"者又犯"诬人"罪所施加的徒刑，即拘系起来服城旦劳役

---

① 《汉书·贾谊传》。

六岁。由此可见，隶臣、妾是因犯罪被判处的官奴婢身份，而不是服一岁、二岁刑的刑徒。否则，按照这种犯罪情况，只要将服一岁或二岁刑的"隶臣妾"改为服其他更长刑期的刑徒名称就可以了，而不必要判为"又系城旦六岁"。

将罪犯当作奴隶，这是奴隶制的一种残余，史籍不乏记载。例如，《尚书·甘誓》中所谓"予则孥戮汝"。孥即奴字。这句话的意思是，奴隶主头子对于不服从命令者，要收为奴隶，或杀掉。《周礼·司厉》中有："其奴，男子入于罪隶，女子入于春稿。"郑司农注："谓坐为盗贼而为奴者，输于罪隶春人、稿人之官也。"这都说明，将罪犯收为奴隶的制度，在秦以前早已有之，秦律只不过沿用了这种制度。

2. 关于隶臣、妾的来源问题

隶臣、妾的来源，从秦简中来看，除了因本人犯罪而被判处为隶臣、妾，还有其他两个来源：一是因亲属犯罪而籍没的人，二是投降的敌人。

收没罪犯妻、子为官奴隶的问题，可从一则法律答问看出："'隶臣将城旦，亡之，完为城旦，收其外妻、子。子小未可别，令从母为收。'何谓从母为收？人固买（卖），子小不可别，弗买（卖）子母谓也。"根据这一规定及解释，说明该隶臣犯了这种"完城旦"的罪，要收其妻、子为官奴婢。并且官府可以将被收者卖掉。如果孩子太小离不开母亲，可以不把孩子的母亲单独卖掉。

被收者可以由官府卖掉，这就说明被收者是一种官奴婢，只不过在秦简中未见有律文直接说明被收的人也称为隶臣、妾。但从其他有关规定中，可以看出这种人就是隶臣、妾的一种，也称作隶臣、妾。例如小隶臣、妾就是。

秦律关于小隶臣、妾有详细规定。《仓律》中有关小隶臣、妾每月食粮标准的规定。《金布律》中有关小隶臣禀衣的规定。《工人程》中有关如何计算小隶臣、妾劳动力的规定。《仓律》中有关于"小高五尺以下"的小隶臣、妾赎免的规定。秦制一尺约合零点二三米。"小高五尺以下"的隶臣、妾，即今市尺三尺四寸以下的儿童。这样小的儿童，当不会全是因本人犯罪而判处为隶臣、妾。按秦律规定：小高六尺以下的儿童犯法，一般不负法律责任。① 由此可以推断，六尺以下的小隶臣、妾中的大部分可能是因亲属犯罪而被收的人。按《仓律》的有关规定："小隶臣、妾以八月傅为大隶臣妾"，说明小隶臣、妾到一定年龄之后，就成为大隶臣、妾。从而可以认为隶臣、妾中的一部分不是因本人犯罪，而是由于亲属犯罪被收的人。

收罪犯妻、子为奴，也是奴隶制度的残余。《吕氏春秋·精通篇》有一则故事，记载了春秋时代的罪人妻、子收为奴隶的事例："钟子期夜闻击磬者而悲。使人召而问之曰：'子何击磬之悲也？'答曰：'臣之父不幸而杀人，不得生。臣之母得生，而公家为酒。臣之身得生，而为公家击磬。臣不睹臣之母三年矣。昔为舍氏睹臣之母。量所以赎之则无有，而身固公家之财也，是故悲也。'"② 这则故事说明，收犯罪者妻、子为奴，是早已存在的法律制度。被收者完全没有自由，"身固公家之财"。商鞅在秦变法，实行"举以为收孥"的政策，就是主张收罪人妻、子为官奴婢。秦律是商鞅变法的具体化。秦律规定被收者可以由官府卖掉，这与上述故事中所说的被收者身为"公家"所有，是同样性质的官奴婢。

收投降者为隶臣。秦律中有一条规定："寇降，以为隶臣。"这条律文说明了隶臣、妾的又一来源。以战俘为奴隶，始于奴隶制社会。春秋战国之际也仍是如此。如《墨子·天志下》云："大国而攻小国……入其沟境……残其城郭……民之格者，则劲拔之，不格者，则系操而归，丈夫以为仆、圉、胥靡，妇人以为舂酋。"这里所谓"不格者"，即不进行抵抗的投降者。将投降者作为"仆、圉、胥靡"、"舂酋"，也就是作为奴隶。秦律规定"寇降"以为隶臣，与这一记载相一致。

3. 隶臣、妾在法律上的地位

秦律中的隶臣、妾在法律上的地位虽与奴隶制时代的奴隶有所区别，

---

① 兹将《睡虎地秦墓竹简》中有关"小未盈六尺"违法者，是否负刑事责任的法律答问抄录如下，以供参考。一、"甲小未盈六尺，有马一匹自牧之，今马为人败，食人稼一石，问当论不当？不当论及赏（偿）稼"。二、"女子甲为人妻，去亡，得及自出，小未盈六尺。当论不论？已官，当论；未官，不当论"。三、"甲盗牛，盗牛时，高六尺，系一岁，复丈，高六尺七寸，问甲可（何）论？当完城旦"。四、"甲谋遣乙盗杀人，受分十钱，问乙高未盈六尺，甲可（何）论？当磔"。

② 刘向《新序》中也有这则故事，只是文字略异。

但仍然是没有人格的工具、物品（关于隶臣、妾与奴隶制社会中的奴隶的区别，将在下面论述）。

前面已经谈到罪犯的妻、子被收为隶臣、妾者，可以买卖的问题。此外隶臣、妾还可以用来作为官府的赏赐物品和借给百姓使用。秦简法律答问部分中有一则写道："有投书，勿发，见辄燔之，能捕者购臣、妾二人。"这是一条关于奖赏逮捕书写匿名信罪犯的法律。条文中的"购"字，含"悬赏"的意思。《说文》段注："县重价以求得其物也。"所谓"购臣、妾二人"，即以男女奴婢二人作为赏赐。毫无疑问，这里所说的"臣、妾"，即隶臣、隶妾。官府所拥有的隶臣、妾既然可以买卖，当然也可以用来作为赏赐的物品。

秦律规定，官府可将年幼的小隶臣、妾，借给百姓。《仓律》有一条律文："妾未使而衣食公，百姓有欲叚（假）者，叚（假）之，令就衣食焉，吏辄被（罢）事之。"所谓"未使"即未成年的幼童。[1] "假"，即"借"。依此项规定，官府可以将幼小的隶妾借给百姓使用。其条件是该隶妾的衣食，将由借者来负担。

二 秦律中有关隶臣、妾"免为庶人"的规定

奴隶非遇赦或缴纳一定的赎金，一般是不得免为庶人的。赦免往往是由朝廷根据阶级斗争形势的需要，临时颁布诏令来赦免。在秦简中未见有关赦免隶臣、妾的律文。至于赎免，在秦简中未见有春秋战国时代通行的纳金赎免的条文，只有以人赎替，以冗边赎免亲属中的隶妾和以军功爵赎免本人及亲属的隶臣、妾身份的规定。

1. 以人赎替

《仓律》中有一条规定："隶臣欲以人丁邻者二人赎，许之。其老当免老、小高五尺以下及隶妾欲以丁邻者一人赎，许之。赎者皆以男子，以其赎为隶臣。女子操敔（缲）红及服者，不得赎。"

从这条律文来看，以人赎免隶臣、妾的条件是苛刻的。第一，赎者必

---

[1] 参见《仓律》："妾未使而衣食公"条。

须充当隶臣、妾，才许可免除原隶臣、妾的奴隶身份。第二，要用两名丁壮年龄的男子赎一名隶臣。丧失了劳动能力达到"免老"年龄的隶臣和没有劳动能力的年小五尺以下的隶臣，以及隶妾，都要以一丁壮男子赎替。第三，不允许赎替会做针线活的隶妾。

2. 以冗边赎免亲属的隶妾身份

《司空律》中规定："百姓有母及同牲（生）为隶妾，非适（谪）罪殹（也），而欲为冗边五岁，毋赏（偿）兴日，以免一人为庶人，许之。"

所谓"冗边"，当即戍边。百姓本人如不是因罪迁徙边远者，愿往边疆守戍五岁而又不算做本人服军役时间，可以免除他的母亲或姊、妹一人的隶妾身份。

秦在统一战争期间，常采取"赦罪人"，将他们迁到新占领地区的措施，以便巩固边防。可想而知，当时被发往遥远边地的人，其生活、劳动都会是极其艰苦的。这一项允许以冗边五岁赎一名隶妾的规定，恐怕就是为了保证被发往戍边的人能担当那种难苦劳动而实行的一种办法吧。

3. 以军功爵免除本人及亲属的隶臣、妾的身份

《军爵律》规定："欲归爵二级，以免亲父母为隶臣妾者一人；及隶臣斩首为公士，谒归公士而免故妻隶妾一人者，许之，免以为庶人。工隶臣斩首及人为斩首以免者，皆令为工；其不完者，以为隐官工。"

"爵"，指军功爵。在战场上斩了敌人首级即授爵，所谓"斩首授爵"。这是秦自商鞅变法以来所实行的政策。这项政策是对奴隶制的世卿世禄制度的否定，但是，关于允许隶臣从军斩首授爵，或归其爵来免除本人或他人的隶臣、妾身份的规定，这在秦简中是首次见到。显然这种规定的目的是鼓励隶臣参加当时所进行的战争。

秦律中所规定的这三项免除隶臣、妾身份的具体条件，无论哪一条，其苛刻程度都不比当时通行的纳金赎免轻。同时说明，秦王朝允许赎免隶臣、妾完全是为了保证官府所控制的劳动力，扩大兵源和充实边塞。一句话，是为了加强和巩固地主阶级的政权。当然，其中"归爵"和"斩首授爵"以免隶臣、妾为庶人一项，在客观上也为奴隶的解放开辟了一条途径。

此外，秦律中还有一种"免隶臣、妾"的规定。《仓律》规定："免

隶臣妾、隶臣妾垣及为它事与垣等者，食男子旦半、夕参，女子参。"这是一条关于免隶臣、妾和隶臣、妾从事筑墙等重体力劳动应领口粮的规定。条文中将"免隶臣妾"同隶臣、妾并提，表明二者既相同又有区别。"免隶臣妾"当为达到"免老"年龄的隶臣、妾。由于他们并不因年老而不干重劳役，所以《仓律》仍有他们干重劳役时领口粮的规定。或者"免隶臣妾"是指其他刑徒，城旦春、鬼薪、白粲等降为隶臣、妾而言。究竟做何解释，有俟考释。

三 "隶臣妾"从事的劳役及生活待遇

从云梦秦简来看，隶臣、妾所从事的劳役是多方面的。

在《仓律》中有所谓"隶臣田者"的口粮供给标准的规定。它说明隶臣、妾是官府经营土地上的劳动力。

从秦简来看，官营手工业作坊中，主要劳力是"工"。同时，隶臣、妾也是其中的重要劳动力。法律对于有技巧的隶臣、妾尤其重视。《均工律》规定："隶臣有巧可以为工者，勿以为人仆养。"所谓"有巧"，即掌握了一种劳动技能。"为工者"，即为"工隶臣、妾"。出土秦器中常见到的"工隶臣"字样，就是这种"有巧"而做工的隶臣。有劳动技能就可以不从事烹炊、杂役等劳动。前面已经说到，工隶臣斩首立功后，可以免去隶臣即奴隶身份，但仍要为"工"，不能干其他的劳动。在《工人程》中还专门规定，善于做针线的隶妾，可以算做一个男劳力。

一般没有劳动技能的隶臣、妾所从事的主要是筑墙，以及与筑墙类似的重体力劳动；或者充当"仆、养"、"见牛者"等杂役。《金布律》的有关条文规定，京师各官署及其所属机构的官、吏，均配给专人做仆、养等杂役。这些官吏的仆、养，当即是由隶臣、妾来充当。

隶臣、妾中还有一部分是在官府内充当听差。秦简中有"府隶"、"牢隶臣"等名称。他们的任务是听从吏、佐支派干拘捕罪犯、勘验现场以及"将司"囚犯劳动之类的事情。

从《军爵律》有关条文中又可以看出，在战争时期，隶臣又是士兵的重要来源。

隶臣、妾从事的劳动是繁重的，而生活却极为低下。法律对于隶臣、妾的衣、食均有详细的规定。《仓律》规定："隶臣妾其从事公，隶臣月禾二石，隶妾一石半；其不从事公，勿稟。"隶臣、妾只有在干活时才允许领取口粮。干重活时才允许稍加口粮。如规定"隶臣田者"在农忙时的二月到九月，每月加半石，过了九月就停止。法律还规定，小隶臣、妾成长为大隶臣、妾之后要等到第二年才开始增加口粮。秦以十月为岁首，所谓以"十月益食"，即是从第二年增加口粮。

法律规定的口粮数额，隶臣、妾并不能全部食用。隶臣、妾的一些其他支出也要从衣食费中扣除。例如《金布律》规定："隶臣妾有亡公器、畜生者，以其日月减其衣食，毋过三分取一。其所亡众，什之，终岁衣食不足以稍赏（偿），令居之。"按照这一条规定，隶臣、妾丢失了官府的器物、牲畜是要赔偿的。赔偿费就是从隶臣、妾的衣食费中逐渐扣除。如果全年所扣除的衣食费不足以抵偿，就要以劳役抵还。

至于隶臣、妾所穿的衣服，一般由官府供给。法律对于各类隶臣、妾的冬、夏衣的价格，以及发放时间，都有具体规定。但是，对于有家室的隶臣，法律却另有规定。《司空律》规定："隶臣有妻，妻更，及有外妻者，责衣。"这就是说，隶臣要有妻子，无论其妻是自由人，还是定期要为官府服劳役的更隶妾，衣服皆由其妻子供给，即所谓"责衣"。

封建地主阶级国家运用法律将犯罪者，其中主要是劳动人民，判处为隶臣、妾，一方面对劳动人民的反抗进行残酷的镇压；另一方面又可以从这种官奴隶身上榨取更多的剩余劳动。如果对秦律中的有关条文稍加分析，就可以看出封建统治者从隶臣、妾身上所能榨取的财富，是相当惊人的。法律对于当时一般以劳役抵偿债务者的劳动日值有具体规定，即"日居八钱；公食者日居六钱"。[①] 就是说，劳动一天为八个钱，由官府供伙食的为六个钱，也就是扣伙食费两个钱。按照劳动日值八个钱计算，一名隶臣全年劳动所值为二千八百八十钱。当时一般刑徒所食的"禾"价为"石卅钱"，[②] 一名月食"禾二石"的隶臣，全年共食二十四石禾，共值七

---

① 《司空律》。

② 《司空律》："系城旦舂，公食当责者，石卅钱。"

百二十钱。一般成年隶臣所穿的衣服费，"冬人百一十钱，夏五十五钱"。① 一名隶臣全年的衣服费为一百六十六钱。衣、食两项费用加起来共计八百八十六钱。

根据以上计算，从隶臣一年劳动所值的二千八百八十钱中，扣除维持他最低生活的衣食费用八百八十六钱，剩下近二千钱。这二千钱，在当时可买禾六十六石五斗，全部被封建统治者剥夺了。至于隶臣、妾丢失"公器、牲畜"，封建统治者勒索的赔偿就会更多。这种情形，正如恩格斯所说："奴隶被迫做的劳动，比以生活资料的形式所还给他们的劳动，要多得多。"②

四　秦律中的隶臣、妾与奴隶制社会中的奴隶之间的区别，以及隶臣、妾的反抗斗争

奴隶制社会的奴隶，如同牛马一样，主人可以任意刑、杀。而秦时的奴婢，无论私人奴婢或官奴婢，在法律上不允许擅杀、刑、髡。这一区别之处，前人已指出过。新出土的云梦秦简进一步证实了这一论点。

例如秦律规定："将牧公马牛，马〔牛〕死者，亟谒死所县，县亟诊而入之，其弗亟而令败者，令以其未败直〔值〕赏（偿）之。其小隶臣疾死者，告其□□之；其非疾死者，以其诊书告官论之。"③ 这是一条有关将司放牧官府牛马者应负责任的规定。依照这项规定，放牧的马牛死了，将司放牧者有责任立即向所在县报告，该县应立即进行检验并及时处理。如果任死牛马腐烂，就要按未腐烂的价钱赔偿。而放牧的小隶臣死亡后，就不是一个赔偿问题了。律文规定，"其小隶臣疾死者，告其□□之"。这说明将司者对于小隶臣的病死，要负一定责任。但因简文有缺，无从知道将司者应负的具体责任。如是小隶臣非因疾病死亡，就要"以其诊书告官论之"。所谓"论之"，就是根据检验结果，依法论处将司者。推而论之，

---

① 《金布律》。
② 《马克思恩格斯选集》第 2 卷，人民出版社 1972 年版，第 272 页。
③ 《厩苑律》。

法律更不会允许将司者擅自杀害小隶臣的。由此可见，秦律中的隶臣、妾，并不完全与牧畜等同，不可以任意杀害，他们在法律上受到一定的保护。

秦律还规定一部分隶臣、妾允许有自己的家室和独立的经济。从秦律的有关条文看来，因犯罪而为隶臣者，并不同时收其妻、子。只是在隶臣再犯某种罪行时，才收其妻、子为官奴婢。《法律答问》部分有一则写着："隶臣将城旦，亡之，完为城旦，收其外妻、子。"它说明，该隶臣在"完为城旦"之前是有自己的家室的。

按秦律规定，有妻的隶臣，应由其妻供给衣服。从而可以认为这部分隶臣，对于他因犯罪而为隶臣之前的财产，很可能还拥有所有权。是否如此，有待进一步研究。

以上律文说明封建制度下的官奴婢，在法律上的地位与奴隶社会中的奴隶有明显区别。在封建社会，奴隶虽仍旧可以当作物品一样买卖、赏赐、赠送，但他们的生命在法律上已受到一定保护。只是隶臣、妾在封建社会中，也仍然是受奴役最深的人。

透过秦律可以看到，隶臣、妾并不安于统治者为他们安排的牛马生活。他们经常采取各种方式来进行反抗斗争。

例如，秦律《工人程》对于在官营手工业作坊中从事劳动的隶臣、妾，定出了具体计算劳力和劳动时间的方法。《金布律》中有关于隶臣、妾"亡公器、牲畜"者应赔偿的苛刻条件。这些律文从一个侧面反映出，隶臣、妾对于他们从事的劳役极为厌倦和不满，而以消极怠工、破坏工具等方式进行反抗。

特别值得注意的是秦律关于防止隶臣、妾逃亡的规定。逃亡是隶臣、妾所能采取的更为积极的一种反抗斗争。隶臣、妾的逃亡，是聚众暴动的前奏，对于封建国家来说，不仅是损失劳力的问题，而且威胁着它的统治。封建统治者对于隶臣、妾的逃亡极为恐惧。关于隶臣、妾的逃亡，秦律定出了严厉的惩罚。《法律答问》部分有一则明确写道："隶臣妾系城旦舂，去亡，已奔，未论而自出，当治（笞）五十，备系日。"依照这一条文，被拘系服城旦舂劳役的隶臣、妾，如若逃跑，后虽自己返回，也要"笞五十"，并要继续服完应服的劳役天数。所谓"笞"，即笞打，在当时是笞脊背。受笞者往往是"或至死而笞未毕"，"幸而不死，不可为人"。①"笞五十"之后，非死即残，其残酷性可想而知。这是对于"亡自出"者的处罚，至于逃跑后被抓回的，毫无疑问，将会给予更严重的刑罚。

秦律中的隶臣、妾实际上是一种官奴婢。但是，绝不能因此而否定秦律形成的时代为封建社会。首先，秦律作为一部法典，它所涉及的自然主要是犯罪问题，有关罪犯被判为官奴婢的事例也就自然涉及得比较多。绝不能因此而以为当时社会主要劳动力就是官奴婢。其次，秦律中的隶臣、妾无论就来源、免除奴隶身份的条件，以及所从事的劳役，如筑城，参加统一战争等，都服务于封建制的巩固与发展，受封建制所制约。

至于在封建社会内部，为什么仍然存在着相当数量的官奴婢？这个问题并不是不可理解的。我们知道，无论在自然界或社会中，都不可能有"纯粹的"的现象存在。历史上没有，也不会有"纯粹的"封建社会。尽管封建制代替奴隶制是一个巨大的进步，但是因为它们都是剥削制度，有相同的地方。从经济上来看，对农民实行"超经济的强制"剥削的封建制，同奴隶主完全占有奴隶进行剥削的奴隶制，在"强制"压榨这一点上是相似的。从政治制度上来说，封建制与奴隶制同是实行等级制度，是一种公开维护人与人之间的不平等关系的制度。这些相似的地方，就为封建地主阶级利用奴隶制残余作为封建经济的补充，提供了可能性。

再者，从地主阶级主观意图来说，它反对奴隶制的目的，仅仅是为了使本阶级上升为统治阶级，以便更多地剥削劳动者，并不是为了解放被压迫者。秦律中有关隶臣、妾的规定说明，如果沿用某些奴隶制残余对封建地主阶级有利，封建统治者是乐意将这些奴隶制残余保留下来的。

（原载《文物》1977 年第 7 期。）

---

① 《汉书·刑法志》。

秦简牍中的私人奴婢问题

睡虎地秦简中私人奴婢称为"臣妾"、"人臣妾"或"人奴妾"。将奴隶称作"臣妾"，史籍中早有记载。例如《尚书·费誓》云"臣妾逋逃"，伪孔《传》云："役人贱者，男曰臣，女曰妾。"秦简中的法律条文、日书，都有多处提到臣妾的问题。它说明当时社会上有一定数量的私人奴婢。认真研究简文中有关臣妾的问题，将有助于正确理解我国封建社会中存在的阶级和阶级矛盾。

一　臣妾在法律上的地位

奴隶制社会中的奴隶不仅不算是公民，而且不算是人。从秦律的有关规定看来，进入封建社会之后，臣妾的法律地位，比在奴隶制时代有所变化，但仍然"不算是人"。

1. 按照秦律的规定，臣妾可以作为商品

这种情形，正如马克思所说："奴隶是商品，可以从一个所有者手里转到另一个所有者手里。"[①] 在秦代社会，买卖臣妾是极其普遍的现象，甚至设有买卖奴隶的市场，有官定的奴隶价格。秦简中的《封诊式》有"告臣"爰书一则。从该爰书中可以看出一些当时买卖奴隶的一般情形。现将这则爰书抄录如下，以便分析。

告臣爰书：某里士五（伍）甲缚诣男子丙，告曰："丙，甲臣，桥（骄）悍，不田作，不听甲令。谒买（卖）公，斩以为城旦，受贾

---

① 《雇佣劳动与资本》，《马克思恩格斯选集》第 1 卷，人民出版社 1972 年版，第 355 页。

（价）钱。"讯丙，辞曰："甲臣，诚悍，不听甲。甲未赏（尝）身免丙。① 丙毋（无）病殹（也），毋（无）它坐罪。"令令史某诊丙，不病。令少内某、佐某以市正贾（价）贾丙丞某前。丙中人，贾（价）若干钱。丞某告某乡主：男子丙有鞫，辞曰："某里士五（伍）甲臣。"其定名事里，所坐论云可（何），可（何）罪赦，或复问毋（无）有，甲赏（尝）身免丙复臣之不殹（也）？以律封守之，到以书言。

这是一则关于官府处理私人将臣妾"谒卖公"一类案件的程式。爰书中有臣妾的主人的起诉辞、县廷的审问、检验结果、处理意见，以及县廷就该案发往某乡的调查文书。所谓"谒卖公，斩以为城旦"，实际上是奴隶的主人请求官府对"骄悍"的奴隶实行的一种惩罚，并非一般正常的买卖奴隶。但是，该爰书也反映出了当时买卖奴隶的一般情形。

（1）关于奴隶的"市正价"问题。

市，即市场。《汉书·王莽传》："秦无道……置奴婢之市，与牛马同栏。""置奴婢之市"，当然不是始于秦。但秦时的确有奴婢之市。爰书中的所谓"以市正价贾丙"，即要按市场上的价格购买奴婢丙。既然奴隶有市场价格，无疑当时是有"奴婢之市"的。

"市正价"，可能是指官定的奴隶价格。史籍记载，周秦间设有专门掌管市场价格的官吏。《周礼·质人》："质人，掌成市之货贿人民、牛马、兵器、珍异。"唐贾公彦疏："质人若今市平准，故掌成平之货贿以下之事。"又："质人主为平定之则，有常估，不得妄为贵贱也。"此处的"人民"，即指奴婢。这就说明，奴隶与其他商品一样，价格为官府所定。秦律中不见有官府规定商品价格的具体条文。但有关规定说明，当时市场上的商品价格也可能是由官府规定。如《金布律》规定："有买及买（卖）也，各婴其价，小物不能各一钱者勿婴。"婴，系着之意。依此规定，商品价值一钱以上，均应悬价于商品之上，也就是要标明价格。法律作如此要求，说明当时的商品有统一的官定价格，否则也就无须作如此规定。因为"婴其价"的目的，显然是为了防止商人"妄为贵贱"。

---

① 　身，亲自。《尔雅·释言》："亲也。"

根据以上所述，"告臣"爰书中的"令少内某、佐某以市正价贾丙"，即买卖奴隶应按官定的市价交易。

（2）关于买卖奴隶所应注意的问题。

"告臣"爰书中所要求讯问、调查的事项，有的是对审理案件的一般要求，如讯问"名事里"、有无"它坐罪"等，即讯问、调查被告臣丙的姓名、籍贯，以及是否还犯有其他罪等。而有一些要求，则是与奴隶的买卖有关。例如，讯问臣丙是否有病，并且"令令史某诊丙"。奴隶作为一种商品，买主注意商品的使用价值，是很自然的事情。因为购买奴隶是为了使其劳动。如果奴隶有病，劳动能力丧失或者很弱，买主是不会按一般的"市正价"贾丙的。所以在审讯中，要查讯丙的身体状况。再如，审讯中特别注意奴隶的原主人甲是否"尝身免丙"的问题。"免丙"，指免除丙的奴隶身份。"尝身免丙"，即臣丙的奴隶身份是否曾经由其主人免除过。"尝身免丙"的问题，实质上，也就是甲对该奴隶有无所有权的一个问题。它关系着甲是否有权将丙"谒卖公"。如果丙已经赎免其奴隶身份，甲又"复臣"丙，甲不仅无权将丙卖给官府，而且还可能因此坐罪。汉律就有如此规定。《汉书·功臣表》载，蒲侯苏昌之子，于成帝鸿嘉三年，"坐婢自赎为民后，略以为婢，免"。所以，"告臣"爰书特别指出，在审讯中要注意讯问"甲未尝身免复臣"的问题，并要求对此进行专门调查。

至于甲将丙"谒卖公"时，所提出的"斩以为城旦"的要求，当非一般正常商品交易的原则。斩，即斩趾，也就是施刖刑。① 城旦，刑徒的一种，也就是官奴隶。所谓"斩以为城旦"，即请求官府对"骄悍"、"不听命"、"不田作"的奴隶斩趾，并变卖给官府作为奴隶。对于强悍而敢于反抗的奴隶，施"刖"刑，防止其逃跑，并且可以卖掉，这在史籍中也有记载。《庄子·徐无鬼》中有一则关于奴隶"刖之易售"的故事。一名叫柨的人，被"盗得之于道，全而鬻之则难，不若刖之则易，于是乎刖而鬻之于齐"。郭庆藩注："全恐其逃，不若刖之易售也。"这里的被掠者是由人私自施加刖刑，而在"告臣"爰书中，则是奴隶的主人要求官府对奴隶施行刖刑，其目的都在于防止奴隶的反抗或逃跑。

---

① 斩，指斩趾，即刖刑。《韩非子·和氏》："然犹两足斩而宝乃论。"

上述"告臣"爰书，以及秦律有关规定说明，封建统治者极为重视维护奴隶的主人对于奴隶的所有权。秦律规定，奴隶犯某些罪行后，仅施一定的肉刑，仍然交还给他的主人，而不让其为官府服劳役。例如《秦简·法律答问》中说，一般自由人"擅杀子，黥为城旦舂"，即施黥刑，并处为刑徒"城旦舂"。奴隶擅杀子，则另有规定："人奴擅杀子，城旦黥之，畀主。"畀，给予。按此规定，奴隶杀子，仅按黥城旦的方式，施黥刑，然后交还给他的主人，并不判处为刑徒，为官府服役。

2. 奴隶的主人可用臣妾代服劳役，以赎罪或抵偿所欠官府的债务

秦律规定，犯赎刑罪和欠官府债务者，如果无力缴纳金钱，可以劳役抵偿，并且允许请人代为"居作"。其目的，无非是保证官府的收入。至于有牛马、臣妾者，可以用牛马、臣妾代为"居作"，以赎刑或抵偿债务。秦简中的《司空》律："百姓有赀、赎、责（债），而有一臣若一妾，有一马若一牛，而欲居者，许。"臣妾如同牲畜一样，可以代主人"居作"。

依据秦简，尽管臣妾在法律上如同牲畜一样，听任其主人买卖、使用，但他们的地位，比之奴隶制时代，有所提高。在法律上，奴隶的生命、安全有了一定的保障，即奴隶的主人不能随意擅杀、刑、髡自己的奴隶。

《史记·田儋传》："儋阳为缚其奴，从少年之廷，欲谒杀奴。"服虔曰："古杀奴婢，皆当告官，儋欲杀令，故诈缚奴以谒也。""古杀奴婢，皆当告官"，在睡虎地秦简中得到证实。按秦律规定，奴隶的主人不仅不能擅杀臣妾，而且不能擅自刑、髡臣妾。《封诊式》中有"黥妾"爰书一则，说明当时即使有军功爵的五大夫要黥、劓妾，也必须向官府"谒黥、劓"。而且官府在处理这一案件时，还要经过讯问、调查等手续，向五大夫所在的"某乡主"讯问，五大夫所告的理由是否属实。

奴隶制时代，奴隶主可以任意屠杀奴隶。秦律禁止奴隶的主人擅杀、刑、髡私人的奴隶，无疑是一种进步。它说明封建社会中的私人奴婢，在法律上并不完全等同奴隶制社会中的奴隶。但也要看到，秦律禁止擅杀、刑、髡私人奴隶的规定是很不彻底的。《法律答问》中有所谓"公室告"、"非公室告"、"家罪"等规定。从这些规定中可以看出，对于擅杀、刑、髡私人奴隶者，许多情况下，法律并不予追究。

《法律答问》中有如下一则答问："贼杀伤、盗它人为公室告；子盗父母，父母擅杀、刑、髡子及奴妾，不为公室告。"又"子告父母，臣妾告主，非公室告，勿听。可（何）谓非公室告？主擅杀、刑、髡其子、臣妾，是谓非公室告。勿听而行告，告者罪。罪已行，它人有（又）袭其告之，亦不当听。"所谓"公室告"、"非公室告"，实际上是有关诉讼程序的规定。依此规定，对于主人擅杀、刑、髡奴隶的行为，臣妾本人无权告发。即使臣妾告发，官府也不受理，即所谓"勿听"。不仅如此，如果官府已决定不审理，仍然行告，则"告者罪"。这时，如再有他人就此事行告，亦不当听。所谓"罪已行，它人有（又）袭其告之，亦不当听"。由此可以看出，尽管秦律禁止擅杀、刑、髡私人奴隶，在法律上对私人奴隶的人身有所保护，但并未因此而赋予私人奴隶与主人同等的法律地位。

关于奴隶与主人在法律上的不平等，秦律的其他条文中也有明确的规定。《法律答问》："'盗及者（诸）它罪，同居所当坐。'可（何）谓同居？户为同居，坐隶，隶不坐户谓也。"这是一条关于同居连坐的法律，以及对此法律所作的解释。按照此条法律，同居之中一人犯盗窃及其他罪，同居中的其他人当连坐，即当负一定的法律责任。《法律答问》特别对同户，以及奴隶是否连坐的问题作了解释。所谓"同居"，即同户。但是，从这项问答看来，奴隶并不算作一户的成员。《法律答问》避免在这一问题上产生误解，特别说明"坐隶，隶不坐户谓也"。所谓"坐隶"，即指坐奴隶所犯之罪。① 也就是说，同居者即主人要对奴隶的犯法行为负责。而"隶不坐户"，则是指奴隶对于同居中其他人的犯法行为不负连坐的责任。秦律对于奴隶的主人与奴隶在连坐问题上的这种规定，完全体现出了奴隶与其主人在法律上的不平等。因为奴隶隶属其主人，所以主人应对其奴隶的一切行为负责。至于"隶不坐户"，其原因在于奴隶在法律上不算是人，因而也就无权监督、告发其主人的犯罪行为。所以说，"隶不坐户"，并非对奴隶的特殊照顾，而是由于奴隶与其主人在法律上的不平等。

秦律中有关于主人犯罪而"收"其奴婢的规定。但是，这些规定"收"犯罪者为奴隶的条文说明，被"收"的奴隶，并不是由于法律上的

---

① 如《史记·秦始皇本纪》："相国吕不韦坐缪毐免。"

连坐，而是因为奴隶是主人的财产而被"收"。例如《法律答问》："夫有罪，妻先告，不收。妻媵（滕）臣妾、衣器当收不当？不当收。"这则《法律答问》是解释"夫有罪，妻先告"之后，应如何处理的问题。它说明，夫有罪，其妻应该纠举、告发，否则即连同坐罪，并收其媵（陪嫁）臣妾。在这一《法律答问》中可以看到，如果"夫有罪"，妻不告，那么不仅要收其妻，而且其妻的臣妾也要被收。但是，很明显妾同衣器一样，作为妻之财产而被收，并不是由于连坐。

二　臣妾的来源

睡虎地秦简进一步证实，由奴隶制时代进入封建社会之后，私人蓄奴之风仍很盛行。其原因大致如下。

1. 原来奴隶主仍拥有的私人奴隶

中国历史上封建地主产生的途径，主要是从原来的奴隶主逐渐转化过来的。从春秋时代开始，由于生产力的发展，以及阶级斗争的推动，奴隶主诸侯国的统治者们都不得不做出一些改革，来适应封建生产关系的发展，以保持他们的统治权力。在这些改革过程中，许多奴隶主转化成为封建地主，原来的奴隶也大部分获得了解放。但是奴隶主在转变为封建地主后，原来拥有的奴隶，并没有全部获得解放。这就是在由奴隶制进入封建制之后，社会上仍存在相当数量私人奴隶的原因之一。

《史记·留侯世家》："留侯张良者，其先韩人也"，五世相韩，"秦灭韩。良少，未宦事韩。韩破，良家僮三百人"。

《史记·田儋传》："田儋……故齐田氏族也。儋从弟田荣，荣弟田横，皆豪宗疆"，秦灭齐之后，家内仍留有私人奴隶，以至于在秦二世田儋反秦时，仍能以"谒杀奴"，诱杀狄县令。

韩、齐先于秦进入封建社会。像张良、田儋这样的原韩、齐贵族，在灭国之后仍拥有"家僮"、"奴"，说明春秋战国之际，由奴隶社会转为封建社会之后，原奴隶主转变为地主，仍拥有私人奴隶者，当不在少数。

2. 因功受赏赐的奴隶

因功受赏赐而获得奴隶的有两种情况。

一种为"斩首授爵"。秦于商鞅变法时，曾实行二十级军功爵制。因军功获赏者，可以获得与爵位等级相应数目的奴婢，即所谓"明尊卑爵次等级，各以差次。名田宅臣妾衣服以家次"。① 秦简中有篇名《军爵律》的法律条文，其中有"从军当以劳论及赐"的规定。这就是当时实行的政策的具体化。由于出土秦简中的律文，非秦律的全部，因而未见有关应赐各级军功爵多少奴婢的规定。史籍中有关"赐虏"的数目，可以作为参考。如《商君书·境内篇》："爵吏而为县尉，则赐虏六。"这里所说的是"吏"因军功而升为"县尉"，并且同时赏赐"虏六"，即赐赏六个俘虏为奴隶。秦制，爵大夫的地位，相当于县令、长。② 县尉的地位，相当于大夫（五级）以下的爵位，即爵"不更"。据此推算，可知秦于数十年统一战争期间，封建国家赐赏给有军功爵者的奴隶，当为数不少。

除因军功受爵而赏赐奴隶之外，秦时对于抓获罪犯者也以赐臣妾为奖赏。《法律答问》："有投书，勿发，见辄燔之；能捕者购臣妾二人。系投书者鞫审谳（谳）之。"这是一则关于如何处理和奖励逮捕"投书者"（投匿名信者）的答问。"购"，含"悬赏"之意。所谓"购臣妾二人"，即对于逮捕"投书者"赐赏男女奴隶二人。

以上两种由官府所赐赏的奴婢，原来皆是官奴婢不言而喻，官奴婢赏赐予受奖者，也就变成私人奴婢了。

3. 封建社会中新产生的奴隶

继奴隶制之后而建立起来的封建社会，仍然是一个人剥削人的社会。因此，从封建社会建立之时起，在新的、封建剥削方式之下，仍然不断发生新的阶级分化，仅从睡虎地秦简中，就可以清楚地看出封建社会初期所存在的新的阶级和阶级矛盾。在简文中可以看出，一方面是享有封建特权的"宦者，显大夫"、"五大夫"，有牛马、臣妾成群的地主，有家藏"钱万"的殷实富户。另一方面，则是待在"市佣中"待雇的贫雇农，有因子女过多无力养活，以致掐死亲生婴儿的赤贫者，等等。

由于封建地主阶级的法律仍然允许私人蓄奴，那么在封建社会中一部

---

① 《史记·商君列传》。
② 《汉旧仪》注："秦时爵大夫以上，令与亢礼。"

分贫困者陷身为奴，也就不足为怪了。同时，这也是封建社会始终都存在着私人奴婢的一个重要原因。

《商君书·错法篇》："同列而相臣妾者，贫富之谓也。"当时的封建统治阶级中已有人注意到社会上一部分人做了另一部分人的奴婢，其原因是由于贫富之不同。从秦简中可以看出，封建统治者为了封建剥削制度和社会秩序，也曾采取过某些措施来防止变相的买卖奴隶。例如，秦律规定："百姓有债，勿敢擅强质，擅强质及和受质者，皆赀二甲。"《法律答问》对这一规定解释道："廷行事强质人者，论，鼠（予）者不论；和受质者，鼠（予）者□论。"质，作为保证的人或物，古代常指人质。《左传·隐公三年》："周郑交质，王子孤为质于郑，郑公子忽为质于周。"《史记·秦始皇本纪》："庄襄王为秦质子于赵。"按照这条法律规定，"百姓"负债无力偿还，不允许强迫债务人以物或以身为质抵偿债务。如若"擅强质"，或者是双方协议以"质"抵债，都要受到"赀二甲"的处罚。法律禁止"擅强质"，显然是为了防止自由人因无力还债陷身为奴。但是，历史事实说明，封建统治者是不能解决这个社会弊病的。在批判机会主义者企图以法律限制资本主义社会中的高利贷盘剥时，恩格斯曾经指出："重新颁布一些反高利贷的法律，企图重新实行那种两千年来无论何时何地都遭到失败的警察措施。如果小农陷入困难的处境，以致向高利贷者求贷在他看来已是较小的祸害，那末高利贷者总是能找到办法来吸尽他的脂膏，而又不会受到反高利贷的法律制裁的。"① 封建社会也是如此。虽然秦律作了禁止"擅强质"这类规定，但是它根本不能制止自由人沦为奴隶。史籍中有关劳动人民"卖妻鬻子"的资料，俯拾即是。在诸侯兼并的战争年代，"百姓不聊生，族类离散，流亡为臣妾，满海内矣"。② 一遇"天饥岁荒"，百姓"嫁妻卖子"是一种普遍的现象。③ 与秦律同时出土的《日书》中有"毋以午出入臣妾"，"毋以申出入臣妾"，"己巳生子鬼，必为人臣妾"，等等。这些"禁忌"说明当时奴隶买卖的流行，惧怕陷身为奴

---

① 《法德农民问题》，《马克思恩格斯选集》第4卷，人民出版社1972年版，第307页。
② 《战国策·秦策四》。
③ 《韩非子·六反》。

是人们经常考虑的一个问题。

　　秦代社会中仍然存在着一定数量的私人奴隶，不外上述三个主要来源。从中可以看出，封建制与奴隶制并不是绝对不相容。为了经济和政治上的需要，封建统治者是愿意仍然保留着某些奴隶制残余的。

三　奴婢的反抗斗争以及封建统治者的镇压

　　出土的睡虎地秦简展示了封建社会初期所存在的错综复杂的阶级和阶级矛盾。其中主要的是农民与地主阶级之间的矛盾与斗争。同时也可以看到地主阶级与原奴隶主阶级之间，以及地主阶级与奴隶之间的矛盾与斗争。后一种矛盾与斗争，在简文里有着明显、突出的反映。

　　睡虎地秦简中有两则关于"谒"官府处置私人奴婢案件的爰书，即"告臣"和"黥妾"。这两则爰书中，奴隶的主人告臣妾的共同"理由"，都是臣妾"骄悍"。在记载了如何处理各类案件的二十种爰书程式中，专门列举出了两则如何处置"骄悍"奴隶的爰书，足以说明，奴隶"骄悍"在当时是一个普遍存在的问题。所谓"骄悍"，实际上就是奴隶不听从主人的吩咐，不愿为其主人劳动等反抗斗争的表现。不能不看到，奴隶在完全失去自由，受着政治、经济、精神的压迫与奴役下，敢于"悍主"，违反主人的意志，这一点也就反映出了奴隶与其主人之间存在着尖锐的矛盾与斗争。

　　即使在封建社会里，封建统治者也仍然认为，奴隶只能俯首听令。对付"骄悍"奴隶的办法，就是无情的镇压。《史记·李斯列传》记李斯上书秦二世时说道："故韩子曰'慈母有败子而严家无格虏'者，何也，则能罚之加焉必也。"司马贞《索隐》："格，强扞也；虏，奴隶也。言严整之家本无格扞奴仆也。"秦律允许奴隶的所有者可以"骄悍"为由，"谒杀"、"谒卖公"、"谒黥"奴婢，这就是封建统治阶级要对"悍奴""罚之加焉"的反映。所以说关于"谒"官府处罚私人奴婢的制度，一方面较之奴隶制社会允许奴隶主任意"擅杀、刑、髡"有所进步，另一方面也应看到，这种制度使得主人镇压奴婢有了法律根据。秦律赋予奴隶的所有者"谒杀、刑、髡"奴隶的权利，成为封建法律的一部分，为以后的封建王朝的立法开了成例。例如，晋律中就有所谓"奴隶悍主，主得谒杀之"。

　　"逃亡"是私人奴婢进行反抗的另一种办法。《秦简·法律答问》："人臣甲谋遣人妾乙盗主牛，买（卖），把钱偕邦亡，出徼，得。论各可（何）也？当城旦黥之，各畀主。""邦亡"，即逃出秦国。"城旦黥之"，即按黥刑徒城旦的式样，黥逃跑的奴隶。"畀主"，即交还给奴隶的原主人。这一条如何处理臣妾"邦亡"的法律，生动地反映出了奴隶为挣脱套在颈项上的枷锁，甘愿冒触犯法律的危险，进行反抗斗争的精神。

　　除以上引用的条文之外，秦简中还有若干条法律条文是直接针对私人奴隶的。秦简中所见到的镇压私人奴隶的罪名有"殴主"、"盗主"、"逃亡"、"强与主奸"、"谋杀主"等。这些罪名说明，主人的人身和财产是绝对不许侵犯的。奴隶如若反对他们的主人就会受到法律的严厉的制裁。即使有反抗的动机也认为是犯罪。例如《秦简·法律答问》中有如下一则："'臣妾牧（谋）杀主。'可（何）谓牧（谋）？欲贼杀主，未杀而得，为牧（谋）。"按此规定，奴隶如稍有反抗之意，就有可能以"欲谋杀主"而治罪。

　　依照秦律的规定，私人奴隶犯罪后服劳役时，要受到特别监管。《司空律》规定："公士以下居赎刑罪、死罪者，居于城旦春，毋赤其衣，勿构椟欙杕。鬼薪白粲群下吏毋耐者，人奴妾居赎赀债于城旦，皆赤其衣，构椟欙杕，将司之。其或亡之，有罪。""公士"，秦爵第一级。"居"，居作。所谓"公士以下"，即无爵的一般庶人，虽因赎刑罪、死罪，而服"城旦、春"之劳役，也无须穿赤衣，系"构椟欙杕"之刑具。至于"人奴妾"，居于"城旦"，则要穿赤衣，戴刑具。

　　为了维护奴隶主人的利益，秦封建统治者作了种种镇压私人奴隶的规定，然而并不能制止住奴隶的反抗斗争。《日书》有多处写着：某日"臣妾亡，不得"，某日"入臣妾必代居室"，等等。所谓"亡，不得"，即奴隶逃跑之后找不着了；所谓"入臣妾必代居室"，即买入的臣妾，可能代替了主人的地位。禁忌虽是一种迷信，但却反映出了当时的现实生活。它说明，奴隶占有者整日都在担心着奴隶的逃亡和反抗。

（原载《云梦秦简研究》，中华书局 1981 年版。）

秦律中的刑徒及其刑期问题

秦时，因犯罪而定为城旦舂、鬼薪、白粲、隶臣妾、司寇、候的，身份如何？有无刑期？这是云梦秦简研究中的一个重要问题，也是中国法制史上的一个重要问题。

一　秦律中的刑徒

所谓"刑徒"，即因犯罪而被剥夺自由，强制服劳役者。在我国古代，统治者强制罪犯服劳役，不外有两个目的：一是侮辱罪犯。《唐律疏义·名例》云："徒者，奴也，盖奴辱之。"二是迫使罪犯无偿地劳动，对其进行残酷剥削。从《睡虎地秦墓竹简》中可以看出，秦时，不仅已决的罪犯要服劳役，甚至尚未审问，或待决的罪犯，即所谓"下吏"者也要服劳役。这些服劳役的罪犯，按其服刑期限，可以分为以下几类。

1. 终身服役的刑徒

秦时，因袭周代旧制，仍将某些罪犯依罪行轻重定为终身服役的刑徒，即官奴隶。据《秦简》所载，其中的城旦舂、鬼薪、白粲、隶臣妾、司寇、候，就是终身服役的刑徒。这类刑徒又各按附加身体刑的不同，分为若干等级。

城旦舂。城旦是男刑徒，从事修建城垣。舂，女刑徒，服舂米的劳役。据《秦简》所载，秦时的城旦舂，按施加的不同身体刑，又分为"斩左趾、黥以为城旦"、"斩左趾为城旦"、"黥劓为城旦"、"黥城旦"、"完城旦"等。①

---

① 《秦简》中还有"刑为城旦"的规定，此处之"刑"字，或即指"黥"刑。简文中的"刑为鬼薪"、"刑为隶臣"，当也如此。

鬼薪、白粲。"薪"指"蒸薪",即木柴。粲,即上等白米。鬼薪,为祠祀鬼神砍柴的男刑徒。白粲,为祠祀鬼神择米的女刑徒。《汉旧仪》:"鬼薪者,男当为祠祀鬼神伐山之蒸薪也。女为白粲者,以为祠祀择米也。"鬼薪、白粲也以不同的身体刑,分为数等。《秦简》中有"耐为鬼薪"、"鬼薪鋈足"等。

隶臣妾,即男、女奴隶。《汉书·刑法志》颜师古注:"男子为隶臣,女子为隶妾。"隶臣妾的来源较复杂。除因犯罪而罚为隶臣妾的以外,还有因其他原因沦为隶臣妾的。因犯罪而定为隶臣妾的,也分为几等。《秦简》中有"耐为隶臣"、"黥颜頯为隶妾"等。

隶臣妾与其他终身服役的刑徒,有一明显不同之处,即"隶臣妾"的名称就表示出这类刑徒按法律规定不是固定从事某一种劳役。虽然其他刑徒实际上从事的劳役也不是单一的,但原来在确定名称时,是规定该刑徒仅从事某种固定的劳役。如城旦,筑城;鬼薪,砍柴;等等。

司寇。《后汉书·鲁丕传》:"司寇,刑名也。"司寇的职责,就是负责监视敌人。据《秦简》所载,秦刑徒司寇所服的劳役,是监督、带领服城旦舂劳役的刑徒,有"城旦司寇"、"舂司寇"。

候。《说文》:"伺望也",即从事侦察敌情的刑徒。《秦简》中有两条定为"候"的律文,都是对官吏犯罪的惩罚。①

以上是因犯罪而定为终身服役的刑徒。从秦律中可以看出,就刑罚等级来说,城旦舂,刑最重。鬼薪、白粲轻于城旦舂。隶臣妾轻于鬼薪、白粲。司寇轻于隶臣妾,候最轻。这一类刑徒有以下特点。

(1)因犯罪而被定为城旦舂、鬼薪、白粲等身份之后,终身服役,非经赦、赎不得改变身份,恢复为自由人。《秦简》中载有隶臣妾赎免的三种规定:一、以人赎替。二、以军爵赎。三、以冗边赎免亲人的隶妾身份。②

(2)一般都施加身体刑。所谓"身体刑",指刖(斩趾)、劓、黥等肉刑和耐刑(也叫做"完",即剃鬓、须)。对某些重犯,甚至施加两种

----

① 见《秦简·秦律杂抄》。
② 详见本书"秦律中'隶臣妾'问题的探讨"部分。

肉刑，如"斩左趾、黥以为城旦"、"黥劓为城旦"等。

（3）法律上规定，这类刑徒所服的劳役与其刑名相一致。也就是说，对其判处的刑罚，就是固定从事某一种劳役。当然，在执行中，各类刑徒不一定从事一种固定的劳役。

2. 有服劳役期限的刑徒

根据秦律的有关规定，另一类刑徒具有服刑期限的，即服刑期满后，恢复为自由人。这一类刑徒，按所受刑罚的不同，分以下两种。

（1）赀徭、赀居边、赀戍。

按照《说文》解释："赀，小罚以财自赎也。"这就是说，"赀"即"罚金"，是对轻微犯罪或过失的一种处罚。《秦简》中有关法律条文说明，秦时不仅有资财，而且还是赀劳役的刑罚，"赀徭"、"赀居边"、"赀戍"，就是罚服一定时期的劳役，刑满释放。

赀徭。即罚服一定时期的徭役。《秦简·法律问答》："或盗采人桑叶，藏（赃）不盈一钱，可（何）论？赀徭三旬。"

赀居边，即在边疆服劳役。《秦简·秦律杂抄》："冗募归，辞曰：'日已备，致未来'。不如辞，赀日四月居边。"

赀戍，即罚戍边。《秦简·秦律杂抄》："不当禀军中而禀者，皆赀二甲，废；非吏也，戍二岁；徒食、屯长、仆射弗告赀戍一岁。"

以上条文说明，凡被罚赀徭、赀居边、赀戍的刑徒，其服刑期都有明确的规定。

（2）"居赀、赎、债"。

所谓"居赀、赎、债"，即用劳役抵偿赀罪、赎罪和所欠官府的债务。其中"居债"者或因为是强制其服劳役抵债，故也按刑徒待遇，由管理刑徒的机构"司空"管理。"居赀、赎、债"刑徒的刑期长短，根据他应缴纳财物的数额，折合计算。秦律规定，刑徒的劳动日值是八个钱。[①] 如果欠官府八十钱，就要自备伙食，劳动十天。

居赀，指用劳役抵偿罚纳财物的罪。秦律中有赀"甲"、"盾"、"络

---

① 《秦简·司空律》："有罪以赀、赎及有债于公，以其令日问之，其弗能人及偿，以令日居之，日居八钱；公食者，日居六钱。"又："或赎迁，欲人钱者，日八钱。"

组"（穿系甲札的绦带）等"赀罪"。甲、盾、络组，当有官定的价格，缴纳不起的，就按价劳动一定的日期。

居赎。赎，指赎刑，即缴纳财物免罪。《秦简》中所见到的赎刑有赎耐、赎黥、赎宫、赎迁、赎鬼薪鋈足、赎死。凡处"赎刑"的刑徒，即令其缴纳一定的财物，赎免相应的刑罚。无力缴纳者，允许服劳役抵偿。按秦律规定，"赎刑"是刑种之一，只有依法判处"赎刑"的罪，才可以纳财赎免，并非一切罪都准许纳财赎罪。

居债，即欠官府的债无力偿还，而用劳役抵偿，其服劳役的期限，根据所欠债的数目决定。

以上三种刑徒，都是因为缴纳不出财物，而用劳役抵偿，因而都有服刑期限。并且享有以下待遇：一、农忙时回家种田。二、请人代替或帮助劳动。三、一室有两人以服劳役抵偿，允许留一人在家，轮流服役。四、可以用私人奴隶或牛马代替。①

此外，服劳役的刑徒之中还有"下吏"者，即交付审判尚未判决的罪犯。《秦简·司空律》规定，"下吏毋耐者"，即未施加过"耐"刑的未决犯，服城旦劳役时，要穿红色囚衣，戴"构椟欙杕"刑具，令人带领着，以防他们逃跑，并且禁止"下吏"者从事官府的佐、史工作。②"下吏"者服劳役的期限问题，判决之后才能决定。

二　终身刑徒问题

据以上所述，秦律中的刑徒按有无服刑期分为两类，一类是终身刑徒，无刑期。另一类刑徒有服刑期。后一类刑徒有刑期，问题很明显，无须论证。前一类刑徒是否有刑期，尚需进一步说明。

1. 城旦舂、鬼薪、白粲等刑徒无刑期

《秦简》中所见到的秦律条文，虽不是秦法令的全部，但如此大量的

---

① 见《秦简·司空律》。
② 《秦简·内史杂》："下吏能书者，毋敢从史之事。"又："侯（候）、司寇及群下吏毋敢为官府佐、史及禁苑宪盗。"

律文，均不载城旦舂、鬼薪、白粲等刑徒的刑期，当不会是偶然的。很可能这一类刑徒就是无期刑的。律文中凡说到判处某种罪犯为城旦舂、鬼薪、白粲等刑徒，都明确写着"完为城旦"、"黥为城旦"、"刑为城旦"等，即施加一种或两种身体刑，确定为"城旦"或其他刑徒身份，并令其终身从事某种劳役。

主张有刑期的同志认为，《秦简》中有三条"法律答问"提到"又系城旦六岁"，从而得出"城旦刑徒的刑期为六岁的印象"。① 这是误解。这三条"法律答问"如下。

（1）"葆子狱未断而诬告人，其罪当刑为隶臣，勿刑，行其耐，又系城旦六岁"。

（2）"葆子狱未断而诬告人，其罪当刑为鬼薪，勿刑，行其耐，又系城旦六岁"。

（3）"当耐为隶臣，以司寇诬人，何论？当耐为隶臣，又系城旦六岁"。

以上三条答问都是回答未决犯又犯诬告罪后，如何加重处理的问题。三条答问中的犯罪者的身份不同，所犯的罪行与处刑的轻重也不相同。但处理的方式是一样的，即凡待决犯又犯诬告罪的，不变更原罪应判处的刑罚，另加"系城旦六岁"。所谓"又系城旦六岁"，即拘系起来服城旦劳役（修筑城垣）六年。张政烺先生曾指出，"又系城旦六岁"，"并不等于城旦刑"。② 这一看法是对的，不能据此而认为，城旦舂、鬼薪、白粲等刑徒是有刑期的。如果说秦刑徒都有刑期并且城旦是六岁刑，鬼薪、白粲是四岁刑，隶臣妾是三岁刑，司寇是二岁刑，候是一岁刑。那么《秦简》中与上述三答问相似的答问就难以理解了。例如有一则答问说："当耐司寇而以耐隶臣诬人。可（何）论？当耐为隶臣。"按照司寇是二岁刑、隶臣是三岁刑的说法，应判二岁刑的罪犯，又以更重的罪名诬告他人，仅加重一岁刑。这与"又系城旦六岁"的规定相比轻多了。秦律有关定罪量刑的

---

① 高敏：《关于〈秦律〉中的"隶臣妾"问题质疑》，载《云梦秦简初探》，河南人民出版社1981年版。

② 张政烺：《秦律"葆子"释义》，载《文史》第九辑，中华书局1980年版。

规定，都很注意掌握分寸，绝不会在同一篇法律中，对相类似的罪，作出如此畸轻畸重的规定。

如果说，城旦是六岁刑，那么《封诊式·告臣》中将私人奴隶卖给公家作为城旦的刑罚制度，也很难理解了。现将这则爰书抄录如下：

"告臣爰书：某里士五（伍）甲缚诣男子丙，告曰：'丙，甲臣，骄悍，不田作，不听甲令。'谒卖公，斩以为城旦，受价钱，讯丙，辞曰：'甲臣，诚悍，不听甲。甲未尝身免丙。丙无病也，无它坐罪'。令令史某诊丙，不病。令少内某、佐某以市正价贾丙丞某前。丙中人，价若干钱……"

根据爰书记载，官府准许了某甲将私人奴隶"谒买公，斩以为城旦"的要求。所谓"斩以为城旦"，即施加刖刑，作为官奴隶"城旦"。将私人奴隶买来，斩趾后作为官奴隶，是对奴隶主私人财产的保护，也是对该奴隶的惩罚。如果城旦是六岁刑，官府绝不会以"市正价"将该奴隶买来作为有期的刑徒。那样，那不是对"不田作，不听甲令"奴隶的惩罚，而是纵容。因为，丙作为私人奴隶，终身不自由，并要俯首听令，干种田之类的重活，但作为城旦后，仅服劳役六岁，就可以恢复为自由人。这绝非秦律规定将不听令的私人奴隶"谒买公，斩以为城旦"的目的。其次，官府买丙时，还"令令史某诊丙"，即检验丙的身体，看他是否有病。如果城旦仅是一个有期刑徒，而不是终身服役的官奴隶，也就根本无须"诊丙"了。总之，《封诊式·告臣》中有关记载，足以说明秦时的城旦以及鬼薪、白粲等刑徒不是有期的。

据以上所述，城旦春、鬼薪、白粲等刑徒，既是刑徒，也是终身服劳役的官奴隶。这就是当时的刑罚制度。但是，这不是说各种刑徒之间没有区别。从《秦简》中所见到的区别有：一、各种刑徒所从事的劳役有轻重之分。二、城旦春、鬼薪、白粲服劳役时，必须穿红色囚衣，戴刑具，并由司寇看管。三、隶臣妾、司寇可以看管城旦春、鬼薪、白粲；而城旦春、鬼薪、白粲则不能任用为看管刑徒的"将司者"。四、隶臣妾以下的刑徒允许有家室、财产，而定为城旦春后，则要收其妻、子。五、对各类刑徒施加黥刑的部位或花纹各不相同。

2. 关于汉文帝减刑诏令与《汉旧仪》中的刑期问题

刑徒城旦春、鬼薪、白粲、隶臣妾、司寇由终身服役，改为有期徒刑，是汉文帝十三年改定的。与此同时，取消了定为"候"的刑罚，汉代的"候"已不是刑徒，而是士卒。① 主张秦刑徒有刑期的同志，常以文帝诏令与《汉旧仪》论证秦简中刑徒的刑期，实误将汉制当作秦制。

（1）关于汉文帝十三年的减刑诏令。

西汉文帝时期，对法制作了许多改革，十三年颁布的减刑诏，就是其中的一例。该诏令不仅废除肉刑，并且将终身服役的刑罚制度改为有期的刑罚制度。这道诏令说："其除肉刑，有以易之；及令罪人各以轻重，不亡逃，有年而免。具为令。"② 根据这道诏令，丞相张苍、御史大夫冯敬定出了具体减刑措施：一是"除肉刑"，即"以笞代刑"（代替黥、劓、刖等肉刑），二是规定各种刑徒的刑期和对原已服刑者的减免办法。原文如下："罪人狱已决，完为城旦舂，满三岁为鬼薪、白粲。鬼薪、白粲一岁，为隶臣妾。隶臣妾一岁，免为庶人。隶臣妾满二岁，为司寇。司寇一岁，及作如司寇二岁，皆免为庶人。其亡逃及有罪耐以上，不用此令。前令之刑城旦舂岁而非禁锢者，如完为城旦舂岁数以免。臣殊死请。制曰：'可'。"

这段文字有一点是清楚的，即规定了刑徒的刑期，也就是改终身服役为有期劳役。这是中国古代刑罚制度的一大变化。持秦刑徒均有刑期论点者认为："文帝下这道诏令只不过是受少女缇萦代父赎罪事所'感动'，无非是强调一下应照规定办事，不要'有年不免'罢了。"③ 这样理解，不仅贬低了这道诏令的意义，而且也与原意不符。

①诏令原文："令罪人各以轻重，不亡逃，有年而免。"这就是说，根据罪行轻重，定出刑期，罪人在服刑期内不逃亡，刑满即释放。上述诏文并不包含原已有刑期规定的意思。因而，也就无从谈起"照规定办事"的问题。其次，"有年而免"之后，还有"具为令"三字，颜师古注："使更为条例"，即更改以前实行的刑徒终身服役制，根据诏令精神重新制定出"罪人有刑"的法令。"具为令"的含义是清楚的，不能作其他解释。

---

① 候，即斥候，是招募的士卒。《汉书·苏武传》："募士斥候百余人俱。"颜师古注："募人以充士卒，及在道为斥候者。"

② 《汉书·刑法志》。

③ 黄展岳：《云梦秦律简论》，载《考古学报》1980 年第 1 期。

②《汉书·刑法志》记载张苍、冯敬陈述的是各种刑徒的刑期，并未涉及其他任何问题。如果汉文帝诏令"无非是强调一下，司法机关应照规定办事，不要有年不免"。那么，根据诏令精神拟定的法令草案，就应当规定出制止司法机关不照规定办事的具体措施。否则，仅仅重申一下刑徒的刑期，是不能够防止"有年不免"问题发生的。而且，文帝也不会点头曰"可"的。但是，这两位大臣在"奏言"中，竟然只字不谈司法机关对刑徒"有年不免"方面的事。这又作何解释呢？

另一种意见认为，汉文帝诏令中的"有年而免"是针对秦之"隶臣妾是终身不免的情况说的"。① 这也说不通，首先，诏令说的是"令罪人各以轻重"，"有年而免"，并没有专指某一种刑徒。其次，根据诏令拟定出的法令，也不是仅规定隶臣妾的刑期，而是规定出了包括隶臣妾在内的各种刑徒的刑期。因此不能据此得出秦时仅隶臣妾终身服役，其他刑徒均有刑期的结论。

显然，汉文帝十三年诏令的意思，是要求丞相、御史大夫规定城旦舂、鬼薪、白粲、隶臣妾、司寇等刑徒的刑期。在此之前，这类刑徒终身服役，没有服刑期限。

（2）《汉旧仪》记载的刑期问题。

论者常以东汉卫宏的《汉旧仪》为据，证明秦时的城旦舂、鬼薪、白粲等刑徒是有服刑期限的。认真研究一下《汉旧仪》中有关刑徒的记载，不难看出，卫宏说的并不全是秦制。现将《汉旧仪》有关记载抄录如下："秦制，有罪各尽其刑。……凡有罪，男髡钳为城旦，城旦者，治城也；舂者，治米也，皆作五岁，完四岁。鬼薪三岁。鬼薪者，男当为祠祀神伐之蒸薪也；女为白粲者，以为祠祀择米也，皆作三岁。罪为司寇，男备守，女作如司寇，皆作二岁。男为戍罚作，女为复作，皆作一岁到三月。"

上述引文中可见：第一，秦时，"司寇"下面，还有"候"。汉代的"候"已不是刑徒。因而卫宏也未将"候"列为刑徒。这说明卫宏所说不全是秦制。第二，秦时无"髡钳城旦舂"之名。汉文帝十三年，将秦时的"黥城旦舂"，改为"髡钳城旦舂"。所以，此刑名也非秦制。第三，据秦

---

① 高敏：《关于〈秦律〉中的"隶臣妾"问题质疑》。

律规定，秦时的"赀戍"仅作为对军人犯罪的惩罚手段，并非一般的刑罚。并且也无"复作"之名。据以上分析，卫宏所说的并不全是秦制。因而不可以根据《汉旧仪》认定秦时的城旦舂、鬼薪、白粲等刑徒，有固定的服刑期限。

三　秦刑徒终身服役制与我国古代徒刑制度的演变

所谓"徒刑"，即剥夺罪犯一定时期的人身自由，强制其服劳役，刑满后恢复自由身份的刑罚。在我国封建时代，这种"徒刑"正式成为一种刑罚，是经过长期演变后确立的。了解这点，或许有助于理解秦时存在的终身刑徒的问题。因此，在论述秦的刑徒有关制度时，有必要对我国古代徒刑制度的演变过程，作简略的考察。

在阶级社会里，刑罚是进行阶级斗争的一种手段。任何一种刑罚制度都是统治阶级根据阶级斗争的需要而确立的。但是，统治阶级使用什么样的刑罚，则要受到这个时代政治、经济以及文化发展水平的影响。《说文·女部》："奴，奴婢，皆古之罪人也。"东汉许慎的这一说法，是有根据的。将一部分犯罪者定为官奴隶，令其终身服役，是奴隶时代的刑罚制度。《汉书·刑法志》载，周代的"五刑，墨罪五百，劓罪五百，宫罪五百，刖罪五百，杀罪五百……凡杀人者踣诸市，墨者使守门，劓者使守关，宫者使守内，刖者使守囿，完者使守积。其奴，男子入于罪隶，女子入舂稿。凡有爵者，与七十者，与未龀者，皆不为奴"。这种刑罚的实质，就是将犯罪者的大部分定为奴隶。这个时代被定为"奴"的刑徒，有以下特点：其一，终身服劳役；其二，都施加肉刑，并根据不同的肉刑分为若干类；其三，根据不同的肉刑，从事不同的劳役。

秦秋战国时期，是我国社会由奴隶制向封建制急剧变革的时代，在政治、经济等各方面都发生了很大变化。但也有一些方面并未发生根本变化。在这个时期，仍然实行将部分罪犯定为终身服劳役的奴隶的刑罚制度。《左传·襄公二十三年》载："初，斐豹隶也，著于丹书。"晋人杜预注："盖犯罪没为官奴，以丹书其罪。"不仅将某些罪犯没为"官奴"，甚至也实行把一些重犯的亲属没为奴婢的制度。《秦简》中有关资料说明，战国时期也仍然实行此种制度，但在具体做法上有所不同。因犯罪被强制终身服役的刑徒，已不是按施加的肉刑分为"墨者"、"劓者"、"刖者"、"宫者"，而是根据应服的劳役命名。例如，从事修筑城垣等土木工程的刑徒，称作"城旦"。为祠祀鬼神砍柴的刑徒，叫做"鬼薪"，等等。从这一点可以看到，肉刑与劳刑分开了。也就是说，因犯罪而定为终身服劳役的刑徒，并不一定要施加肉刑，如"完城旦"，仅剃其鬓须而已。这一变化，为汉代废除肉刑创立了前提条件。

西汉时期，与刑徒有关的制度发生了重要变化。前面已经说到，汉文帝十三年废除肉刑和规定出刑徒刑期的诏令。这道诏令，不仅免除了刑徒受肉刑之苦，而且结束了奴隶制时代以来实行的、将部分罪犯定为奴隶的残酷刑罚制度。① 由于这一变化，汉文帝十三年以后，因犯罪而定为"城旦"、"鬼薪"等徒刑，仅是服一定期限劳役的刑徒，而不具有官奴隶身份了。"城旦"、"鬼薪"等名称，仅用来表示各类刑徒应当从事的劳役和服刑的期限而已。

曹魏时，罚服劳役的刑罚，已不按劳役的性质分等级，因而也就不再沿用秦时的刑徒名称。据《晋书·刑法志》记载，魏时罚服劳役的刑罚，按是否加身体刑，分为三种十等："髡刑有四，完刑、作刑有三。"这三种之中的"作刑"，或不另加任何身体刑，仅服劳役。各种服劳役刑罚，都有刑期。最高刑可能是五岁，最低刑可能是二岁。②

晋代罚服劳役的刑罚，虽直接按刑期长短分等级，但各级仍要加身体刑。据《晋书·刑法志》载，晋徒刑共分二岁、三岁、四岁、五岁四等。其中二岁、三岁、四岁刑，须加"耐"刑。因而这三等刑，统称为"耐罪"。五岁刑须加"髡钳"，于是又常以"髡钳"表示五岁刑。

北周时期，刑罚制度又有进一步发展。这一时期开始，将剥夺一定期限的人身自由，强制服劳役的刑罚，称作"徒刑"，列为封建时代的"五刑"（笞、杖、徒、流、死）之一。并将"徒刑"按刑期分为一年、二

---

① 汉以后有些朝代，虽于有期徒刑之外，另有"终身刑"（梁），"徒终身"（金）等终身服劳役的刑罚，但这些终身服劳役的刑徒，在法律上已不是官奴隶了。

② 见《晋书·刑法志》注引《魏律序略》。

年、三年、四年、五年五等，各加一定数目的鞭、笞刑。隋、唐时，徒刑仍分为五等，但缩短了刑期，每等之间相差半年；一年、一年半、二年、二年半、三年。此后各朝代的徒刑制度大体相同，无实质性的变化。

综上所述，徒刑制度是随着社会政治、经济制度的变化，逐渐向前发展的。封建时代实行的有固定刑期的徒刑制度，是由奴隶制时代将罪犯定为官奴隶，令其终身服役的刑罚制度逐渐演变而形成的。从这里可以看到社会性质的变化，对徒刑制度的发展有决定性的影响。但是，由于徒刑制度作为一种法律制度，是社会上层建筑的一部分，又有它本身相对独立的形成和发展的历史。因而，徒刑制度并非一定随着经济基础的变化而立即发生根本性变化的。再者，由于奴隶制社会与封建制社会，又都是实行等级制度的社会。所以，在西周奴隶制崩溃之后的相当长的时期，也就是在封建社会初期的秦代，仍然将部分罪犯定为终身服劳役的官奴隶，并不是不可理解的。

1977 年，笔者曾提出："秦时的刑徒，可能就是没有服刑期的终身服刑。"① 此后，有几位专家就此问题发表了意见，并提出了不少有益的见解。也有同志提出了"质疑"。现在这里进一步阐明我的看法，就教于读者，以期将此问题讨论清楚。

（原载《法学研究》1983 年第 6 期。）

---

① 见本书"秦律中'隶臣妾'问题的探讨"部分。

汉律篇名新笺

　　汉代律令篇目繁多，内容庞杂，并早已不传。① 程树德考证，汉律
"唐时已佚"，"至宋末已全佚"。② 清代以来，已有人据旧史籍中所见到的
一鳞半爪资料，对汉律令作过考释、编纂。③ 其中以清人沈家本收集史料
较为详备，著有《汉律摭遗》二十二卷。该书以所见汉律令篇目为纲，对
有关史料作了系统编排，且间有考证。由于史料所限，《汉律摭遗》虽远
未恢复汉律令的原貌，但毕竟使得一代律令，粗略可观。

　　然而，以往整理汉律令的工作中，存在着一个明显的问题，即整理
时，对律令篇名未作认真研究，不少篇名不能详其性质。沈家本的《汉律
摭遗》就没有对篇目的性质作详细考证，而是以《晋书·刑法志》中所
列的汉律篇目为据进行编纂的。如他自己所说："目之可考者取诸《晋

----

　　① 《晋书·刑法志》对于汉代律令及其发展过程有一个概括的说明："秦汉旧律，其文起自魏文
侯师李悝。悝撰次诸国法，著《法经》。以为王者之政，莫急于盗贼，故其律始于《盗》、《贼》。盗
贼须劾捕，故著《纲》、《捕》二篇（'纲'字疑'囚'之误。见《唐六典》注、《太平御览》卷六三
八）。其轻狡、越城、博戏、借假不廉、淫侈、逾制以为《杂律》一篇。又以《具律》，具其加减。是
故所著六篇而已，然皆罪名之制也。商君受之以相秦。汉承秦制，萧何定律，除参夷连坐之罪，增部
主见知之条，益事律《兴》、《厩》、《户》三篇，合为九篇。叔孙通益律所不及，傍章十八篇，张汤
《越宫律》二十七篇，赵禹《朝律》六篇，合为十篇。又汉时决事，集为《令甲》以下三百余篇，及
司徒鲍公撰嫁娶辞讼决为《法比都目》，凡九百六卷。"
　　② 程树德《九朝律考·汉律考序》："《后汉书·安帝纪》注谓'汉令今亡'。《隋志》亦云汉律
久亡，是唐时已佚。《史记》索隐引崔浩《汉律序》，《陈书·沈洙传》引汉律，则六朝末此本尚存云
也。《晋志》载汉时'决事集为《令甲》以下三百余篇及司徒鲍公撰嫁娶辞讼决为《法比都目》凡九
百六卷'，《唐书·艺文志》所著录仅廷尉决事二十卷，廷尉驳事十一卷，建武律令故事三卷，《太平
御览》尚引廷尉决事，而《宋史·艺文志》已不载，则至宋末已全佚。"
　　③ 沈家本云："同治、光绪之间，长安薛大司寇曾纂《汉律辑存》一书"，"巴陵杜贵墀有《汉
律辑证》六卷"，"富平张太令鹏一有《汉律类纂》"（《汉律摭遗·自序》）。沈家本著有《汉律摭遗》
二十二卷。程树德著有《汉律考》，载《九朝律考》。

志》，事之可证者取诸《史记》及班、范二书。他书之可以相质者亦采附焉。"①《晋志》，指《晋书·刑法志》，其中载有"魏法序略"一篇。该篇"序略"记有汉律令若干篇名，各篇名之下又列举了若干罪名。然而"魏法序略"列举汉律令篇名、罪名的用意是论证魏原来实行的旧律，即汉律，需要修改。故所举出的罪名与篇名多不相合，所谓律文与篇名"本体相离"。汉，前后经四百余年，律令常有修改、补充，又未作系统编纂。各类律文，混杂无章。如《晋书·刑法志》所言，汉律"世有增损，率皆集类为篇，结事为章。一章之中或事过数十，事类虽同，轻重乖异。而通条连句，上下相蒙，虽大体异篇，实相采入。《盗律》有贼伤之例，《贼律》有盗章之文，《兴律》有上狱之法，《厩律》有逮捕之事，若此之比，错糅无常"。因此，按"魏法序略"列举的篇名与罪名，考订汉律令各篇章的内容，势必失篇名原意，使已经"错糅无常"的汉律，更加庞杂。律令篇名是法律条文的纲目。篇目性质理解不确，自然影响对律文的理解和编排。因此，研究汉律必须弄清楚汉律篇名原意。

　　以往对于汉律令篇名理解不确的原因之一，是缺乏资料。近年来出土的文物，尤其是秦汉简牍，多少弥补了这方面的不足。1975 年年底，湖北云梦睡虎地出土的秦墓竹简，不仅是研究秦律的珍贵资料，而且对于考释汉律也有重要参考价值。汉承秦制，秦简中所见到的秦律篇目，②无疑有助于了解汉律令篇名的含义。本文仅就秦简以及其他史料，对汉律令的若干篇目的性质作初步探讨。

一　田律

　　汉《田律》篇名，见于《周礼》注、疏。《周礼·秋官·士师》："士

---

① 《汉律摭遗·自序》。

② 《睡虎地秦墓竹简》（文物出版社 1977 年版）所见秦律篇名有三十余个：田律、厩苑律（又名厩律）、仓律、金布、关市、工律、工人程、均工、徭律、司空、置吏律、效、军爵律、传食律、行书、内史杂、尉杂、属邦、除吏律、游士律、除弟子律、中劳律、藏律、公车司马猎律、牛羊课、傅律、敦（屯）表律、捕盗律、戍律。此外，还有犯令律、平罪人律、赍律三律，是律令篇名，还是指某类律令的术语，有待专门研究。

师之职，掌国之五禁之法……四曰野禁……"郑注："古之禁尽亡矣，今野有田律。"郑玄所谓的"今"，指汉代。故唐贾公彦疏云，郑玄系"举汉法以况之"。这就是说汉有《田律》篇。

其次，《周礼·夏官·大司马》郑注："誓民，誓以犯田法之罚也。誓曰：'无干车，无自后射'。"贾疏："此据汉田律而言。"贾公彦认为，郑《注》中的"田法"即汉《田律》。

汉《田律》篇究竟是什么性质的法律呢？由于贾公彦将郑《注》中的"田法"，看作"田律"。自此以后均以为汉《田律》篇是关于"田猎"的法律。① 如沈家本说："《周礼·秋官·士师》：'五禁'注'今野有田律'，按田律谓田猎之律，非田亩之事也。观所引军礼郑注《大司马》云：'犯田法之罚'，彼所言者搜田之法也。"此说实误。郑玄《注》中所说的"田律"，明显是指汉代关于维护乡野社会秩序、管理农事，征收田赋的法律，并非指狩猎的法律。

1. 《周礼·秋官·士师》所说的"五禁"是"宫禁"、"官禁"、"国禁"、"野禁"、"军禁"。其中"国禁"与"野禁"则是相对而言

孙诒让《周礼正义》言："《乡大夫》注云：'国中，城郭中也'。此单云国，亦得为城中者，别于野禁言之。"所以说"野禁者，城郭外田野之禁"。据此说明，《周礼》本来所说的"野禁"就是指"田野之禁"。因此，郑玄《注》中的"田律"，绝非"田猎之法"。

其次，周秦间一般是把"野禁"理解为"田野"之法。《吕氏春秋·上农篇》谈到的"野禁"种种，可以佐证。兹抄录如下："庶人不冠弁，娶妻嫁女享祀，不酒醴聚众。农不上闻，不敢私籍于庸，为害于时也。然后制野禁。苟非同姓，农不出御，② 女不外嫁，以安农也。野禁有五：地未辟易，不操麻，不出粪。齿年不长，不敢为园圃。量力不足，不敢渠地而耕。农不敢为异事，为害于时也。然后制四时之禁，山不敢伐材下木，泽人不敢灰僇。缳网罝罦不敢出于门。网罟不敢入于渊。泽非舟虞，不敢缘名，为害其时也。"显而易见，"野禁"，即关于乡野间的社会秩序，以

---

① 见《汉律摭遗》、《九朝律考·汉律考·律名考》、《玉海》卷六十五。
② 许维遹：《吕氏春秋集释》引松皋圆曰："农字误，当作男。"

及农事的规定。汉时言“野禁”当也如是。

至于《周礼·夏官·大司马》郑注所说的“无干车，无自后射”，为“田猎之法”，与“田亩之事”无关。[①] 贾公彦说，“此据汉田律而言”，已有人指出此说，证据不足。[②] 所以，以《大司马》郑注“田法”，证汉《田律》篇为“田猎之法”，不确。

2.《睡虎地秦墓竹简》中有《田律》一篇

这篇律文当非秦《田律》的全部，仅存律文六条。根据这篇律文的内容，也可看出汉《田律》不是“田猎”之法。

秦简中见到的署名为《田律》的六条律文的主要内容有四个方面：一是关于农田管理的规定。如规定地方有关机构应将农作物生长情况，以及遭受各种灾害的情况及时上报中央。二是关于禁止滥伐山林，禁捕幼兽的规定。这类规定与《吕氏春秋·上农篇》所说的“野禁”、“时禁”相合，为其条文化。三是关于维护乡野社会秩序的规定。如规定“百姓居田舍者”不得擅自“酤酒”。四是值得特别一提的是关于收缴田税的规定：“入顷刍稿，以其受田之数，无垦不垦，顷入刍三石。刍自黄䅟及蘼束以上皆受之。入刍稿，相输度可也。”“入刍稿”，即缴纳田税。《淮南子·汜论》：“秦之时……入刍稿，头会箕赋，输于少府。”高注：“入刍、稿之税，以供国用。”田税之法，当为《田律》的重要内容。可惜发现的简文不多，不能知道更详细的规定。

据上述秦《田律》篇的内容，也可以推定承袭秦制的汉《田律》，当是一篇规定农村社会秩序，农田管理，以及收缴田税的法律。

除《田律》外，史籍中还载汉有“田租税律”、“田令”和“租挈”等与农事有关的律令。

“田租税律”见于《史记》。《史记·将相名臣表》载文帝十三年，“除田租税律”。一般认为“田租税律”为汉律篇名。[③] 此看法值得商榷。按《史记·文帝本纪》在谈到文帝十三年的这项诏令时，记为“除田之

① 详见孙诒让《周礼正义》卷五十五。

② 《周礼正义》卷五十五：“贾疏谓出汉田律，疑不足据。”

③ 见《汉律摭遗》、《九朝律考·汉律考·律名考》。

租税"，无"律"字："上曰：农，天下之本，务莫大焉。今勤身从事而有租税之赋，是为本末者毋以异，其于劝农之道未备。其除田之租税。"①诏令的本意在免除田租税。《将相名臣表》书"除田租税律"当也不误，即由于"除田租税"，故废除有关田租税的法律规定。这些规定可能散著于汉《田律》以及其他有关诏令之中，并无一篇专门规定收纳田税的律文，名之《田租税律》。故不可以此为汉律篇名。

《田令》篇名，见于《后汉书·黄香传》："田令'商者不农'。""田令"或指有关农事的诏令集。② 并非一篇法律。

"租挈"，见于《汉书·沟洫志》："今内史稻田租挈重，不与郡同，其议减。"何谓"租挈"，是否篇名？程树德作为汉律篇名，值得研究。③

"租挈"，指租税挈令。汉中央各机构均各有"挈令"。如"廷尉挈令"（《汉书·张汤传》）、"光禄挈令"（《汉书·燕刺王旦传》）。地方郡县也自有"挈令"，如"乐浪挈令"（《说文》"系部"。段注："乐浪，汉幽州郡名也"）。"租挈"，当是按事物分类的"挈令"。

所谓"挈"，《说文》段注："挈，当作契，契刻也。"《荀子·劝学篇》："若挈裘领。"注："挈，举也。""挈"又通"契"，《说文》王解："挈即券契之契。""挈令"之挈，应本段说之意。颜师古在注释"廷尉挈令"时说："著谓明书之也。挈，狱讼之要也。书于狱法挈令以为后式也。"④ 王先谦《汉书补注》："挈，举也"，"言上所允行者则受而书之于板，著其上请之事为定法，复举此令以宣布上美"。无论按哪一种理解，"挈令"都不能看作律令篇名。故"租挈"是指一种法式，一种收缴田租的标准，而不是篇名。

---

① 《汉书·文帝纪》所记，与此文相同。按：文帝十三年除田租税诏令，并未完全执行。《汉书·食货志》："孝景二年，令民半出田租，三十而税一也"（《本纪》书于元年，"除田半租"）。据此条记载，景帝之前仍实行"十五税一"的田租。

② 关于"令"的解释，详后。

③ 见《九朝律考·汉律考·律名考》。

④ 《汉书·张汤传》注。

二　金布律

《金布律》篇名，见于《晋书·刑法志》。《汉书·萧望之传》、《汉书·高帝纪》作《金布令》；《后汉书·礼仪志》，又作"汉律金布令"。有人认为作《金布律》为误。如《九朝律考·汉律考·律名考》："晋志作金布律，后书礼仪注作汉律金布令，与萧望之传互歧，当以传文为正。"此说实误。实际上汉既有《金布律》，又有《金布令》，各书所言均不误。

关于汉代律、令的区别，有种种说法，[1] 也有人认为是一个不易解决的问题。[2] 本文不作详细讨论。笔者认为律、令作为法律的篇名而言，凡对于某一类或一部门事物所作的规范性规定，称为律。如秦简中见到的秦《田律》、《厩苑律》等，即称为某某律。凡为解决某类具体事情，而颁行的单行诏令，后经编纂成集者即称为某某令。如汉《金布令》、《功令》等。

所以说，《金布律》、《金布令》均有所本。《金布律》是一篇关于"金布"的规范性法律。《晋书·刑法志》载，汉《金布律》有："毁伤亡失县官财物"和"罚赎入责以呈黄金为价"等一般规范性条文。至于《金布令》，是为解决有关"金布"的具体诏令。如《汉书·萧望之传》所引的《金布令甲》的条文，明显是为某次"军旅猝暴而设"的单行诏令。[3] 所谓《金布令甲》，当与《汉书》上常见的"令甲"、"令乙"、"令丙"等相同，是指有关"金布"令的第一集。

关于《金布律》的性质，唐颜师古两次说道："金布者，令篇名也，其上有府库金钱布帛之事，因以名篇。"[4] 又："金布者令篇名，若今之仓

① 《史记·杜周传》："前主所是著为律，后主所是疏为令"，《汉书·宣帝纪》文颖注："天子诏所增损，不在律上者为令"，《太平御览·六三八》引杜预《（晋）律序》："律以定罪名，令以存事制。"
② 陈寅恪："律令性质本极近似，不过一偏于消极方面，一偏积极方面而已"，并又认为："汉代律令区别尚有问题"。见《隋唐制度渊源略论稿·四刑律》。
③ 史籍中所见到的汉《金布令》的条文，都是对具体问题而发布的单行诏令。参见《九朝律考·汉律考·律文考》。
④ 《汉书·萧望之传》注。

库令也。"① 不知颜师古是否见过汉《金布律》，他的这一说法并不确切。《金布律》上虽有"府库金钱布帛之事"，但并不是规定如何保藏、蓄存物质的"仓库令"。从字面上说，"金"、"布"均为货币。② 以金、布作法律篇名，也反映出该律是有关财政制度的法规。前引《晋书·刑法志》所载汉《金布律》的两条律文，可证。

秦简有秦《金布律》一篇，共有律文十六条，有助于判断汉《金布律》的性质。其主要内容有：

（1）货币管理，以及各类货币折算比例。

（2）财物出纳记账方式。

（3）官、民间债务偿还办法。

（4）官吏享受的物质待遇。

（5）囚衣领发制度。

（6）官府财物保管和废旧物资的处理。

从秦《金布律》以上内容，也可以推断，汉《金布律》并非单纯规定"金钱布帛府库之事"的"仓库令"。而是关于财政制度的法规。

三　功令

汉《功令》篇名，见于《史记》、《汉书》。

《史记·儒林传》："太史公曰：余读功令，至于广厉学官之路，未尝不废书而叹也。"《汉书·儒林传》载，公孙弘为学官，"请选择其秩比二百石以上及吏百石通一艺以上补左右内史、太行卒史，比百石以下补郡太守卒史，皆各二人，边郡一人。先用诵多者，不足，择掌故以补中二千石

---

① 《汉书·高帝纪》注。

② 关于"金"，《史记·平准书》："更令民铸钱，一斤黄金一斤，约法省禁。"索隐引瓒注："秦以一溢为一金，汉以一斤为一金。"引申为货币单位。"布"也是周秦时通行的货币。《汉书·食货志》："凡货，金钱布帛之用，夏、殷以前其详靡记云。太公为周立九府圜法……布帛广二尺三寸为幅，长四丈为匹。"《诗·氓》："氓之蚩蚩，抱布贸丝。"传："布，币也。"笺："币者所以贸买物也。"云梦秦简中所见到的《金布律》，对于当时用作货币的"布"，作了专门规定："布袤不如式者，不行。"此外，还规定了各类货币钱、金、布的折算比例："钱十一当一布。其出入钱以当金、布，以律。"

属，文学掌故补郡属，备员。请著功令。它如律令。"

何谓"功令"?《史记·儒林传》索隐:"谓学者课功著之于令即今学令是也。"《汉书·儒林传》颜师古注:"功令，篇名，若今选举令。"对于这些看法，沈家本有一个说法:"当以索隐之说为是。《玉海》列功令于各令之中。今人言功令者若云公家之令，不知何所本。《通俗编》以为非。"①

按《功令》当为选拔、考核官吏的条例。《汉书·儒林传》所记为选拔文官左右内史，大行卒史等条件。但《功令》绝非仅是选拔、考核文官的条例。居延汉简中有关于考核军官的规定数则，亦名为"功令"。如《居延汉简甲编》1542 号:"功令第卅五:士吏、候长、烽燧长常以令秋试射，试以六为程，过六，赐劳矢十五日"（与此内容大致相同的还有313 号、331 号等简）。士吏、候长、烽燧长均为汉边防军下级官吏。射，即发射弩机。按《功令》规定，每岁秋季考核一次。被考核者可发弩十二矢，中射六矢为合格，超过六矢有奖，② 即"赐劳矢十五日"。"中劳"若干日，可以迁官。《汉书·周仁传》:"周仁为太子舍人，积功迁至中大夫。"《汉书·赵禹传》:"赵禹以刀笔吏积劳为御史。"③

以上所引汉简说明，《功令》为多次颁发的有关选拔、考课官吏的诏令集，内容很多，绝非《索隐》所言"学令"一种，也不是仅由太常制定。④

四　兴律

《汉书·刑法志》云，汉初"相国萧何攟摭秦法，取其宜于时者作律九章。"九章律，即盗、贼、囚、捕、杂、具、户、兴、厩。其中后三篇为萧何所创。《晋书·刑法志》:"汉承秦制，萧何定律，除参夷连坐之

---

① 《汉律摭遗》卷一。
② 参见《居延汉简甲编》313 号。
③ 以"日"计劳，在"居延汉简"中常见，如2359 号:"中劳三岁六月五日";941 号:"赐贤劳百六十日半日"等。此种计算劳积的方式为秦时旧制。云梦秦简有《中劳律》篇名仅律文一条:"敢深益其劳岁数者，赀一甲，弃劳。"又《厩苑律》有"赐牛长日三旬"、"罚冗皂者二月"等，均以"日"计劳。
④ 王应麟曰:"太常著功令"（《玉海》卷六十五），不确。

罪，增部主见知之条，益事律兴、厩、户三篇合为九篇。”这三篇事律亦早失传。后虽有人考释，也不得要领。笔者仅据云梦秦简所见资料，对这三篇事律的性质作初步分析。

据《唐律疏议》，汉《兴律》即唐《擅兴律》。《唐律疏议·卷十六》："擅兴律者，汉相萧何创为兴律。魏以擅事附之，名为擅兴。晋复去擅为兴。又至高齐改为兴擅律。隋开皇改为擅兴律，虽题目增损随时沿革，原其旨趣意义不殊。”然而就《晋书·刑法志》所见到的汉《兴律》中的条目，并不完全与唐《擅兴律》相合。也就是说，不能以《唐律》断定汉《兴律》的性质与内容。

《唐律·擅兴篇》共二十四条，基本内容是有关军兴和工兴的事情，而无“上狱”、“考事报谳”等事项的规定。这一区别，不只说明汉、唐两代《兴律》调整的对象有所不同，而且反映出汉、唐之间司法制度的不同。

沈家本说：“‘上狱’疑为罪人在狱之法。”① 此说甚确。《晋书·刑法志》言，汉“兴律有上狱之事，科有考事报谳，宜别为篇”。魏律将上述两条目“分为系讯、断狱律”。这也表明“上狱”、“考事报谳”为有关司法的事项。汉《兴律》篇内其所以有审讯、断狱的条文，是有其原因的。秦汉时，主管土木工程的一些官署，也就是狱所，同时负责看管犯人。狱所中的囚徒，也就是担负修筑城垣、禁苑、边防工事等土木工程的重要劳动力。如秦的邦司空、县司空，既是主管土木工程的官署，又负责看管犯人。秦简中有《司空》律一篇，其中就规定有，司空对使役的犯人如何看管（详见《睡虎地秦墓竹简》司空、徭等篇）。

汉承秦制，汉“司空”的职责也是如此。《汉书·百官公卿表》如淳注：“律，司空主水及罪人。贾谊曰‘输之司空，编之徒官。’”② 所谓“主水”，即主管治水、用水之类的工程。“主罪人”，即看管囚犯。“输之司空，编之徒官”，即将犯人送司空处，作为劳力使役。此外，汉中央所属各机构的“诏狱”，同时也都是负责某一类工程的官署。如“别火”，如淳注：“汉仪注别火，狱令官，主治改火之事。”“若卢”，服虔注：“若

① 《汉律摭遗》卷十二。

② 《汉书·贾谊传》将司空误为“司寇”。

卢，诏狱也"，如淳注："汉仪注有若卢狱令，主治库兵。""寺互"，如淳注："都船狱令，治水官也。"又"都船"并置有"狱吏"（《汉书·薛宣传》）。"别火"、"若卢"、"寺互"等，既是狱所，又是主管某项工作、工程的官署。它们所使役的劳力，主要是囚犯。

了解当时的管理囚犯的制度，就不难理解汉《兴律》篇内因何有"上狱"、"考事报谳"等条目。既然主管各项工程的一些官署，同时又是狱所，使役的劳力，又多是该官署负责看管的囚犯，因此规定军兴、工兴有关事项的《兴律》篇，其中又有关于"上狱"、"考事报谳"等事项。①

《睡虎地秦墓竹简》中未见有《兴律》篇名，秦时是否有《兴律》还有待证实。但《晋书·刑法志》所载汉《兴律》篇的一些条目，在秦简《徭律》、《司空》、《工律》等篇中，均已有规定。这些规定有助于理解汉《兴律》有关条目的含义。

例如，秦《徭律》篇有关征发徭役的规定，就有助于理解汉《兴律》的"擅兴徭役"条。秦律规定，除为朝廷征调徭役外，县廷有权征发徭役，以便维修它所负责的一些经常性的工程，如修缮"禁苑、公马牛苑"等。至于进行其他工程，县必须报请上级批准，才可征调徭役兴建。如规定："县毋敢擅坏更公舍官府及廷，其有欲坏更也，必谳之。"谳，请也。按此规定，不"谳"而为，当即是"擅兴徭役"。

《晋书·刑法志》载，汉《兴律》有"乏徭、稽留"条。有人认为"乏徭"是"徭役缺乏"。此说实为望文生义。②秦简《法律答问》篇，对于秦律中的"乏徭"一词有具体解释。"可（何）谓乏徭？""已阅及敦（屯）车食若行到徭所乃亡，皆为'乏徭'。"阅，检阅。屯，皆、同。③"屯车食"，即共同乘车食稟。按此解释，汉《兴律》中的"乏徭"，当也是指当徭者，已经报到服徭，现已到达服徭地点，后又逃跑，均谓之"乏

---

① 沈家本："按《兴律》之目可考者七。'上狱'之法未详，疑是罪人入狱之事，人数既众，则收管防护非召集徒众不可，故汉时有《兴律》也。'考事报谳'疑是遣使分赴郡国治狱之事。如田叔治梁狱、吕步舒治淮南狱也，使者当有徒众随之，亦属兴事，故有《兴律》。"（《汉律摭遗·一》沈不解汉囚犯看管制度，故有此说。）

② 沈家本解释"乏徭"时，引《汉书·食货志》，卫青出击匈奴时，徭役不足，募奴婢充徭役的情况为证，而后说："是时徭役阙乏，募人奴婢以充徭役也。"见《汉律摭遗·十二》。

③ 屯，即同、皆。如《韩非子·外储说右下》："赏其里正与伍老屯二甲"，即皆二甲。

徭"。据此可知,"乏徭"是逃避徭役的一种罪名。

汉《兴律》中的"稽留",也是有关征发的罪名。《急就篇》颜师古注:"律有乏兴之法,谓官有所兴发而辄稽留,乏其事也。"此说含混不清,没有明确指出何人延误兴发,谓之"稽留"。秦简《徭律》篇:"御中发征,乏弗行,赀二甲。失期三日到五日,谇;六日到旬,赀一盾;过旬,赀一甲。"所谓"乏弗行"、"失期",当即指地方官吏稽留"御中发征"徭役的罪行。故《兴律》中的"稽留",非指一般稽留诏书;也不是指当徭者逃避徭役,而是负责征发徭役的地方官吏,"乏弗行"的罪行。

此外,秦简《工律》篇还有关于兴徭时,徭役使用"官舍"、借用官府器物的规定。汉《兴律》篇或也有类似内容。

从以上所述可以看出,汉萧何制定《兴律》时,的确不是凭空想象,而是拾撠秦律有关规定,加以编纂、整理制定出来的。

五　厩律

史籍记载汉《厩律》篇名及其条目的有《晋书·刑法志》与《唐律疏议》。

《晋志》:"厩律有逮捕之事",有"告反逮受"、① "乏军之兴"。又云:"秦世旧有厩置、乘传、副车、食厨。汉初承秦不改,后以费广稍省,故后汉但设骑置而无车马,而律犹著其文,则为虚设,故除厩律,取其可用合科者,以为邮驿令。其告反逮验,别人告劾律。上言变事,以为变事令,以惊事告急,与兴律烽燧及科令合者,以为惊事律。"

《唐律疏议》:"汉律九章创加厩律。魏以厩事散入诸篇。晋以牧事合之为厩牧律。自宋及梁复名厩律。后魏太和年名牧产律。至正始年复名厩牧律。历北齐、后周更无改作。隋开皇以库事附之,更名厩库律。厩者鸠聚也,马牛之所聚也。"唐因袭开皇律,仍然称为《厩库律》。

---

① 《汉律撠遗·一》:"'逮受',下文作'逮验',《玉海》引作'讯受'。魏分为《告劾律》,而'系讯'又自分为律,则此目当非讯也。下文既曰'逮验'与逮捕为先后之事。凡捕须验之也,似以'逮验'为是。"

《晋书·刑法志》中的"魏律序略"为了说明旧律（汉律）需要修改，故列举的是一些与《厩律》篇名不合的条目。如按《晋志》所记，汉《厩律》似一篇关于驿站的法律。《唐律疏议》仅在说明，自汉至唐《厩律》篇名的变化情况。不过根据这个说明，以及《唐律·厩库篇》的内容来看，汉《厩律》又应是一篇关于调整厩事的法律。应以《唐律疏议》所说为是，汉《厩律》主要内容当是有关厩事的规定。

第一，《晋书·刑法志》所列的条目，表面上看来，确与《厩律》篇名不合，但这些条目当时与厩事有关，故列入《厩律》。如"告反逮验"、"上言变事"等条，或如沈家本所言，系因事关封建统治阶级的安全，需要厩苑供应马匹，故《厩律》中有如此规定。① 并非说，厩苑有"告反逮验"、"上言变事"的职责。

"乏军之兴"条，显然是因厩苑有供应军马的责任，② 如不能按期、按数供应军马，即为之"乏军兴"。故《厩律》有此规定。

至于《晋志》所说："秦世旧有厩置、乘传、副车、食厨。汉初承秦不改，后以费广稍省，故后汉但设骑置而无车马，而律犹著其文，则为虚设，故除厩律"云云，并不能说明《厩律》就是关于"厩置"的法律。这段文字的意思是说，汉初承秦制，设有厩置（即驿站，详后），实行乘传等制度，需要大量马牛以供交通，故《厩律》中有许多关于厩置的法律条文，后汉时这套设置已取消，因而也就无需与此有关的法规。

按：厩置，即驿站。《史记·田横传》："至尸乡厩置。"瓒曰："厩置，置马以传驿也。"乘传，副车、食厨为驿站设置的供旅人所需的车马、饮食等制度。乘传，《汉书·高帝纪》："横惧乘传诣洛阳。"注："如淳曰：律，四马高足为置传，四马中足为驰传。四马下足为乘传，一马二马为轺传。"颜师古曰："传者若今之驿，古者以车，谓之传车。其后又单置马谓之驿骑。"副车，即属车。《史记·留侯世家》："误中副车。"索隐注："属车即副车，而奉车郎御而从后。"至于"食厨"，当指驿站供应旅

---

① 见《汉律摭遗·十三》。

② 《唐律疏议》卷十六对"乏军兴"有如下解释，可参考："'兴军征讨国之大事，调发征行有所稽废者名乏军兴，犯者合斩……'注云：'谓临军征讨有所调发'，兵马及应须供军器械，或所须战具，各依期会，克日俱充。有所缺者即是稽废。"

人饮食的制度。《汉书·宣帝纪》："饰厨传。"韦昭注："厨为饮食，传为传舍。"据此，厩置、乘传、副车、食厨，是指秦至汉初，驿站供应车马饮食的制度。后汉驿站仅置"单骑"，故无须大量车马，因而也就无须普遍设置厩苑，所以就"除厩律"。

第二，秦已有专门调整厩事的法律，名《厩苑律》。秦简中有题为《厩苑律》的律文三条。厩苑是畜养、放牧马牛等牲畜的场所。秦时，各类厩苑遍全国。其中有直属朝廷的，也有属于县的。各厩苑置有主管官吏，称作厩啬夫。厩苑主管饲养、放牧"公马牛"，备官吏乘服运输，以及战时之需。由于秦简中仅残存三条律文，因而无从知晓秦《厩苑律》的更多内容。但据此可以认定《厩苑律》主要是关于厩事的法律。

至于汉以后的情况，就现存的唐《厩库律》来看，也主要是关于厩事的法律，毋庸赘言。从而可以认为汉《厩律》的内容，也主要是关于厩事的法律。秦《厩苑律》或即萧何"攈摭秦法"创制汉《厩律》的蓝本。

六　户律

汉《户律》篇名，见于《晋书·刑法志》和《唐律疏议》。但均未载该律具体条目。《唐律疏议》卷十二对于《户律》篇名自汉至唐的变更，有如下说明："汉萧何承秦六篇，加厩、兴、户三篇。迄于后周皆名户律。北齐以婚事附之名为婚户律。隋开皇以户在婚前改为户婚律。"从这一说明中可以看出汉《户律》可能不包括婚事的规定。

《睡虎地秦墓竹简》不见秦《户律》篇名。秦是否有《户律》篇，不能直接确定。但从秦简中可以知道，在秦的其他律令中已有关于户事的规定。如秦简《法律答问》部分有对"匿户"的解释，以及对于居民"徙居"需要谒吏更籍的规定。《秦律杂抄》部分有关于官吏统计户口的规定。秦简中并有《傅律》一条，关于傅籍服役的规定。这些法律条文，均对于萧何制定汉《户律》有重要参考价值。

值得注意的是，在《睡虎地秦墓竹简》中有魏《户律》一条。现录如下：

廿五年闰再十二月丙午朔辛亥。□告相邦；民或弃邑居野，入人孤寡，微人妇女，非邦之故也。自今以来，叚（假）门逆吕（旅），赘婿后父，勿令为户，勿鼠（予）田宇。三枼（世）之后，欲士（仕）士（仕）之，乃（仍）署其籍曰：故某虑赘婿某叟之乃（仍）孙。

"廿五年"，应为魏安厘王二十五年（公元前 252 年）。丙午为初一日，则辛亥为初六日。① 假门，读为贾门，指商贾之家。逆旅，客店。② 赘婿，一种身份低下，近似奴婢的人。《汉书·贾谊传》云，秦人"家贫子壮则出赘"。《汉书·严助传》："岁比不登，民待卖爵赘子，以接衣食。"如淳注："淮南俗卖子与人作奴，名曰赘子，三年不能赎，遂为奴婢。"朱骏声《说文通训定声》"赘"字下认为："赘而不赎，主家配以女，则谓之赘婿。"后父，系指招赘于有子寡妇的男子，也就是赘婿的一种。仍孙，即耳孙。《汉书·惠帝纪》注引李斐云："曾孙也。"③

魏《户律》是一条极其珍贵的史料。仅从户籍制度方面来说，该条律文说明魏国在战国时代，同秦一样，已建立了一套严密的户籍制度。律文规定，经营商贾和客店的、给人家做赘婿的，都不准立户，不分给田地房屋。不仅如此，赘婿在三代以后，才允许做官，并且还要在簿籍上写明该人是已故某闾赘婿的"耳孙"。其立法用意，无非是防止人口流动。人口迁徙，不仅影响社会安定，而且有碍统治者征收田税、户赋和摊派徭戍。故魏《户律》对赘婿有如此严厉的规定。

从法律的渊源关系来看，萧何创制汉律时，不仅"麇撠秦法"，可能还参考了战国时代其他各国的立法。如《户律》篇名就非萧何新创，魏国早已有之。

汉律令篇目繁多，笔者仅就数篇篇名谈了一点看法。其他篇目、条目还有待发现新的材料，再作考释。

（原载《法律史论丛》（一），中国社会科学出版社 1981 年版。）

---

① 历朔与汪曰桢《历代长术辑要》推算相合。
② 《左传》僖公二年："保于逆旅。"杜注："逆旅，客舍也。"
③ 对于该条律文的注释，参见《睡虎地秦墓竹简》的注释。

汉简牍中所见汉律论考[*]

汉代律令早已亡佚，虽经学者多年爬梳整理，但由于资料所限，人们至今对一代律令也只能有粗略了解。所以，当19世纪在甘肃地区发现大批汉简后，其中的律令简格外引人注目，有不少学者曾撰文作专门论述。为了深入开展汉代法制史的研究，笔者愿从律学角度对这批律令作进一步探讨。这里先对可能属于汉律的简文逐条分析如下。

一　"同产子皆得以为嗣，继统□"^①

这支简文虽未署名为"律"，但无论从其内容，还是从其行文语气来看，都似一条法律条文，属汉"户律"。何谓"同产"？有两种解释。颜师古说："同产，兄弟也。同产子，即兄弟子也。"^② 李贤说："同母兄弟也。"^③ 这个解释较颜师古的确切，与这条律文的精神相符（详后）。

"嗣"，继承。以他人之子承继为自己之子，谓之"嗣子"。

"统"，系、属。世代继承不绝，为"统"。

按这条法律规定，若本人无子，其同母（当然也须是同父）兄弟之子，皆可以立以为嗣子，继承世统。《汉书》卷五十九《张汤传》："张贺有一子早死，无子，子安世（张贺之弟）小男彭祖。"以往认为像张贺这样，以弟子为嗣子是一种习俗，现从这条律文得知，无子，得先以同母兄

---

　　* 本文原发表于《简帛研究》第二辑（法律出版社1996年版）。收入本书时略有改动，并增加数条律文。

　　① 《居延新简》E·P·T5：33。以下凡引《居延新简》文，只注编号。

　　② 《汉书》卷七十二《龚胜传》颜师古注。

　　③ 《后汉书》卷二《明帝纪》李贤注。

弟之子为嗣，是法律制度。汉代颁行的有关诸侯王无子得以同产子为嗣的诏令，即体现了此条律文的精神。如："平帝元始元年春正月，令诸侯王、公、列侯、关内侯亡子而有孙若子同产子者，皆得以为嗣。"①

这条法律规定与汉礼制相合。汉成帝无继嗣，丞相翟方进等人议立成帝弟之子定陶王为嗣，说道："《礼》曰：昆弟之子犹为子也，为其后者为之子也。"后遂立定陶王为太子。② 这条法律也体现"嫡庶之别"的礼制精神。前面说过，"同产"即同父母兄弟。立同母兄弟之子为嗣，自然反映出"嫡出子，高于庶出子"。若按颜师古的说法，这条律文就不体现"嫡庶之别"。《唐律》这方面的规定，因袭汉制，并且更严谨。《唐律疏议》卷十二《户婚》："诸立嫡违法者，徒一年。即嫡妻年五十以上无子者，得立嫡以长，不以长者亦如之。"《疏议》引《户令》："无嫡子及有罪、疾，立嫡孙；无嫡孙，以次立嫡子同母弟；无母弟，立庶子；无庶子，立嫡孙同母弟；无母弟，立庶孙。曾、玄以下准此。"

"同产子皆得以为嗣，继统。"这一规定对于本人无子者得以继续维系以血缘关系为纽带的宗族，具有重要意义。在那个时代，维系"世统"，对于任何人都是一件大事。所谓"子孙继嗣，世世不绝，天下之大义也"。③ 从法律角度来看，立为嗣，与爵位的获得、家庭财产的获得都有直接关系。如《汉书》卷八《宣帝纪》载，元康元年，"复高皇帝功臣绛侯周勃等百三十六人家子孙，令奉祭祀，世代勿绝。其毋嗣者，复其次"。孟康注："诸复家皆世世无所与，得传同产子。"他将"复其次"，解释为"得传同产子"。这与本条《户律》的意思相合。"复家"，即免除徭役。这说明，立为嗣者的"同产子"可享免除徭役的待遇。再者，立为嗣，也是获得"赐爵"的资格。汉时，每遇重大庆典常"赐爵"与"父后者"，或重赐"父后者"。如《汉书》卷四《文帝纪》载，"孝文元年，建太子"，"因赐天下当为父后者爵一级"。《后汉书》卷六《顺帝纪》载，永建元年，"赐男子爵，人二级，为父后，人三级"。"为父后者"，即立为

---

① 《汉书》卷十二《平帝纪》。
② 《汉书》卷八十一《孔光传》。
③ 《汉书》卷四《文帝纪》、《汉书》卷十六《高惠高后文功臣表》注。

嗣者。为人嗣后即获有统率家事的家长权。这里不再一一赘述。

二　"《囚律》:告劾毋轻重,皆关属所二千石官"①

"关",白、通,关说。《说文》段注:"凡立乎此而交彼曰关。"

"轻重",指罪行轻重。

"二千石",官秩等级。二千石为将作大匠、水衡都尉等列卿及郡太守、诸侯王国相一级官员。习惯上多称郡守、国相为二千石官。

这条律文的意思是,凡告劾二千石官所属的官吏,无论罪行轻重,均应通报二千石官。法律并没明确规定何时"关属所二千石"。有关资料说明,或在判决后、执行前告知他所属的二千石官。②

三　"证财物故不以实,臧(赃)五百以上,辞已定,满三日而不更言请(情)者,以辞所出入罪反罪"

这是审判官问案时首先向被告人宣读的一条法律,令其招供实情,否则将受到相应的惩罚。此律虽未署律名,但按其性质当属汉《囚律》,是汉时的一项审讯制度。因而在汉简中,凡记录审问案件的简牍都有这条律文。现将所见这类律文抄录一部分,以便分析:

《居延汉简释文合校》:

3·35:"先以证不言请(情)出入罪。"

38·27:"□官,先以证不言请(情)出入。"

7·20:"□先以证不言请(情)出入罪□。"

《居延新简》:

---

①　E·P·T10:2A。

②　参见《建武三年候粟君所责寇恩事》,载 E·P·F22:1-2。

E·P·T5：111："□辞已定，满三日□。"

E·P·T51：228："□三日而不更言请（情）书律辨告。乃验问……"

E·P·T51：290："□故不以实，臧（赃）二百五十以上令辨告。"

E·P·T54：9："贾而买卖而不言证财物故不以实臧（赃）二百五□。"

E·P·T52：417："□先以证不［言］请（情）律辨告，乃验问定……"

E·P·T51：509："□市券一。先以证财物故不以实。"

E·P·T53：181："□先以证财物故不以实律辨……"

E·P·S4·T2：7："而不更言诏（情）书律辨告。乃讯由辞曰：公乘，居延肩水里，年五十五岁，姓李氏，乃永光四年八月丁丑……"

E·P·F22：288："建武五年二月丙午朔甲戌，掾谭召万岁候长宪诣官，先以证不言请（情），辞已定，满三……"

E·P·F22：328：330："建武四年三月壬午朔丁酉，万岁候长宪□□燧·谨召诣治所。先以证县官城楼守衙□而不更言请（情），辞所出入罪反罪之律辨告……"

E·P·W13："□□案，不□更言，以辞所出内罪人。"①

以上所录十数枚简文，有的是该律文的节录，如"证财物故不以实"。有的是该律文的概括，如"证不言请（情）出入罪"。有的是该律文的残篇，如"□辞已定，满三日……"但是，我们仍可从中看出：

（1）律文中的"赃五百以上"、"赃二百五十以上"、"县官城楼守衙"等语，不是这条律文的组成部分，而是审判官问案时，根据审问案情的需要引用的有关令文。②或归纳出的理由"辨告"当事人。如无需要，宣读

①　内，读纳，同纳，入也。

②　"赃五百以上"、"赃二百五十以上"，是惩治"赃罪"（如贪污、盗窃、诈骗等罪）而规定的定罪量刑界限。就是说赃"五百以上"是一种处罚，"二百五十以上"又是一种处罚。《汉书》卷七十八《萧望之传》："受所监赃二百五十以上，请逮捕系治。"颜师古注："二百五十以上，当时律令坐罪之次，若今律条言语尺以上、一匹以上矣。"

这条律文时，也可以不引用其他令文插入其中。所以，简文中所引用这条律文之处，各不相同。

（2）律文中的"证不言请"、"不更言请"的"请"，即"情"。《史记》卷二十三《礼书》："请文俱尽。"《集解》徐广注："古'情'字或假借作'请'，诸子中多有此比。"《睡虎地秦墓竹简》中的《封诊式》"治狱"条和《法律答问》"女子甲去夫亡"条中也见有假"请"为"情"，可参考。"情"，指情实。《周礼·小宰》："六日以叙听其情。"贾公彦疏："情，谓情实。"当事人被审问时如不说实话，要负法律责任。《唐律·诈伪》明确指定："诸证不言情，及译人诈伪，致罪有出入者，证人减二等，译人与同罪。"

（3）"故不以实"中的"故"，指"故意"，法律用语。《后汉书·郭躬传》："法令有故、误，误者其文则轻。"

四　"以兵刃索绳它物可以自杀者予囚，囚以自杀、杀人；若自伤、伤人而以辜二旬中死，予者髡为城旦舂及有"①

此文未署律名，但根据文义，可以认为是汉《囚律》中关于监狱管理条文的残简。律文语言简洁，意思清楚。大意是："任何人若将兵器、绳索，以及其他可以用来杀伤人的器物给予囚犯，使其用来自杀、杀人，或自伤、伤人，若被伤者在保辜期限二十天内因伤死亡，供给囚犯上述器物者应处为城旦舂。"律文中所说的"辜"，即保辜，是一项重要的法律制度，略说明如下。

《说文》段注："辜者，嫴之省。嫴与保同义，叠字。"律文中的"辜"，指刑法中的保辜制度。《急就篇》："疻痏保辜谦呼号。"颜师古注："保辜者，各随其轻重，令殴者以日数保之，限内致死则坐重辜也。"但是颜师古有一点没有说清楚，即"限内致死"不仅是"坐重辜"问题，首先是罪行的性质改变了。原是"伤人罪"，"限内致死"则成为"杀人

_____
① E·P·S4·T2：100。

罪"。《汉书·高惠高后文功臣表》载，昌武嗣侯德"元朔三年，坐伤人二旬内死，弃市"。《补注》引沈钦韩曰："此在保辜限也。"《唐律·斗讼》："'诸保辜者，手足殴伤人限十日，以它物殴伤人者二十日，以刃及汤火伤人者三十日，限内死者皆依杀人论，与汉制同'。"此说甚是，汉简中另见一案例，也可佐证。E·P·F22：326："乃□□□申第三燧戍卒新平郡若县奇里上造朱疑见第五燧戍卒同郡县始都里皇☑□所持铍，即以疑所持胡桐木丈（杖），从后墨击意项三下，以辜一旬内立死。案疑贼杀人。甲辰病心腹□□。""墨"，通默，无声。"从后墨击意项三下"，显然是"贼伤人"，而"辜一旬内立死"，就成为"贼杀人"了。

关于"保辜"，还有一点需要补充，即当时不仅规定"伤人罪"实行"保辜"，其他民事法律行为，如建筑、修缮等土木工程也实行"保辜"。《说文》："嫷，任保也。"段玉裁说："嫷"字，"原许君之义，实不专谓罪人保嫷，谓凡事之估计予图耳"。此说甚是。秦简中所见"嫷"字，即非关"罪人保辜"事。《睡虎地秦墓竹简·徭律》："兴徒以为邑中之红（功）者，令结（嫷）堵卒岁"，也就是说征发徒众修筑城垣者，要对所修城墙担保一年。

五　"《捕律》：禁吏毋夜入人庐舍捕人。犯者，其室殴伤之，以无故入人室律从事"[1]

这条署名为《捕律》的条文，当系汉"九章律"中的《捕律》原文。由于它与《周礼》郑玄注中的引文相近，因而引起学者格外注意。如日本大庭脩教授所说，此"简牍史料与过去的文献史料如此相符合，应该说是稀有的例子"。[2]《周礼》卷三十五《秋官·朝士》："凡盗贼军，乡邑及家人杀之无罪。"郑玄注："郑司农云：谓盗贼群辈若军共攻盗乡邑及家人者，杀之无罪。若今时无故入人室宅庐舍，上人车船牵引人欲犯法者，其时格杀之，无罪。"汉简所见条文云："以无故入人室律从事"，就是先郑

---

① 《居延汉简释文合校》395·11。
② 大庭脩：《秦汉法制史研究》（中文版），第70页。

所说的，对于"无故入人室者"，其时格杀之无罪。

在论证这枚简时，大庭脩先生将"禁吏毋夜入人庐舍捕人"，写作"禁吏毋敢入人庐舍捕人"。① 另一处，在引用仁井田陞博士《中国法制史》中对这条律文的标点时，又写作"禁吏毋或入人庐舍捕人"。案头无日文本的《秦汉法制史研究》和仁井田陞先生的《中国法制史》，没有核对，不知原文是否也不确。笔者认为《居延汉简释文合校》395·11 简释为"禁吏毋夜入人庐舍捕人"，当不误，也合乎情理。因为法律不可能不加说明的，一概"禁吏毋敢入人庐舍捕人"。若作如此规定，官吏将无办法逮捕躲入室内的逃犯了。法律规定"禁吏毋夜入人庐舍捕人"，是由于黑夜间，庐舍内的人无法辨认闯入者是有拘捕权的官员，还是盗贼。在这种情况下，室人与闯入者格斗，甚至将他杀死，无罪。

六　律曰："赎以下可檄，檄，勿征遝与令史移檄，官宪功算，枭维蒲封"②

这条律文，根据内容判断，当属汉《囚律》。律文系由两支简缀合而成。各家对其释文不尽相同。本文对其中的"与"、"移檄"的"檄"系采用《甲乙编》的意见。"算"、"维"的释文是以《居延汉简释文合校》为据。试分析如下。

"赎"，指赎刑，一种轻刑之罚名。凡处赎刑的罪，称作"赎罪"。《晋书·刑法志》云"赎罚者误之诫"，又云"意善功恶，以金赎之"。由此可知，"赎刑"是对过、误，违法、犯罪的处罚，一种轻刑。据统计，东汉永元年间，"赎罪以下"的律文二千六百八十一条。③

"檄"，官文书形式，多用于征召。《说文》段注引李贤文："《光武纪》曰：'《说文》以木简为书，长尺二寸'，谓之檄，以征召也。"《汉书·申屠嘉传》："嘉为檄召通。"

---

① 大庭脩：《秦汉法制史研究》（中文版），第 54、69、70 页。
② 《居延汉简释文合校》157·13、185·11。
③ 《后汉书》卷四十六《陈宠传》。

"遆"（音代），同逮，"征遆"，征逮。

"宪"，法令。《汉书·萧望之传》："作宪垂法，为无穷之规。"此处指召传案件当事人的檄文。

"功"，攻。功治之乃成之。见《释名·释语言》。

"算"，通笯。《仪礼·既夕》："主人之史请读赗执算。"郑注："古文算，皆为笯"，指简书、簿册。《庄子·骈拇》："挟笯读书。"汉简中有"告部檄记算"、"吏遣符算"、"劾算"、"计簿算"等，其中的"算"，即简册。①

"枲"，麻，见《说文》。律文中的"枲"，指用于缠系简牍的麻绳。

"维"，系，联结。

"蒲"，蒲柳。《诗·杨之水》："不流束蒲。"笺云："蒲，蒲柳。"律文中的"蒲"，指书板。枲、蒲，都是制作檄书的材料。②

"蒲封"，汉简中常见连用词，指封缄檄或其他官文书。"蒲封"也作"中封"。E·P·T56：182 有"枲缠中封"。"中"，即蒲书。江永《周礼疑义举要》："凡官府簿书谓之中。故诸官言治中。《小司寇》断庶民狱讼之中。皆谓簿书，犹今之案卷也。"

"官宪功算，枲维蒲封"，即制作"合檄"的程序。由令史将官府的政令写在两块或两块以上的牍板上，然后用麻绳缠系在一起，用封泥、印章封缄。

按以上解释，这枚简文的大意是："法律规定，凡属赎刑以下的犯罪，可以用檄令传唤到庭的，皆用檄令传唤，勿需采取逮捕措施。檄令由令史制发，即将官府的政令，制成书板，用麻绳缠系之，再用封泥、印铃封缄。"

---

① E·P·T59：229 "始建国天凤一年六月以来所受枲蒲及适笯诸物出入簿"。"笯"（牍朴）、枲、蒲，都是制作书板的材料。

② 《居延汉简释文合校》183·11A、183·15A。

七　"移人在所县道官，县道官狱讯以报之，勿征逮。征逮者以擅移狱论"①

这枚简文从行文语气来看，明显是法律条文。按其内容，很可能是关于审判管辖的律文。

"人"，指案件的被告人。"移人在所县道官"，即将案件移交被告人所在的县道官。

"擅移狱"，罪名。擅自将案件移交无权审理此案的机关。

这条法律规定了一项审判制度，即被告人若不居住在受理此案的县道官管辖范围内，该县道官不得征逮此被告人，而是将此案移交到被告人现住县道官，令其审理。而后将审理结果报予原受理此案的县道官。

八　"律：□辞官，移书人在所，在所以次"

这条律文载于一件文书中：

> □丑朔甲寅，居延库守丞庆敢言之：缮治车卒甯朝自言贳卖衣财物客民卒所。各如牒。"律：□辞官，移书人在所。在所以次。"唯府令甲渠收责（债），得钱与朝，敢言之。掾破胡佐护充光。②

这是一件债权人所在官署为其索债而发出的文书。其中引用的律文，当是有关处理债务的规定：

"□辞官"中的"辞"，指词讼。《说文通训定声》："分争辩讼谓之辞。""官"指接受诉状的官署。

"书"，指诉状、申诉文书。

"人在所"，指被控告人任职的官署，或所居住地区官府。

---

① E·P·S4·T2：101。
② E·P·T58：45A、B。

"在所以次"，被告人任职的官署，或所居住地区官府，依法定程序将此文书转交给具体负责处理此案的机关，依法处理。

这件文书中的"府"，指居延库和甲渠候官的上级居延都尉府。"唯府"，即恳请居延都尉府命令甲渠候官负责收债，并将所收债款交给债权人。从这件文书的内容中可以看出，如果债权人和债务人既不居住在同一地区，也不在同一官署任职，债权人任职机关可以呈请上级机关行文令债务人所在官署代收债款。

《居延新简》E·P·T53：186 所载简文即是依据这条律文而发出的索债文件："甘露三年十一月辛巳朔己酉，临木候长福敢言之，谨移戍卒吕异众等行道赍卖衣财物直（值）钱如牒。唯官移书令觟得泺涫收责敢言之。"

九　"□宋①捕验亡人所依倚②匿处必得，得诣如书③。毋有，令吏民相牵证任爰书，以书言"④

这一条律文见于一基层机构根据上级命令"捕验亡人"后的回报文书："'□宋捕验亡人所依倚匿处必得，得诣如书。毋有，令吏民相牵证任爰书，以书言'。谨杂与候史廉、驿北亭长欧等八人，戍卒孟阳等十人搜索部界中□亡人所依匿处，爰书相牵……"

文中的前段是援引的有关"捕亡"律令文。汉简所见官文书中常见有引法律条文为据的。

按照这条法令规定：

（1）有关官署接到通缉令后，应立即仔细搜索所辖地区是否隐匿有逃亡犯。

（2）捕获逃亡犯后应押送到文书指定地点。

---

① 宋，悉也，详细。见《说文》卷三"采部"。

② 依倚，依靠，依赖。《说文》卷十五"人部"依、倚互训。

③ 书，指逮捕"亡人"下发的文书，即通缉令。"诣如书"，即将抓获的逃亡犯送交通缉令指定的官署。

④ 《合校》255·27。

（3）搜索后未发现逃亡犯，凡参加搜索的吏民均应具结保证，所谓
"相牵证任"。① 其文书样式，如该支简文的后半段所写："谨杂与候史廉、
驿北亭长欧等八人，戍卒孟阳等十人搜索部界中□亡人所依匿处，爰书相
牵……"

十　"狠（垦）田簿署岁上中下度得谷□率，其有灾害者署顷亩□宾□□"②

此残简虽未标明为律文，但据其内容，很可能是汉《田律》条文。③
它与秦《田律》有关规定相似。秦《田律》规定："雨为澍，及诱（秀）
粟，辄以书言澍稼、诱（秀）粟及垦田畼毋（无）稼者顷数。稼已生后而
雨，亦辄言雨少多，所利顷数。旱及暴风雨、水潦、螽虫、群它物伤稼
者，亦辄言其顷数……"④ 与秦律相比，汉代有关农事的统计制度更为规
范。例如：

（1）制定"垦田簿"，专门用于登记垦殖田亩数、收获数额。

（2）谷物按质量分为上、中、下等分别统计，并计算出各占比例
若干。

（3）若遇灾害，应将受灾田亩面积（顷亩数）及其所占比例登记
清楚。

"垦田簿"上有如此记载，自然便于统治者制定相关政策。

十一　"律曰：臧（赃）官物非录者，以十月平贾计"⑤

"录"，抄录。此处指物品登记入册。《周礼·天官·职币》："皆辨其

---

① 相牵证任，与事件相关者互相担保。司法用语，汉简中多见，如：《合校》504·11：肩水候
官吏相牵证任□；《新》E·P·T53：173：□箕山部吏卒相牵证任爰书。

② 《居延汉简释文合校》113·6、139·24。

③ 汉《田律》问题，参见拙著《汉律篇名新笺》，载《秦汉法制论考》，厦门大学出版社1994
年版。

④ 《睡虎地秦墓竹简·田律》。

⑤ 《居延汉简释文合校》4·1。

物而奠其录。"孙治让《正义》："凡财物之名数，具于为簿籍，故通为之录。"

"平贾"，官定市场平均价格。"以十月平贾计"，表明此律仍沿用以十月为岁首之制。规定以十月为会计年度的开始，平价计算赃值。

此律见于张掖太守"府书"中："二月戊寅，张掖太守福，库丞承熹兼行丞事，敢告张掖农都尉，护田校尉府卒人，谓县。律曰：'臧（赃）官物非录者，以十月平贾计'。案戍田卒受官袍衣物，贪利贵贾赍予贫困民，吏不禁止，浸益多，又不以时验问。"① 这件"府书"提出，凡戍卒、田卒倒卖官府的"非录"衣物的案件，按法律规定均"以十月平贾计"赃。中国古时的法律皆已规定按赃值的大小作为赃罪定罪量刑的重要根据。因而对于如何计算赃物价值都有明确、具体规定。一般都是按罪犯获得赃物时的物价计算。而不是按一年中某一月的价格计赃。如秦律规定"得时值赃"。《唐律·名例》："诸平赃者，皆据犯处当时物价及上绢估。"简中所见到的这一计赃的规定，或仅适用于当时戍卒、田卒倒卖"非录"官物这类案件，而不是一般赃罪的计算方法。

十二　"言律曰：畜产相贼杀，参分偿和"

这条律文见于沙畹著《斯坦因第二次中亚考察所获汉简》（编号949）："言律曰：畜产相贼杀，参分偿和。令少仲出钱三千及死马骨肉付循请平。"②

此简是一件判决书。前半段是引用的律文。后半段是判词，即使被告人少仲出钱三千及死马骨肉付予被害者循，以便和解。至于这条律文的性质，王国维先生以《魏新律序略》所言："《贼律》有贼伐树木，杀伤人畜产及诸亡印"，认为此简文是《贼律》。大庭脩教授认为不确。他说："《魏新律序略》是指某人杀伤他人畜产时而言，而此律文所说的'畜产

---

① 《居延汉简释文合校》4·1。
② 《敦煌汉简释文》2011 简。

相贼杀'，大概是指动物之间彼此争夺杀伤。"① 笔者同意这一分析，仅补
充一点意见：

这条律文当属汉《厩律》。《唐律·厩库》篇有关规定可资佐证。《唐
律》："诸犬自杀伤他人畜产者，犬主偿其减价；余畜自相杀伤者，偿减价
之半。"《疏议》举例道："自相杀伤，谓牛相看牴杀、马相踏死之类。假
有甲家牛，牴杀乙家马，马本值绢十疋，为牴杀，估皮肉值绢两疋，即是
减八疋绢，甲偿乙绢四疋，是名'偿减价之半'。"② 汉、唐律相比，可以
看出，两律关于"畜自相杀伤"赔偿费的比例有所不同，汉律规定赔偿畜
价的三分之一，唐律规定赔偿费实际是五分之三。唐律规定的赔偿费高于
汉律的规定。但两者都规定，可以死畜的骨肉作为部分赔偿费。在这一点
上却是相同的。

十三　"《捕律》：亡人匈奴、外蛮夷守弃亭鄣逢（烽）燧者不坚守降之，及从塞徼外来绛（降）而贼杀之，皆要（腰）斩，妻子耐为司寇作如"③

这是一条汉《捕律》律文，主旨是禁止边防军"贼杀"降者。律文
所说的来投降者分两类，一是逃跑到匈奴、外蛮夷的守烽燧的戍卒，二是
塞徼外的人。汉承秦制，在战争中实行斩首授爵政策，鼓励杀敌。因而常
有军人为了邀功，滥杀来降者，获取爵位。为了严肃军纪，争取到多来降
者，法律明文禁止滥杀降者，犯者腰斩。

秦汉旧律，渊源于魏国李悝所著《法经》。其中的《囚》、《捕》篇，
为劾、捕贼、盗的内容，与断狱有关的法律。而现见到的这条汉《捕律》，
与断狱无关，却署为《捕律》，是否萧何著《九章律》中的《捕律》，尚
需研究。

---

① 大庭脩：《秦汉法制史研究》（中文版），第71—72 页。
② 《唐律》卷十五《厩库》。
③ 《敦煌汉简释文》983 简。

十四　"律曰：诸使而传不名取卒甲、兵、禾稼簿者，皆勿敢擅予"①

　　这枚简是斯坦因第三次中亚考察时发现于酒泉地区的，不少学者对此简作过考证。大庭脩先生的意见甚是。他说："当上级官府的使者在其身份证明文件中未写明所需要的簿册名称时，如要索取卒簿（士兵名册）、甲兵簿（武器登记簿）、禾稼簿（粮食账簿），不得随便给予。"② 近日读《张家山汉墓竹简》发现《二年律令·置吏律》中有一条律文："官各有办，非其官事勿敢为，非所听勿敢听。诸使而传不名取卒、甲兵、禾稼志者，勿敢撤回予。"据此可知，这条法律系抄自汉初已有的《置吏律》。

　　　　　　　　　　　（原载《简帛研究》第二辑，中国社会科学院简帛
　　　　　　　　　　　研究中心编辑，广西教育出版社 1996 年版。）

---

① 《敦煌汉简释文》2325 简。
② 大庭脩：《秦汉法制史研究》（中文版），第 71 页。

汉简牍中所见令文辑考

汉代令文繁多，有"文书盈于几阁，典者不能徧睹"之说。为便于查阅实施，当时就曾依次编辑成篇。如魏人如淳言，汉"令有先后，故有令甲、令乙、令丙"之分，① 可惜早已佚失。清代以来，曾有人对散见的汉令爬梳整理，然因史料所限，辑录多令文名目而已，具体条文极少。半个多世纪以来，陆续出土的汉代简牍，为研究这一时期的律令，提供了丰富资料。其中明显属于汉律的条文，笔者曾有论考，② 今再将简中所见令、品、品约等法规，辑录成篇，略作注考，以供研究者参考。文中所引简文限于《居延汉简合校》、《居延新简》以及《敦煌汉简释文》。所列令文名称，部分为原有名称，部分为笔者据其内容拟定，不当之处，望专家指正。

一　祠令（祠社稷）

（1）建武八年（公元 32 年）三月己丑朔。张掖居延都尉谌行丞事，城骑千人躬告劝农掾禹谓官县令以春祠社稷。③ 今择吉日如牒。书到，令、丞循行谨修治社稷，令鲜明。令、丞以下当……

---

① 《汉书》卷八《宣帝纪》如淳注。
② 参见拙著《汉简中所见汉律论考》，载《简帛研究》第二辑。
③ 社，土地神；稷，谷神。《孝经援神契》曰："社者，土地之主也。稷者，五谷之长也。"《后汉书》志第九《祭祀下》："《礼记》及《国语》皆谓共工氏之子曰句龙，为后土官，能平九土，故祀以为社。烈山氏之子曰柱，能植百谷蔬，自夏以上祀以为稷，至殷以柱久远，而尧时弃为后稷，亦植百谷，故废柱，祀弃为稷。"故有国者必立社稷，以社稷之存亡，示国家之存亡。西汉初，高祖二年就"令民除秦社稷，立汉社稷。东汉建武二年，立太社稷于洛阳，在宗庙之后。方坛，无屋，有墙门而已"。又："郡县置社稷，太守、令、长侍祠，牲用羊豕。"

掾盛、守属业，书佐宫①

（附）牒：

三月二十六日甲寅斋②

（2）建武五年（公元 29 年）八月甲辰朔戊申（初五），张掖居延城司马武以近秩次行都尉文书事，以居延仓长印封，丞邯告劝农掾褎、史尚谓官县以令秋祠社稷，令择吉日如牒。书到，令、丞循行谨修治社稷，令鲜明。令、丞以下当侍祠者斋戒，③ 务以谨敬鲜洁、约省为故。褎、尚考察不以为意者辄言，如律令。

掾阳兼守属习，书佐博④

（附）牒：

八月二十四日丁卯斋⑤

八月二十六日己巳直成可祠社稷⑥

以上两文书是张掖郡、居延都尉逐级下达的关于春、秋祠社稷令。据说汉曾有专门规定祭祀社稷的法令《祀令》，然而早已佚失。上述两令或即《祀令》。⑦ 显然，它为我们了解汉代如何祭祀社稷提供了珍贵资料。从中可以看出：

（1）据说：汉先立官社，后立官稷。但史籍语焉不详，学者莫衷一是。该简证实，东汉初社与稷在一处并祭。

（2）汉简说明，不仅洛阳以及各郡县置有社稷，县以下的各郡也置有社稷。与上述两令同一探方出土的一则文书云，令各塞治社稷，即是一证。⑧

（3）《后汉书·祭祀志》云，太社稷"一岁三祠，皆太牢具"。郡县

---

① 《新简》E·P·T20：4A、B。

② 《新简》E·P·T20：25。

③ 斋戒，祭祀前整洁身心。斋必有所戒。

④ 《新简》E·P·F22：153、154。

⑤ 《新简》E·P·F22：155。

⑥ 《新简》E·P·F22·156。

⑦ 见《汉书》卷二十五下《郊祀志第五下》臣瓒注。

⑧ 《新简》E·P·F22：158、159、160："八月庚戌（初九），甲渠候长以私印行候文书事，告尉谓第四候长宪等写移檄到，宪等循行修治社稷，令鲜明，当侍祠者斋戒以谨敬鲜洁约省为故，如府书律令。""八月庚戌（初九）"，是根据上引 E·P·F22：153 简中所说"建武五年八月甲辰朔"而推算出来的。

"牲用羊豕"。而汉简中的令文对此未作具体规定，仅原则上批示，祠社稷应"鲜洁约省"，即整齐清洁，节约简省。"约省"，也作省约。

（4）关于祠社稷的时间，按此令规定，春（三月）、秋（八月）两祭的具体日期，所谓"吉日"，均由上级统一规定。

（5）从附件"牒"中得知，侍祠者，须两天前"斋戒"。汉时重视"斋戒"。"斋戒不谨"为一罪。如《汉书·功臣表》载，孝景二十一年，"嗣侯萧胜坐不斋耐为隶臣"。《百官公卿表》载，元狩五年："卫尉充国坐斋不谨弃市。"

二　功令

有关《功令》的简有十余枚。先将署名《功令》第四十五的简抄录如下：

　　1. ● 功令第四十五：候长、士吏皆试射，射去堷，① 帑，② 弩力如发。弩发十二矢，中帑矢六为程，过六矢赐劳十五日。

《合校》45·23

　　2. ● 功令第四十五：候长、士吏、燧长皆试射③射去堷帑□。

《合校》45·21

　　3. ● 功令第四十五：士吏、候长蓬、燧长常以令秋试射，以六为程，过六赐劳，矢十五日。④

---

① 堷（音准），箭靶的中心、靶垛。

② 帑，靶心，据考证，"帑以红、白丝识品相间缝制而成，悬挂于木板之上，目的是醒目易认，便于瞄准，然后将堷帑板置于墩上，此即堷帑"（薛英群：《居延汉简通论》，第297页）。

③ 试射，即秋射。汉世有"立秋貙膢"之制。是日为国家大典。京师举行阅兵，官兵演习战阵、射御，名"貙刘"。诸郡于八九月举行"都试"，操练、检阅材官、骑士。所谓"都试讲武，设斧钺旌旗，习射御之事"（《汉书·韩延寿传》）。应参加都试者，优者赏，不参加者免职。《汉书·燕刺王刘旦传》："将军都郎羽林。"颜师古注："都，大也，谓大会试之。"汉《光禄挈令》："诸当试者，不会都所，免之。"现从出土简牍中得知，汉边塞烽燧每年举行秋射，考课吏卒。

④ 日，计量成绩的单位名称，如现在计量学习成绩、工作成绩的"分"，如"学分"、"工分"。以"日"、"月"、"年"作为计量劳绩的单位，系秦制。《睡虎地秦墓竹简·厩苑律》中的"赐牛长日三旬"、"罚冗皂者二月"等条文，即以"日"、"月"记劳绩。

《合校》285·17

4. ●功令第四十五：候长、士吏、燧长皆试射，射十□。

《新简》E·P·T51：417

5. ●功令第四十五：士吏、候长、蓬（烽）燧长常以□。

《新简》E·P·T51：466

6. ●功令第四十五：士吏、候长、蓬（烽）燧长常以令秋射，发矢十二□。

《新简》E·P·T53：34

7. □燧长常以令秋射，发矢十二，以六为程，过六赐劳，矢十五日□。

《合校》270·23

8. □蓬（烽）燧长常以秋试射，发矢十二，以六为程，过六□。

《合校》142·16

9. □□□□□中帝六为程，过六及不满六赐、夺劳，矢各十五日。

《新简》E·P·T·11：1

10. □□弩，发矢十二，中帝，矢六为程，过六若不埻帝六，矢赐、夺劳各十五日。

《新简》E·P·T56：337

参之以上诸简简文，可以认为《功令》第四十五的内容，大致如下。

《功令》第四十五：候长、士吏、燧长试射。射击埻帝，弩力如发，弩发十二矢，中帝，矢六为程，过六矢及不满六矢，每矢赐、夺劳各十五日。

《功令》，汉令篇名，见于史籍。《史记·儒林传》："太史公曰：余读《功令》至于广厉学官之路，未尝不废书而叹也。"《汉书·儒林传》载，公孙弘为学官，"请选择其秩比二百石以上及吏百石通一艺以上补左右内史、太行卒史，比百石以下补郡太守卒史，皆各二人，边郡一人。先用诵多者，不足择掌故以补中二千石属，文学掌故补郡属、备员，请著功令"。何谓《功令》？诸家解释不一。《史记·儒林传》索隐："谓学者课功著之于令，即今学令是也。"《汉书·儒林传》颜师古注："功令，篇名，若今选举令。"沈家本《汉律摭遗》卷一："当以《索隐》之说为是。《玉海》列功令于各令之中。今人言功令者，若云公家之令，不知何所本?《通俗编》以为非。"笔者按，《汉书·儒林传》所记为选拔左右内史、大行卒史等文官的令文。本文所录简中所见《功令》第四十五，为考核边塞军官的令文。参考这两处的令文，可以认为《功令》当是选拔、考核官吏的令文集，其中有若干条。王应麟《玉海》卷六十五说："太常著功令。"此说不确。《功令》作为一种令集，不可能是某一机构所颁布。

附：居延简中有都尉府下达的关于开展"《秋射》的府书"一件和关于记录"秋射"成绩的简若干支，现抄录如下，便于知道《功令》第四十五条是如何贯彻执行的，同时也有助于了解汉代所谓"积功劳升迁"的官吏选拔制度：

> 五凤二年（公元前56年）九月庚辰朔己酉，甲渠候汉疆敢言之。府书①曰："候长、士吏、蓬（烽）隧（燧）长以令秋射署功劳，②长吏杂试。③ 枲□封④移都尉府"。谨移第四队（燧）长奴□□□□□□敢言之。
>
> 《合校》6·5

这一则都尉府书说明：

第一，汉代边塞烽燧每年秋季举行"试射"，故称"秋射"。此令明书"秋射"，与此制相应。

第二，各边塞烽燧的秋射，由都尉府领导。到时，都尉府"移府书"

---

① 府书，都尉府下发的公文。此府书是居延都尉府下发给管辖的甲渠塞的文书。

② 署功劳，记录"秋射"考核成绩。

③ 杂试，共同考试。杂，合、共。《睡虎地云梦秦简·仓律》："县啬夫若丞及仓、乡相杂以印之。"《汉书》卷七十一《隽不疑传》："诏使公卿、将军、中二千石杂识视。"颜师古注："杂，共也。""长吏杂试"，由有关机构的负责人共同主持考课。

④ 枲□封，枲，麻。这里指缠系简册的麻绳。□，当是一"蒲"字。蒲，水杨，用作牍板的原料。"蒲封"，汉简常见的连用词，指檄，或其他官文书。如《居延汉简释文合校》183·15："六月辛未府告金关啬夫久，前移檄逐辟橐他令史解事，所行蒲封一至今不到，解何? ……"此简写为"枲架蒲封移都尉府"。

于所属候官。试射后将考课成绩上报都尉府。如以下各简所记：

　　1. 居延甲渠候官当曲队（燧）长公乘关武，建平三年（公元前 4 年）以令秋试，射发矢十二，中帮□□。

《合校》133·14

　　2. 张掖居延甲渠塞有秩候长公乘樊立，鸿嘉三年（公元前 18 年），以令秋试，射发矢十二，中帮矢十二。

《新简》E·P·T50：18

　　3. 居延甲渠候官第二十七隧（燧）长士伍李宫，建昭四年（公元前 35 年），以令秋射，发矢十二，中帮矢六。

《新简》E·P·T52：95

有关简文说明，各塞官吏秋射成绩，最后可能上报郡太守审核、奖惩。如：

　　1. ●右以令秋射，二千石赐劳籍及令。

《合校》267·11

这是对秋射成绩优秀者赐劳的名册及命令。

　　2. ●右秋射二千石以令夺劳名籍及令。

《合校》206：21

这是对参加秋射成绩不合格者夺劳的名册及命令。

第三，"秋射"须由各有关机构负责人共同主持，所谓"长吏杂试"。

第四，射前须检验靶场的情况："初元三年（公元前 46 年），九月壬子朔辛巳，令史充敢言之。爰书□□辟丈埻道、帮皆应令，即射。行候事，塞尉，□▨"（《合校》甲附 16）。辟，开辟。丈，丈量。埻道经过平整测量。一切皆符合法令规定。是由候长、塞尉负责检验的，并录于爰书。

第五，因故未参加试射者，可以补试。以下两简可证：

1. 吞远候长放昨日诣官上功，不持射具。当会月二十八日，部远不及到部。谨持弩诣官射，七月丁亥蚤食入。

《合校》203·18

2. 临木候长□昨日诣官上功，不持射具。□会□□□□，□远不及到部。谨持弩诣官射，七月丁亥蚤食入。

《合校》203·23

以上两简的内容相同，即为未能按时参加试射者，开具补试证明，大意如下：吞远、临木两塞的候长前往参加秋射，即"上功"时，未携带射具，且路途遥远，不能按时（本月二十八日到部参加试射）。持此证明，令其携弩具于七月丁亥日蚤食（约上午十时至十一时）入场试射。

第六，试射成绩要载入个人档案。例如，以下一燧长的简历中就明确记有他三年参加秋射的情况及因此获得的劳绩：

> 居延甲渠候官第十隧（燧）长公乘徐谭功将，中功一、劳二岁。其六月十五日（系）河平二年（公元前27年）、三年、四年秋试射以令赐劳。□令能书会计治官民，颇知律令、文。居延鸣沙里，家去太守府千六十三里，产居延县。为吏五岁三月十五日。其十五日，河平元年（公元前28年）、阳朔元年（公元前24年）病，不为劳。居延县人。

《新简》E·P·T50：10

三　禄秩令

建武三年（公元27年）四月丁巳朔辛巳，领河西五郡大将军、张掖属国都尉融，移张掖居延都尉，今为都尉以下奉①各如差。司马、千人、

---

① 奉，通俸，即俸禄。

候、仓长、丞、塞尉职间，① 都尉以便宜财予②从史③田吏④如律令。⑤

　　六月壬申，守张掖居延都尉旷，丞崇告司马、千人官，谓官县写移书到，如大将军莫府书律令。

掾阳、守属、书佐丰已雠⑥

　　居延都尉　　奉谷月六十石

　　居延都尉丞　奉谷月三十石

　　居延令　　　奉谷月三十石

　　居延丞　　　奉谷月十五石

　　詹延左右尉　奉谷月十五石

　　● 右以祖⑦脱谷给，岁竟⑧一移计⑨居延城司马、千人、候、仓长、丞、塞尉

　　● 右职间，都尉以便宜予，从史令田⑩

　　这册居延都尉以下俸禄秩别，是东汉建武初年，窦融占据河西，称河西五郡大将军时颁行的。汉代有关吏俸禄皆著于"律"，⑪ 故将此俸禄册称为"都尉以下吏俸"令。该令对吏俸禄的规定可分为三级。第一级，居延都尉至居延左、右尉，"奉月谷"若干石。第二级，居延丞司马至塞尉，未规定月俸具体数额，而是由"都尉以便宜裁予"，即灵活掌握。第三级，

---

　　① 职间，各级官吏。职，品秩。

　　② 财予，财，裁之通假。"都尉以便宜财予"，即由都尉酌情给予。

　　③ 从史，散吏名。《汉书》卷五十八《兒宽传》："而宽以儒生在其间，见谓不习事，不署曹，除为从史。"颜师古注："从史者，但祗随官僚，不主文书。"即不列入郡县诸曹的散吏。

　　④ 田吏，或指经管田地的小吏，无俸禄。

　　⑤ 《居延新简》E·P·1722：70。

　　⑥ 雠，校雠。已校对、核实。

　　⑦ 祖，始。《易》卷六《小过》"过其祖"注："祖，始也。""祖脱谷"，未经加工的原粮。

　　⑧ 竟，通尽。岁尽，年终。

　　⑨ 计，上计。秦汉时郡国行政长官向朝廷申报一岁治理状况的制度。"岁竟一移计"，岁终一并上报。

　　⑩ 从史令田，从史自己从事农田劳动，无俸禄。前文"田吏"，也是从事农田管理之意。不发俸谷。《居延新简》E·P·F22：70—79。

　　⑪ 如《史记》卷一百二十《汲黯传》注："律，真二千石俸月二万，二千石月六千。"《汉书》卷八《宣帝纪》注："律，百石俸月六百"，等等。

从史等小吏，不发俸禄，而是令其从事田间劳动，自食其力，所谓"令田"。领取"俸谷"者所领谷数额，与常制相比，也很少。如简中所见，宣帝"五凤四年（公元前54年）八月俸禄簿，候一人六千。尉一人二千。士吏三人三千六百。令史三人二千七百。尉史四人二千四百。候史九人（其一人候史拓有劾）五千四百"。① 此令虽名为都尉以下"吏俸"，实际上是发放生活费，是一种临时措施。

四　尊老、养老令

1959年、1981年于甘肃省武威市，先后两次发现有关"王杖"的诏令简册，主要内容是关于尊老、养老的法令。此外，在汉简中还另有尊老、养老令文若干枚，兹分别录下。

1. 王杖十简

1959年秋，甘肃省武威磨咀子第十八号墓中出土木简十枚，史学家认为"王杖十简"，实为一法令集，其中包括两道有关尊老的诏令和一则案例。简上原有署名"《兰台令》第四十三"和"《御史令》第四十三"。现按原编次录下：

> 制诏丞相、御史：高皇帝以来，至本［始］② 二年（公元72年），胜（朕）甚哀（怜）老小，高年受王杖，③ 上有鸠，使百姓望见之，比于节，④ 有敢妄骂詈殴之者，比逆不道，得出入官府即〈节〉第、行驰道⑤旁道，市卖，复⑥毋所与，如山东复。有旁人养谨者常养

---

① 《新简》E·P·T·5：47。

② 本始，西汉宣帝年号。

③ 王杖，即鸠杖。《后汉书》志第四《礼仪上》："仲秋之月，案户比民。年始七十者授之以玉杖，八十、九十礼有加，赐玉杖长尺，端以鸠鸟为饰。鸠者，不噎之鸟也。欲老人不噎。"

④ 节，秦汉时皇帝行使权威的凭证。《汉书·高帝纪》颜师古注："节以毛为之，上下相重，取象竹节，因以为名，将命者持之以为信。"汉代大臣如司隶校尉或使者持有王杖，即被赋予特殊权力。

⑤ 驰道，专为皇帝驰行的道路。秦始皇二十七年（公元前220年）始治驰道。汉代皇帝行驰道中。持王杖者经皇帝特许，也只能行驰道两旁。

⑥ 复，即免除徭役。

扶持，复除之，明在兰台①石室之中。王杖不鲜明，得更缮治之。

河平②元年（公元前 28 年），汝南西陵县昌里先，年七十，受王杖。颊部游徼③奖赏，使从者殴击先，用（因）诉，地太守谳④廷尉，报；⑤ 罪名明白，赏当弃市。

制诏御史曰：年七十受王杖，比六百石，入官廷不趋；犯罪耐以上，毋二尺告劾，有敢征召、侵辱者，比大逆不道。建始⑥二年（公元前 31 年）九月甲辰下。

《兰台令》第三十三、《御史令》第四十三。尚书令灭受在金。

孝平皇帝元始五年（公元 5 年）幼伯生，永平⑦十五年（公元 72 年）受王杖。⑧

2. 王杖诏书令

1981 年 9 月，甘肃省武威县农民袁德礼献出一份近年在磨咀子汉墓出土的题名"王杖诏书令"，共有木简二十六枚。兹按原编次序抄录如下：

制诏御史：年七十以上，人所尊敬也，非首（手）杀伤人，⑨ 毋告劾，它毋所坐。年八十以上，生日久乎？年六十以上毋子男为鲲，⑩ 女子年六十以上毋子男为寡，贾市毋租，比山东复，复人有养谨者扶

---

① 兰台，汉代宫中收藏图书秘籍之所。据《汉书》卷十九上《百官公卿表》载，御史中丞"在殿中兰台，掌图书秘书"。《后汉书》卷四十九《王允传》：还都关中，"允悉收敛兰台石室图书秘纬要者以从"。

② 河平，西汉成帝年号。

③ 游徼，秦汉地方官吏，掌巡察缉捕"盗贼"之事。隶属县功曹。

④ 谳，即"谳疑狱"。汉代审处疑难案件的一种制度。凡地方官吏难以判决的疑案，均应逐级上报廷尉，直至由皇帝亲自裁决。

⑤ 报，断狱，判决罪人。

⑥ 建始，西汉成帝年号。

⑦ 永平，东汉明帝年号。

⑧ 《武威磨嘴子汉墓出土王杖十简释文》，载《考古》1960 年第 9 期。

⑨ "首杀伤人"，无解。"首"或为"手"之误。"手杀伤人"，即亲自杀伤人。《周礼·秋官·司刺》："壹赦曰幼弱，再赦曰老旄。"注：郑司农云："幼弱、老旄若今律令：年未满八岁、八十以上非手杀人，它皆不告。"

⑩ 鲲，即鳏。《尔雅·释鱼》郝懿行义疏："鲲，鳏古通用。"

持，明著令。《兰台令》第四十二

孤、独、盲、珠（侏）孺（儒），不属律人，① 吏毋得征召，狱讼毋得覊（系）。布告天下，使明知朕意。夫妻俱毋子男为独寡，田毋租，市毋赋，与归义同，② 古酒醪列肆。尚书令臣咸再拜受诏。

建始元年九月甲辰下③

汝南太守谳廷尉，吏有殴辱受王杖主者，罪名明白。制曰：谳何，应论弃市。

云阳白水亭张熬，坐殴抴受王杖主，使治道。男子汤告之，即弃市。

高皇帝以来至本始二年，朕甚哀怜耆老。高年赐王杖，上有鸠，使百姓望见之，比于节，吏民有敢骂殴詈辱者，逆不道；得出入官府节第，行驰道中；列肆贾市，毋租，比山东复。

长安敬上里公乘臣广昧死④上书：

皇帝陛下：臣广知陛下神灵，覆盖万民，哀怜老小，受王杖，承诏。臣广未尝有罪耐司寇以上。广对乡吏趣未辨，广对质，衣疆吏前。乡吏（以下第十五栏缺佚）下，不敬重父母所致也，郡国易然。臣广原归王杖，没入为官奴，臣广昧死再拜以闻。皇帝陛下。

制曰：问何乡吏，论弃市，毋须时，广受王杖如故。

元延⑤三年（公元前10年）正月壬申下。

制诏御吏：年七十以上受王杖，比六百石，入官府不趋；吏民有敢殴辱者，逆不道。弃市。令在兰台第四十三。

汝南郡男子王安世，坐桀黠，⑥ 击鸠杖主，折伤其杖，弃市。

---

①　律人，魁伟的人。《集韵》："律魁，大貌。"

②　归义，汉少数民族由边塞外而内附者，称"归义"。《史记》卷一百二十六《滑稽列传》："远方当来归义。"

③　据《二十史朔闰表》，成帝建始元年九月辛酉朔，无甲辰日，疑"甲辰"或为误写，或"元年"为"二年"误，同"王杖十简"。参见《武威新出王杖诏令册》，载《汉简研究文集》，甘肃人民出版社1984年版，第43页。

④　昧死，言冒昧而犯死罪。秦汉群臣上书多用此语，以表敬畏之意。《独断》："汉承秦法，群臣上书皆言昧死言。"

⑤　元延，西汉成帝年号。

⑥　桀黠，凶猛而狡黠。《汉书》卷七十九《冯奉世传》："羌虏桀黠，贼害吏民。"

　　长安东乡啬夫田宣，坐击鸠杖主，男子金里告之，弃市。

　　陇西男子张汤，坐桀黠，殴击王杖主，折伤其杖，弃市。

　　亭长二人，乡啬夫二人，白衣民三人，皆坐殴辱王杖功，弃市。

　　右王杖诏书令在兰台第四十三①

　　综合上录两篇令文，可以看出受鸠杖者享有以下特权：

　　（1）"王杖十简"《本始令》规定，受杖主可"行驰旁道"。"王杖诏书令"写为"行驰道中"。两册令集有"旁道"与"道中"之别。有关史料说明，二者并不矛盾。准许持王杖者"行驰道中"，也只能行驰道的旁道。《汉书·鲍宣传》："官属以令行道中，宣出逢之，没入其车马。"注引如淳曰："令，诸使有制得行驰道中者，行旁道，无得行中央三丈也。"

　　（2）"王杖十简"《本始令》："市卖，复毋所与，如山东复。""王杖诏令集"更明确写道："列肆贾市，毋租，比山东复"，即持王杖者允许在市场经商买卖，不纳税，如山东一样。凡能扶养老人者，也享受免除赋役的待遇。

　　（3）"王杖十简"《建始令》："年七十受王杖，比六百石，入官廷不趋。"② 犯罪耐以上毋二尺③告劾，有敢征召、④ 侵辱者，比大逆不道。"王杖诏令集"写作"年七十以上，人所尊敬也，非手杀伤人，毋告劾，它毋所坐"。

　　两令册中的令文，明显为同一诏令，但文字有异。注释家众说纷纭，莫衷一是。笔者认为二者并不矛盾。"王杖十简"所说的虽犯罪耐以上，但未被告劾（因未"手杀伤人"），不得征召。这与"王杖诏令集"所说的"非手杀伤人，毋告劾，它毋所坐"是一个意思。年七十以上，若"手杀伤人"，仍可以告劾。

---

　　① 《甘肃武威磨嘴子汉墓〈王杖诏书令〉册》，载李均明、何双全编《散见简牍合辑》，文物出版社1990年版。

　　② 趋，小步快走，表示恭敬。《史记》卷五十四《萧相国世家》："赐带剑履上殿，入朝不趋。"

　　③ 二尺，指写有关于劾举罪犯法令的板牍。常用为法令的代称。《急就篇》："持二尺板以劾贼。"

　　④ 征召，传唤到法庭。司法方面的征召，大致有三种情况：一、因本人犯罪。二、因他人犯罪而连坐，受征召。三、需到庭作证，而受征召。

（4）"比六百石，入官廷不趋。"这是一项政治上的待遇。持王杖者与六百石官吏的地位相等，入官府不趋俯、礼拜。

此外，法令还规定虽非持王杖者，但年六十以上的鳏、寡可享有"贾市毋租，比山东复"的特权。① 孤、独，② 盲、侏儒等残疾人，也享有"吏毋得征召，狱讼毋得系"③ 的权利。

3. 赐酒肉简

（1）□酒一石，丞致，朕且时使人问存□。

《合校》5·13

（2）月存视其家，赐肉四十斤，酒二石，甚尊宠。郡太守、诸侯相、内史所明智（知）也。不奉诏当以不敬论，不智。

《合校》126·41、322·23、332·10A、B

两汉历朝时有赐酒肉、行糜鬻、赐高年帛，以及遣使存问耆老之举。兹录汉初的一道诏令如下，以供参考。《汉书·文帝纪》："元年（公元前179年）诏：'老者非帛不煖，非肉不饱。今岁首，不时使人存问长老，又无布帛酒肉之赐，将何以佐天下子孙孝养其亲？今闻吏禀当受鬻者，或以陈粟，岂称养老之意哉！具为令。'有司请令县道，年八十以上，赐米人月一石，肉二十斤，酒五斗，其九十以上，又赐帛人二匹，絮三斤。赐物及当禀鬻米者，长史阅视，丞若尉致，不满九十，啬夫、令史致。二千石遣都吏循行，不称者督之。刑者及有罪耐以上，不用此令。"据此可见，以上所录两简，当是有关"存问致赐"的养老令。

---

① 《汉书》卷二十三《刑法志》景帝后元三年（公元前141年）诏对鳏、寡已有规定："高年老长，人所尊敬也，鳏寡不属逮者，人所哀怜也。"

② 《孟子·梁惠王》："老而无子曰独，幼而无父曰孤。"

③ 毋得系，即不得缚绑、拘系。《汉书》卷十二《平帝纪》："男子年八十以上七岁以下，家非坐不道，诏所名捕，它皆无得系。"

五 会计

调给，有书，今调如牒。书到，付受相与校，计同月出入。毋令缪（谬），如律令。

以上令文见于批准发放粮食的有关文书。大意："兹发调拨文书，请按附件'牒'照发。收到文书后，由受付双方共同计量、核校。并登记于粮食月出入簿，不得有误。请依照章程办理。"现将有关简文抄录几则供参考：

1. □□□官奴婢捕虏，调给，有书。今调如牒。书到，付受相与校，计同月出入，毋令缪（谬）。如律令。

《新简》E·P·F22：580

2. 建武四年（公元 28 年）□□壬子朔壬申，守张掖□旷，丞崇谓城仓、居延甲渠、卅井、殄北言：吏当食者三月食。调给，有书，为调如牒。书到，付受〔相〕与校，计同月出入，毋令缪（谬），如律令。

掾阳、守属恭，书佐参
《新简》E·P·F22：462

3. 新始建国地皇上戊三年（公元 22 年）五月丙辰朔乙巳，裨将军辅平居成尉伋，丞谓城仓、间田、延水、甲沟、三十井、珍北卒未得□□……付受相与校，计同月出入，毋令缪（谬），如律令。

甲沟掾关、兼史，书吏获
《新简》E·P·F65：23A、B

4. □□月禄，调给，有书。今调如牒书到，付受相与校，计同月出入……

《新简》E·P·T65：50A

六　婚姻

1. 建武四年五月辛巳朔戊子，甲渠塞尉放行①候事敢言之，② 诏书曰："吏三百石、庶民嫁娶毋过万五千。关内侯以下至宗室及列侯子娉聚（娶）各如令，犯者没入所赍③奴婢、财物县官。"有无。

掾谭

《新简》E·P·F22：45A、B

2. ▨石至庶民嫁娶▨。

《新简》E·P·T10：43

以上两支简的内容相同（第 2 支是残简），均是关于婚姻的令文。明确规定，无论庶民或王侯，娉娶均不得奢侈过制。有关这个问题，史书中多有记载。汉朝常有诏令禁止。如《汉书·成帝纪》载，永始四年诏："方今世俗奢僭罔极，靡有厌足，公卿列侯，亲属近臣"，"车服嫁葬埋过制。吏民慕效，寝以成俗，而欲望百姓俭节，家给人民，岂不难哉？其申饬有司，以渐禁之"。《后汉书·章帝纪》载，建初二年诏："今贵戚近亲，奢从无度，嫁娶送终，尤为奢侈。有司废典，莫肯举察。今自三公，并宜明纠非法，宜振威风。其科条制度所宜施行，在事者备为之禁，先京师而后诸夏。"其他如和帝、安帝时也颁布有类似禁令。西汉时郡守也可以制定"嫁娶丧祭仪品"。昭帝时，韩延寿任颍川太守，召郡中长者"与仪定嫁娶丧祭仪品，略依古礼，不得过法"。④ 但是，所有这类称作"科条"、"科品"、"仪品"的禁令，均未载具体条文。而建武四年简则弥补了这一空白。诏令明确规定"三百石"的低级官吏和一般庶民、嫁娶不得超过一万五千。至于"关内侯以下至宗室及列侯子娉娶"，则另有规定。犯法者将没收陪嫁的奴婢、财物。还有一点值得注意，简中的有关资料说

---

① 行，汉代官制。指官缺未补，暂由他官兼摄其事。行候事，兼候长职务。
② 敢言之，原为下属对上级言事的行文中的习惯用语。后渐流行为官府的客套语。简牍中多见。
③ 赍，随身携带。所赍奴婢、财物，陪嫁的奴婢、财物。
④ 《汉书》卷七十六《韩延寿传》。

明，当时对于这道诏令的贯彻非常认真。各地方基层机构按时（所谓四时言）向上级报告所辖吏民是否有违反嫁娶令者。如《新简》E·P·T4：45"案部吏卒毋嫁娶过令者，敢言之"。相同内容的简文还有《新简》E·P·F22：44、E·P·F22：690、E·P·F22：826 等等。

七　絜令

汉简中有署名"絜令"或"挈令"的令文五条，现分别辑录、考证如下：

1. 龙勒①写《大鸿胪挈令·津关》。②

《敦煌汉简释文》2027 简

这条简文云："龙勒写《大鸿胪挈令·津关》"，不是简单记述一件事情。很可能是上级机构对龙勒县的指示，令其抄录遵守、执行的法令。秦律有一条规定："县各告都官在其县者，写其官之用律。"③ 就是说，各县应通知设在该县的都官④及时抄录自己应遵守、适用的法律。龙勒县地处西域，所属玉门关、阳关是通往西域的重要关隘。《大鸿胪挈令》中有关"津关"条文，与该县有重要关系，所以法令规定，应将这些条文抄录保存，以备施用。

2.《太尉絜令》："盗县官县。"

《敦煌汉简释文》982

---

① 龙勒，县名，属敦煌郡，地处敦煌郡西部。

② 大鸿胪，官名，位列九卿。汉承秦制，大鸿胪本名典客，景帝时更名大行令。汉武帝改名大鸿胪。职掌接待少数民族君长及诸侯王的事务。由此可以推断《大鸿胪挈令》中有关"津关"的令文，当涉及少数民族君长和诸侯王过往关卡的规定。

③《睡虎地秦墓竹简·内史杂》。

④ 都官，中央列卿所属诸官署。

太尉，秦汉中央政府主管武事的最高官员。东汉初，改西汉末三公中大司马为太尉，与司徒、司空共同行使丞相职能，与西汉初年之太尉名同实异。《敦煌马圈湾汉代烽燧遗址发掘报告》云："T12（即《太尉絜令》简的原编号）的时代最早、内涵最丰富，多属宣帝时期，有元康、神爵、五凤、甘露等年号。"① 据此可以认为此简当是西汉中期的简。其中提到的"太尉"是主管武事的最高长官。太尉的"絜令"当与武事有关。但由于简文有缺，难解其意。

3.《北边絜令》第四：候长、候史及将军吏劳二日皆当三日。

《合校》10·28

4.《北边絜令》第四：北边候长、候史迹二日当三日。

《合校》562·19

5.《北边絜令》第四：候长、候……

《合校》198·7

以上三简均为"《北边絜令》第四"。其中《合校》10·28简字数多，意思完整。综合三简来看，《北边絜令》第四的大意是：凡在北边地区守戍的候长、候史，每巡视边界二日，按三日记劳。到此地工作的将军、吏，也按劳二日当三日计算。

为了了解此令的意义，特将汉时的边防制度作简要说明。其一，边防设施。沿边界一般均布置有"天田"，即用沙土平整一定宽度的地带，若有人、畜踏上，即能发觉。《汉书·晁错传》颜师古注引苏林曰："以沙布其表，旦视其迹，以知匈奴来入，一名天田。"其二，沿边防戍排埋置栓柱，上悬索，等等。简中所载"日迹"，即官卒每日巡视边防设施的记录。如《新简》E·P·T59：23："第三隧长见，卒一人见，候史见。天田皆画，悬索完，枧柱完"。"日迹"线路、距离均有规定。② 吏、卒参加

---

① 《敦煌马圈湾汉代烽燧遗址发掘报告》，载《敦煌汉简释文》，甘肃人民出版社1991年版。

② 《合校》10·28。

"日迹"的天数，均作统计。① 因病未参加巡视者也有记录。② 各塞均需要按月将参加"日迹"的人数、天数总结一次，向上报告。以下一简即诚北候史报告"十月吏卒日迹簿"的文书："河平三年（公元前 26 年）十月丙戌朔癸丑诚北候史章敢言之：谨移十月吏卒日迹簿一编敢言之。"③ 对于候长、候史参加"日迹"的情况，应向都尉府备案。有都尉府"赐劳名籍"一编，可证。《合校》159·14："五凤三年（公元前 55 年）十月甲辰朔甲辰，居延都尉德、丞寿敢言之。甲渠候汉疆书言：候长贤日迹积三百廿一日，以令赐劳百六十日半日。谨移赐劳名籍一编敢言之。"其中所说："以令赐劳"，此"令"即上述《北边絜令》第四。所赐劳数"百六十日半日"，此数是"日迹三百二十一日"的二分之一，正好是按"劳二日当三日"计算的。此处的"赐劳"，应写成"增劳"，或"另赐劳"。新莽时期一枚赐劳的简牍，行文准确。《敦煌汉简释文》1854："敦德④步广⑤尉曲，平望塞有秩候长敦德亭间田东武里五士⑥王参秩庶士，⑦ 新始建国地皇上戊元年（公元 20 年）十月乙未迄二年九月晦，三百六十日。除小月五日，⑧ 定三百五十五日。以令'二日当三日'，增劳百七十七日半日，为五月（当为'百'）二十七日半日。"⑨

现在再谈谈"絜令"，何解。"絜令"一词见于史籍。《史记·酷吏列传》："是时上方乡文学，汤决大狱，欲傅古义，乃请博士弟子治《尚书》、《春秋》补廷尉史，亭疑法。奏谳疑事，必豫先为上分别其原，上所是，受而著谳决法《廷尉絜令》，扬主之明。"《汉书·张汤传》写为

---

① 如《新简》E·P·T·51：396："候长宣、候史拓八月乙巳尽甲戌积三十日日迹，从第三十队（燧）南界尽锛庭队（燧）北界□。"

② 如《新简》E·P·T51：206："病，不迹……"

③ 《新简》E·P·T51：207。

④ 敦德，即敦煌郡，武帝元鼎六年时改名敦德。见《汉书》卷六《武帝纪》。

⑤ 步广，属敦煌。《汉书》卷二十八下《地理志》："中部都尉治步广，候官。"

⑥ 五士，士伍之误。汉承秦制，指无爵位的成年男子。

⑦ 庶士，官秩名。《汉书》卷九十九中《王莽传》：始建国元年（公元 9 年）"更名秩百石曰庶士，东汉复故"。

⑧ 小月二十九日，这一年五个小月，故扣除小月五日。

⑨ 按：三百五十五日加一百七十七点五日，等于五百三十二点五日。简中写为"五百二十七日半日"，是扣除了小月五日。

《廷尉挈令》。《汉书·燕刺王刘旦传》："又将军都（试）郎羽林。"颜师古注："汉《光禄挈令》：'诸当试者，不会都所'，免之。"又说：《说文解字·系部》："绒，《乐浪絜令》：织，从系从式。"以上所录诸条，也是"絜"、"挈"两种写法。由此看来，"絜"与"挈"作为汉令名，可通假，互借用。但是，这毕竟是两个含义不相同的字。作为法令名称，原本是"絜令"，还是"挈令"呢？有必要考证清楚。

日大庭脩先生引用《说文》及段注、《集韵》、《广雅·释诂》、《方言》诸字书对"挈"字的解释，证明此令原本应是"挈令"。并据此而对此令的性质、特点、适用范围等方面谈了自己的认识。他说："在《说文解字》中，认为'挈'是'悬持'的意思，即举手。在《张汤传》关于《廷尉挈令》的记述中，可以看到具有使属下有关的治狱官常常能够参照的特点，使人得到恰似今天的手册的印象。因此，解释为'所辖官所悬持的令'，也是一家之说。""此外，与段玉裁同样，将'挈'解释为'契'。那么，这是采取《张汤传》中颜师古的理解：'挈，狱讼之要也。'相当于《汉书·沟洫志》中：'今内史稻田租挈重，不与郡同'。这样的'租挈'，颜师古注释为：'租挈，收田租之约令也'。这一解释与'所辖官所悬持的令'的意义并无太大的差别。"大庭脩氏又说："我以为《方言》中所讲的'持'的意义是最好的。因此，我想把它（指挈令）解释为仅适用于一个官署，一个地区等的特令。"① 上述这些议论，可备一家之说。

笔者认为，此令原本很可能是"絜令"，而不是"挈令"。从字义上来看，"絜"，束也。《说文解字·系部》："絜，麻一，耑也。束之必齐其首，故曰耑。《人部》系下云：'絜，束也。'是知絜为束也。"絜束者，围而束之。据此而论，所谓"絜令"，通俗一点说，就是"令集"。汉简中的"北边絜令第四"，就是有关"北边"法令的第一、第二、第三、第四……集一起，就称作"北边絜令"，也可以叫做"北边令集"。另外，《张汤传》载，张汤为"扬主之明"而编辑的《廷尉絜令》，也绝非收录了受皇帝赞许的某一个案件，而是将"上所是"的许多案例集为册的。"絜令"，可以按问题分类编辑，如将有关租税的令文编为《租絜》。可以

①　大庭脩：《秦汉法制史研究》（中文版），第 75、76 页。

按适用地区编辑如《北边絜令》。各机构编辑的本机构的法令集，署本机构的名称，于是就出现了《廷尉絜令》、《光录絜令》、《太尉絜令》等等。为什么有"絜"与"挈"两种写法呢？这是因为如段玉裁所说："挈当作契。契，刻也。乐浪郡契于板之令"，故名《乐浪契令》。所以将"契"字写作"挈"也通。且字形相近，故常假借。

　　何谓"北边"？也有不同说法。笔者认为，"北边"是指地区，但不是指某具体地段。它常泛指汉王朝与匈奴等少数民族接壤的北部边陲。① 《史记》卷三十《平准书》："匈奴数侵盗北边。"《汉书》卷九十四上《匈奴传》："匈奴，居于北边，随草畜牧而转移。"《汉书》卷六《武帝纪》："今中国一统而北边未安，朕甚悼之。"明白这点，就知道，所谓《北边絜令》是适用于匈奴接壤的北部地带的有关法令集。

八　行书令

　　为保证官府文书传送的及时，秦汉时已颁行的有关于行书的专门法令，如《睡虎地秦墓竹简》的《行书》和张家山汉简中的《行书律》。② 汉简中也见有"行书"的具体令文。在一件追查传送文书"留迟"的公文中所引用的法令，当即是关于"行书"的专门条令：

　　　　书，一日一夜当行百六十里。不中程百里罚金半两，过百里至二百里一两，过二百里二两。不中程，车一里，夺吏主者劳各一日，二里夺令、□③各一日。④

　　此令所说的"书"，即文书，如诏书、制书、赦书、府书、举书、应

----

① 《新简》E·P·T52：15："（垦）田以钱器为本。北边郡毋钱官，印器内郡。令郡以时博卖予细民。毋令豪富吏民得多取贩卖细民。"此"北边郡"不是某一具体郡的名称，而是与文中的"内郡"相对，泛指北边地区相关的郡。

② 见《张家山汉墓竹简》，文物出版社 2001 年版。

③ 简中的缺文"□"当是一"丞"字。

④ 《新简》E·P·S4·1、2：8A、B。

书等。令文明确规定了对"行书"者的要求，以及不能按时送达的处罚。《周礼·地官·掌节》："道路用旌节，皆有期以反节。"郑玄注："皆以道里日时课，如今邮行有程矣。"简中以日、时、分记邮程，与郑氏之说相合。简中见到有许多专门名词、术语，也反映出当时关于"行书"的立法已很完善。兹择其主要的，辑录如下，以见汉代"行书"制度的缜密、严谨。

1. 传递方式

简中有关资料表明，在汉代，文书传递方式多种多样：

（1）燧次行，或即逐燧传递。

这种方式传递的文书，可能是一些需要通知各燧的事情，即依次传阅，令其办理。如《合校》458·1A、B 署明需"燧次行"的文书，当是一件令各燧知晓，或公布的通缉令。它当然不只通知某一个燧。

（2）以亭行、亭次走行。

此处的亭，指亭燧。或大于燧，置于烽燧间的边防哨所。"以亭行"，在汉简中多见。但大多是各塞内传送文书的方式，[①] 也就是说在近距离内传递文书的方式。

（3）以邮行。

即通过传送文书的机构传送。邮，后改名为置，[②] 即驿站。《汉书·黄霸传》颜师古注："邮，行书舍，谓传送文书所止处。"驿站有马匹、驿童，供传送文书用。[③]"以邮行"，多是传递远距离的文书。[④]

（4）走与驰行。

汉简反映出，在如何传送文书方法方面，有"走"与"驰行"之不同。不需要快递的文书，步行送达即可，署明"行者走"，[⑤] 需要快送的，

---

① 参见《合校》33·28、39·12、133·3；《新简》E·P·T59：18、E·P·T59：360A。

② 《汉书》卷四《文帝纪》师古注："置者，置传驿之所。"宋祁曰："传，传舍，置，厩置。"《风俗通》："汉改邮为置。"

③ 《汉书》卷四《文帝纪》："太仆见马遗财足，余皆经给传置。"《新简》E·P·T49：11："□□大将军印章。诣中郎将，驿马行，十二月二十二日起▢，▢年燧长育受武疆驿卒□□。"

④ 《睡虎地秦墓竹简·田律》有一律文规定："近县令轻足行其书，远县令邮行之。"

⑤ 见《合校》21·4A，21.3A、B，74·18 等。

则写明为"急"、"急行"、"疾","故行",① 要求"驰行"、"马驰行"。如《合校》259·5A："莫府吏马驰行,以急为故回。"《新简》E·P·F22：713"驰行,以急疾为故"。

此外,简中还有一种"写传",也可算做"行书"方式的一种,即发文机构"要求某处收到文书后抄录一份,将抄件再传某处或依次再传数处"。② 例如,"获虏写传至斥地"、③"广武写传至步昌陵胡以次行"。④ 此种"行书",或承袭秦时"行书"中的"别书"。《睡虎地秦墓竹简·语书》载,将本"语书"在各县依次传阅,并"别书江陵布,以邮行"。

2. "行书"用语

简中有许多属于"行书"的专用名词、术语,对于了解汉代行书制度很有帮助,兹择其主要的,抄录如下：

（1）当行。

当行,即法定行书所需时间。如：《合校》4·23："二十五里,檄,当行二时五分。"《新简》E·P·T57：30："毋伤燧长徐霸界中二十五里,人,当行二时五分。"此两简中所说："二十五里,当行二时五分",即根据前述"书,一日一夜当行百六十里"而定的（顺便说一句,汉时的里制,时制,均与今制不同,本文不作论述）。传送文书的题检中,一般都写明"当行"时间,以便考课。为了保密或其他原因,有些文书的"当行"时间,不写在外面,而是写在检中。如《新简》E·P·F22：474B："甲渠鄣候即日癸酉餔时遣。之官日时在检中,到课言。"其中的"之官日时"即法定"当行"时间。

（2）定行。

定行,指行书实际所用时间。《新简》E·P·W1："书一封。居延都尉章,诣大守府。三月癸卯鸡鸣时,当曲卒便受收降卒文。甲辰下餔时,⑤

---

① 参见大庭脩《再论"检"》,载《简帛研究》第一辑,法律出版社1993年版。

② 李均明：《汉简所见"行书"文书述略》,载《秦汉简牍论文集》,甘肃人民出版社1989年版。

③ 《敦煌汉简释文》1540简。

④ 《敦煌汉简释文》1809简。

⑤ 鸡鸣、下餔均时辰名称。鸡鸣,即丑时；下餔,即申时。

临木卒得付三十井城规定劈北卒参,界中九十八里,定行十时,中程。"此"定行十时",即行书实际所用时间。

(3)过程。

过程,行书超过规定时限。《新简》E·P·C:26:"正月戊午夜半,①临木卒赏受城劈卒胜,己未日入。当曲卒付收降卒海,界中九十八里,定行十二时,过程二时二分。""界中九十八里",只需九时八分即可送达,却用了"十二时",即为"过程二时二分"。

(4)不及行。

不及行,未将文书送达指定地点。《新简》E·P·T51:357:"诣橐它候官。正月戊申食时,② 当曲卒王受收降卒敞。日入临木卒付三十井卒得,界中八十里。定行五时,不及行三时。"八十里路程,只走了五十里,还有三十里的路没走,就停止了,就为"不及行"。

(5)留迟。

留迟,即未按时送达行书。如《合校》133·23:"临木卒戎付诚劈北燧卒则,界中八十里,书定行九时,留迟一时,解何?"此简中说:"留迟一时",即迟到一时。

(6)邮书刺。

邮书刺,③ 通报收发、传送文书情况的简册。简中所见:"邮书刺"的"检",可证。其中专门记载差发送错邮书的,称"过书刺",各驿站对所传送文书作记录,逐月通报有关机构,是为了追查行书"留迟"丢失、损坏的责任。如《合校》20·1:"印破。肩水候官吏马驰行",其中的"印破",即收件人发现文函封上的封泥毁坏,印文有损,故记录在案,以备追查失密之类的问题。简中有一件文书,即追查某"府"主管行书人员的"举书":"十一月邮书留迟、不中程,各如牒。晏等知邮书数留迟,为府

---

① 夜半、日入,时辰名称。夜半,子时。日入,酉时。

② 食时,时辰名称,辰时。

③ 刺,通报情况的一种文书形式。《文心雕龙·书记》:"百官询事,则有关刺解牒。""刺者达也。诗人讽刺。《周礼》三刺,事叙相达,若针之通结矣。"参见李均明《汉简所见"行书"文书述略》,载《秦汉简牍论文集》。"邮书刺"也称作"邮书课"。《新简》E·P·T51:264:"建始二年十二月甲寅朔甲寅,临木候长宪敢言之,仅移邮书课一编,敢言之。"

职不身①拘校，而委。"② 此处所说的"牒"，当是以十一月的"邮书刺"为根据的。

九　关津令

汉承秦制，出入关津有严格制度。然而有关律令多佚失，故不详其具体内容。因而简牍中所见到的几条令文及有关制度的资料十分珍贵，兹抄录如下：

1. 令曰：所赍③操诸匿不自占④要斩。⑤

　　　　　　　　　　　　　　　　　　　《敦》791 简

2. 凡出入关传⑥致籍。⑦

　　　　　　　　　　　　　　　　　　　《合校》50·26

3. 转谷输塞外、输食者出关致籍。

　　　　　　　　　　　　　　　　　　　《敦》682 简

按：第一简所写令文说明，出入关津者须申报携带物品和随从人员，隐匿不报者处斩刑。《敦煌汉简释文》有一支"致籍"简（795），反映出关者所应申报的内容。"元始三年（公元 3 年）七月玉门大煎都万世候长马阳所赍操、妻、子、从者、奴婢出关致籍。"

第二简中的令文是关于"传致籍"的原则规定。该令要求各关津按时上报出入关人员的名籍，所谓"致籍"，以便上级了解出入关津情况。从

---

① 身，亲自。《韩非子·五蠹》："禹之王天下也，身执耒臿以为民先。"
② 《合校》55·11、137·6、224·3。
③ 赍，行路时随身自带物品。
④ 占，向官府申报。
⑤ 要，腰。腰斩，死刑的一种。
⑥ 传，出入关津凭证。《周礼·地官·司关》郑注："传，如今过所文书。"周公彦琉："过所文书，当载人年岁及物多少，至关至门，皆别写入关家门家，乃案勘而过。其自内出者义亦然。"
⑦ "致籍"一词不见于史籍。王国维曰："致籍未详"（《流沙堕简·释》二卷）。其后诸家释也不得要领。今人薛英《居延汉简通论》云"致籍就是各关塞河津上报太守府的出人者之名籍"，可备一说。

简牍中有关资料可以看出"传"内具体记载，以及取"传"的手续。

（1）当"以令取传"。简中有关"传"的资料及有"以令取传"的记载。"取传"的条件有法令规定。"传"上须写明持传者姓名、籍贯、出入关事由，有"毋官狱征事"、① 携带物品、牲畜，以及随从等。

（2）办理"取传"手续，一般庶民需先向乡啬夫申请，乡同意后，上报县令（长）批准，经县掾、令史签发。兹抄录一件供参考：

> 永始五年（公元前 12 年）闰月己巳朔丙子（初八）北乡啬夫忠敢言之：义成里崔自当自言为家私市居延。谨案：自当毋官狱征事，当得取传。谒移肩水金关，居延县索关，敢言之。
>
> 闰月丙子，觫得丞彭移肩水金关、居延县索关。书到如律令。② 掾晏、令史建。③

（3）各关津按时将传者的身份、事由、出入关时间等分别登记。简中有各种出入关名籍册的题签可证。如《卒出入簿》、《出入关传籍》、《远食过关出入簿》等。

（4）各关津须按时将出入关名籍册上报郡。《敦》1900 简可证"适士吏闰月丁未持致籍诣尹府"。④

第三简中令文，当是对于粮食出入的特别规定。《汉书·宣帝纪》本始四年："丞相以下至都官令丞上书入谷，输长安仓，助贷贫民。民以车船载谷入关者，可毋用传。"这就是说，运送官吏捐献的救济粮入关，可"毋用传"。说明粮食出入关的制度非常严格，需皇帝下诏作专门规定。至于谷物出关当会更加严格。故该令规定，谷物出关不仅需用"传"，还要有"致籍"备案。

---

① "毋官狱征事"，即无未决的诉讼问题，不拖欠赋税、徭役。见《合校》15·19、218·2 等。
② "如律令"，汉公文中用语，意为请依法办理。此简中的"如律令"，即请依法放行。
③ 《合校》15·19。
④ 尹府，即大尹府。《汉书》卷九十九中《王莽传》载，新莽始建国元年，"改郡太守曰大尹"。

十　知令

知令，① 重写令移书到，各明白大扁②书市里官所、寺、舍、门、亭、燧、塘中。令吏卒民尽讼（诵）知之。且遣鄣吏循行问吏卒凡知令者，案论尉丞、令丞以下，毋忽。如律令。敢告卒人。

这则文书，从内容来看，应是一件"布告"、"明告"政令的法规。姑名为"令"列于此。汉简中有多例，凡须"令民尽知之"的政令，则引用此令文，令有关机关将文书公布之。兹抄录数件：

1.《合校》16·4A、B："十一月丙戌宣德将军张掖太守苞、长史丞旗告督邮掾□□□□□都尉官□写移书到，扁书亭、市、里显见处，令民令尽知之，商□起察有无四时言，如治所书律令。掾习、属沈、书佐横、实、均。"

2.《合校》139·13："五月甲戌，居延都尉德、库丞登兼行丞事下库、城仓□用者。书到令长、丞、尉明白大扁书乡市里门、亭显见□。"

3. E·J·T31：64："闰月乙亥，张掖肩水都尉政、丞下官、承书从事，下当用者。书到，明白扁书显处，令吏民尽知。严敕如诏书律令。掾丰、属政、书佐凤。"

十一　击匈奴降者赏令（附科别）

为抗击匈奴入侵，汉王朝曾采取多种措施。其中有两项重要措施，一

---

① 知令，或指告知庶民的政令。《敦》1365 简。

② 扁，《说文》卷四"册部"："扁，署也，署门户之文也。"大扁书，或即以题署门庭较大文字书写，或写于大木版之上。《墨子·号令》："为守备程，而署之曰'某程'，置署街衢若干，令往来者皆视而放（效）。"又："人自大扁书，著之其署隔，守必自课其先后，非其署而妄入之者，断。"汉时"大扁书"于官所、寺舍等处，以广告众人，似渊源于此。

是承袭秦制，实行斩首授爵，所谓"上首功"。二是采取怀柔手段，重赏降者。有关这两方面的情形，史籍中不乏记载。① 如何奖赏？当有具体法令规定。史书中有"中率为侯"②的说法。"率"，就是军功封赏的具体规定。另有称为"军法"的《斩捕单于令》中当也有奖赏军功的规定。③ 然而有关这方面的法令早已散佚。汉简中所见《击匈奴降者赏令》、《捕斩匈奴虏反羌购赏科别》等令册，弥补了史料之不足。

1. 击匈奴降者赏令

（1）《击匈奴降者赏令》

《敦》1357 简

（2）□□者众八千人以上，封列侯邑二千石（户），赐黄金五百（斤）。

《敦》1358 简

（3）取故君长以为君长，皆令长其众。赐众如燧长，其斩□。

《敦》1359 简

（4）□□赋二千石□□识□□言及武功者赐爵共分采邑。

《敦》1360 简

（5）二百户，五百骑以上赐爵少上造，④ 黄金五十斤，食邑百户、百骑（A）。

　　二百户，五户骑以上赐爵少上造，黄金五十斤，食邑五百。四十八（B）。

《敦》1361 简

以上五支简是一令册的残篇，1981 年 3 月出土于甘肃敦煌酥油土汉代

---

①　如《汉书》卷十七《景武昭宣元成功臣表》载，景帝时，因功封侯者十八人（不包括《王子侯表》中的八人，《外戚恩泽侯表》中的一人）。其中以匈奴王降而受封者八人。武帝时因军功而封侯和降者而封侯者就更多。

②　如《汉书》卷五十四《李广传》载，李蔡于"武帝元朔中，为轻车将军，从大将军击右贤王，有功中率，封为乐安侯。"颜师古注："率谓军功封赏之科著在法令者也。"

③　《汉书》卷十七《陈汤传》。

④　少上造，秦汉爵名，二十等爵第十五级。

烽燧遗址。第一支简《击匈奴降者赏令》是该令令名。它说明此令应包括两项内容。一是关于斩首捕虏者拜爵赐金的有关规定。二是对匈奴降者赏赐的规定。第二支简是关于对率民众八千的首领投降者的具体奖赏规定。其中"二千石"的"石"系"户"之讹。率众来降则封为列侯，史籍中有此记载。如《汉书·宣帝纪》载，神爵二年（公元前60年）"秋，匈奴日逐王先贤掸将人众万余来降，封列侯"。五凤二年（公元前56年）"冬十一月匈奴呼速累单于帅众来降，封为列侯"。与此令相合。第三支简是关于如何安排投降官长的规定。"君长"，指匈奴的行政长官。① 按此令规定，君长来降，仍为君，管辖原来的庶众。此简下半段缺损，难详其意。汉王朝对来降者的安置工作很郑重、优待。如有大批降者，除赐赏之外，还对其国号、疆土有具体安排。如武帝元狩二年（公元前121年），"匈奴昆邪王杀休屠王，并将其众合四万余人来，置五属国以处之。以其地为武威、酒泉郡。"颜师古注"凡言属国者，存其国号而属汉国"。第四支简缺字过多，难解其意。或是与武帝时制定的《武功爵令》有关的规定。第五支简 A、B 两行的文字基本相同。B 行中的"食邑五百"有误，应是"食邑百户"。"百骑"当属另一条文。"四十八"不明其意，或系此令条文的编号。

2. 捕斩匈奴虏反羌购赏科别

（1）《捕斩匈奴虏反羌②购③赏科别④》

《新简》E·P·F22：222

（2）其生捕得酋豪、王侯、君长、将率者一人，☐吏增秩二等。从奴与购如此。

《新简》E·P·F22：223

---

① 君长，酋长。《史记》卷一百一十《匈奴列传》："燕北有东胡、出戎。各分散居黢谷，自有君长。"

② 反羌，羌，古族名。汉时分布于今甘肃西北、新疆南部、青海西南、西藏东北、四川西部。以游牧为主，与汉人杂居，渐习农耕。反羌，指曾降附汉朝，迁从塞内，而又反叛的羌人。

③ 购，悬赏。

④ 科别，科，法令条文。《后汉书》卷七十七《酷吏传》："自中兴以后，科纲稍密。"别，类别。科别，此处意为法令细则。

（3）其斩匈奴将率者，将百人以上，一人购钱十万，吏增秩二等。不欲为☐……

　　　　　　　　　　　　　　　　　　　《新简》E·P·F22：224

（4）有能生捕得匈奴间候①一人，吏增秩二等。民与购钱十☐☐人命者，除其罪。②

　　　　　　　　　　　　　　　　　　　《新简》E·P·F22：225

（5）能与众兵俱追，先登陷阵，斩首一级，购钱五万如此。

　　　　　　　　　　　　　　　　　　　《新简》E·P·F22：226

（6）☐有能谒言吏，③吏以其言捕得之半与购赏。

　　　　　　　　　　　　　　　　　　　《新简》E·P·F22：227

（7）☐追逐格斗有功，还畜参分以其一，还归本主。④

　　　　　　　　　　　　　　　　　　　《新简》E·P·F22：228

（8）☐……能持☐奴与半功……

　　　　　　　　　　　　　　　　　　　《新简》E·P·F22：229

（9）诸有功校皆有信验及行购赏……

　　　　　　　　　　　　　　　　　　　《新简》E·P·F22：230

（10）右捕匈奴虏购科赏钱三万吏增秩二等，不欲为官者与购如此。

　　　　　　　　　　　　　　　　　　《新简》E·P·F22：231、232

（11）有能生捕得反羌从徼⑤外来为间候动静中国兵，⑥欲寇盗、杀略人民，吏增秩二等，民与购钱五万，从奴它与购如此。

　　　　　　　　　　　　　　　　　　　《新简》E·P·F22：233

（12）☐言吏，吏以其言捕得之，购钱五万，与众俱追先登☐☐。

　　　　　　　　　　　　　　　　　　　《新简》E·P·F22：234

---

① 间候，即间谍。

② "人命者，除其罪"，或指有人命案的罪犯捕获间谍一名，可将功抵罪。史籍有类似记载。《汉书》卷六十九《赵充国传》：神爵年间，充国告种豪"天子告诸羌人，犯法者能相捕斩，除罪"。

③ "谒言吏"，向官吏检举，揭发。

④ 该简文字有缺，意思不完整。"追逐格斗有功"云云，或指匈奴人如参与反击匈奴主的战斗有功，即将其所有的牲畜的三分之一，还归本人。

⑤ 徼，即塞。"徼外"，即塞外。

⑥ 动静，即情况。"动静中国兵"，探测汉军的军事情况。

（13）右捕反羌科赏。

　　　　　　　　　　　　　　　　　　　《新简》E·P·F22：235

（14）●诸有功校皆有信验乃行购赏。

　　　　　　　　　　　　　　　　　　　《新简》E·P·T22：692

（15）各持下史为羌人所杀者，赐葬钱三万。其印绶吏①五万，又上子一人名尚书。②卒长☐奴婢二千，赐伤者各半之。皆以郡见钱给。③长吏临致，以安百姓也。早取以见钱☐。

　　　　　　　　　　　　　　　　　　　《合校》267·19

（16）绛百匹、杂增百匹。又以其所捕斩马牛羊、奴婢、财物尽予之。

　　　　　　　　　　　　　　　　　　　《新简》E·P·T52：569

以上所录《捕斩匈奴虏反羌购赏科别》令册（第1—14简），系根据1972—1974年出土于甲渠候官（破城子）22房屋遗址的部分简牍缀合而成。另录第16简，按其内容，当也属于奖赏立军功将士的条令，故附于此令之后，供研究者参考。

上述令册中的两条令文（第9、第14简），从法制角度来说，值得特书一笔。这两条令文内容完全相同："诸有功校皆有信验，乃行购赏"。该令文强调，立功者所报战功均应检校、核实。确实无误，才可奖赏。据史料记载，军中谎报战功之事时有发生。如汉武帝时，"捕降者以为虏、掘死人以为获"④之事有之；"击匈奴增首不以实"⑤之事有之。为了防止这类弄虚作假、谎报战绩的事情发生，故在奖励军功的条令中，特别规定："诸有功校皆有信验，乃行购赏。"

---

①　印绶，即印的绶带。印绶亦作官印的统称。汉制，凡治事命官皆颁有印绶，以示职权受命于天子，及代表官阶、级别。另外，一般不治事的加官或散官，无印绶，故有"印绶吏"、"无印绶吏"之分。

②　"上子一人名尚书"，即向尚书台举一人任官。

③　见钱，见，即现。见钱，即现钱。

④　《汉书》卷九十《杨仆传》。

⑤　《汉书》卷十七《功臣表》载，高不职"坐击匈奴增首不以实，当斩，赎罪，免"。颜师古注"增加所获首级之数也"。

这册令文颁行时间，注释者有一种说法，认为是西汉武帝元朔六年（公元前123年）"有司奏请置武功赏官以宠战士"的奖赏条例。笔者发现，与此令册同一遗址（E·P·T22）出土的另两简，与该令有密切关系，可证明它颁行的时间。

等三人捕虏斩首各二级，当免为庶人。① 有书：今以旧制律令为捕斩匈奴购赏各如牒。前诸郡以西州书免刘玄及王便告示为民，皆不当行。书到，以《科别》从事。官奴婢以西州。②

书若郡农如玄、便等捕斩反羌免者不应法令皆收还玄、便等及其妻子其本官。已畀，③ 言所畀官名、年籍毋有所遗脱。会五月朔从事，督察如律令。④

以上两简经缀合，可以认定是一件文书的残篇。其大致意思是要求纠正一桩奖赏不当案。即按"西州书"对参战有功的官奴隶"刘玄及王便等免为民，皆不当行"。应按旧制律令，即按《捕斩匈奴虏反羌购赏科别》从事，将该官奴隶刘玄、王便等发还给官署。何谓"西州书"？明于此，可判断出《科别》颁行的时代。

据史籍记载，新莽地皇四年（公元23年）隗嚣起兵反莽。后攻下陇西、武都、酒泉、敦煌、张掖、武威等郡。更始二年（公元24年）归附更始，后又反。"复招聚其众，据故地。自称西州上将军。"东汉初，光武帝曾正式"遣使持节命嚣为西州大将军，得专制凉州、朔方事"。后又叛朝廷，建武九年（公元33年）病死。隗嚣为西州大将军时，虽曾"北御羌胡之乱"，但也曾多方勾结羌族酋长与汉相拒。⑤ 所以灭隗嚣后，废"西州书"。简中所言更改"前诸郡以西州书免刘玄、王便等为民"一案，

---

① "当免为庶人"，当指官奴隶因抗击匈奴立功受奖而免除奴隶身份，为庶民。
② 《新简》E·P·1722：221。
③ 畀，给予。此处指已将官奴隶交给某官署。
④ 《新简》E·P·T22：691。
⑤ 《后汉书》卷八十八《西域传》："更始、赤眉之际，羌遂放纵，寇金城、陇西。隗嚣虽拥兵而不能讨之，乃就慰纳，因发其众与汉相拒。"另见《窦融传》。

令其以"旧制从事"，此"旧制律令"即《捕斩匈奴虏反羌赏科别》，当制定于西汉，不会有误。顺便说一句，东汉立国后，立即废除地方军阀制，恢复汉代法制，乃是维护法制统一的大事。此文书的发现，对于了解东汉法制的历史颇有意义。

十二　吏毋作使属国秦胡、卢水士民

此令载于官文书，即甲渠候官上呈报告存稿之中。这套完整的文件由破城子房屋二二（E·P·F22）遗址中出土的，内容由相关数简连缀而成。它包括：

1. 文件题签

　　甲渠（塞）言：部吏毋作使属国①秦胡、②卢水③士民④者。⑤

2. 大将军莫府书及甲渠塞应书

　　建武六年（公元 30 年）七月戊戌朔乙卯◻甲渠鄣守候敢言之，府移大将军莫府⑥书曰："属国秦胡，卢水士民从兵以来◻困愁苦，多流亡在郡县，吏匿之。明告吏民，诸作使秦胡、卢水士民畜、田作不遣，有无？四时言。"

　　● 谨案：部吏毋作使属国秦胡、卢水士民者，敢言之。⑦

　　按： 幕府文书所引禁令未署明是中央法令，但与东汉初年光武帝所颁

---

　　① 属国，指张掖属国。
　　② 秦胡，胡，胡人，指汉以外诸民族，一说秦胡是秦时的胡人，汉时已被同化的胡。
　　③ 卢水，张掖卢水，即今黑水中上游。
　　④ 士民，指具有某种品质或某种技能的庶民。《后汉书》卷四十九《仲长统传》："以才智用者谓之士。"
　　⑤ 《新简》E·P·F22：696。
　　⑥ 莫府，即幕府，指河西五郡大将军窦融官府。
　　⑦ 《新简》E·P·F22：42、322、43。

布的禁止官吏使役流民为奴婢的诏令的精神一致。如"建武六年十一月，诏王莽时吏人没入为奴婢不应旧法者，皆免为庶人"。① 再者，这则文书与同时出土的几件署名为"诏书"的法令，同称为"四时禁"。故姑视其为中央颁布的法令，一并抄录于此。这条令文也反映出了东汉初，光武帝注意团结西北各少数民族的方针政策。

十三　禁铸作钱、发冢、贩卖衣物于都市

禁铸作钱、发冢、贩卖衣物于都市。
禁铸作钱。

以上两令分别见于下列两则文书：
第一件文书：
1. 文书题签

甲渠言：部吏毋铸作钱、发冢、② 贩卖衣物于都市者。掾谭、令史嘉。

2. 府书与应书

建武六年（公元30年）七月戊戌朔乙卯，甲渠鄣守③候敢言之：府移大将军莫府书曰：奸黠吏民作使宾客私铸作钱，薄、小不如法度，④ 及盗发冢、公卖衣物于都市，⑤ 虽知莫谴，苛百姓患苦之。书到，自今以来独令县官铸作钱，⑥ 令应法度，禁吏民用得铸作钱及挟

---

① 《后汉书》卷一下《光武帝纪》。

② 发冢，盗墓。《淮南子》卷十三《氾论训》："天子县法曰：发墓者诛。"

③ 守，试署。汉代官制，官吏有试守之制，期限一年，满岁转正，得食全俸，即为"真"。

④ 宾客，也称客、私客、食客等，外来寄寓或依附本地豪强，从事某种活动的人。此处指专门从事私铸钱币者。

⑤ 公，公然。贾谊《论积贮疏》："残贼公行。"

⑥ 县官，汉代通称天子为县官。《汉书》卷六十八《霍光传》："县官非我家将军不得为是。"如淳注："县官谓天子。"又常引申称官家、国家。

不行钱，① 辄行，法。诸贩卖发冢衣物于都市，辄收没入县官、四时言犯者名状。

谨案，部吏毋犯者，敢言之。②

第二件文书：

1. 文书题签

甲渠言：部吏毋铸作钱者。

2. 文书及应书

……不如旧时行钱法□自政法罚，令长吏知之，及铸钱所依长吏豪疆者名。有无四时言。

谨案：部吏毋铸作钱者，敢言之。③

十四　禁屠杀马牛

毋得屠杀马牛。

此令见于下列文书：

建武四年（公元 28 年）五月辛巳朔戊子，甲渠塞尉放行候事敢言之：④ 府移使者□所，诏书曰："毋得屠杀马牛，有无四时言。"⑤

---

① 不行钱，禁止通行的钱。此处主要指王莽时所铸的钱币。

② 《新简》E·P·F22：37、38、39。

③ 《新简》E·P·F22：40、41。

④ 行，汉代官制。凡官缺未补，暂由他官兼摄其事，就为之行。如张汤以御史大夫行丞相事。

⑤ 有注释者解"四时"为春、夏、秋、冬四季，不当。此处"四时"宜理解为随时。"四时言"即随时报告。《合校》16·4、16·1 以及与该简同时出土的简牍中，多枚有"四时言"、"四时禁"句，可参考。所谓"四时禁"，即任何时候都禁止。此乃汉时习惯用语。《汉书》卷九《元帝纪》载，初元三年六月诏："有司勉之，毋犯四时之禁。"

谨案：部吏毋屠杀马牛者，敢言之。掾谭。①

按：汉人认为"牛乃耕农之本，百姓所仰，为用最大，国家之为强弱也"。② 至于马，无论对于战争，还是交通，都很重要，故严加保护。关于汉律禁杀盗马牛之事，史籍中多有记载。如《盐铁论·刑德》："故盗马者死，盗牛者加，所以重本而绝轻疾之资也。"《淮南子·说山》，高诱注："王法禁杀牛，民犯禁杀之者诛。"《后汉书·第五伦传》："有屠牛，辄行罚。"此简表明，东汉初，为恢复生产、发展经济，故重申禁屠杀马牛之令。并下发文书，令基层机构严格管理，发现违法者立即报告。此件文书即基层组织接到命令，经过检查，向上级的汇报，所谓"谨案，部吏毋屠杀马牛者"。

十五　吏民毋得伐树木

吏民毋得伐树木。

此令见于下列两件内容相同的文书：

1. 建武四年（公元28年）五月辛巳朔戊子，甲渠塞尉放行候事，敢言之：诏书曰："吏民毋得伐树木，有无四时言。"谨案，部吏毋伐树木者，敢言之。掾谭。③
2. 建武六年（公元30年）七月戊戌朔乙卯，甲渠鄣候敢言之，府书曰："吏民毋得伐树木，有无四时言。"谨案，部吏毋伐树木。掾谭，令史嘉。④

按：以上两文书，分别颁发于不同年代，都是转发"吏民毋得伐树

---

① 《新简》E·P·F22：47A、B。
② 《风俗通义·佚文·心政及其它》。
③ 《新简》E·P·F22：48。
④ 《新简》E·P·F22：53A、B。

木"令。它说明当时对于保护树木之事很重视，当局者常抓不懈。

十六　管理无业者令

管理无业者令（残篇）：

1. 无部署，须具伍任①乃予符。② 盗符者，数请其罪。任者③皆为不从作。④ 其无任者，勿予符。恶子⑤为不从作。⑥

2. 诸恶子受符，即欲夜出，皆诣近所，⑦ 抑官亭吏，⑧ 言欲夜出，报⑨乃得夜出。⑩

3. 贫民赢谨，⑪ 无作庸不能常雠者。⑫

4. 此三牒。无作业，其任把关传。言若它作事，各以便宜作事之，皆如附诧诏书。为官当取庸验治。及它作，皆须所受随。窳民⑬不迫，乃取它庸。其⑭无部署，须具伍任乃予符。盗符者数请其罪。任者皆为不从作。其无任者勿予符，恶子为不从作。⑮

---

① 伍任。伍，指什伍之人。《后汉书》志第二十八《百官五》："里有里魁，民有什伍。善恶习以告。本注曰：里魁掌一里百家。什主十家，伍主五家，以相检察。民有善事恶事，以告监官。"任，担保。《汉书》卷十一《哀帝纪》："绥和二年，除《任子令》。"颜师古注："任，保也。"伍任，由同伍的人担保。

② 符，符传，通行凭证。

③ 任者：任，能力。《韩非子》卷十七《定法》："因任而授官。"任者，有劳动能力的人。

④ 不从作，不从事劳动。

⑤ 恶子，不听教诲，不务正业，无赖。《汉书》卷九十《尹赏传》："杂举长安中轻薄少恶子。"颜师古注："恶子，不承父母教命者。"《汉书·昭帝纪》颜师古注："恶少年谓无赖子弟也。"

⑥ 《敦煌汉简释文》214简。

⑦ 所，处所，指官府。

⑧ 官亭吏，指县尉所属的亭吏。《后汉书》卷二十八《百官志》："亭有亭长，以禁盗贼。本注曰：亭长，主求捕盗贼，承望都尉。"

⑨ 报，答复。

⑩ 《敦煌汉简释文》386简。

⑪ 谨，小。

⑫ 《敦煌汉简释文》215简。

⑬ 窳民，懒惰的贫民。《商君书·垦令》："爱子惰民不窳，则故田不荒。"

⑭ 《敦煌汉简释文》213简。

⑮ 《敦煌汉简释文》214简。

5. 不可作事者，冗食①于仓。②

以上所录五简，发现于 1979 年敦煌马圈湾汉代烽燧遗址。

据考古学者说，这几支简从形制、木质、书体、墨色来看，当为同一简册。根据同出纪年简，时代可定为王莽时期。③ 考其内容，当是一册"管理无业者"令的残篇。由于简损缺，虽将其缀合成篇，但其次序难以断决。仅作以上试排，供读者参考。

该令将无业者分为两类。一类为不务正业者，所谓"恶子"。另一类为病弱、劳动能力差，不能经常找到雇主的贫民。对这两类人规定了不同的管理办法。对于不务正业者，此令规定了种种行政措施。

为了社会秩序的安定，该令规定，政府对丧失工作能力者在生活上给予帮助，所谓"不可作事者，冗食于仓"。

十七　罪人得入钱赎品

1. 大司农延④奏"罪人得入钱赎品"。⑤
2. 赎完城旦舂六百石，直（值）钱四万。⑥
3. 赎城旦舂九百石，直（值）钱六万。⑦

---

① 冗食，不劳而食。《后汉书》卷五十七《刘瑜传》："今女嬖令色，充种闱帷，皆当盛其玩饰冗食空宫，劳散精神，生辰六疾。"《资治通鉴》胡三省注："无事而食，谓之冗食。"

② 《敦煌汉简释文》216 简。

③ 参见吴礽骧《敦煌马圈湾汉简中的一组律令册》，载《简帛研究》第一辑，法律出版社 1993 年版。

④ 大司农延。两汉时期，担任过大司农一职名延者有二人。一是田延年。他任大司农的时间是昭帝元凤六年（公元前 75 年）至宣帝本始二年（公元前 72 年），共三年。另一位大司农名延者，《汉书》卷十九《百官公卿表》仅记其名，而未记姓。任职时间是宣帝五凤元年（公元前 57 年）至元帝初元元年（公元前 48 年），共九年。

⑤ 品，类，种、等级。《汉书》卷九十四上《匈奴传上》："给缯絮食物有品。"赎品，赎免各等刑罚。《新简》E·P·T56：35。

⑥ 《新简》E·P·T56：36。

⑦ 《新简》E·P·T56：37。

4. ［赎］右止（趾）城旦舂以下及复作。① 品书到言所②□。③

按：据上述第 4 简所说，此"赎品"的条文应包括"右趾城旦舂以下"到"复作"以上的各类刑徒的赎刑规定。现仅发现以上抄录的第 2、第 3 两条，还缺有关鬼薪、白粲、隶臣妾，罚作、复作，以及最高徒刑"斩右趾城旦舂"的赎的条文。据四枚散简连缀成册的"赎品"，显然是一卷残篇。

所谓"赎刑"，即允许罪犯缴纳一定数量的金、粟或缣，赎免已判决的刑罚。还有一种是出钱买爵，再以爵抵罪。《汉书》卷二《惠帝纪》载：惠帝元年（公元前 194 年）"民有罪，得买爵三十级以免死罪。"颜师古注："令出买爵之钱以赎罪。"汉代赎刑制度的复杂性，还表现在其制度有偶行和常制的区别，有就某种犯罪而规定的专项赎刑和适用于一切罪犯的赎刑等。并且史料不全，记载又互相抵牾。以至于律学大家沈家本在考察此问题时也感叹道："以汉人言汉事，神爵又距天汉不远，何以所言之舛错如此，不可解也。"

简中所见到的这册"赎品"的发现，也有助于此问题的解决。现仅介绍一点与此"赎品"有关的情况。据记载，宣帝神爵年间，朝中对于是否实行赎刑制曾进行过一场大争论。当时因"西羌反"，朝廷兴兵征讨，需军费。京兆尹张敞提出："愿令诸有罪，非盗受财杀人及犯法不得赦者，皆得以差入谷此八郡（陇西以北，安定以西，凉州的八郡），赎罪。务益致谷以预备百姓之急。"他并解释道："诸盗及杀人犯不道者，百姓所疾苦也，皆不得赎，首匿见知纵，所不当得为之属，议者或颇言其法可蠲除，今因此令赎，其便明甚，何化之所乱？"④ 张敞此议，遭到左冯翊萧望之，少府李疆等大臣的反对而作罢。

① 复作为最低徒刑。《汉书》卷八《宣帝纪》李奇注："复作者，女徒也。谓轻罪，男子守边一岁，女子软弱不任守，令复作于官，亦一岁。"《汉旧仪》："男子成罚用，女子为复作，皆一岁到三月。"
② "书到言所"，下缺字应是"下部官名"，即接到此"品书"后，应向上级报告，将此"品书"下发到哪些机关。参见《新简》E·P·T56：39、297、300 等。
③ 《新简》E·P·T56：281。
④ 《汉书》卷七十八《萧望之传》。

元帝初年大臣贡禹又提出废除赎罪法，据沈家本考证贡禹所要废除的赎罪法，即《汉书》卷二十四《食货志》所载，令民得"赎禁锢（臧）（减）罪"。① 以上两次议论制定和废除赎罪法时，为什么都没有涉及汉简中所见到的这册"赎品"呢？

居延县甲渠候官遗址发现的这册"赎品"既然下发到边疆基层政权机关，不会是某一大臣提出的法律草案，而是要下级贯彻实行的正式法令。如果该令是昭帝元凤六年至宣帝本始二年任大司农的"延"奏请实行的，那么，在其后十二年的张敞，就不会奏请颁行赎罪法。因为此法早已有之。如果此"赎品"是宣帝五凤元年至元帝初元时任职大司农提出的，那么，与他同时任职的谏大夫贡禹提出的废除赎罪法时，为什么只说要废除七八十年前武帝时实行的赎罪法，而对于现行的"赎品"，却又一字未提呢？

十八　守御器品

郡、都尉，候鄣、亭燧守御器品。②

此简于 1981 年发现于敦煌酥油土汉代烽燧遗址。

它表明汉代各级地方政权机关，甚至边塞的守御器械的配备均有相应规定。此简是守御器品册的检署，其具体条文尚待新的发现。

出土简牍中有新莽年间一烽燧的"守御器簿"一篇，即"橐他莫当隧（燧）始建国二年五月守御器簿"，从中可了解燧"守御器"配备的大致情况，因篇幅过长，不便全录。

对此问题有意进一步探讨者，可参考《文物》1978 年第一期，图四一、图四二。

---

① 沈家本：《历代刑法考》卷一，第 439 页。沈云："终西汉之世，赎法只禁锢，坐赃二事，其它未当行。"按，沈所说的"赃"罪，中华书局标点本《汉书》认为是"减"罪之误。

② 《敦煌汉简释文》1390 简。

十九　烽火品约

1.《塞上烽火品约》

（1）匈人奴①昼入殄北塞，② 举二烽，③ □□烽一，燔一积薪。夜入，燔一积薪，举堠④上离合苣火，毋绝至明。甲渠、三十井塞上和如品。

（2）匈人奴昼［入］甲渠河北塞，举二烽，燔一积薪。夜入，燔一积薪，举堠上二苣火，⑤ 毋绝至明。殄北、三十井塞和如品。⑥

（3）匈奴人昼入甲渠河南道上塞，举二烽，坞上大表⑦一，燔一积薪。夜入，燔一积薪，举堠上二苣火，毋绝至明。殄北、三十井塞上和如品。

（4）匈奴人昼入三十井、降虏燧以东，举一烽，燔一积薪。举堠上苣火，毋绝至明。甲渠、殄北塞上和如品。

（5）匈奴人昼入三十井，候远燧以东，举一烽，燔一种薪，堠上烟一。夜入，燔一积薪，举堠上一苣火，毋绝至明。甲渠、殄北、塞上和如品。

（6）匈奴人渡三十井、县索关门外道上燧、天田失亡，举一烽，坞上大表一，燔二积薪。不失亡，毋燔薪，它如约。

（7）匈奴人入三十井、诚势北燧、县索关以内，举烽燔薪如故。三十井、县索关、诚势务燧以南，举烽如故，毋燔薪。

---

① 匈人奴，当是"匈奴人"之误。

② 殄北，塞名。以下所见甲渠、三十井等塞为殄北邻塞，均属居延都尉。

③ 烽，即烽燧，此指烽火，边防报警信号。《后汉书·光武帝纪》李贤注引《前书音义》："边方备警急，作高土台，台上作桔槔，桔槔头有兜零，以薪草置其中，常低之，有寇即燃火举之，以相告，曰烽。又多积薪，寇至即燔之，望其烟，曰燧。昼则燔燧，夜乃举烽。"

④ 堠，瞭望敌情的土堡。汉简中有作"礁"、"坞"者。

⑤ 苣，或苣火，即火把。烽燧遗址发现有苇苣和茇茈草束成的苣。"离合苣火"，苣火使用的一种方式。或以两苣，时分合地举起。

⑥ 和如品，按"品"规定，与邻塞相应的点燃薪、苣烽火，向下一烽燧传送信号。

⑦ 表，报警标志。以赤白缯相间连接而成，挂于堠、坞墙顶上，垂直地面。

（8）匈奴人入珍北塞，举三烽；后复入甲渠部，累举旁河烽，后复入三十井以内部，累举墩上直上烽。

（9）塞上亭燧见匈奴人在塞外，各举部烽如品，毋燔薪。其误，亟下烽灭火，候、尉吏以檄言府。①

（10）夜即闻匈奴人及马声，若日且入时见匈奴人在塞外，各举部烽，次亭晦不和。夜入，举一苣火，毋绝尽日，夜灭火。

（11）匈奴人即入塞千骑以上，举烽、燔二积薪。其攻亭障坞壁田舍，举烽、燔三积薪。和如品。

（12）匈奴人入塞，承（乘）②塞中亭燧，举烽燔薪□□□□烽火品约，官□□□举□□烽，毋燔薪。

（13）匈奴人入塞，候、尉吏亟以檄言匈奴人入，烽火传都尉府，毋绝如品。

（14）匈奴人入塞，守亭障不得下燔薪者，旁亭为举烽薪潘，以次和如品。

（15）匈奴人入塞，天大风，风及降雨不具烽火者，亟传檄，告人走马驰以急疾为［故］。

（16）县田官吏，令、长、丞、尉见烽火起，亟令吏民□□□□诚势北燧部界中，民田畜牧者□□……为令。

（17）右塞上烽火品约。③

2.《烽火品约》散简

除上述《塞上烽火品约》以外，已发现而较完整的"烽火品约"条文，尚有下列诸简：

（1）于居延都尉境内发现的有：

● 虏守亭障，不得燔积薪，昼举亭上烽一，夜举离合苣火，次亭

---

① 檄，即檄文，檄书。以檄言府，即以檄书急报都尉府。
② 乘，意为登、升。《史记》卷八《高祖本纪》："与关内卒乘塞。"
③ 本《品约》1—17简，见《新简》E·P·F16：1—17。本文对简号顺序略有改变。

燔积薪，如品约。(《合校》14・11)

(2) 于肩水都尉境内发现的有：

● 匈奴人入塞及金关以北，塞外亭燧见匈奴人，举烽，燔积薪，五百人以上，昼举二烽。(《合校》288・7)

(3) 于敦煌郡中部都尉境内发现的有：

望见虏一人以上入塞，烦（燔）一积新（薪），举二烽，夜二苣火。见十人以上在塞外，烦（燔）、举如一人□□。

望见虏五百人以上，若功（攻）亭鄣，烦（燔）一积新（薪），举三烽，夜三苣火。不满二千人以上，烦（燔）举如五百人同品。

虏守亭鄣，烦（燔）举；昼举亭上烽，夜举离合（苣）火。次亭燧和，烦（燔）举如品。

《敦煌汉简释文》2257 简

(4) 于敦煌郡玉门都尉境内发现的有：

●《敦煌郡烽火品约》

《敦煌汉简释文》520 简

● 望见虏塞外及入塞，虏即还去辄下烽，止烟火。如次亭未下烽止烟火，人走传相告。都尉出追未还，毋下烽。

《敦煌汉简释文》521 简

按：《塞上烽火品约》1974 年发现于甘肃居延破城子（原甲渠候官遗址）房屋 16。出土时甚完整，顺序排列置于房内地面。无纪年，就房中共存物、地层关系综合分析，可能是新莽时期或东汉初期遗物。

此《品约》的具体条文说明，该条例应是甲渠、殄北和三十井塞的上级，居延都尉府颁布的。以上所录于肩水都尉、敦煌郡中部都尉，玉门都尉等处发现的"品约"应是以《敦煌郡烽火品约》为依据。各都尉的"品约"是郡"烽火品约"的细则。

关于颁发"烽火品约"的机关，学者有多种意见。有一种推测认为，"品约"均是由都尉府一级军事机关颁发的。① 还有一种意见认为，除郡太守府颁发的烽火品约外。据居延各地点出土的烽火品约简，各部都尉似根据其隶属单位的分布情况和具体地望，尚制定有适用于本辖区的实施细则。② 还有一种看法与此大致相同，但说得更具体，即可制定烽火品约的最低级别是都尉。然而一郡有数都尉，其上"郡太守必然有高一级的烽品加以统调，而全国亦当有统一的条例、规定"。③ 没有统一、划一的品约烽火就不可能迅速无误地传远，并互相交流。笔者基本上同意这一观点。不过，作为法律形式，"品"、"约"以及"品约"之间有何区别呢？是否可以认为，中央颁发的，称"品"，郡、部都尉颁布的，称"品约"呢？此问题有待考证。目前资料有限，且论证不充分，尚难以鉴定。

汉代边塞"烽火品约"，不是一纸徒托空言的条文。简牍中的大量资料说明，这些法规当时是认真贯彻实行的。实施"品约"有严格制度。将这些实施"品约"的珍贵史料辑录于此，不仅有助于对"烽火品约"的理解，而且也有助于对汉代法制的认识。例如：

（1）边塞吏卒应"读烽火"、"明烽火"。

所谓"明烽火"，即通晓"烽火品约"。戍卒应知烽火品约、"读烽火品约"。④ 各郭主管有责任"教敕吏卒明烽火"。⑤

（2）设职负责"通烽火"。

所谓"通烽火"，即传送烽火。⑥ 有一件状辞提道："居延肩水里上造年四十二岁，姓匽氏，除为三十井士吏，主亭燧候望、通烽火备盗贼

---

① 徐苹芳：《居延、敦煌发现的"塞上蓬火品约"》，载《考古》1979 年第 5 期。

② 吴礽骧：《汉代蓬火制度探索》，载《汉简研究文集》，甘肃人民出版社 1984 年版。

③ 初师宾：《居延烽火考述》，载《汉简研究文集》，甘肃人民出版社 1984 年版。

④ 《新简》E·P·T52：33、E·P·T52：45、E·P·g22：459；《合校》118·4、206·26 等。

⑤ 《新简》E·P·F22：459 "府告甲渠、卅井、珍北部候方有警备，记到数（速）循行，教敕吏卒明烽火。谨候望……"

⑥ 通，即传达。《穀梁传》卷九，僖公二十八年："通王命也。"

为职。"① 据此可知，"通烽火"是该士吏的重要职责。

（3）发出、传警信号必须记录。

简牍中有关发出、传警信号的简文很多。上面清楚记录着发出、传信号的形式、时间、次数等。如：

> 乐昌燧长已戊申日西中时，受并山燧坞上表再通，夜人定时，苣火三通，已酉日□。（《合校》332·5）
>
> 坞上旁烽一通，同时付并山，丙辰日入时□。（《合校》349·11）

不言而喻，士吏、戍卒要将相关的警信号记录下来，以便检查、核对。如有差错，将追究主事者的责任。如《新简》E·P·T65：228"饼庭候长王获坐隧（燧）长薛隆误和受一苣火……"此简反映出候长要对燧长"误和"，即错传信号承担责任。再如 E·P·F22：414"□□以为虏，举火，明旦踵迹野马非虏政（攻），放举火不应□"。误将野马当成虏，故举火不应，这也要追究其责任。

（4）置督烽掾监督"烽火品约"的执行。

各塞一般置有督烽掾，循行所辖烽燧，检查工作，发现问题即举劾有关士吏。如《新简》E·P·F22：423、424："复汉②元年十一月戊辰，居延都尉领③甲渠督烽掾敢言之，诚北燧长侯仓、候长樊隆皆私去署，诚教敕吏毋状，罪当死。叩头死罪死罪，敢言之。"在军事要塞，擅离职守，乃大罪，故举劾之。

据记载，早在西周时期已有烽燧设置。《史记·周本记》："幽王为烽燧，大鼓，有寇至则举烽火，诸侯悉至，至而无寇，褒姒大笑，幽王悦之，为数举烽火。"但由于此事涉军事机密，有关烽火具体制度，史籍多不载。甚至历代法典也不明确写出"烽式"。《唐律·卫禁·烽候不警》

---

①　《合校》456·4。另见《新简》E·P·T52：260："□主燧七所。以候望、橾（徼）迹、通烽火。"

②　复汉，王莽亡后，隗嚣于西北起兵后使用的年号。

③　领，汉代官制，即兼领。指已有主官主职，又领他官他职，而不居其位者。

疏云："放烽多少，具在式文，其事隐秘，不可具引。"甲渠候官为边防军事机构，故存有完整的《塞上烽火品约》。因而今天我们能得以见到这一珍贵资料。笔者在考释此"品约"时，曾参考、引用考古学者徐苹芳、吴礽骧、初师宾、薛英诸先生的文章，特此致谢。

二十　伏虏品约

□府·府为《伏虏品约》，捕□。

《敦煌汉简释文》783 简

《伏虏品约》，仅见一令名。其中的"府"，当指敦煌郡太守府。从敦煌简中所见"敦煌郡蓬火品约"[①] 一例得知，所谓"府为《伏虏品约》"即敦煌郡颁行的《伏虏品约》。

（原载《简帛研究》第三辑，中国社会科学院
简帛研究中心编辑，广西教育出版社 1998 年版。）

---

① 《敦煌汉简释文》520 简。

汉简牍中所见的"式"

"式"如律令一样，也是重要的法律规范，如《说文》所说："式，法也。""式"一般是用来保证已有的律令按立法者意图正确、有效地实施，以维护法制的统一。秦王朝建立的一套法式，对于当时政权的巩固和社会的稳定起了重要的作用。秦始皇曾多次炫耀他制定的"法式"。《史记·秦始皇本纪》载：

> 二十八年，秦始皇登泰山，刻石自诩，"治道运行，诸产德宜，皆有法式"。
> 是年，南登琅邪，又"立石刻，颂秦德，明德意"，夸耀秦国诸民，"欢欣奉教，尽知法式"。
> 三十七年，上会稽，立石刻，再次表白："始定刑名，显陈旧章，初本法式，审别职任，以立恒常。"

近百年来出土的秦汉简牍中有许多关于法制文书证实，秦始皇所说的一切"皆有法式"，非虚妄之言。"式"是这一时期法制的重要组成部分，要了解秦汉法制，必须深入研究当时作为重要法律规范的"式"。

以往人们认为秦刻石中的"法式"两字是泛称法律，或刑法，而没有深入、细致研究。其实其中的"式"，是专指一种法律规范。"式"的这个含义，《周礼》中多见。如《周礼·天官·大宰》："以九式均节财用"，即规定节约开支的九项细则。贾公彦疏："式谓依常多少用财法式也。"《周礼·天官·小宰》："以式法祭祀之戒具。"贾公彦疏："释曰：言式法者，谓祭祀大小皆有旧法式，依而戒敕，使其具之。"此"式"也是指已有的祭祀具体规定。《周礼》成书于西汉，汉人郑玄注，当可信。

"式"，按其含义可分三类：一、规定各类文书的格式。二、规定实施律令、政策应遵循的要点。三、确定行政、司法活动的程序。

一　各类文书的格式

"式"的含义之一，即格式。《礼记·缁衣》："言有物，而行有格也。"郑玄注："格，旧法也。"唐孔颖达《正义》："今谓式曰格式。"郑玄说："格，旧法也"，也对，强调"格式"，含有法的性质。秦汉法律规定，官署有关文书必须依"式"而行。《居延新简》中有一枚简文："□拘校，① 令与计簿相应。放式②移遣服治□。"③ 简文中的"式"，指收支财物的文书格式。"放式"，即依照相关的"式"行文。此"式"当是经官府定型的格式。"计簿"，秦汉郡国向朝廷汇报的文书。需"与计簿相应"的地方文书，当然要有依规定统一格式。

1. 索债文书格式

居延简中有戍卒间索债文书格式简数支：

（1）戍卒魏郡贝丘某里王甲赍卖□皂复袍县絮绪一领直若干千，④居延某里王乙□，居延某里王丙在某辟。⑤ 它衣财□。⑥

（2）□卖雒皂复袍县絮壮一领直若干千。⑦ 觚得□东西南北入，任者某县某里王丙。舍在某里□。⑧

（3）□赍卖官复袍若干领，直若干。某所隧长王乙所它财□。⑨

---

① 拘校，即钩校，钩稽校正。《后汉书》卷四十六《陈宠传》："宠又钩校律令条法，溢于《甫刑》者除之。"

② 放式，依已有的格式。放，通仿。《后汉书》卷七十八《吕强传》："竞相放效。"

③ 《居延新简》破城子探方五二（E·P·T52）576，文物出版社1990年版。

④ 直，通值。《史记》卷一百二十二《张汤传》："汤死，家产直不过五百金。"

⑤ 辟，聚。《史记》卷一百五十《扁鹊仓公列传》："则邪气辟矣。"《索隐》："辟，犹聚也。""在某辟"，即在某居民点、某村落。

⑥ 《居延新简》破城子探方五六（E·P·T56）113，文物出版社1990年版，第315页。

⑦ 壮，通装。

⑧ 《居延新简》破城子探方五六（E·P·T56）208，文物出版社1990年版，第322页。

⑨ 《居延新简》破城子探方五六（E·P·T56）230，文物出版社1990年版，第323页。

（4）☒☒某里王☒若门东西南北☒。①

（5）戍卒魏郡贝丘某里王甲。②

以上五件文书，是供赊卖衣物的戍卒请求官署索债备用的文书格式。笔者曾在《汉简中债务文书辑证》一文中说到这几件文物的特点是："文书中的人名、地址、金额等都是不定式，以某、甲、乙、丙、若干、某里、东南西北等字代。这说明，这类文书不是实际讨还赊卖衣物欠钱的爰书，而是讨还债务的文书格式。《居延汉简》中有多件戍卒为讨还债务而依此式填写的爰书。"③ 录几例，以便了解索债文书格式内容：

（1）终古隧卒，东郡临邑高平里召胜字游翁，赊卖九稯曲布三匹，匹三百卅三，凡直千。觫得富里张公子所，舍在里中二门东入。任者同里徐广君。④

（2）惊虏隧卒，东郡临邑吕里王广卷上字次君，赊卖八稯布一匹，直二百九十。觫得定安里随方子惠所，舍在上中门第二里三门东入。任者阎少季、薛少卿。⑤

（3）戍卒东郡聊成（城）昌国里峦何齐，赊卖七稯三匹，直千五十。屋兰定里石平所，舍在郭东道南。任者屋兰力田⑥亲功⑦临木隧。⑧

从以上索债文书格式，以及索债文书实例，可以知道，索债者申请官署索债时，必须依格式写明以下内容：

（1）债权人的身份、姓名、籍贯。

---

① 《居延新简》破城子探方五六（E·P·T56）233，文物出版社1990年版，第323页。

② 《居延新简》破城子探方五六（E·P·T56）377，文物出版社1990年版，第333页。

③ 参见拙著《汉简中的债务文书辑证》，载《法律史论集》第3卷，法律出版社2001年版。

④ 《居延汉简释文合校》（下册）282·5，文物出版社1987年版。

⑤ 《居延汉简释文合校》（下册）287·13，文物出版社1987年版。

⑥ 力田，致力家事者。《汉书》卷二《惠帝纪》："举民孝北力田者，复其身。"

⑦ 功，通工。亲功，即此人现在从事某项工作。

⑧ 《居延新简》破城子探方五六（E·P·T56）10，文物出版社1990年版，第306页。

（2）赊卖物品的数目、单价、总金额。

（3）债务人姓名、居住地址。

（4）任者（担保人）。

在以上抄录的索债文书格式中，有一点需注意：规范的格式，只需单列出"姓名某"、"籍贯"、"物品某"、"价值"等项目即可。而简中的格式，常写上实有的姓，如"王某"。地名，如"魏郡"、"临邑"。物品名称，如"复袍"等。如此书写的用意，在于使填写此格式者容易看懂此格式的要求。在戍卒间实行此制度，必须考虑到他们文化水平低下。因而在格式中填上实名、实地，作为例子，以便他们了解格式的要求。

2. 直（值）符文书格式①

居延汉简中有甲渠候官守护仓库"直符"文书多件。从中可看出当时每日使用的"直符"也有规定的格式。兹辑录如下：

（1）☑□□□直符一日一夜，谨行视事钱财物藏内户□敢言之。②

（2）☑酉直符仓库户封皆完之□。③

（3）☑直符一日一夜，谨行视钱财物言之。④

（4）☑□□敢言之，乃壬子直符，谨行视□。⑤

（5）☑壬申直符库户封皆完，毋盗贼。⑥

（6）□五月戊寅尉史蒲敢言之，乃丁丑直符仓库皆完，毋盗贼发者。⑦

（7）☑之，乃乙酉直符一日☑义敢言之。⑧

（8）☑谨行视钱物藏内户封皆完。⑨

---

① 直，通值，值日、值班。《晋书》卷三十四《羊祜传》："悉统宿卫入直殿中。"
② 《居延汉简释文合校》52·45，文物出版社 1987 年版，第 91 页。
③ 《居延汉简释文合校》72·6，文物出版社 1987 年版，第 125 页。
④ 《居延汉简释文合校》84·23，文物出版社 1987 年版，第 149 页。
⑤ 《居延汉简释文合校》231·12，文物出版社 1987 年版，第 374 页。
⑥ 《居延汉简释文合校》257·22，文物出版社 1987 年版，第 426 页。
⑦ 《居延汉简释文合校》264·9，文物出版社 1987 年版，第 439 页。
⑧ 《居延汉简释文合校》265·30，文物出版社 1987 年版，第 443 页。
⑨ 《居延汉简释文合校》266·16，文物出版社 1987 年版，第 446 页。

（9）☑财物藏内户☑。①

（10）更始二年正月丙午朔庚申，令史□敢言之。乃己未直符，谨行视诸藏内户封皆完，时毋水火盗贼发者，即日付令史严，敢言之。②

（11）建始二年十月乙卯朔丙子，令史弘敢言之。乃乙亥直符，仓库户封皆完，毋盗贼发者，敢言之。③

（12）☑直符一日一夜，谨行视物藏☑敢言之。④

（13）☑□酉令史丰敢言之，乃壬申直符☑敢言之。⑤

（14）□□敢言之，乃丁巳直符一日一夜，谨行视钱财□☑敢言之。⑥

（15）建平三年七月己酉朔甲戌，尉史宗敢言之，乃癸酉直符一日一夜，谨行视钱财物藏内户封皆完，毋盗贼发者，即日平旦⑦付令史宗敢言之。⑧

（16）☑辛亥朔庚午，令史义敢言之。乃己巳直符☑□者，即日平旦付尉史宗敢言之。⑨

在以上所录直符文书的实例中，可以看出汉西域候官仓库直符文书的"式"的内容，大致如下：

（1）当值者次日需呈报直符文书。

（2）当值时间。

（3）当值时责任区内是否发生异常情况。

（4）下一接班者的姓名、职称、时间。

---

① 《居延新简》破城子探方四三（E·P·T43）259，文物出版社1990年版，第116页。
② 《居延新简》破城子探方四八（E·P·T48）132，文物出版社1990年版，第140页。
③ 《居延新简》破城子探方五二（E·P·T52）100，文物出版社1990年版，第235页。
④ 《居延新简》破城子探方五二（E·P·T52）393，文物出版社1990年版，第254页。
⑤ 《居延新简》破城子探方六五（E·P·T65）220，文物出版社1990年版，第434页。
⑥ 《居延新简》破城子探方六五（E·P·T65）221，文物出版社1990年版，第434页。
⑦ 平旦，清晨。
⑧ 《居延新简》破城子探方六五（E·P·T65）398，文物出版社1990年版，第445页。
⑨ 《居延新简》破城子探方六五（E·P·T65）451，文物出版社1990年版，第449页。

"式者，其所以常守之法也。"① 仓库值班者每日一更换，均须依式填写直符。以上所录的直符中，有年号的简，前后相隔五十五年之久（公元前31年至公元24年），经过六朝代（西汉成、哀、平、孺子婴、新莽、淮阳王），如无法定、统一的"式"，"直符"文书的内容就不可能如此相同。

3. 病卒名籍文书格式

居延汉简中有一病卒名籍文书格式，见于一令文中：

病年、月、日、署所。病偷（愈）、不偷（愈）。②

此"式"系候官统计所属各隧戍卒病情的报表，所谓"病卒名籍"，见于一令文中。③ 居延汉简中有按月上报的"病卒名籍，文书题签多件"，④ 还有多件戍卒生病的报表就是按此"式"的要求填写的：

（1）当曲隧左道十月丙寅病左右胫雍。⑤⑥

（2）四月戊寅病肠辟庚辰治☐。⑦

（3）第廿四隧卒高自当以四月七日病头愚四节不举。铒庭隧卒周良四月三日病苦☐。

第二隧卒江谭以四月六日病苦心服（腹）丈（涨）满。

第卅一队卒王章以四月一日病苦伤寒。

---

① 《新唐书》卷五十六《刑法志》。

② 偷，愈之误。汉简中多将"愈"写为"偷"。如《居延汉简释文合校》52·12："☐当遂里公乘王同即日病头愚寒晁，小子与同遂☐饮药廿齐（剂）不偷（愈）……"又见70·20："☐☐何病☐☐铒庭卅一卒口服，少偷（愈）。"

③ 《居延汉简释文合校》58·26："病年、月、日、署所，病偷（愈）、小偷（愈）报名籍候官，如律令。"

④ 例如《居延汉简释文合校》45·15："铒庭第廿三部五凤四年三月病卒名籍。"又见乙附15："建昭六年正月辛未病卒名籍。"《居延新简》56：210："☐凤五年三月病卒名籍。"

⑤ 雍，通臃，臃肿。

⑥ 《居延汉简释文合校》272·35，文物出版社1987年版，第458页。

⑦ 《居延汉简释文合校》504·9，文物出版社1987年版，第602页。

第一隧卒孟庆以四月五日病苦伤寒。①

（4）第卅七隧卒苏赏三月旦病两肤蒲急少愈。

第卅三隧卒公孙谭三月廿日病两肤蒲急未愈。

第卅一隧卒尚武四月八日病头痛寒炅。

饮药五齐（剂）未愈。②

（5）止北隧戍卒魏郡阴安左池里贾广，十二月丙寅病寒热喉痛。③

以上所录的第3、第4两例，系一枚简的两面（A面、B面）。从内容上看，当是隧的上级收到各隧月报病卒名单后，登记的"病卒名籍"草稿。

4. 伐阅簿格式

汉代有记录官吏个人功劳、资历的文件，称"伐阅簿"。④从以下所录十二件较完整的"伐阅簿"中可以看出，汉代记载官吏个人"伐阅"的制度，有法定统一的格式。汉简中有记录边塞基层官吏个人的功劳、资历及其妻、子、家庭资产状况的文书，所谓"伐阅訾直累重官簿"。⑤另有仅记官吏个人状况的文书，或即"伐阅簿"。所记内容有官员的姓名、任职官署、职称、爵秩、功劳、能力、年龄、身高、籍贯，以及原籍与任职地之间距离。兹抄录如下：

（1）肩水候官并山隧长公乘司马成，⑥中劳⑦二岁八月十四日，⑧

————————

① 《居延汉简释文合校》4·4A，文物出版社1987年版，第5页。

② 《居延汉简释文合校》4·4B，文物出版社1987年版，第5页。

③ 《居延新简》破城子探方五九（E·P·T59）10，文物出版社1990年版，第359页。

④ 伐阅，或称阀阅。西汉时指积功与资历。《史记》卷十八《高祖功臣侯者年表》："明其等曰阀，积日曰阅"，所谓："伐，积功也，阅，经历也。"见《汉书》卷六十六《车千秋传》颜师古注。

⑤ 《居延新简》破城子探方十七（E·P·T17）3，文物出版社1990年版，第66页。亦作"伐阅官簿累重訾直"，见E·P·1，6；78，第41页；"累重訾直伐阅簿"，见E·P·T65：482，第452页。

⑥ 公乘，秦汉爵名，二十等爵第八级。

⑦ 劳，劳绩，汉代官吏考核制度术语，为官吏升迁依据之一。

⑧ 二岁八月十四日，为取得劳绩的数额。秦汉时，以日、月、岁为计量官吏劳绩的名称。"日"，相当现今计量学习、工作成绩的"分"，如"学分"、"工分"。中劳"三十日"，等于中劳"一月"，"十二月"等于"一岁"。详见拙著《汉简牍中所见令文辑考》，载《简帛研究》第三辑，广西教育出版社1998年版。

能书会计治官民颇知律令，武，年卅三岁，长七尺五寸，觻得成汉里，家去官六百里。①

（2）张掖居延甲渠有秩士吏公乘段尊，② 中劳一岁八月廿日，能书会计治官民颇知律令，文。③

（3）肩水候官始安隧长公乘许宗中功④一，劳一岁十五日，能书会计治官民颇知律令，文，年卅六（岁）长七尺二寸。觻得千秋里，家去官六百里。⑤

（4）☐候官穷虏隧长簪袅单立，⑥ 中功五劳三月，能书会计治官民颇知律令，文，年卅岁，长七尺五寸，应令。居延中宿里家去官七十五里，属居延部。⑦

（5）肩水候官执胡隧长公大夫奚路人，⑧ 中劳三岁一月，能书会计治官民颇知律令，文，年卅七岁，长七尺五寸。氏池宜药里，家去官六百五十里。⑨

（6）肩水候官候史大夫尹⑩☐劳二月廿五日，能书会计治官民颇知律令，文，年廿三岁，长七尺五寸，觻得成汉里。⑪

（7）☐☐候长公乘蓬士长当，中劳三岁六月五日。能书会计治官民颇知律令。武，年四十七，长七尺六寸☐。⑫

（8）☐……颇知律令，文，年卅八岁，七尺五寸，居延肩水里，家去官八十里……⑬

---

① 《居延汉简释文合校》13·7，文物出版社1987年版，第21页。

② 有秩，秦汉乡官。职掌民政赋役，由郡任命，秩百石。满五千户之乡，置有秩。乡小者则由县置啬夫一人。边郡要地虽不及五千户，也置有秩。

③ 《居延汉简释文合校》57·6，文物出版社1987年版，第100页。

④ 功，功绩。中功，官吏工作有优异表现，而获表彰，是官吏升迁的重要依据。

⑤ 《居延汉简释文合校》37·57，文物出版社1987年版，第63页。

⑥ 簪袅，秦汉爵名，二十等爵第三级。

⑦ 《居延汉简释文合校》89·24，文物出版社1987年版，第157页。

⑧ 公大夫，秦汉爵名，二十等爵第七级。

⑨ 《居延汉简释文合校》179·4，文物出版社1987年版，第286页。

⑩ 大夫，秦汉爵名，二十等爵第五级。

⑪ 《居延汉简释文合校》306·19，文物出版社1987年版，第502页。

⑫ 《居延汉简释文合校》562·2，文物出版社1987年版，第658页。

⑬ 《居延新简》破城子探方三（E·P·13）3，文物出版社1990年版，第6页。

（9）张掖居延甲渠塞有秩候长公乘淳于湖，中功二、劳一岁四月十三日，能书会计治官民颇知律令，文，年卅六岁，长七尺五寸，觥得□□里……①

（10）居延甲渠第四隧长公乘陈不识，中劳二岁九月七日，能书会计治官民颇知律令，文，年廿六岁☒。②

（11）居延甲渠候史公乘贾通，中功一、劳一岁九月□日☒。③

（12）延城甲沟候官第三十隧长上造范尊，④中劳十月十朵（七）日，能书会计治官民颇知律令，文，年卅二岁，长朵（七）尺五寸。应令。居延阳里，家去官八十里，属延城部。⑤

以上所录的十二文书说明，汉代的"伐阅簿"有法定的统一格式。同时也反映出，汉代对于边塞基层官吏有严格要求：

（1）边塞的候史、烽隧长等，应"能书会计治官民知律令"。就是说，具有管理官署工作和治理百姓的能力。特别值得一提的是，早在两千余年前，就要求基层官吏能以法律司法、行政、治军。在居延简中能多次见到"卒讽读烽火品约"的竹简。⑥就是说戍卒必须学习有关军事条例之类的律令。候长"不知读烽火"条令，会受"斥免"处罚。⑦

（2）边塞官吏按才能分为文、武两类。《汉书·朱博传》："博治郡，常令属县各用其豪杰以为大吏，文武从宜。"颜师古注："各因其材而任之。"汉简证实，吏分文武，原来是通行制度。上录十余件"伐阅簿"中所记的"文"或"武"两字，也是对官吏才能的评语。

（3）官吏个人的"伐阅簿"因工作调动而调动。《汉书·朱博传》："博复移书曰：'王卿忧公甚效！檄到，赏伐阅诣府'。"太守朱博因奖励

① 《居延新简》破城子探方五十（E·P·T50）14，文物出版社1990年版，第153页。
② 《居延新简》破城子探方五二（E·P·T52）36，文物出版社1990年版，第229页。
③ 《居延新简》破城子探方五六（E·P·T56）99，文物出版社1990年版，第314页。
④ 上造，秦汉爵名，二十等爵第二级。
⑤ 《居延新简》破城子探方五九（E·P·T59）104，文物出版社1990年版，第366页。
⑥ 见《居延汉简释文合校》118·4、206·26。《居延新简》E·P·T52：33、52；45。
⑦ 《居延新简》E·P·T59：162："□□里上造张憙，万岁候长、居延沙阴里上造郭期不知读蓬火、兵弩不意，持息☒斥免，它如爰书，敢言之。"

ESTI

县游徼王卿而发调令，要他携个人"伐阅簿"赴郡府任职。这一制度在居延简中得到证实，肩水候官出土的简，有甲渠候官官吏的"伐阅簿"。

居延汉简中另一件"伐阅簿"所记内容较特殊。其中未记该官吏的年龄、身高，对他的任职时间、获劳原因另有专门说明：

> 居延甲渠候官第十隧长公乘徐谭功将中功一、劳二岁。其六月十五日，河平二年、① 三年、四年秋试射以令赐劳。② □令。能书会计治官民颇知律令，文。居延鸣沙里，家去太守府千六十三里，产居延县。为吏五岁三月十五日。其十五日，河平元年、阳朔元年病不为劳。居延县人。③

这件"伐阅簿"中的"其六月十五日"至"以令赐劳"句，是对获"劳二岁"的说明。其中的"其十五日"至"病不为劳"句。是说明该吏"为吏五岁三月十五日"中有十五天因病没上班。这件文书说明，"伐阅簿"虽有统一格式，但所记官吏的经历，若有需要特别记录的事情，也可以在"伐阅簿"中作说明，不受格式规定项目的局限。

5. 领受俸禄文书格式

居延简中有一佐史领取俸禄文式：

> 始元三年九月某日以佐受均输长甲帛若干匹，直（值）若干，以给始元三年正月尽八月，积八月奉。④

---

① 河平，以及下文的阳朔，均为汉成帝年号。

② 令，指汉《功令》。该令第四、第五条规定："候长、士吏、烽隧长常以令秋试射，以六为程，过六赐劳，矢十五日。"（《居延汉简释文合校》285·17）参见拙著《汉简牍中所见令文辑考》，载《简帛研究》第三辑，广西教育出版社 1998 年版。

③ 《居延新简》破城子探方五十（E·P·T50）10，文物出版社 1990 年版，第 152 页。

④ 《居延汉简释文合校》509·19。据邢义田先生考证，这支简中的" '某日'，《合校》作'四日'，误；'以佐受均输长'，《合校》作'以从受物给长中'，系因图版不清而误。以红外线检读原简，极明白无误，文义亦遂可通"。邢义田：《从简牍看汉代的行政文书范本——"式"》，载《简帛研究》第三辑，本文从邢说。

这是某官署的佐史从均输官处为本官署人员领取俸禄的文书格式。均输长，官名，汉武帝时置。《汉书·百官公卿表》载，"大司农、水衡都尉属官皆有均输令、丞"。此后，郡国亦置有均输长。《汉书·黄霸传》载，黄霸就曾任河东郡均输长。至于均输之职，《百官公卿表》无明确说明。据孟康注："均输，谓诸当所有输于官者，皆令输其地土所饶，平其所在时贾，官更于它处卖之，输者既便，而官有利之。"从此简得知，均输官所收贡赋，还可以按时价折合为钱，直接以官吏俸禄发放。根据以上所说情况，这则文书格式，需作说明：

（1）领取俸禄的佐史小吏，不会是领取个人俸禄，而是以佐史身份，负责为其官署的官吏领俸禄。均输长不可能给各官署的官吏逐个发放。

（2）此"式"系为均输长发放官吏俸禄专用的"式"。其中所写一次拨发"正月尽八月，积八月奉"，是因为"汉法常以八月算人"，八月收缴田租赋税后，均输官才有可能于"九月某日"给某官署一次拨发八个月的俸。《后汉书》志第二十六《百官三》载，大司农"掌诸钱谷金帛诸货币"，"边郡诸官请调度者，皆为报给，损多益寡，取相给足"。这支简反映出，大司农此项职责，由所属均输官具体执行，因而制定有统一的均输长拨发俸禄格式。

6. 仓库封存文书格式

秦时对于仓库封存保管有严格制度，对于禾稼、刍稾的储存、领取，均有法律规定。谷物等出入仓库，经手人需登记姓名、职务。如《效》律规定：

入禾，万石一积而比黎之为户，及籍之曰："某廥禾若干石，仓啬夫某、佐某、史某、稟人某。"是县入之，县啬夫若丞及仓、乡相杂以封印之，而遗仓啬夫及邑仓位主稟者各一户，以气（饩）人。其出禾有（又）书其出者，如入禾然。……终岁而为出凡曰："某廥出若干名，其余禾若干石。"①

_____

① 《睡虎地秦墓竹简·效律》，文物出版社1978年版，第119页。

这条律文中的入禾、出禾封存文书格式，即是法定的统一定式。

7. 画天田文书格式

敦煌汉简中见一"画天田"格式，以及按此式填写的文书多件：

若干人画天田，率①人画若干里若干步。②③

画，画一，整齐。天田，边塞布置的防御设施。沿边塞布沙土带，由戍卒按时沿带巡视，查看沙土带上是否有人马出入痕迹。平整沙土带，称作"画天田"。每次"画天田"后均须记录，呈报。由于这是一项经常性工作，故需制定"画天田"的"式"，以统一记录。敦煌简中还有数件以此式填写的文书：

（1）卅二人画天田卅二里，率人画三（百）步，凡四编。④

（2）六人画沙中天田六里，率人画三百步。⑤

（3）☑六百五十五里八十步，率人行八十里□十五里八十步。⑥

二　行政、司法活动须遵循的原则、程序

"式"的另一作用，即规定官署行政、司法应遵循的原则、程序。其目的也是为有效执法和卫护法制统一。1975 年 12 月，湖北省云梦县出土的秦墓竹简中，有《封诊式》一册，⑦ 使我们对于秦时的"式"有了进一步认识。封，查封、查抄。诊，验、检验、勘验。《封诊式》一书的内容，

---

① 率，大致。

② 步，长度单位。秦汉以六尺为步。《史记·秦始皇本纪》："舆六尺，六尺为步。"汉一里为三百步。

③ 《敦煌汉简释文》1584 简，甘肃人民出版社 1991 年版。

④ 编，即排、列。"四编"，四列。《敦煌汉简释文》1674 简，甘肃人民出版社 1991 年版。

⑤ 《教煌汉简释文》1714 简，甘肃人民出版社 1991 年版。

⑥ 《教煌汉简释文》1775 简，甘肃人民出版社 1991 年版。

⑦ 《睡虎地秦墓竹简·封诊式》，文物出版社 1977 年版。

即办案过程中有关查封罪犯财产；检验、勘察犯罪行迹时应遵守的各项具体原则、程式。汉承秦制，秦时的司法审判程式，为汉因袭。

1."鞫"爰书程式

鞫，也名"有鞫"，即审讯问罪，诉讼过程中的重要程序。秦汉制度，县廷受理案件后，发出"有鞫"爰书至被告人住所（或所在的）县、乡，令其查问被告人的基本状况，以及与案件相关的情况，呈报受理案件的县廷。《封诊式》中有三件"有鞫"爰书，一件是"有鞫"爰书程式范例，另两件是载入案件卷宗中的附件。

有鞫

敢告某县主：男子某有鞫，辞曰："士五（伍），居某里。"可定名事里，所坐论云可（何），可（何）罪赦，或复问毋（无）有。遣识者以律封守，当腾，腾皆为报，敢告主。①

此"式"包含两项指令：一是令某县负责人审讯被告人与本案相关的事项：确定其姓名、身份、籍贯，曾犯过何罪；判过什么刑罚；是否曾经赦免；是否经过复问。② 二是以律"封守"其家室（"封守"另有程式规定，详下）。此爰书要求审问的事项，是审问所有案件都须先问清楚的问题，因此《封诊式》中有关几件爰书："复"、"告臣"、"黥妾"等，都规定有审问这几项内容。至于"封守"，并非任何案件都要求进行的程序。

汉承秦制，居延汉简中也有几支有关"有鞫"爰书程式的简：

（1）鞫，毄书到，③ 定名县爵里年☐。④

---

① 《封诊式》，载《睡虎地秦墓竹简》，文物出版社1977年版。

② 复问，即复狱，审判程序之一，指已判决案件的复审。《史记》卷十五《六国年表第三》："三十四年，适治狱不直者筑长城，（及）（取）南方越地。复狱故失。"《资治通鉴》在此记事下有一注释，《资治通鉴》卷七注："复狱者，奏当以成而复按之。""当"，判决。《史记·蒙恬列传》："当高罪死。"

③ 毄，古繫字，见《汉书》卷五《景帝纪》注。毄，捕系，拘囚。《史记》卷四十八《陈涉世家》："陈王怒，捕系武臣等家室。"系书，拘捕文书。

④ 《居延汉简释文合校》239·46，文物出版社1987年版。

（2）建平四年四月。①

    □召宣，有鞠，教书到，② 定名□□☑。③

（3）□武复问毋有，④ 云何？得，盗械。⑤

2."封守"爰书程式

封守

乡某爰书：以某县丞某书，封有鞠者某里士伍甲家室、妻、子、臣妾、衣器、畜产。甲室、人：一宇二内，各有户，内室皆瓦盖，木大具，门桑大木。妻曰某，亡，不会封。●子大女子某，未有夫。●子小男子某，高六尺五寸。●臣某，妾小女子某。●牡犬一。

    ●几讯典某某、甲伍公士某某："甲党（倘）有（它）当封守而某等脱弗占书，且有罪。"某等皆言曰："甲封具此，毋（无）它当封者。"即以甲封付某等，与里人更守之，侍（待）令。⑥

封守，对"有鞠"者采取的一项司法措施。查封看守"有鞠"者家室、家产，待判决后依法处理。《封诊式》中的这则程式，对实施封守应遵守的要点规定甚详：

（1）由乡负责人主持封守。

（2）须由承办皆案的县丞签发封守令。

（3）须详细说明查封内容：

    ①房屋间数，及构建房屋材料。

    ②妻不在家未参加封守，须注明。

    ③大女儿有无丈夫。

---

① 建平，汉哀帝年号。建平四年（公元前 3 年）。

② 教，敿之误。参见《居延汉简释文合校》239·46。

③ 《居延新简》E·P·T65：122。

④ 武，"或"字之误。《睡虎地秦墓竹简·封诊式》中有"或复问毋有"句。

⑤ 械，刑具。盗械，以刑具拘系罪犯。《汉书》卷二《惠帝纪》颜师古注："盗械，凡以罪著械皆得称焉。"《居延汉简释文合校》214·124。

⑥ 《睡虎地秦墓竹简·封诊式》，文物出版社 1977 年版。

④小男孩，身高已达六尺五寸。[1]

⑤公狗一条。

（4）须令四邻、里长保证封守无遗漏。

（5）查封后交由邻里看守，待令。

3. 发案现场勘验程式

《封诊式》中列有调查、勘验具体案例程式二十例，对于侦破、审讯案件均有指导意义。这里仅分析其中三例常见案件的现场勘验程式，以说明秦时“式”规定的缜密、周备。

（1）贼死。

爰书：某亭求盗甲告曰：“署中某所有贼死、结发、[2] 不智（知）可（何）男子一人，来告。”即令令史某往诊。令史某爰书：与牢隶臣某即甲诊，[3] 男子死（尸）在某室南首，正偃，某头左角刃痏一所，北（背）二所，皆从（纵）头北（背），袤各四寸，相耎，[4] 广各一寸，皆臽中类斧，[5] 脑角出（頔）皆血出，[6] 柀（被）污北（背）及地，皆不可为广袤；[7] 它完。衣布禅帬、襦各一。[8] 其襦北（背）直痏者，[9] 以刃夬（决）二所，应痏，襦北（背）及中衽□污血。[10] 男子西有漆秦綦履一两，[11] 去男子其一奇六步，[12] 一十步；以履履男子，利焉。地坚，不可智（知）贼迹。男子丁壮，析（皙）色，长七尺

① 秦律规定，男子身高达到六尺五寸，即应向政府申报已达到服役年龄，所谓“傅籍”，因而此处记下了该男子身高。参见拙著《秦律中的徭、戍问题》，载《秦汉法制论考》，厦门大学出版社1994年版。

② 结发，髻，即挽发而束之于头顶。

③ 即，《周易》卷二《讼卦第六》正义：“从也。”

④ 耎（ruan，软），读为濡，《广雅·释诂二》：“渍也。”

⑤ 臽（xuan，陷），《广雅·释水》：“坑也。”臽中，中间凹下。

⑥ 脑，《说文》作堖。脑角，额角。

⑦ 为广袤，度量长度和宽度。此处指血迹长宽。

⑧ 禅帬，即单裙。

⑨ 直，相当。

⑩ 衽，衣襟。

⑪ 綦履，一种有纹的麻鞋。一两，一双。

⑫ 奇六步，六步有余。

一寸，发长二尺；其腹有久故瘢二所。① 男子死（尸）所到某亭百步，到某里士五（伍）丙田舍二百步。●令甲以布帬剡狸（埋）男子某所，② 侍（待）令。以襦、履诣廷。讯甲亭人及丙，智（知）男子可（何）日死，闻号寇者不也？③

依此式规定，勘验杀人现场遵守以下要点：

①由县令史率领牢隶臣进行勘察，并令案发地点的亭长参与其中。

②发现尸体的地点、室内所处位置、姿态。

③尸体上伤痕的数目、部位、伤口形状、血迹多少、所穿衣服破损处是否与伤口吻合。散落在室内的鞋，是否死者所穿的、离尸体远近。

④死者相貌、性别、身高、肤色、年龄，身上是否有旧痕（伤疤、灸疗痕）。

⑤尸体离乡亭、最近农舍距离。

⑥勘验现场后令当地亭卒将尸体掩埋，**待命**。

⑦询问亭卒、邻里，调查该人死于何时，可曾听到打斗、喊叫声。

（2）经死。

爰书：某里典甲曰："里人士伍丙经死其室，不智（知）故。来告。"即令令史某往诊。●令史某爰书：与牢隶臣某即甲、丙妻、女诊丙。丙死（尸）县其室东内中北廦权，④ 南乡（向），以枲索大如大指，旋通系颈，⑤ 旋终在项。索上终权，再周结索，余末袤二尺，头上去权二尺，足不傅地二寸。⑥ 头北（背）傅廦，舌出齐唇吻，下遗矢弱（溺）、污两却（脚）。解索，其口鼻气出渭（喟）然。索迹

---

① 久，读为灸。灸故瘢，灸疗遗留的疤痕。

② 剡，应从剡省声，读为掩。

③ 《睡虎地秦墓竹简·封诊式》，文物出版社 1977 年版。

④ 廦（bi，毕），《说文》："墙也。"与壁字音义均同。权，疑读为椽。

⑤ 旋，读为缘。通，洞也。旋通即上吊的绳套。

⑥ 傅地，着地。

柝（椒）郁，① 不周项二寸。它度母（无）兵刃木索迹。权大一围，②
袤三尺，西去堪二尺，堪上可道终索。③ 地坚，不可智（知）人迹。
索袤丈。衣络禅襦、帬各一，践□。④ 即令甲、女载丙死（尸）诣
廷。⑤ 诊必先谨审视其迹，当独抵死（尸）所，即视索终，终所党有
通迹⑥乃视舌出不出，头足去终所及地各可（何），遗矢弱（溺）不
殴（也）？乃解索，视口鼻渭（喟）然不殴（也）？及视索迹郁之状。
道索终所试脱头：能脱，乃☒其衣，尽视其身、头发中及纂。⑦ 舌不
出，口鼻不渭（喟）然，索迹不郁，索终急不能脱，□死难审殴
（也）。节（即）死久，口鼻或不能渭（喟）然者。自杀者必先有故，
问其同居，以合（答）其故。

经，《荀子·强国》注："缢也。"经死，吊死。依此程式，勘验经死
案，必须遵守以下要点：

①由令史负责勘验现场。参加勘验人员：牢隶臣一人、里典、死者
妻、女。勘验后由令史写出勘验报告。

②需要检验的内容很详细：尸体悬椽方位、面向、绳索质地、粗细、
绳套大小，绳索上端所系房椽是否牢固，尸体上距房椽、下离地面的距
离。头和背离墙远近。吐出的舌是否伸至唇外，是否排出屎尿。解开绳索
时口鼻是否排气，颈项系绳处有无淤血、有多少。尸体其他部位有无兵
刃、木棒、绳索痕迹。

③该式另附有检验经死需注意要点，兹将《睡虎地秦墓竹简·经死》
的相关部分译文抄录如下：检验时必须首先仔细观察痕迹，应独自到达尸
体所在地点，观察系绳的地方，系绳上如有绳套的痕迹，然后看舌是否吐

---

① 椒，读为蹙（cu，醋）。蹙郁，指绳套勒束处青紫淤血。
② 围，度量圆周的估量单位，即以两手合拱的粗细。
③ 堪，《说文》："地突也。"即地面的土台。道，由。此句意为站在土台上可以去系上吊的绳
子。
④ 践，《汉书》卷四《文帝纪》注引孟康云："跣也。"赤脚。
⑤ 令史某爰书，至此为止。以下是检验吊死的原则。
⑥ 党，通倘，见杨树达《词诠》卷二。
⑦ 纂，会阴，《黄帝内经太素》卷十杨注："纂，读督，此两阴前后也。"

出，头脚离系绳处及地面各有多远，有没有流出屎尿？然后解下绳索，看口鼻有无叹气的样子？并看绳索痕迹痕血的情况。试验尸体的头能否从系在颈上的绳中脱出；如能脱出，便剥下衣服，彻底验看尸体全身、头发内及会阴部。舌不吐出，口鼻没有叹气的样子，绳的痕迹不淤血，绳索紧系颈上不能把头脱出，就不能确定是自缢。如果死去已久，口鼻也有不能像叹气样子的。自杀的人必先有原因，要询问他的同居，使他们回答其原因。

（3）穴盗。

爰书：某里士伍乙告曰："自宵臧（藏）乙复（複）结衣一乙房内中，① 闭其户，乙独与妻丙晦卧堂上。今旦起启户取衣，人已穴房内，彻内中，② 结衣不得，不智（知）穴盗者可（何）人、人数，毋（无）它亡殹（也），来告。"● 即令令史某往诊，求其盗。令史某爰书：与乡□□隶臣某即乙、典丁诊乙房内。③ 房内在其大内东，比大内，南乡（向）有户。内后有小堂，内中央有新穴，穴彻内中，穴下齐小堂，④ 上高二尺三寸，下广二尺五寸，上如猪窦状。其所以埱者类旁凿，⑤ 迹广□寸大半寸。其穴壤在小堂上，直穴播壤，⑥ 被（破）入内中，内中及穴中外壤上有膝、手迹，膝、手各六所。外壤秦綦履迹四所，袤尺二寸，其前稠綦袤四寸。⑦ 其中央稀者五寸，其踵稠者三寸，其履迹类故履。内北有垣，垣高七尺，垣北即巷殹（也）。垣北去小堂北唇丈，⑧ 垣东去内五步，其上有新小坏，坏直中外，类足距之之迹，⑨ 皆不可为广袤。小堂下及垣外地坚，不可迹。不智（知）

① 自宵，昨夜，结，疑读为据。据衣，有长襟的衣服。袺裾衣，绵衣。房《释名·释宫室》："旁也。"房内是居室的侧房。下文"大内"是正房。
② 彻，通。
③ 缺字疑应补为"乡某、牢隶臣某"。典，即里典的省称。
④ 此处小堂在居室之后，应为一种台形建筑，《礼记》卷八《檀弓上》注："堂形四方而高。"
⑤ 旁凿，宽刃的凿子。旁，《尔雅》卷二《释诂二》："广也。"
⑥ 播，《楚辞·思古》："弃也。"
⑦ 綦，履上的花纹。
⑧ 唇，《释名·释形体》："缘也。"
⑨ 距，即距，跨越。

盗人数及之所。内中有竹柖,① 柖在内东北,东、北去廧各四尺,高一尺。乙曰:"□结衣柖中央"。讯乙、丙,皆言曰:"乙以乃二月为此衣,五十尺,帛里,丝絮五斤装,② 缪缯五尺缘及殿(纯)。③ 不智(知)盗者可(何)人及蚤(早)莫(暮),毋(无)意殹(也)。"④ 讯丁、乙伍人士伍□,曰:"见乙有结复(複)衣,缪缘及殿(纯),新殹(也)。不智(知)其里□可(何)物及亡状。"以此直(值)衣贾(价)。

(原载《秦汉简牍中法制文书辑考》,社会科学文献出版社 2008 年版。)

---

① 柖(shao,韶),《尔雅》卷五《释器》:"浴床谓之。"此处竹柖当为一种竹床。

② 装,把丝棉絮入衣中。

③ 缪缯,据简文应为一种缯的名称。纯,《尔雅》卷五《释器》:"缘谓之纯。"注:"衣缘饰也。"

④ 意,推测,怀疑。

汉壁书《四时月令五十条》论考

　　1992 年 12 月甘肃敦煌甜水井发掘汉代悬泉置遗址，获得以简帛文书为主的大量文物。其中有墙壁题书一篇：《使者和中（仲）所督察诏书四时月令五十条》。① 壁书文首是太皇太后②颁布《四时月令五十条》的诏令。次为和仲下发此诏令致郡太守的命令。主体部分是《四时月令五十条》及其逐条注解。结尾部分录安汉公王莽奏请由"羲和仲叔之官"负责督察《四时月令五十条》的实施。以及中央大司徒［宫］大司□、大师，羲和，直至郡、县各级官署为实施此诏而下发的指令。

一　《四时月令五十条》注释

　　壁上的《五十条》文字分上、下两栏书写，上栏是月令条文，下栏即对该条条文的注解。兹按壁书的形式抄录如下。

　　太皇太后诏曰："往者阴阳不调，风雨不时，降农自安不董作［劳］，是以数被灾害，恻然伤之。惟臣帝明王，③ 靡不躬天之历数。信执厥中，钦顺阴阳，敬授民时，劝耕种以丰年也。盖重百姓之命

---

　　① 中国文物研究所、甘肃省文物考古研究所编：《敦煌悬泉月令诏条》，中华书局 2001 年版。以下凡引此诏令处，简称《五十条》，不另注。
　　② 太皇太后，即元帝皇后王政君，王莽姑母。成帝即位，号为皇太后。哀帝即位，号为太皇太后。哀帝死，立平帝，遂临朝称制，委政王莽。
　　③ 臣，当是"圣"之误。"圣帝明王"，汉时常用语。见《汉书》卷三十六《楚元王传》、《王莽传》，蔡邕《明堂月令论》等。

也。故建羲和立四子将以成岁，① 致□熹也。其宜□岁分行所部各郡，诏条"。

元始五年五月甲子朔丁丑，和中［仲］普②使下部郡太守承书从事，下当用者，如诏书。书到言。③

从事史况④

- 敬授民时：曰扬谷，⑤ 咸趋南亩⑥
- 禁止伐木
- 谓大小之木皆不得伐也，尽八月。⑦ 草木令⑧落乃得伐其当伐者。

- 毋擿剿⑨［巢］
- 谓剿［巢］空、实皆不得摘也。空剿［巢］尽夏，实者⑩四时常禁。

---

① 羲和，即《尚书》卷二《尧典》所说的羲氏、和氏，尧时掌管天地四时的官员："乃命羲和，钦若、昊天，历象日月星辰，敬授人时。"四子，即羲仲、羲叔、和仲、和叔四人。受命分驻东、南、西、北四方。观察日月星辰的运行规律，以确定春、夏、秋、冬季节，制定历法。《汉书·平帝纪》载，元始元年"二月置羲和官，秩二千石"。

② 普，人名，时任和仲职者。《尚书》卷二《尧典》："分命和仲，宅西，曰昧谷。"孔颖达疏："昧，冥也。日入于谷，而天下冥，故曰昧谷。昧谷日西则嵎夷东，可知此居治西方之官，掌秋天之政也。"和仲即负责掌管包括敦煌郡在内的西部时政官，因而此诏命由和仲普下发到敦煌郡。

③ 书到言，即收到文书的官署，应立即回函。汉代行政文书常用语，汉简中多见。

④ 从事史，官名，汉代州部属吏。原非正式官名，多为临时差遣之职事。元帝初始确定为官称，秩百石。此"从事史况"，为承办下发此诏书者的署名。

⑤ 扬谷，《尚书》卷二《尧典》作"旸谷"。《疏》："旸，明也。日出于谷而天下明，故称旸谷。""羲仲居治东方之官"于"旸谷"。

⑥ 南亩，即田亩，《诗》屡见。如《豳风七月》："磕彼南亩"，《小雅甫田》："叔载南亩"。"敬授民时：曰扬谷，咸趋南亩"，这句话的意思是，依据时令，孟春之月，庶民应赴田亩耕作。

⑦ 尽八月，至八月底。

⑧ 令，零通假。《礼记》卷十二《王制》："草木零落，然后入山林。"《疏》："谓十月时，按月令季秋草木黄落。其零落芟折则在十月也。"故《毛诗传》云："草木不折，不操斧斤，不入山林。"此谓官民总取林木。若依时取者，则《周礼》卷十六《山虞》云："仲冬斩阳木，仲夏斩阴木，不在零落之时。"又："令万民时斩木，有期日"，"凡窃木者，有刑罚"。

⑨ 擿，拨动。擿巢，挠动鸟巢。

⑩ 实者，指有卵或小鸟的巢。

- 毋杀幼虫① ● 谓幼少之虫不为人害者也，尽九月。

- 毋杀孡② ● 谓禽兽六畜怀任③有孡者也。尽十二月常禁。

- 毋矢蜚④鸟 ● 谓夭⑤蜚鸟不得使长大也。尽十二月常禁。

- 毋麛⑥ ● 谓四足之及畜幼少未安者也，尽九月。

- 毋卵 ● 谓蜚鸟及鸡□卵之属也，尽九月。

- 毋聚大众 ● 谓聚民皆治之尤急事若追索□捕盗贼之属也。便□追捕□贼，尽夏。

- 毋筑城郭⑦ ● 谓毋筑起城郭也。到□三月得筑，从四月尽七月不得筑城郭。其城郭、宫室坏败尤甚者得缮补。

- 痤骼狸〔埋〕胔⑧ ● 骼谓鸟兽之从也。□有肉者为胔。尽夏。

　右孟春月令十一条

- 存诸孤⑨ ● 谓幼□□□……

---

① 《吕氏春秋》卷一《孟春纪》、《礼记》卷十七《月令》均作"毋杀孩虫"。

② 孡，孕也，亦作胎，见《玉篇》。"尽十二月常禁"，即终年禁止。

③ 任，通妊，孕。

④ 蜚，通飞。《吕氏春秋》卷一《孟春纪》、《礼记》卷十五《月令》均作"胎夭飞鸟"。《淮南子》卷五《时则训》作"杀胎夭"。

⑤ 夭，指初生之鸟兽。《月令正义》："胎谓在腹中者，夭谓生而已出者。"

⑥ 麛，鹿子。"毋麛"，即不得伤害幼鹿。

⑦ 《吕氏春秋》、《淮南子》、《礼记》卷十五《月令》均作"毋置城郭"。"置"，立也。

⑧ 胔，《说文》："鸟兽残骨曰胔，从骨，此声。"《周礼》卷三十六《秋官·蜡氏》："掌除胔。"疏："骨枯曰骼，肉腐曰胔。"

⑨ 孤，独也。陈奇猷《吕氏春秋校释》："诸孤者，乃总鳏、寡、孤、独而言。盖老去而无妻曰鳏，无夫曰寡，无父曰孤，老而无子曰独，是鳏，寡、孤、独皆是孤独之人，故总言之曰'诸孤'也。"

- 日夜分，雷乃发声始电，执［蛰］虫咸动，开［户］始□。［先雷］三日，奋铎以令兆民曰：雷□怀任，尽其日①

- 谓雷常以春□之日发声。先三日奋铎以令兆民养。且发声。□不戒其容者，② 生子□□，必有凶哉。③

- 毋作正［征］事以防［妨］事④

- 谓兴兵正［征］伐以防［妨］农□者也，尽夏。

- 毋侵水泽，□陂池，□□⑤

- 四寸⑥乃得以取鱼，尽□□月，⑦常禁。

- 毋焚山林

- 谓烧山林、田猎伤害禽兽也，草木□□□四月尽□

　　右中［仲］春月令五条

- 修利堤防

- 谓□□堤防利其水道也，从正月尽夏。

- 道达沟渎

- 谓渎浚雍塞开通水道也，从正月尽夏。

- 开通道路，毋有□□⑧

- 开通街巷以□□便民□□从正月尽四月□

---

① 其日，指有生之年。

② 《礼记》卷十五《月令》疏："主戒妇人也。"闻雷声应"兴衣服冠而坐，所以畏天威也。小人不畏天威，懈慢亵渎，或至夫妇交接，而不戒其容止者"。"生子支节，性惰必不备，其父母必有灾也。"

③ 此条缺字可依《礼记》卷十五《月令》补之："日夜分，雷乃发声，始电，蛰虫咸动，启户始出，先雷三日，奋木铎以令兆民曰：雷将发声，有不戒其容止者，生子不备，必有凶灾。"

④ 《吕氏春秋》卷二《仲春纪》、《淮南子》卷五《时则训》作"无作大事，以妨农功"。高诱注："大事，兵征伐也。"陈奇猷云："大事，似不仅指兵戎征伐之事。"《礼记》卷十五《月令》作"毋作大事，以妨农之事"。郑注："大事，兵役之属。"

⑤ 《吕氏春秋》、《淮南子》、《礼记》卷十五《月令》均作"无竭川泽，无漉陂池"。《说文》："漉，浚也。"

⑥ 四寸，指水的深度。

⑦ □□月，当是十二月，故为之"常禁"。

⑧ □□，照《礼记》卷十五《月令》当补"障塞"两字。

- 毋弹射蜚鸟及张罗为它巧以
  捕逐之①
  - 谓逐鸟也□

  右季春月令四条

義和臣秀、② 義中③ ［仲］充等对曰：尽力奉行。

- 继长增高，毋有坏隋④
  - 谓垣墙□气也
- 毋起⑤土功
  - 谓掘地［深三尺以上者也，尽五月］
- 毋发大众⑥
  - 谓聚□ ［□非尤急事……为务非缮……之属也］
- 毋攻伐⑦
  - 谓□
- 驱兽无害五谷⑧
  - 谓□□
- 毋大田猎
  - 尽八月□□

  右孟夏月令六条

- 毋□蓝以染⑨
  - 谓□

---

① 这一月令文，《吕氏春秋》、《淮南子》、《礼记》卷十五《月令》均无。《四时月令五十条》可能是根据上述书中的相关内容而修改拟定的。如《吕氏春秋·季春纪》有"田猎罼弋，置罘罗网，餧兽之药，无出九门"。《五十条》制定者拟定条文时，删去了禁"田猎"内容，而将禁捕鸟的方法，概括为现在的条文。

② 秀，即刘歆。《汉书》卷十二《平帝纪》载，刘歆于元始年间任義和。

③ 義仲，官名，四子之一，掌管春季的时令。

④ 隋，《吕氏春秋》卷四《孟夏纪》、《礼记》卷十五《月令》均作"墮"。《淮南子·时则训》将"坏隋"作"墮坏"。按：陈奇猷《吕氏春秋校释》，以及《四时月令五十条》均将"继长增高毋有坏隋"作为一句，连读，不妥。"继长增高"，指孟夏之月的特征，即是月物类仍在继续生长，尚未成熟。因而农民仍应以农活为主，不得以它事妨害农时。"毋有坏墮"是指房屋等建筑如未毁坏，与下句"毋起土功"连读。就是说房屋如没毁坏，就不要大兴土木，修建妨碍农活。这条规定的注解"谓垣墙"云云，正说明"毋有坏隋"是指建筑物而言，不是说不要毁坏庄稼。

⑤ 起，《淮南子》卷五《时则训》作"兴"。

⑥ 《淮南子》卷五《时则训》无"毋发大众"句。

⑦ 《吕氏春秋》、《淮南子》、《礼记》卷十五《月令》均无"毋攻伐"句。

⑧ 《淮南子》卷五《时则训》作"驱兽畜，勿令害谷"。

⑨ 《吕氏春秋》作"令民无刈蓝以染"、《礼记》卷十五《月令》作"令民毋艾蓝以染"。据此，"□"可补"刈"或"艾"。蓝，植物名，有蓼科的蓼蓝、十字花科的菘蓝等，皆可作染料，染青碧色。

- 毋烧灰①
- 门闾毋□②
- 关市毋索③
- 毋用火南方④

　　右中［仲］夏月令五条

- □……［土功］

　　右季夏月令一条

- 谓□……
- □
- 尽八月
- 尽□

　　　　羲和臣秀、羲叔臣诵等对曰：尽力奉行。⑤

- □□⑥官始收敛
- □□⑦谨雍塞
- 修宫室、垣墙、补城郭。⑧

　　右孟秋月令三条

- 谓县官□
- 谓完坚堤□
- 谓附阤⑨□□

- □筑城郭、⑩ 建都邑、穿窦窌、⑪ 修囷⑫仓
- 谓将大兴土功□以上者也，尽五□

----

　　① 《吕氏春秋》作"炭"，《淮南子》、《礼记》卷十五《月令》均作"灰"。陈奇猷《吕氏春秋校释》认为"当作'灰'"。古者火耕水耨，烧灰者，火耕也。甚是。

　　② 《吕氏春秋》卷五《仲夏纪》高诱注："门，城门。闾，里门也。民顺阳气，布散在外，人当出入，故不闭也。"

　　③ 《吕氏春秋》卷五《仲夏纪》高诱注："关，要塞也，市，人聚也。毋索，不征税。"

　　④ 《礼记》卷十六《月令》郑玄注："阳气盛，又用火于其方害微阴也。"《淮南子》卷五《时则训》作"禁民无发火"。高诱注："发，起也。"

　　⑤ 依此册《四时月令五十条》体例，此处所缺六字，当是"和臣秀、羲叔臣"。"羲叔"，四子之一，掌夏季时令。"诵"，人名，任羲叔职者。

　　⑥ 依《礼记》卷十六《月令》："命百官始收敛"，"□□"当补"命百"二字。

　　⑦ 依《礼记》卷十六《月令》："完堤坊谨雍塞"，"□□"当补"完堤防"三字。

　　⑧ 《吕氏春秋》卷七《孟秋纪》作"修宫室、墙垣、补城郭"。高诱注："犹培也。"《淮南子》卷五《时则训》作"修城郭、缮宫室"。《礼记》卷十六《月令》作"坏墙垣"，有误。

　　⑨ 附，通"坿"，培也。阤，小崩。见《说文》。

　　⑩ 《吕氏春秋》、《淮南子》、《礼记》卷十六《月令》均作"可以筑城郭"，据此，"□"当补"可"或"可以"。

　　⑪ 《吕氏春秋》卷八《仲秋纪》作"穿窦窌"，高诱注："穿窌所以盛谷也。"窌，地窖。

　　⑫ 囷，圆形谷仓。

- □务①蓄采，② 多积聚
- 谓□收五谷蓄积□收五谷蓄积□作尤急事□

- 乃劝□□，③ 毋或失时，失时行□④毋疑
- 谓趣民种宿麦，毋令□尽十月，隋窳。⑤

　　右中［仲］秋月令三条

- 命百官，贵贱无不务□□□内，⑥ 以会无地之藏，毋或宣出⑦
- 谓百官及民□……也，尽冬。

- 毋采金石银铜铁⑧□
- 尽冬

　　右季秋月令二条

　　羲和臣秀、和中［仲］⑨臣普对曰：尽力奉行。

- 命百官谨盖藏⑩
- 谓百官及民□

- 附城郭⑪
- 谓附阤薄□之属也。［从七月□］

---

①　"□"，《吕氏春秋》、《淮南子》、《礼记》卷十六《月令》均作"命有司趣民收敛"。

②　采，《吕氏春秋》、《礼记》卷十六《月令》作莱，误。

③　依《吕氏春秋》、《礼记》卷十六《月令》，"□□"当补"种麦"。《淮南子》卷五《时则训》作"劝种宿麦"。宿麦，即越冬小麦。

④　从《吕氏春秋》、《淮南子》、《礼记》卷十六《月令》，"□"当补"罪"字。另，此条月令，《吕氏春秋》作"乃劝种麦，无或失时，行罪无疑"。

⑤　隋窳，惰窳，也作窳惰，懒惰。《商君书》卷二《垦令》："农无得粜，则窳惰之农勉疾。"

⑥　《吕氏春秋》、《淮南子》、《礼记》卷十六《月令》中的这条令文"贵贱无不务内"句中皆不缺字。"内"，即"纳"。

⑦　《吕氏春秋》陈奇猷注："《左传》卷四十一《昭元年》杜注：'宣，散也'。"

⑧　《吕氏春秋》、《淮南子》、《礼记》卷十七《月令》皆无此条文。但有一条与此相关的条文规定："是月也，霜始降，则百工休。乃命有司曰：'寒气总至，民力不堪，其皆人室'。"是月虽"寒气总至"，但不必命"百工"皆休。《四时月令五十条》根据原《月令》的精神，改为"毋采金石银铜铁"，仅停止郊野矿工作业是符合时令的。高诱说："霜降天寒。朱漆不坚，故百工休，不复作器。"不当。

⑨　和中［仲］，官名，四子之一，掌管秋季时令。

⑩　《礼记》卷十七《月令》郑玄注："府库囷仓有藏物。"这条月令可能是强调贮藏应严密。

⑪　附，坿，增高、加固。《淮南子》卷五《时则训》作"修"，《礼记》卷十七《月令》作"坏"，通培。

- 戒门间，修键闭，① 慎管籥，② 固封印，③ 备边竟，④ 完要□□□□⑤
- 毋治沟渠决行水泉攻□□⑥

　右孟冬月令四条

- 谓□□门□□以顺时气□为务，非缮□

- 尽冬

- 土事毋作
- 慎毋发盖⑦

- 毋发室屋⑧
- 毋起大众，固而闭
- 涂阙廷门间，筑囹圄□□□□□⑨五条

- 谓掘地深三尺以上者也。尽冬。
- 谓毋发所盖藏之物以顺时气也。尽冬。

- 谓毋发室屋以顺时气也。尽冬。
- 谓聚民缮治也，尽冬。
- ……□□□……

　　● 告有司□□旁碟 [出土牛] 以送寒气⑩ ● 谓天下皆以□□□□岁终气毕以送之，皆尽其日。

　　右季冬月令一条

　　● 羲和臣秀、和叔⑪臣晏等对曰：尽力奉行。

---

① 键，《吕氏春秋》、《淮南子》作"楗"。
② 管，《吕氏春秋》作"关"。
③ 印，《吕氏春秋》、《淮南子》作"玺"。《礼记》卷十七《月令》作"疆"。陈奇猷《吕氏春秋校释》云："《月令》'玺'作'疆'误，'固封疆'与下'备边境'义复。"
④ 竟，通"境"。
⑤ 《吕氏春秋》、《礼记》卷十七《月令》于"完要"后有"塞，谨关梁塞蹊径"。郑玄注："径，禽兽之道也。"
⑥ 《吕氏春秋》、《淮南子》、《礼记》卷十七《月令》皆无此条目令。
⑦ 《吕氏春秋》作"无发盖藏"。《淮南子》无此条月令。
⑧ 《吕氏春秋》无此条月令。"屋"，《淮南子》作"居"。"室居"或"室屋"，或指冢圹。《诗·葛生》："百岁之后，归于其室"，若指人居住的房屋，则一冬"毋发室屋"，人将无法生活。
⑨ 依本篇《四时月令五十条》体例，所缺五字，当补"右仲冬月令"。
⑩ 从《礼记》卷十七《月令》："命有司，大难，帝碟，出土牛，以送寒气。"难，《吕氏春秋》、《淮南子》皆作"傩"，逐除疫鬼仪式。"帝碟，四面皆肢解犬羊，以攘四方之疾疫。"出土牛，即抟土作牛弃之郊野。
⑪ 和叔，官名，四子之一，掌冬季时令。

安汉公、① ［宰衡］太傅、② 大司马［莽］昧死言，③ 臣闻帝
□［之（？）治天下也。］……□□□□历象日月④□以百工⑤允厘
□□□□……

　　［太］皇太后⑥圣德高明……□遭古□元气以成岁事，将趋
□□□□□……□□今羲和中［仲］叔之官初置，监御史、⑦ 州牧、⑧
闾士⑨……［大］农，农部丞修□□复重。臣谨□羲和四子所部京师、
郡国、州县至□岁□行所不到者，文对□□□牒□□臣昧死请。太皇
太后制曰："可。"⑩

　　□□□□安汉公、宰衡、太傅……⑪

　　五月□大司徒宫、⑫ 大司□大师承书从事，下当用□到言⑬

　　五月辛巳，羲和丞通下中二千石、二千石、郡太守、诸侯相□从
事下当用者，如诏书。

　　［书］到言。／兼掾恽□□

　　八月戊辰，敦煌长史护行太守事□。⑭ 护下部都尉、⑮ 劝□□□隆
文学崇□□□崇县承书从事下当用者□□□［显见处，］如诏书。使

---

　　① 安汉公，王莽封号。汉哀帝死，皇太后以太皇太后临朝称制，王莽与议立平帝，进封此号。
以下"宰衡、太傅、大司马"皆王莽官爵号。
　　② □□当为"宰衡"。平帝元始四年，安汉公王莽又号宰衡，位上公，在诸侯王之上。
　　③ 昧死，秦汉臣民上书用敬语，意为言有冒昧而犯死罪。
　　④ 《尚书》卷二《尧典》有"历象日月星辰"句，即根据日月星辰的运行，制定历法。历，推
算岁时；象，观察天象。
　　⑤ 《尚书》卷二《尧典》有"允厘百工，庶绩咸熙"。意为由此规定百官职务，诸事得以顺利进
行。允，诚信；厘，治；百工，百官。
　　⑥ "皇太后"前当有一"太"字。
　　⑦ 监御史，官名。职掌监察，以监诸郡。
　　⑧ 州牧，官名。汉武帝时分全国为十三州部，各置刺史，监察诸郡。
　　⑨ 闾士，闾胥，地方基层小吏。《周礼》卷二《地官·司徒》："闾胥每闾中士一人。"
　　⑩ "可"，天子对群臣奏请的批语。蔡邕《独断》："群臣有所奏请，尚书令奏之，下有司曰制，
天子答之曰可。"
　　⑪ 此行缺字过多，难以确切断定文义。从上下文推测，可能是此诏书经太皇太后批准后，王莽
颁行。此时莽为上公，同时兼四辅中的太傅和三公中的大司马。然后由大司徒、大司空等下发。
　　⑫ 宫，指马宫。时马宫任大司徒，王崇任大司空。见《汉书》卷十九《百官公卿表》。
　　⑬ 到言，指收到文者立即回函。
　　⑭ 行，汉代官制。指官缺未补，暂由他官兼摄其事。
　　⑮ 都尉，官名。职掌郡内武事，备盗贼。或兼行太守事。

者书，书［到］言。

使者和中［仲］所督察

诏书四时月令五十条

二　评《四时月令五十条注解》

壁书《四时月令五十条》的每条都有注解文字。它是《五十条》的有机组成部分。《五十条》的制定者以这种"注解"方式对从汉《月令》中择录出的条文作了必要的解释、修订或补充。使条文的内容具体、简约，以突出其法律规范性质。这种以注释原有法律条文而形成的法律规范，中国古代早已有之。如秦时的《法律答问》、汉代的《汉律章句》等，都是通过注释方式使原有的条文更加完备、严谨。继承秦、汉以来制定法律制度的经验而形成的《唐律疏议》，即是以此方式制定出的一部法规经典。所以历代法学家都非常重视这种制定、编纂法典的方式。清人励廷仪在《新刊故唐律疏议序》中说，《唐律》的"疏议则条分缕别，句推字解，阐发详明，能补律文之所未备。其设为问答，互相辩难，精思妙意层出不穷，剖析疑义，毫无遗剩……洵可为后世法律之章程矣"。沈家本也曾称赞道："名疏者，发明律及注意；云议者，申律之深义及律所不周不达。""盖自有疏义，而律文之简质古奥者，始可得而读焉。"[①]《五十条注解》虽不是一部"诸法合体"的法典，但它的制定方式也是古代制定法律方式的继承和发展。不言而喻，研究《五十条》及其"注解"，对于认识中国古代法制发展的历史，具有十分重要的意义。

法律条文的注解，分非正式的学术注解和正式的注解（又称有权解释），即具有法律约束力的解释。《月令》是中国古代社会的一部重要的典章。有关它的论述、注解很多。汉代注解《月令》的名家就有郑玄、蔡邕、高诱等人。但他们的注解属私人学术上的注解。《四时月令五十条注解》和上述学者的注解不同，属于官方具有法律约束力的注解。它是立法

---

①　沈家本：《重刻唐律疏义序》，载《历代刑法考》（四）。

者从汉《月令》中择取所需条文时而作的注解。借以阐明立法意图、补充原条文之未备，或者界定条文中所用概念、术语、定义的含义等。兹分述如下：

1. 阐明立法意图

《月令》条文中多有用语笼统、难以了解立法意图之处。以致后世学者对这些条文的内容各执一说，莫衷一是。如《月令》中有一内容相同的条文三条，但各条有无区别，未见明确解释，注家的解释也就很不一致。

（1）孟春月令："毋聚大众。"高诱注《淮南子·时则训》时，将"毋聚众"与下句"置城郭"连成一句，注为"毋聚合大众建置城郭，以妨害农功也"。郑玄注《礼记·月令》时，也将"毋聚大众，毋置城郭"连为一句，注云"为妨农之始"。今人陈其猷注这句时，引《吕氏春秋·上农》云："当时之务，不兴土功，不酒醴聚众，为害于时也。"以上诸家的解释，从字面上看都有道理。但与立法者的意图不相符合。《五十条注解》对这条的注释是"谓聚民皆治之尤急事，若追索□捕盗贼之属也。便□追捕□贼，尽夏"。这就是说，"聚众"，即聚集庶民，为处理紧急事情。并举例说明，如追捕盗贼之事。同时规定了时间限制，"尽夏"。

（2）孟夏月令："毋发大众。"高诱将"无起土功，无发大众，无伐大树"三句连读，注曰："所以顺阳气"。①《淮南子》卷五《时则训》无此条。《礼记》卷十七《月令》："毋起土功，毋发大众。"郑玄注："为妨蚕农之事。"《五十条注解》对"毋发大众"的注解缺字过多，但仍可认为此解释是说"毋发大众"的含义的。

（3）仲冬月令："毋起大众。"《吕氏春秋》卷十一《仲冬纪》对此条无注。《淮南子》卷五《时则训》、《礼记》卷十七《月令》皆作"及起大众"。孔颖达疏：是月云："土事毋作，慎毋发盖者于此之时。土地之事毋得兴作，又须谨慎毋得开发掩盖之物。""为阴气凝固，阳须闭藏，若起土功，开盖物，发室屋，起大众，开泄阴气，故下云诸蛰则死，人则疾疫也。"②《五十条注解》此条月令作"毋起大众固而闭"（据上引诸本，

---

① 《吕氏春秋》卷四《孟夏纪》高诱注。
② 《礼记》卷十七《月令》孔颖达疏。

"固"前夺"以"字)。注云:"谓聚民缮治也。尽冬。"此注不用阴阳五行者的"为阴气凝固"、"阳气发泄"之类说教,而是明确指出此处的"毋起大众",是禁止聚民做修缮之事。

(4)孟夏月令:"继长增高,毋有坏隳。"本文前面已指出这条月令,抄录有误。汉《月令》原文应标点为"是月也,继长增高。无有坏隳,无起土功,无发大众,无伐大树"。就是说,孟夏之月,万物仍在生长。因而房屋若未毁坏,就不要兴土木、征集民众、砍伐树木。由于标点不当,注释家对此条的解释均不得其旨。如《吕氏春秋·孟夏纪》:"继长增高,无有坏隳"高诱注:"象阳长养物也"。陈奇猷注:"谓物类继续生长,不得损害也。"《礼记·月令》:"继长增高"郑玄注:"谓草木盛蕃庑。""毋有坏堕"郑玄注:"亦为逆时气。"

《五十条注释》:"继长增高,毋有坏隳。"注云:"谓垣墙□气也。"其中缺字较多,难以明了全注的含义。但注中有"垣墙"二字,则足以说明"毋有坏隳"是指房屋等建筑物若未毁坏,而不是指不得损害农作物。这就说明《五十条注解》录入这条月令的用意在于劝民于孟夏之月农作物仍在生长尚未成熟收获之时,不可以他事妨害农时。

2. 补原条文之未备

一代的基本法典制定后,如发现原条文有不周备之处,一般颁行新令补充或更订,也常以注解形式予以补充。《睡虎地秦墓竹简·法律答问》中即有一例:"'有投书,① 勿发,② 见辄燔之;能捕者购臣妾二人,击(系)投书者鞫审献之。'所谓者,③ 见书而投者不得,燔书,勿发;投者[得],书不燔,鞫审谳之之谓殹(也)。"律文的规定很不周全,仅规定发现匿名信不得拆看,见后立即烧毁,若能把投信者捕获,奖给男女奴隶二人,将收信人囚禁,审讯定罪。律文的注解则补充规定,见到匿名信而没有拿获投信人,应将信烧毁,不得拆开看。已拿获投信人,信不要烧毁,将投信者审讯定罪。还有一注解以答问方式说明原规定也适用于新的

---

① 投书,投匿名信。
② 发,把书信拆开观看。
③ 所谓者,指律文所说的意思。

情况，对于诉讼制度的完善很有意义。《法律答问》："'辞者辞廷。'① 今郡守为廷不为？为殹（也）。"廷，指县廷。原法律规定诉讼者应向县廷提起诉讼。现在在县廷之上又设置了郡廷，是否也是一级审判机构呢？注解作了肯定回答："为也。"秦实行郡县制之初，先有县制，统一六国的过程中才逐渐建立郡制的。故在建立郡制后，需要作此补充说明。

《四时月令五十条》也采用这一方式来补充原《月令》条文不周备之处。如：

仲春月令："毋侵水泽，□陂池、□□"（《礼记》卷十七《月令》、《吕氏春秋》卷二《仲春纪》、《淮南子》卷五《时则训》均作："毋竭川泽、无漉陂池"）。仲春之月作此规定的目的在于蓄积川泽、陂池的水以养殖鱼类。所以高诱说，此项规定"皆为尽类夭物"。② 但如此规定过于绝对。按此规定"毋侵水泽"，就不能动川泽、陂池中的水作他用，如灌溉田亩。考虑到这一问题，《五十条》的制定者择录这条月令时，加一注解："四寸，乃得以取鱼，尽十一月，常禁"。"四寸"指水的深度。就是说川泽、陂池终年只需保存四寸深的水，以便养鱼即可，并非绝对"毋侵水泽"。

孟春月令："毋筑城郭"（《礼记·月令》、《吕氏春秋·孟春纪》作"毋置城郭"。《淮南子·时则训》作"毋聚众置城郭"）。依这项规定，孟春之月绝对不可"筑城郭"。《五十条》的注解使此项规定更符合实际。如注解云："谓毋筑起城郭也。……三月得筑，从四月尽七月不得筑城郭。"如此规定切合实际。

仲冬月令："土事毋作。"此项规定在生活中也难以做到。所以注解云："谓掘地深三尺以上者也。尽冬。"就是说，仅禁止挖掘三尺深以上的"土事"。

3. 界说律令中的名词、术语

律令中的名词、术语，一般具有特定的含义，不可任意解释。为了维护法制的统一，法典中常设条款或加注解对一些重要、关键名词、术语作

---

① 辞，《说文》："讼也。"
② 《吕氏春秋》卷二《仲春纪》高诱注。

专门解释，界说其含义。从《睡虎地秦墓竹简》中可以看到秦时常以答问方式界说罪名、刑名、诉讼制度等重要名词、术语。如：何谓"谋"、何谓"梃"、何谓"不直"、何谓"纵囚"、何谓"周告"、何谓"逋事"、何谓"乏徭"、何谓"同居"、何谓"家罪"等。名词的解释，为判断某种行为是否犯罪，以及如何量刑都有决定意义。

《四时月令五十条》的发现使我们了解到在制定法令方面，汉也承袭秦制，以注解方式界说法律名词、术语的含义。仅举例孟春月令数条分析如下：

（1）毋杀孻·谓禽兽六畜怀任有孻者也，尽十二月，常禁。

"孻"亦作胎。"任"，通妊，孕。学者一般认为"孻"，即"兽胎"。"毋杀孻"即不可杀伤怀胎的禽兽。从字面上看，这样解释并不错。如《淮南子·时则训》高诱注："胎，兽胎。怀妊未育者也。"但《五十条》则另有解释。"毋杀胎"，不单指野兽中的怀胎者不得杀伤，就是"六畜"马、牛、羊、猪、狗、鸡六种家畜①的怀妊者也不得杀伤。这一解释具有法律效力。按此规定。凡杀伤"六畜"中的怀妊者就是违法。

（2）毋麛·谓四足之，及畜幼少未安者也，尽九月。

"麛"，《吕氏春秋·孟春纪》、《淮南子·时则训》、《礼记·月令》均作"麛"，麛子。按字面解释，"毋麛"，即不可捕获幼鹿。而按《五十条》的注解，"麛"，非专指鹿子，而泛指一切具有四足兽类，包括家畜的幼子。

（3）瘞骼貍［埋］胔·骼谓鸟兽之□也。［骨］有肉者为胔，尽夏。

---

① 《尔雅》卷十《释畜》以马、牛、羊、豕、狗、鸡为"六畜"。

瘗，埋。胔，亦作骴、胔，即腐骨尚有肉者。①《五十条》的注解对这一法律用语的界说虽不严谨，但指出了它的基本含义，即春夏之际，应掩埋暴露于外的鸟、兽枯骨和腐胔。

三　《四时月令五十条》与汉《月令》的关系

《四时月令五十条》颁行于汉平帝元始五年（公元 5 年）。从内容中可以看出，这册令文是择录于汉代《月令》的一个简易本。因而要深入了解《五十条》的性质，就有必要先了解汉代《月令》及其演进过程。

（1）月令。

"月令"，即根据天文、气候及阴阳五行等情况，规定每月生产、生活应该做的事情，以及统治者宗教、政治方面所应有的活动。人的生产、生活要顺应时令的观念，早在夏代就已存在。而后形成逐月有规律的体系，则与历书的出现有密切关系。"月令"条文是按历书推算出的岁时节令而规定的。编制历书是天子的权力。由天子任命专职官吏制定历书，授民遵守。如《尚书·尧典》载，帝尧"乃命羲和，钦若昊天，历象日月星辰，敬授民时"。至西周，不仅历书的内容更加丰富，在"授民时"的方式上也形成了一套适应君主集权专制的礼制。《周礼·大史》载，大史的职守之一，即"正岁年以序事，颁之于官府及都鄙，颁、告朔于邦国"。郑玄注："正之以闰，若今时作历日矣。定四时，以次序授民时之事。""天子颁朔于诸侯，诸侯藏于祖庙，至朔，朝于庙，告而受行之。"周天子所颁"朔"的主要内容，即是后世的"月令"。所以东汉蔡邕说周时各诸侯国是"受月令以归，而藏诸庙中"。②

颁朔、告朔即是周天子行使的一种统治权，随着周王朝的衰落，它也就逐渐流于形式而废止了。《论语》载，春秋时，孔子弟子"子贡欲去告朔之饩羊"，③ 即是这种礼制已经徒具形式的反映。但是体现着人们长期积

---

① 《周礼》卷三十六《秋官·蜡氏》"掌除骴"疏："骨枯曰骼，肉腐曰骴。"
② 蔡邕：《明堂月令论》，载《蔡中郎文集》。
③ 《论语·八佾》："子贡欲去告朔之饩羊。子曰：'赐也！尔爱其羊，我爱其礼！'"

累的生产、生活经验的"月令"，并没有因此而完全消失。古籍中所见到的秦汉时关于"顺时令"的习俗、规矩，无不是由先秦流传下来的。现在所见到的几种《月令》版本中，最早的版本当数成书于战国时期的《吕氏春秋》中的十二纪的首章。汉朝人把这种十二月的月历编入《礼记》，称为汉《月令》。

（2）《四时月令五十条》制定的政治原因。

汉代早已有《月令》，但从没有被奉为施政纲要认真执行。朝廷中虽时有人提出要"法天地、顺四时，以治国家"，如宣帝时的丞相魏相曾"数表采《易阴阳》及《明堂月令》"。[①] 哀帝时黄门侍郎李寻也曾主张"王者"应"尊天地、重阴阳、敬四时、严月令"，"不可忽于时月之令"。[②] 但均未引起足够重视。至元、成时，皇帝虽曾下诏强调过施政"务顺四时月令"，但并未采取具体措施贯彻执行。

平帝即位，政治形势为之一变。平帝时年九岁，太皇太后临朝，朝政由大司马王莽把持。这时的王莽正在紧锣密鼓地为篡权而活动。朝中的一切举措无不服务于此。其中有一项活动，对于树立王莽的"天子"地位有重要关系，即"治明堂"。平帝元始四年二月，"安汉公奏立明堂、辟雍"。五年春，任命"羲和刘歆等四人使治明堂"。[③] 是岁秋，明堂建成。刘歆等皆因治明堂有功而封为列侯。速度之快，受到群臣称颂。《汉书》卷九十九上《王莽传上》："群臣奏言：'昔周公奉继体之嗣，据上公之尊，然犹七年制度乃定。夫明堂、辟雍，堕废千载莫能兴，今安汉公起于第家，辅翼陛下，四年于兹，功德烂然。'"王莽对这项工程如此重视，是为了仿"周公践天子位"而用。群臣奏请王莽居摄时说："《礼明堂记》曰：'周公朝诸侯于明堂，天子负斧依南面而立。'谓'周公践天子位，六年朝诸侯，制礼作乐。而天下大服也'。"

与"治明堂"配套项目，即修订《月令》，以备"践天子位"后好用。依古制，天子于明堂赋诸侯茅土，封疆域。也在明堂授《月令》，以

---

① 《汉书》卷七十四《魏相传》。
② 《汉书》卷七十五《李寻传》。
③ 《汉书》卷十二《平帝纪》。

统一国家政令。所以说："明堂所以正四时，出教化。"① 因此《月令》又
称作《明堂月令》。② 王莽于"起明堂"时，又积极收集各版本的《月
令》，以备修订之用。③ 此时，汉《月令》是否也曾修订，史无记载，不
便臆测。但依据《月令》编辑《四时月令五十条》，确是此时王莽阴谋篡
权活动的一部分。

（3）《四时月令五十条》当是羲和刘歆负责编制的。

此次发现的太皇太后诏载："惟圣帝明王靡不躬天之历数，信执厥中，
钦顺阴阳，敬授民时，劝耕种以丰年也。盖重百姓之命也，故建羲和立四
子……时以成岁，致□熹也。其宜□岁分行所部，各承诏条。"诏令中虽
有缺字，但大致意思是清楚的，即令羲和官制定和推行《四时月令五十
条》。此时任羲和一职者即刘歆。④ 也就是说，编定《四时月令五十条》
者是刘歆。王莽秉政后，于平帝元始元年二月，汉始置羲和官。⑤ 其职责
即观察天象，推算日月星辰的运行规律，制定历法。编制"月令"可以说
是羲和的本职工作。当时也可能认为刘歆是制定《月令》的合适人选。
《汉书》卷三十六《楚元王传》载，成帝河平中，刘歆"受诏与父向领校
秘书，讲六艺传记，诸子、诗赋、数术、方技，无所不究"。并著"《三统
历谱》考步日月五星之度"。这些即是制定《月令》的理论基础。刘歆完
全有能力主持编定《月令》的工作。

悬泉置遗址壁书说明，刘歆不仅主持制定《四时月令五十条》，并负
责推行实施。太皇太后诏明确指示由羲和及四子"分行所部各承诏条"。
《五十条》中具体写明由羲和率领"四子"负责实施相关"月令"。由羲
和领羲仲奉行春季月令、领［羲叔］奉行夏行月令、领和仲奉行秋季月
令、领和叔奉行冬季月令。壁书中的各种文书清楚反映出《五十条》下发
的程序。中央由羲和具体负责下发到中二千石（中央九卿）。然后逐级下
达到地方基层机构。悬泉置遗址所见到的文件《五十条》是由负责西部各

---

① 《汉书》卷十二《平帝纪》。
② 蔡邕：《明堂月令论》。
③ 《汉书》卷九十九上《王莽传上》。
④ 刘歆于哀帝建平元年改名"秀"。太皇太后诏中所说的"羲和臣秀"，即刘歆。
⑤ 《汉书》卷十二《平帝纪》。

郡的和仲下发至敦煌郡效谷县的。①《居延新简》E·P·T4：16 也有一条"敬授民时曰扬谷、咸趋南［亩］"，当也是掌管西部各郡的和仲发至张掖郡居延县的《五十条》条文。汉代法令规定，凡要明告吏卒民知晓的文件，应当"各明白大扁②书市里官所、寺、舍、门、亭、燧、堠中，令吏卒民尽讼（诵）知之"。③将《四时月令五十条》写在悬泉置墙壁上，正是执行这条法令，令吏民尽知之。

（4）对汉《月令》条文的增改。

从《五十条》的内容可以看出，它是为地方基层机构工作和广大庶民生产、生活而颁布的汉《月令》简易本。《五十条》仅将汉《月令》规定的地方官吏和庶民应当遵守的条文录出。至于《月令》中哪些有关天象、时节变化，天子举行祭祀。朝臣应执行的事务，以及违反时令将要发生天灾人祸等内容，一概未录。

另外，《五十条》的编定者对汉《月令》所作的三条改动，值得在此评述。

1. 新增条文

《五十条》的编定者在孟春月令的开篇新增一条："敬授民时：曰扬谷、咸趋南亩。"④这条的大意是，依照历法，督劝庶民于日出东方时赴田亩耕作。现存各种版本《月令》皆不载此条规定，但却体现出了孟春月令的基本精神。《月令》规定，孟春之月乃"方春东作"之时，是月"天子亲载耒耜措之，参预保介之御间，率三公九卿诸侯大夫躬耕帝籍田"，借以劝耕。同时由"王布农事；命田舍东郊，⑤皆修封疆，审端径术。⑥善相丘陵阪险原隰，土地作宜，五谷所殖，以教导民，必躬亲之。田事既饬，先定准直，农乃不惑"，⑦等等。总之，是月一切活动皆以农事为中心。据此，可以认为《五十条》的编定者在此引用《尚书》中的这句话，作为

---

① 《尚书》卷二《尧典》载，羲和"分命和仲，宅西"，并兼职西方。王莽仿古。
② 扁，《说文》卷二下"册"："署也，从户册。户册者，署门户之文也。"
③ 参见拙著《汉简牍中所见令文辑考》，载《简帛研究》第三辑。
④ 参见前文对本条的注释，不赘述。
⑤ 高诱注："东郊也。命农大夫舍止东郊。监视田事。"
⑥ 高诱注："端正其经路，不得邪行改稼啬也。"
⑦ 《吕氏春秋》卷一《孟春纪》。

纲领性口号，号召吏民于孟春之月"咸趋南亩"，从事劳动。

2. 修改条文

《五十条》对《月令》条文的重要改动有两处：

（1）对季春月令的改动。这条月令：

> 《吕氏春秋·季春纪》作："是月也，命司空曰：'田猎毕弋，置
> 罘罗网，餧兽之药，无出九门'。"
> 《礼记·月令》作："是月也，命司空曰：'田猎置罘，罗网毕
> 翳，餧兽之药，毋出九门'。"

《月令》立法者规定季春不得狩猎。以列举方式，将禁止狩猎方法一
一列出。如此规定，挂一漏万，既不周密严谨，文字又嫌芜杂。

《五十条》规定，季春月令："毋弹射蜚鸟及张罗为它巧以捕逐之"，将
《月令》以上所列诸多种捕捉鸟兽方法，概括为"它巧"，甚是简洁明了。

（2）对季秋月令的改动。这条月令：

> 《吕氏春秋·季秋纪》作："是月也，霜始降，则百工休。乃命有司
> 曰：'寒气总至，民力不堪，其皆入室'。"（《礼记·月令》与此相同）

这条月令规定"百工休"、"皆入室"，太绝对。天气开始寒冷就禁止
一切室外活动，既无必要，也难以做到。郑玄注："寒而胶漆之作不坚好
也。"高诱注："霜降天寒，朱漆不坚，故百工休，不复作器。"此说皆臆
测。而《五十条》改为：

> 毋采金石银铜铁□。

寒冷季节，无法在郊野活动，禁止采矿，很是。且规定具体，便于
执行。

（原载《秦汉简牍中法制文书辑考》，社会科学文献出版社 2008 年版。）

汉代上计制度论考

——兼评尹湾汉墓木牍《集簿》

1993 年年初，于江苏连云港市东海县尹湾村 6 号墓出土一批西汉时期的郡县级行政档案。其中一方题为《集簿》的木牍，上面记载了西汉后期东海郡的社会、经济概况。简牍整理者认为这方木牍"可能是东海郡上计所用的底稿或副本"。① 与此同时出土的还有《东海郡吏员簿》、《东海郡吏员考绩簿》等，当也是与上计有关的资料。这批文书对于了解汉代上计制度很有帮助。现略陈管见，以就教专家。

一　墓主师饶其人

尹湾 6 号墓中为什么葬有与上计有关的文书资料呢？回答这一问题，必须先弄清楚墓主师饶其人。

6 号墓中藏有随葬品十件名谒和衣物疏证实，死者姓师名饶，字君兄。西汉成帝元延年间曾任法曹、功曹史等职。功曹史，"主选署功劳"，② 即负责一郡吏员考绩、升迁等事务。虽百石小吏，但地位重要，被视为吏员中的"主吏"，③"郡之极位"。④ 汉代郡县属吏，均由郡守、县令任命。这位功曹史师饶，自然是东海郡太守的亲信。

从墓中的随葬品看来，这位功曹史也非平庸之辈。6 号墓出土的简牍，

① 《尹湾汉墓简牍·前言》，中华书局 1997 年版。以下凡引此书处，不再注。
② 《后汉书》志第二十八《百官五》。
③ 《史记》卷八《高祖本纪》："萧何为主吏。"孟康注："主吏，功曹也。"
④ 《汉官仪》："督邮、功曹，郡之极位。"

除行政文书外，还有文学作品和各种术数资料。一篇题为《神鸟赋》的作品，不仅词句典雅，且多处引用《论语》、《孝经》、《诗经》、《礼记》、《周礼》、《淮南子》等典籍。① 这篇六百六十余字长的佚名汉赋，无论是否为墓主本人的著作，作为陪葬品，足以显示死者的爱好和具有较高的文化素养。墓中存放的十方名谒，是师饶与东海郡太守、沛郡太守、琅琊郡太守、长安令、楚相，以及容丘侯等地方高级官吏和社会名人互致问候、交往酬酢之物。这表明此公交游广泛，地位显赫。

了解墓主师饶的上述情况，不难判断出他与这批上计文书的关系。一般来说，作为陪葬的物品，总是与墓主人有某种特殊情结。就职掌而言，任功曹史的师饶与一郡的上计事务，并无直接关系。他如此珍爱与上计有关的文书，死后将其置于身旁。很有可能是因为生前曾参与过该《集簿》的编制，或担任过东海郡的上计吏。从以上所述情况看来，功曹史师饶，以其在郡府中的地位、文化水平，以及与太守的关系，都能胜任郡上计吏一职。如果这一判断可以成立，我们对于汉代上计制度，就会有较全面、深入的认识。

二 上计制度

所谓上计，即由地方行政长官定期向上级呈上计文书，报告地方治理状况。县令常于年终将该县户口、垦田、钱谷、刑狱状况等，编制为计簿（亦名"集簿"），呈送郡国。根据属县的计簿，郡守国相再编制郡的计簿，上报朝廷。朝廷据此评定地方行政长官的政绩。这种考评地方官的方式古已有之。秦汉时已有较完备的制度。汉代并颁布有专门的法规《上计律》。可惜该律早已不存，而今仅见一律目，② 本文仅根据有关史料，对汉代郡国上计的几项主要制度，略述如下。

1. 上计吏的选派

汉代，上计吏非常任职务，必要时由郡太守临时委派。《后汉书》志

---

① 《尹湾汉简〈神鸟赋〉与禽鸟夺巢故事》，《文物》1997 年第 1 期。

② 《周礼》卷二十七《春官·典路》："大宾客亦如之。"注："变出路当陈之。"郑司农云："汉朝《上计律》'陈属事于庭'。"

第二十八《百官五》云：郡国"岁尽遣吏上计"。可见此"吏"不是专门职称。否则必然会写明"遣上计吏"上计。严耕望先生已有此说，本文从之。① 不过两汉时期，具体担任此职者，有所变化。最初曾规定由郡丞奉计京师，《汉书·严助传》："愿奉三年计最。"如淳注："旧法，当使丞奉计"。又如《汉书·朱买臣传》："坐中惊骇，白守丞。"张晏注："汉旧郡国丞长吏与计吏俱送计也。"也就是说，由丞代理郡守，率长吏、计史等，奉计京师。颜师古同意此说，并解释道："谓之'守丞'，系太守而言也。"但是，实际上又多由长吏（或作长史）代丞上计。以下诸条记载均作如是说：

> 《汉书·黄霸传》载，京兆尹张敞奏霸："窃见丞相请与中二千博士杂问郡国上计长吏守丞，为民兴利除害成大化条其对。"又："丞相图议上奏曰：'臣问上计长吏守丞以兴化条，皇天报下神雀'。"
>
> 《汉书·王成传》载，宣帝"诏使丞相御史问郡国上计长吏守丞以政令得失"。
>
> 《后汉书集解》志第二十四《百官一》注引《汉旧仪》："哀帝元寿二年，以丞相为大司徒。郡国守丞长史上计事竟，遣君侯出坐庭上，亲问百姓所疾苦。""遣敕曰：'诏书数下，禁吏无苛暴。［守］丞长史归告二千石……'"
>
> 《汉旧仪》："御史大夫敕上计［守］丞长史曰：'诏书数下．布告郡国。臣下承宣无状，多不究，百姓不蒙恩被化。守丞长史到郡与二千石同力为民兴利除害，务有以安之，称诏书'。"

以上各条中的"守"字，即非本职而兼领事。"守丞长吏"或"长吏守丞"，即由长吏代理丞上计中央。此办法，仅实行于西汉。东汉时，径直由长吏上计。如：

---

① 严耕望：《中国地方行政制度上编》（卷上），《秦汉地方行政制度》，台北，"中央研究院"历史语言研究所1974年版。

《后汉书·应奉传》注引《谢承书》曰："奉少为上计吏，许训为计掾，俱到京师。"

《后汉书·杨终传》沈钦韩注："《论衡》云：'子山为郡上计吏，见三府'为《哀牢传》。"

《后汉书·赵壹传》："光和元年，举郡上计到京师。"

师饶乃成帝时任东海郡功曹史。若曾担任上计吏，也即以长吏代理丞奉计京师。

2. 上计吏的任务

郡上计吏的任务，大致有两项：

（1）送达郡上计文书和与"计偕"的物、人，至京师。

受命郡太守送达上计文书至京师，同时接受朝廷的审核、询问，是上计吏的基本任务。上计吏至京师，由丞相负责受计书。[①] 宣帝也曾下诏令"御史察计簿，疑非实者，按之，使真伪毋相乱"。[②] 实际上则是由丞相主持会议，令朝廷各行政机关长官及其有关人员共同审核上计文书。《汉书·黄霸传》："京兆尹张敞奏霸曰：'窃见丞相请与中二千石、博士杂问郡国上计长史守丞，为民兴利除害成大化条'。"此处所说的参加审核上计文书的"中二千石"，指中央各行政机关长官，所谓"九卿"：太常、光禄勋、太仆、廷尉、大鸿胪、宗正、大司农、少府、卫尉、执金吾。[③]"博士"，指教授经学及典礼事宜，备皇帝顾问的学官。

上计吏与上计文书同时送达的"物"，指郡国贡奉"天子"的土特产品，此当是定制。《礼记·射义》："诸侯岁献，贡士于天子。"注："岁献国事之书及计偕物也。"疏："汉时谓郡国送文书之使谓之为计吏，其贡献之物与计吏俱来，故谓之计偕物也。"偕，俱也。非但献国事之书，又俱献"贡物"。所以有人云"计吏职贡方物"。[④]

---

① 西汉后期至东汉，也曾由司徒受计。《汉旧仪》："哀帝元寿二年，以丞相为大司徒，郡国守丞长史上计事竟。"《后汉书》卷八十下《赵壹传》："是时司徒袁逢受计。"

② 《汉书》卷八《宣帝纪》。

③ 《汉书》卷十九《百官公卿表》。

④ 《汉书》卷六十四《朱买臣传》注。

至于偕计书送至京师的"人"，则非常制，而是根据专门的诏令办理。例如：

> 《汉书·武帝纪》元光五年诏："征吏民有明当时之务习先圣之术者，县次续食，令与计偕。"

这是令各郡国征召人才，"与计偕"送至京师，并令沿途各县为该人员供应饮食。

> 《汉书·儒林传》元朔五年诏："郡国县官有好文学，敬长上，肃政教，顺乡里，出入不悖，所闻，令相长丞上属所二千石。二千石谨察可者，常与计偕，诣太常，得受业如弟子。"

此诏令征召品学兼优者，"与计偕"送至太常。

> 《后汉书·明帝纪》："永平九年，令司隶校尉、部刺史岁上墨绶长吏视事三岁已上理状尤异者各一人，与计偕。"

此诏令各郡选拔优秀中等官吏，"与计偕"送至京师。

（2）参与朝廷重大祀典。

上计吏的地位虽低下，但由于代表郡守上计，是一郡的代表人物，因而很受朝廷重视。东汉时，郡计吏抵京师，大鸿胪曾以迎诸侯王之礼接待。《后汉书》志第二十五《百官二》大鸿胪条本注："诸王入朝，当郊迎，典其礼仪。及郡国上计，匦四方来，亦属焉。"抵达京师后，居住专供郡国上计吏住的馆舍"郡抵寓"。如此接待，或如大匠应顺所言："百郡计吏，观国之光；而舍逆旅，崎岖私馆，直装衣物，敞杅暴露，朝会邈远，事不肃给。晋霸国盟主耳，舍诸侯于隶人，子产以为大讥，况今四海之大，而可无乎。"①

---

① 《后汉书》志第二十五《百官二》注。

　　上计吏于岁终抵京，即参加正月旦天子会见百官朝贺的大典。① 在京期间，国家举行大典，上计吏也应召参加，如宗祀大典、大丧、会陵之礼等。② 汉武帝时，上计吏参加泰山封禅大典，史书还特书一笔。上计吏参加祀典，不仅要行礼如仪，有时还令其在神轩前，报告一郡的政绩。《后汉书·礼仪志上》载，举行会陵之礼时，令"郡国上计吏以次前，当神轩占其郡国谷价、民所疾苦，欲神知其动静"。看来，这是统治者在借助"神"的权威，监督地方官吏，以加强自己的统治地位。

　　在京期间，除参加祀典之外，上计吏有时还会受皇帝召，对答所问郡中的有关问题。如《汉书·王成传》载，宣帝"诏使丞相御史问郡国上计长吏守丞以政令得失"。再如，《汉旧仪》载，皇帝曾下诏令御史救问计吏的具体问题："问今岁善恶孰与往年？对上。问今年盗贼孰与往年？对上。"有时皇帝还亲自询问计吏。如《后汉书·张堪传》载，"帝（光武）尝召见诸郡计吏，问其风土及前后守令能否"。

　　（3）上计的时间。

　　有关上计的几个时间，史籍上本有明确记载，有人不解其间的区别，将其混为一谈。兹分述如下：

　　一是"计断"时间。卢植《礼注》曰："计断九月，因秦以十月为正故。"所谓"计断九月"，即每年度的各项统计数字至九月底截止。因为秦以十月为岁首，九月底也就是岁终。汉代承袭此制。太初改历后，也仍然是"计断九月"。对此，清末法学家沈家本解释得很清楚。他说："汉初以十月为岁首，朝会在十月，计吏自不得不以九月为断。自太初正历，以正月为岁首，而计文书仍断于九月者，计吏岁尽即诣京师，不及候至十二月。郡国之远者若必断于岁尽，即不及赴正月旦之朝会，故断于九月。"③

　　二是起程赴京上计时间。《后汉书》志第二十八《百官五》：县、邑、道"秋冬集课，上计于所属郡国"。郡国"岁尽遣吏上计"。也就是于

---

　　① 蔡质《汉仪》："正月旦，天子幸德阳殿，临轩。公、卿、大夫、百官各陪朝贺。蛮、貊、胡，朝贡毕，见计吏。"

　　② 《后汉书》卷二《明帝纪》、《后汉书》志第六《礼仪下》等。

　　③ 沈家本：《汉律摭遗》卷十八《上计律》，载《历代刑法考》（三），中华书局1985年版。

"岁尽"令上计吏起程赴京上计。此处没规定具体的日期，因为起程具体日期，应以各郡国离京师路程远近而定。路远的动身早，路近的动身晚，以能按时参加正月旦之朝会为宜。李贤于"岁尽遣吏上计"之后，引卢植"计断九月"之说，不妥。这样就将计书统计数字的日期与动身起程赴京的时间混淆了。

三是受计时间。此项，史籍中未见有明确记载，可能就在朝会之后。《汉书·武帝纪》载，元封五年"春三月，还，至泰山，增封。甲子，祠高祖于明堂，以配上帝，因朝诸侯王列侯，受郡国计"。又：太初元年，"春还受计于甘泉"。这两次的受计时间和地点，均非常制。沈家本的解释可备一说："受计当在京师，甘泉距长安不远，武帝常驻跸之所，即与京师不异。惟泰山非受计之地，而郡国计吏咸集焉，殆当日行幸之年，正月无朝会，而诸侯之来朝者并集于行幸之处，而计吏亦咸集。"就是说，这一年春因武帝幸泰山，于是就便在此受计。除此之外，在泰山受计还有一层原因，在于封禅是帝王为表明自己受命于天所举行的祭祀天地的典礼，此时此地，令计吏报告工作，自然是为了显示皇帝的神圣地位和统治能力。

3. 统计制度

上计文书，是一册通篇统计数字的文书。这些体现着地方行政长官一年政绩的数字，是朝廷考核官吏劳绩的依据，也是制定一国施政方针的重要参考资料。因而计书中所立项目、统计数字必须统一、精确、真实。为了使得从地方基层，经过县，到达郡的各项统计达到上述要求，秦汉时已经制定种种制度。从而使我们在今天仍可感觉到，这些统计不是杂乱无章，而是井然有序。秦汉简牍中见到的一些法令条文，即是计书中的统计精确、真实的法律基础。例如，为了保证全国各地对谷、稻产量计算的统一，秦《仓律》规定：

稻后禾熟，计稻后年。[1]

_____

[1] 《秦律十八种·仓律》，载《睡虎地秦墓竹简》，文物出版社1978年版。

这就是说，稻与谷的收获时间不同，晚稻的收获可能在来年。"计断九月"，因而只能将稻的产量数额，记在下一年度的账上。

为了避免统计发生重复，秦律对于某些特殊的钱粮支出如何统计，有具体规定：

> 县上食者籍及它费太仓，与计偕。都官以计时雠食者籍。①

此律颁行于秦置郡以前，因而各县直接向中央机关上计。"食者"，指中央列卿所属"都官"在各县领取口粮者，所以该律规定，各县计吏上计簿时，应将都官在县领取口粮和其他费用者的名籍一并呈上。都官应在结账时核对名单，以免发生差错。有此规定，各机关在统计谷物这类支出时，就避免了重复统计。

汉简中有关资料说明，为了确保计书中呈报的事实与数字准确无误，郡府十分强调各县对呈上的计簿要经过认真校对、核实。汉简中有以下简文：

> （1）□长丞拘校，必得事实，牒别言，与计偕如律令，敢告卒人。掾定、属云、延寿、书佐德。②
> （2）拘校，令与计簿相应。③
> （3）卅井言，谨拘校二年十月以来计最。未能会，会日谒言解。④
> （4）书到，拘校处实，牒别言。⑤

所谓"拘校"，即"钩校"，乃钩稽比较之意，⑥也就是校对、核算。将以上四条简文综合一起来看，即郡府命令所属地方基层、各县对上计文

---

① 《秦律十八种·仓律》，载《睡虎地秦墓竹简》，文物出版社 1978 年版。
② 《居延新简》E·P·T53：33A、B。
③ 《居延新简》E·P·T52：576。
④ 《居延汉简释文合校》（下）430.1、430.4。
⑤ 《居延汉简释文合校》（下）317.6。
⑥ 于豪亮：《居延汉简丛释》，《文史》第十七辑。

书要认真核对。发现错误，要查出原因，所谓"拘校处实"、"必得事实"。并要另附文书说明，所谓"牒别言"，与计簿一并呈上。

除了各县对于所上计书要认真"拘校"外，郡府还要求呈送《集簿》时，将其中某些项目的明细账目，另列清单（所谓的"牒"），作为附件一并呈上，以备郡府直接复查、审核。如汉简：

> 阳朔三年九月癸亥朔壬午，甲渠鄣守候塞尉顺敢言之。府书："移《赋钱出入簿》与计偕"。谨移应书一编，敢言之。
> 尉史昌①

此简中所说的"应书"，即根据郡府命令，随计书一并呈上的《赋钱出入簿》。

但是，由全国各地呈报上来的各项统计数字，要做到完全不发生差错是不可能的。于是便有了如何处罚产生差错的责任者的问题。秦汉法律对此也有规定。首先是关于如何区分统计中所发生差错性质的规定，汉简中有"书误"、"实误"之别。② "书误"，即"笔误"，是一种过失。"实误"是实际亏空、短缺，对此需要查明原因。秦律中有"大误"、"小误"之分。并明确规定："计算错人户、马牛及诸货财值过六百六十钱为'大误'，其它为小。"③ 对于会计、统计中出现的差错，按其性质、严重程度，分别给予处治。如汉简中有条简文载："坐移正月尽三月四时吏名误。"④ 即因所上"四时吏名籍"中有差误而受处罚。再如，《汉书》卷十七《武帝功臣表》载，"众利侯郝贤，元狩二年，坐为上谷太守入戍卒财物，上计谩，免。"颜师古注："上财物之计簿而欺谩不实。""谩"，指欺谩，故意犯罪。此上谷太守的行为，不是偶尔失误，而是汉宣帝所说的："上计簿，具文而已，务为欺谩，以避其课"，是一种重罪，应该"免职"。

---

① 《居延汉简释文合校》（上）35.8A、B。
② 见《居延新简》，第355、364、258页。
③ 《睡虎地秦墓竹简·法律答问》。
④ 《居延汉简释文合校》185.32。

三　上计文书《集簿》的内容

关于汉代上计文书《集簿》的内容，据胡广《汉官解诂》所言，为"户口、垦田、钱谷入出、盗贼多少"等几项。现从东海县尹湾汉墓出土的《集簿》来看，胡广说的仅是郡县上计的基本内容。东海郡上计《集簿》所载，远远多于胡广说的几项，不仅是简单的数字，而且间有说明。这册题为《集簿》的木牍，正反两面书写，约六百五十字，二十二行，现按其内容的性质，归纳为四类，分别评述如下。

1. 地区面积和行政机构

《集簿》专有一项写明东海郡地区面积："界东西五百五十一里，南北四百八十八里。如前。"所谓"如前"，即和已往一样，没有变动。上计文书有郡地区面积一项，十分必要。郡太守是国家封疆大臣，有责任、有义务卫护疆域完整。《集簿》申明郡地区面积"如前"，即完整无失，表明本郡守履行了自己卫护疆土的职责。

《集簿》以七个项目分别列出该郡各级行政机构和其他各类机构，以及全郡吏员人数，以表明本郡各类机构的设置完备，吏员配置整齐，各机构均有人员司职、行政。[①] 这里不详述。

2. 农业经济

《集簿》中，关于农业经济方面的上计有四项：

（1）"提封五十一万二千九十二顷八十五亩二□……人。如前"。

"封"，疆界、限域。[②]"提封"，指一郡土地总数。《汉书·刑法志》："提封万井。"李奇注："提，举四封之内也。"《文选·西都赋》："提封五万。"臣瓒注："提，撮凡也。言大举顷亩也。"就是说，该郡的土地面

---

① 参见谢桂华《尹湾汉墓简牍和西汉地方行政制度》。该文附有各类吏员统计表，甚详，《文物》1997年第1期。

② 《左传》卷三十二《襄公十三年》："田有封洫。"

积，如以前一样，共有五十一万二千零九十二顷八十五亩余。

（2）"□国邑居园田二十一万一千六百五十二□□十九万百卅二……卅五万九千六……长生"。

此项缺字较多，难以了解原意。兹录下所见与其有关的资料两则，提出初步意见，以俟详考。

（1）《汉书·地理志下》在录下汉代"提封田"之后，即在田亩总数后，又分别列出"邑居道路、山川林泽，群不可垦田"，"可垦不可垦田"和"定垦田"。《集簿》在"提封"田亩数后，所说的"□国邑居园田"①占用土地若干亩，是否也在说明东海郡的"可垦"、"不可垦"、"定垦"田各有若干亩？

（2）《后汉书·黄香传》载，东汉延平元年，黄香"迁魏郡太守，郡旧有内外园田，常与人分种，收谷岁数千斛。香曰：'田令，商者不农。《王制》，仕者不耕。伐冰食禄之人，不与百姓争利。乃悉以赋人，课令耕种'"。这类"园田"不仅魏郡有，边远郡国也有。汉简中就有由戍卒耕种的"园"田。这就是说，汉代郡及其所属各县的行政机关占有此类"园田"。《集簿》此项说的"园田"若干亩，是否也是这类土地数额呢？

（3）"种宿麦十万七千三百□十□顷。多前②千九百二十顷八十二亩"。

武帝时，董仲舒提倡广植宿麦。③此后常有主张种植宿麦，以救济灾民的记载。如《汉书·武帝纪》载，元狩三年诏："劝有水灾郡种宿麦。"

---

① 史籍中常见将"邑居"等占用土地，列为"不可垦"土地。除本文所引《汉书》卷二十八《地理志》外，其他如《食货志》："提封九万顷，除山泽邑居参分去一。"《刑法志》："提封万井，除山川沈斥，城池邑居……"

② 多前，指多于上一年度。《后汉书》卷三十九《刘般传》："吏举度田，欲令多前。"注："多于前岁。"

③ 《汉书》卷二十四《食货志》。

汉简成帝《永始三年诏》："往秋郡被霜，冬无大雪，不利宿麦，恐
民……"云云。朝廷如此重视种植宿麦，东海郡本年度宿麦"多前千百二
十顷八十六亩"，有此增产成绩，自然会引起朝廷注意。

  （4）"春种树六十五万六千七百九十四亩。多前四万六千三百二
十亩"。

《集簿》此项说的"春种树"数目，以亩计算，当不会是通常所说的
树木。否则，一年种六十五万六千七百九十四亩树，按《集簿》所说的全
郡二十六万六千二百九十农户计算，每户至少要种二亩半树。树是多年生
植物，每年种如此多的树，逐年累计，将是很大的数字。此处说的"树"
指的是桑树。"种"，也不仅指栽种，而说的是耕种，曾有"耕桑"之说。
汉时，农桑并重，主张"方春，农桑兴"、"勉劝农桑"政策，鼓励"春
种树"，并于这一年种桑，"多前四万六千三百亩"。这自然又是一项值得
夸耀的成绩。

3. 财政

《集簿》中，财政方面上计内容有两项：

  （1）"一岁诸钱入二万万六千六百六十四万二千五百六钱"。"一
岁诸出钱一万万四千五百八十三万四千三百九十一"。

这就是说，本年度收入减去支出，还余一亿二千零八十万八千一百一
十五钱。

  （2）"一岁诸谷入五十万六千六百卅七石二斗二升少□升。出四
十一万二千五百八十一石四斗□□升"。

就是说，本年度谷物收获量，减去支出数，还余九万四千五十五石八
斗二升余。

钱、谷两项均有如此多的余额，表明东海郡本年度在财政管理方面也

卓有成效。

4. 民政

《集簿》中的内容，可列为民政一门的上计项目有四类，分述如下：

（1）户口。

> 户二十六万六千二百九十。多前二千六百二十九。其户万一千六
> 百六十二，获流。
>
> 口百三十九万七千三百四十三。其四万二千七百五十二，获流。
>
> 男子七十万六千六十四人。女子六十八万八千一百三十二人。女
> 子多前七千九百二十六。

以上三项数目中有两事当说明之：

①两书"获流"。

"流"，指因遇灾荒而流亡的百姓。成帝建始、河平至鸿嘉年间，黄河数次决口。河水溃溢横流，大者流经四五郡、百余县。东海郡处黄海之滨，虽未直接受黄河泛滥淹没，但灾民流徙此郡，自然有之。每遇灾荒，统治者恐"人民流散，盗贼将生"，[1] 便令地方政府妥善安置灾民，所谓"谨遇以文理"。令流落郡者入籍定居，并赐田宅、什器、农具等。在这种情势下，东海郡积极安置流入本郡灾民 11662 户，42752 人。《集簿》中两处令人注目地书上"获流"数，自然希望得到朝廷褒奖。宣帝时，胶东相王成自奏言："流民自占八万余口，赐爵关内侯，秩中二千石。"[2] 此事对于《集簿》起草者不会没有影响。

②女子"多前"。

《集簿》写明本年度东海郡人口总数后，又写上男女分别统计数，并说明"女子多前七千九百二十六"。就是说女子人口增长速度比男子快。如此作比较说明，在此前历代"案比"资料中不曾见过。东海郡向来是女子增长速度慢于男子，因而人口少于男子。为何本年度突然"多前"如此

---

① 《汉书》卷二十九《沟洫志》。

② 《汉书》卷八十九《王成传》。

数？令人费解。但《集簿》作者如此写的用意，是不难理解的，就是说，虽然东海郡男多女少，不平衡。但此状况不会长期影响本郡人口增殖，因为女性人口会逐渐增多。秦至汉初，连年战争，人口锐减。因此，汉代统治者就竭力鼓励增殖人口。早在惠帝时就立法促使女子早婚："女子年十五以上至三十不嫁，五算。"① 应劭注："《国语》：'越王勾践令国中女子十七不嫁者有罪'，欲人民繁息也。《汉律》，人出一算，算百二十钱。唯贾人与奴婢倍算。今使五算，罪谪之也。"此说甚是，提倡女子结婚，甚至早婚，是为了"繁息"人口。《集簿》特意说明东海郡女子人口已在逐年增多，即考虑到了郡人口日后增长的问题。人口状况如何，是评定地方政府政绩的重要方面。例如《汉书·循吏传》中的六位循吏，就有三位有"户口岁增"、"户口增倍"之类的评语。东海郡太守不能不注意本郡男女人口的比例问题。

（2）赈济贫困。

赈济贫困，是郡守的一项重要工作，因而在上计文书中不能不专列一项：

> 以春令成户七千三十九，口二万七千九百二十六。用谷七千九百五十一石八斗口升半升。率口二斗八升有奇。

汉代初期，较注意赈济贫困。文帝曾提出"方春和时"，"赈济孤独穷困之民"。② 此后遂成制度。《后汉书》志第二十八《百官五》本注曰，凡郡国"常以春行所主县，劝民农桑，振救乏绝"。何为"乏绝"？刘昭注引《礼记·月令》疏曰："暂无曰乏，不续曰绝。"如此说来，春季青黄不接之际，郡国应赈济贫困农户。这就是所谓的"因时施政"的"时令"。也就是《集簿》说的"以春令成户"。为何名曰"春令"呢？此词由《礼记》中的"月令"而来。《礼记·月令》疏引郑氏目录曰："名曰月令者，以其纪十二月政之所行也。""春令"，即春时而行的令，表示按

---

① 《汉书》卷二《惠帝纪》。
② 《汉书》卷四《文帝纪》。

汉代制度，"振救乏绝"是郡太守春季应实行的政务。所以，汉时有太守"行春"之举。①综上所述，可知《集簿》所说，"以春令成户"若干，即按制度于春季救济贫困农户若干。为此用谷七千九百五十一石八斗余。平均每人发放谷二斗八升多。显然，这是东海郡实行的一项"德政"，上计文书中岂能没有。

（3）矜老幼、尊高年。

《集簿》中关于矜老幼、尊高年的内容，有以下两项：

年八十以上三万三千八百七十一。六岁以下二十六万二千五百八十八。凡二十九万六千四百五十九。

年九十以上万一千六百七人。年七十以上受杖二千八百二十三人。凡万四千四百九十三（原文如此）。多前七百一十八。

这两项虽然是人口年龄统计数，但却不是陈述人口年龄构成问题。从其统计方式看，可能是呈本郡"矜老幼、尊高年"成绩。试分析如下：

①将"八十以上"和"六岁以下"年龄的人口列为一项，并相加出总数，只有一种用途，即为了陈述贯彻、执行"矜老幼"的刑法政策。汉代，标榜奉行《周官》所谓的"三赦"主张。据颜师古解释，幼弱，即七岁以下。老眊，即八十岁以上。②此年龄段内的人犯罪，可减免刑罚。据此主张，景帝后三年下诏："高年老长，人所尊敬也；鳏寡不属逮者，人所哀怜也。其著令：年八十以上，八岁以下，及孕者未乳，师、朱儒当鞠系者，颂系之。"宣帝元康四年下诏："自今以来，诸年八十非诬告杀伤人，它皆勿坐。"成帝时也有此类诏令并将赦宥幼弱年龄的下限"八岁以下"改为"七岁以下"。成帝鸿嘉元年定令："年未满七岁，贼斗杀人及犯殊死者，上请廷尉以闻，得减死。合于三赦幼弱老眊之人。"③《集簿》在此项虽未作文字说明，但其统计方式，是要表述东海郡在司法中贯彻宥

① 《后汉书》卷三十三《郑弘传》、《周章传》等。
② 《汉书》卷二十三《刑法志》注。
③ 《汉书》卷二十三《刑法志》。

幼弱老年政策的情况。

②《集簿》将"年九十以上"和"七十以上受杖"数相加，并说明此两者的人数"多前"若干，自然是在陈述东海郡本年度执行"尊高年"政策的成绩。此事不必详述。仅有一点值得一说，《后汉书·礼仪志中》云："年始七十者，授之以王杖，辅之糜粥。"有人据此而认为，汉代凡年七十者，均授杖。从《集簿》的统计数字看来，并非如此。据《集簿》所记，"年九十以上"一万一千六百零七人，"年八十以上"三万三千八百七十一人。而"年七十以上受杖"者二千八百二十三人。如果说，年满七十就受杖，那么此受杖人数，大大少于八九十者。这是不可能的。"受杖者"只能是"年七十以上"人的一部分。《礼仪志》说，"七十始受杖"，当另有其他条件。

5. 置三老孝弟力田以导民

《集簿》中专有一项说明"三老"、"孝"、"弟"、"力田"人数：

> 县三老三十八人，乡三老百七十人。孝、弟、力田各百二十人。凡五百六十八人。

三老，汉初即置。汉高帝二年诏："举民年五十以上，有修行，能帅众为善，置以为三老，乡一人。择乡三老一人为县三老，与县令丞尉以事相教，复勿徭戍。以十月赐酒肉。"① 至于孝、弟、力田，文帝十二年始置，并同时规定按人口比例选择之："以户口率置三老孝悌力田常员。"②《集簿》中的乡三老，是一乡一人。孝、弟、力田，是按人口比例制定的。《集簿》中的三老、孝、弟的设置，有两点值得注意。

（1）《集簿》将三老和孝、弟、力田列为一项，并没有将其列入县、乡吏员。《东海郡属县乡吏员定簿》也没将三老列入县乡吏员。而《汉书》卷十九《百官公卿表》与此不一致。将三老作为乡官，与其他乡官列在一起："乡有三老、有秩、啬夫、游徼。"

---

① 《汉书》卷一《高帝纪上》。
② 杨树达《汉书窥管》："计为郡国所上计簿。"

（2）从《集簿》中的县、乡三老，以及孝、弟、力田的总数来看，孝、弟是分开的。这与汉文帝十二年诏，以及其后西汉有关诏令是一致的。而东汉时有些诏令则与此不一致，将"孝弟"作为一员。明显的例子有东汉明帝即位诏："赐爵三老、孝悌、力田人三级。"注云："三老、孝悌、力田，三者皆乡官之名。"又，元和二年诏："三老，尊年也。孝悌，淑行也。力田，勤劳也"，也是将"孝弟"作为一员，显然有误。

三老"掌教化"，职在"帅众为善"。置孝、弟、力田，也是为了"劝导乡里，助成风化"。《集簿》列出本郡三老、孝、弟、力田数目，作为上计文书的一项内容，意在表明郡太守也很重视当时的精神文明建设。

读过一册《集簿》后，大大增加了我们对汉上计文书的了解。其中有些项目，是在此之前不可能想到的。但据史籍记载，另有一些内容，却未列入此《集簿》。例如：

（1）《汉官解诂》载，郡上计文书中应有"盗贼多少"一项。有关史料证实此说可信。如宣帝时任丞相的魏相说："案今年计，[1] 子弟杀父兄，妻杀夫者，凡二百二十二人。"[2] 如果计簿中没有"盗贼多少"的统计，丞相如何知道此情况。可能随《集簿》呈上的另有专门统计"盗贼多少"的附件。

（2）《汉官解诂》载，各县"丞尉以下，岁诣郡，课校其功。功多尤为最者，于廷尉劳勉之，以劝其后"，廷尉"劳勉"，需由郡提交"功状"为依据。由此可知，郡上计文书中应有郡及所属各县吏员功状。《周礼·天官·小宰》："岁终，则令郡吏致事。"郑注："使赍岁尽文书来至，若今上计。"疏："汉之朝集使谓之上计吏。谓上一年计会文书及功状。"据此，可以认为《集簿》缺"功状"一项。本文开始曾提到，与《集簿》同时出土的还有《东海郡吏员簿》、《东海郡吏员考绩簿》等，或即与"功状"有关的文书，随《集簿》一并上呈。

除以上所述，郡上计吏还要奉上本郡"宗室名籍"。《后汉书》志第二十六《百官三》载，"郡国岁因计上宗室名籍"。此名籍虽也为"计偕"

---

① 《汉书》卷七十四《魏相传》。
② 《汉书》卷七十二《贡禹传》。

文书，但不是考核郡守工作的项目。

最后，这篇上计文书写法上的特点，也值得作一评价。

郡上计文书，是郡太守的述职报告。写得如何，主要决定于郡太守一年来工作得如何，但如何编写也很重要。元帝年间，曾任御史大夫的贡禹说："郡国恐伏其诛，则择便巧史书习于计簿能欺上府者，以为右职。"①这就是说，当时，地方各郡国都很注意挑选善于编写计簿者，担任此职。成书于这一时期的《集簿》，其中有无"欺上府"之处，由于没有其他资料核对，难以断言。但其写法上的特点，足以说明这篇文字是编写计簿高手的作品。作者仅以六百余字便概述了该郡一年的行政事务。所列的计书项目，多是朝廷令地方政府应当认真办理的事情。这便表明东海郡的政务是按照朝廷的方针、政策进行的。对于郡太守的功绩，《集簿》没有费笔墨渲染、称颂。而是以比较方法，在文中用几个"如前"、"多前"，将东海郡一年来的进步显示出来。这种简洁、明确的陈述，正是行政文书的书写笔法。所有这些也表明西汉中后期，地方政府在上计方面，已经有一套比较成熟的经验。

（原载《秦汉简牍中法制文书辑考》，社会科学文献出版社 2008 年版。）

---

① 《汉书》卷七十二《贡禹传》。

汉简牍中的债务文书辑证

一　契约

契约是当事人双方（或数方）为设定、变更、消灭他们之间民事权利关系的协议。这种商品交换关系的法律形式，早在先秦时期就已有之。两汉期间，随着商品经济的发展，契约形式的协议更加被广泛运用。东汉郑玄说："大市人民马牛之属用长券；小市兵器珍异之物，用短券。"[①] 券，指木牍、竹简制的券书，即契约。商品交易时，"为券书以别之，各得其一，讼则案券以证之"。[②] 汉简证实，商品交易中订立契约，在当时很普遍。

以下是契约文书辑录：

1. 简牍中所见契约文书

简1，建昭二年（公元前37年）闰月丙戌，甲渠令史董子芳买鄣卒□威裘一领，直七百五十，约至春钱毕已。[③] 旁人杜君隽。（《合校》[④] 26·1）

简2，七月十日，鄣卒张中功赁买皂布章[⑤]单衣一领，直（值）三百五十，三堠史张君长所。钱约至十二月尽毕已。旁人临桐史解子房知券□□。（《合校》262·29）

---

① 《周礼》卷十五《地官·质人》郑玄注。
② 《周礼》卷三十五《秋官·士师》郑玄注。
③ 钱毕已，即还清欠款。
④ 《合校》，指《居延汉简释文合校》的简称。以下凡引此书，仅写简称，不另说明。
⑤ 章，花纹。《考工记》画缋之事："赤与白谓之章。"

简3，□石十石，约至九月糶①必以。② 即有物故，③ 知责家中见在者。④ （《合校》273·12）

简4，元康二年（公元前64年）十一月丙申朔壬寅，居延临仁里耐长卿贳买上党潞县直里常寿，字长孙，青复绮一两，⑤ 直（值）五百五十。约至春钱毕已。姚子方□（简左侧上部有刻齿）。（《新》⑥ E·P·T57：72）

简5，□□□□□盖衣丈二尺，尺十七，直（值）二百四钱。三塓吏张君长所，钱约至十二月尽毕已。旁人临桐吏解子□□□□。（《新》E·P·T52：323）⑦

简6，元寿元年（公元前2年）八月二十五日，使枸□□县□□里李子功枸一令，贾钱千，约馈至二十日钱毕，以即不毕，以约□□□王巨叔予子功，往至郭府田舍，钱不具，罚酒四五斗，肉五斤。责四十，故入七十钱，辄食旁□人□长孙、张买驼子食□酒旁二斗。（《敦》846简A、B）⑧

简7，元平元年（公元前74年）七月庚子，禽寇卒冯时卖橐络六枚，⑨ 杨卿所，约至八月十日与时小麦七石六斗。过月十五日，以日

---

① 糶，谷。见《说文》卷十三"米部"。

② 以，通已。

③ 物故，去世。《汉书》卷五十四《苏武传》注："物故谓死也。言其同于鬼物而故也。"

④ 知，接。《礼》卷三十七《乐记》："物至知知。"王念孙注："知训为接。言物至而知与接也。"

⑤ 青复绮一两，即青复套裤一对。绮，套裤。套在裤子外的，只有裤腿的裤子。《说文》"系部"："绮，胫衣也。"段注："今所谓套裤也。左右各一，分衣两胫。"一两，即一双、一对。《诗经》卷五《齐风·南山》："葛屦五两。"

⑥ 《新》，《居延新简》，以下不再注。

⑦ 这件契约中的债务人"三塓吏张君长"、"旁人临桐吏解子□"，与《合校》262·29简（见本文第2例）中的债务人、"旁人"相同。可以认为这两件契约中的债务人、"旁人"，是一人。《合校》简发现于1930年，《新》简发现于1974年，两者发现时间相隔四十多年。居然能见到同一人参与两件交易的契约，十分难得，值得在此一记。

⑧ 饶宗颐、李均明《敦煌汉简编年考证》也录了这支简，并对其中的"邑"释为"予"、"软"释作"辄"、两见"庌"字释作"旁"，"载"字未释。本文从之。

⑨ 橐络，不详为何物。络或"驼"之误。《史记》卷九十四上《匈奴列传》："其畜则橐驼。"《索隐》作"橐他"。《汉书》卷九十四上《匈奴列传》作"橐佗"，即骆驼。《敦煌汉简编年考证》第8页引用这枚简时无"橐"字，写作"络六枚"。络，可理解为牲畜的笼头。但其价格不至于如此贵，合一石二斗小麦一个。

斗计。盖卿任麹、小麦。（《敦》1449 简 A、B）

简 8，神爵二年（公元前 60 年）十月二十六日，广汉县廿郑里男子节宽惠卖布袍一，陵胡隧长张仲孙所，贾钱千三百，约至正月□□，任者□□□□□□□正月责付□□十。时在旁候史长子仲、戍卒杜忠知券，□沽旁（劳）二斗。① （《敦》1708 简 A、B）

简 9，神爵二年（公元前 60 年）十月二十六日，陵胡隧长张仲〔孙〕买卒宽惠布袍一领，价□千□。② （《敦》1601 简）

简 10，□置长乐奴田卅五彼，贾钱九百，钱毕已。丈田即不足计彼数环（还）钱。旁人淳于次孺、王充、郑少卿。古〔沽〕酒旁（劳）二斗，皆饮之。（《合校》557·4）

2. 明器买地券选辑

传世和考古发掘出土的"买地券"（明器）③ 与汉简中所见实用契约的文字基本相同。这些明器虽属迷信用品，其中有些迷信语言，但并不妨碍我们从中了解汉代买卖土地订立契约的习俗、制度。因而，中外学者对"买地券"问题都很关注。近年来对于"买地券"的赝品问题，又有过专门探讨。在研究汉简中的契约问题时，自然不能忽略"买地券"明器。现将可以认定非赝品的汉代随葬明器"买地券"，选择数件抄录如下，作为研究汉代土地买卖契约的参考。

（1）建初六年（公元 81 年）武孟子男靡婴买地玉券。

建初六年十一月十六日乙酉，武孟、子男靡、婴买熙宜、朱大弟少卿冢田。南广九十四步，西长六十八步，北广六十五步，东长七十九步，为田二十三亩奇百六十四步，直（值）钱十万二千。东陈田比介，北、西、南朱少比介。时知券约赵满、何非，沽酒各二斗。

---

① 旁，当是"劳"字之误，详下文录明器"买地"。
② 《敦煌汉简编年考证》第 17 页云，以上例 8、例 9，"同属一份契约"，此说甚是。例 8，债权人卖主节宽德所持。例 9，债务陵胡隧长张仲孙所持。
③ 明器，古代陪葬的器物。最初的明器是死者生前用的器物，后来是用陶土、木头、金属等仿制的模型，也作冥器。

出土地：山西忻州。抄自北京图书馆特藏部拓片，编号善拓318；参考端方《匋斋藏石记》卷一，罗振玉《蒿里遗珍》、《土券征存》，黄濬《衡斋金石识小录》上册。

(2) 建宁二年（公元169年）王未卿买地铅券。

建宁二年八月庚午朔二十五日甲午，河内怀男子王未卿，从河南南街邮部男子袁叔威买罦门亭部什三邸袁田三亩，亩价钱三千一百，并直（值）九千三百。钱即日毕。时约者袁叔威，沽酒各半，即日丹书钱券为约。

出土地：河南。载《贞松堂集古遗文》卷十五。

(3) 建宁四年（公元171年）孙成买地铅券。

建宁四年九月戊午朔二十八日乙酉，左骏厩官大奴孙成，从雒阳男子张伯始卖所名有广德亭部罗陌田一町，贾钱万五千，钱即日毕。田东比张长卿，南比许仲异，西尽大道，北比张伯始。根生土著毛物，皆归孙成。田中若有尸死，男即当为奴，女即当为婢，皆当为孙成趋走给使。田东、西、南、北以大石为界。时旁人樊永、张义、孙龙，异性樊元祖皆知券约。沽酒各半。

出土地：洛阳。载罗振玉《地券征存》、《蒿里遗珍》（一）。

(4) 光和元年（公元178年）曹仲成买地铅券。

光和元年十二月丙午朔十五日，平阴都乡市南里曹仲成，从同县男子陈胡奴买长谷亭部马领佰北冢田六亩，亩千五百，并直（值）九千，钱即日毕。田东比胡奴，北比胡奴，西比胡奴，南尽松道。四比之内，根生伏财物一钱以上，皆属仲成。田中有伏尸，既□男当作奴，女当作婢，皆当为仲成给使。时旁人贾、刘皆知券约。他如天帝律令。

现藏日本中村氏书道博物馆。转引自仁井田陞《中国法制史研究》（土地法、取引法），东京大学出版会 1991 年补订版，第 335 页。

（5）光和七年（公元 184 年）樊利家买地铅券。

光和七年九月癸酉朔六日戊寅，平阴男子樊利家，从雒阳男子杜谞、子弟□买石梁亭桓千东比是佰北田五亩，亩三千，并直（值）万五千，钱即日毕。田比根土著，上至天，下至黄，① 皆并。田南尽陌，北、东自比谞子，西比羽林孟。若一旦田为吏、民秦、胡②所名有，谞子自当解之。时旁人杜子陵、李季盛，沽酒各半，钱千无五十。

出土地：河南。载《贞松堂集古遗文》卷十五。

（6）中平五年（公元 188 年）房桃枝买地铅券。

中平五年三月壬午朔七日戊子，雒阳大女房桃枝，从同县大女赵敬买广德亭部罗西北□步兵道东冢下余地一亩，直（值）钱三千，钱即毕。田中有伏尸，男为奴，女为婢。田东、西、南比旧□，北比樊汉昌。时旁人樊汉昌、王阿顺皆知券约。沽酒各半，钱千无五十。

出土地：洛阳。载《贞松堂集古遗文》卷十五。

3. 契约的基本要素

何谓"契"？其基本特征，《说文·券》有一说法："契也，券别之书，以判契其旁，故曰书契。"徐锴注："木牍为要约之书，以刀剖之，屈曲犬牙相入。"汉简证实其说不误。《新》E·P·T57：72 简："左侧上部有刻齿。"至于契约的内容，汉人也有阐述。《说文·大部》："契，大约也。"段注："约取缠束之义。"郑玄又说："书契谓出予受人之凡要。"③

---

① 黄，指黄土。

② 秦、胡，秦指中国人，胡指塞外人。《后汉书·董卓传》载，中平六年上书言："秦胡兵皆诣臣曰……"

③ 《周礼》卷三《天官·小宰》郑玄注。

所谓"缠束"，即在契约中写明当事人在法律上应享有的权利和应承担的义务。"大约"、"凡要"，即"缠束"当事人履行义务的基本要点。然而到底有哪些要点呢？各家都没有具体、明确指出。出土的汉代简牍和明器"买地券"弥补了这一空白。从前面辑录的资料中可以看出汉代契约的基本要素。

（1）立契时间。

契约上写明立契时间，对于确定所有权的转移和债务的发生、消灭均有重要意义。因而立契者对于立契时间都十分注意。以上所录契约文书和明器"买地券"，除几件残缺的以外，一般都写明了年号、年、月、日。关于日期，有的很具体，既写朔旦干支，又写日序干支。例如"买地券"2："建宁二年八月庚午朔二十五日甲午"。"买地券"3："建宁四年九月戊午朔二十八日乙酉"。"买地券"5："光和七年九月癸酉朔六日戊寅"。

（2）立契者姓名。

在契约上必须写明立契者姓名。这当是契约的基本要素。但当时对于这一点尚未有具体规定，因而在写法上有简有繁，并不一致。从以上所录的资料中可以看出，小件物品买卖契约写得简约，一般仅写明立约双方的姓名、职务及住址。例如：

简牍4，"居延临仁里耐长卿贳买上党潞县直里常寿，字长孙，青复绔一两"。

简牍8，"广汉县廿郑里男子节宽惠卖布袍一，陵胡隧长张仲孙所"。

简牍1，"甲渠令史董子芳买郭卒□威裘一领"。

土地买卖契约写得比较详细，尤其是与土地所有权直接有关业主的姓名。如果土地是家族共有财产，则要写上所有业主的姓名，例如：

"买地券"5："樊利家从雒阳男子杜谓、子弟□石梁亭部桓千东比是陌田五亩"。其中"杜谓、子弟□"，都是业主。"买地券"1："武孟、子男麛、婴买马熙宜、朱大弟少卿冢田"。此契将双方共买、共卖的人名都写上。如清人杨守敬所说，建初六年买地玉券中"'武孟男麛、婴者'，东汉少二名，靡、婴当是武孟子之两男。亦如今人买卖田宅，父子皆署名也。其云：'马熙宜、朱大弟少卿冢田'者，此地系马、朱二姓合卖也"。①

另有史料说明，汉代土地契约常将业主家庭成员中祖孙三辈的名字，或兄弟数人的名字一一列上，以明所买土地系家庭成员共有。另有一件汉代"买地券"记："河南男□孟叔从雒阳男子王孟山、山子男元显、元显男富年买所名有……"② 此券将业主家庭成员中祖孙三辈的名字都列在上面。另有一件汉代石刻《真道冢地碑》记："真道字直中以钱八千，从有亲直敫字政直、直弟政升、二从弟汉宗，市冢地。"③ 此石刻列上了业主数兄弟的名字。这两件资料虽非契约文书，但从旁印证，汉代立契时，已注意到，如果标的物是家庭共同财产，务必将有关成员的名字一一列上。宋代法律规定："交易田宅，自有正条，母在则合令其母为契首；兄弟未分析，则合令兄弟同共成契。"④ 宋代的这一制度，要求同卖人都要在契上署名，或滥觞于汉代。

（3）确定标的。

买卖契约中的标的，即买或卖的某物。它是立约双方所转让的物品或所要达到的目的，因而在契约中一定要具体、明确列出。所以前面辑录的衣物买卖契约，一般多写明标的物的名称、质地、数目、式样、花纹等。"买地券"则写明土地面积、坐落及其四至等。例如前录：

　　简牍2，"赍买皂布章单衣一领"。这件契约的标的写得很明确、具体：皂，颜色，即黑色。布，质料。章，花纹。单衣，样式，即禅衣。《释名》："禅衣，言无里也。"又云："有里曰复，无里曰单。"

　　简牍4，"复绔一两"。复绔，即夹绔。绔，裤。《说文·系部》："绔，胫衣也。"段注："今所谓套裤也。"即套在裤子外面的只有裤腿的裤子。一两，即一双。

---

① 杨守敬：《壬癸金石古石跋》，载端方《匋斋藏石记》卷一。
② 转引自仁井田陞《中国法制史研究》（补订）日文版，第429页。
③ 《隶续》卷十九。
④ 《名公书判清明集·违法交易·母在与兄弟有分》。

"买地券" 4 所载标的土地，坐落："长谷亭部马领佰北。" 面积："六亩。" 四至："田东比胡奴（田）、北比胡奴（田）、西比胡奴（田）、南尽松道。"

（4）价格和偿付价款期限。

议明价格进行交割是商品交易过程中的重要环节，务必载入契约。例如：

> 简牍 5，"盖衣丈二尺，尺十七，值二百四钱"。"钱约至十二月尽毕已"。
>
> 买地券 2，"亩三亩，亩价钱三千一百，并直（值）九千三百。钱即日毕"。
>
> 买地券 4，"冢田六亩，亩千五百，并直（值）九千，钱即日毕"。

（5）担保。

担保有两种。

一种是订契约后，所有权已转让，但买方尚未付清价款而对因此发生的债务担保偿还的条文。从汉简中见到这类条文，有的与主契约写在同一文书，作为该契约的要件之一，有的则是以债务保证书形式，作为从契约，另写一简。例如：

①偿还欠款逾期接受惩罚。如简牍 7："约至八月十日与时小麦七石斗过月十五日，以日斗计。" 就是说，超过约定的"八月十五日"仍不还清欠款，每迟还一日，罚小麦一斗。又简牍 6："钱不具，罚酒四、五斗，肉五斤。"

②债务人死亡，或离家出走，由其家属承担偿还。如简牍 3："即有物故，知责家中见在者。" 又有一例见《敦煌汉简释文》1453："□卖皁布复……即不在，知责家……" 此契约是说，如债务人离家出走，由其家属偿还。

③以月俸作为债务担保。《合校》213·41："阳朔元年（公元前 24 年）八月乙亥朔辛卯，当……百卅五，愿以八月奉（俸）偿放……"

另一种是价款已付清，所有权已转让，但因原卖方的原因，发生与契约不符的情况（如标的不确，产权不明等），卖方仍应承担责任。立约时，买方如有疑虑，可将其载入契约，令卖方担保。如买地券5："若一旦田为吏、民、秦、胡所名有，谞子（原业主）自当解之。"这是买方因产权方面的疑虑，要求卖方担保。再如简牍10：日后"丈田即不足，计亩数环（还）钱"。这可能是因为交割前，由于某种原因，未能将土地面积丈量清楚，于是在契约中规定，日后丈量，发现亩数不足，卖方应按不足数退款。

（6）任者和旁人、知券者。

以上所录契约文书中，多见有任者和旁人、知券者。此三者的身份各不相同。任者，即担保人。他的责任是担保债务人依契约履行债务。因而契约中任者，实际上也参与了该契约的订立。他承担的债务是依附于主债的从债。因而任者的姓名也应当署于契约文书中。如简牍8："约至正月□□，任者□□□□□正月责付□□十。"这支简虽然缺字许多，但从中仍可看出，该契约中的"任者"某某以后的文字，当是在债务人不按约履行债务时，令"任者"承担偿还债务的责任。

旁人、知券者，即订立契约时在场的知情人，也即见证人。

以上所录文书中的"旁人"，也就是"知券者"。如简8："时在旁候史长子仲、戍卒杜忠知券。"另有"买地券"3、4、6等也可证明。

"旁人"不同于"任者"。债务人若不履行债务，旁人不负任何责任。只是在双方当事人发生纠纷时，可作为案件的证人而已。因而不可将"旁人"、"知券者"和"任者"混为一谈。

（7）致酬。

以上所录契约文书中还有致酬"旁人"的内容。例如：

简8，"□沽［酒］旁（劳）二斗"。

简10，"旁人淳于次孺、王充、郑少卿。古［沽］酒旁（劳）二斗，皆饮之"。

另见《新》E·P·T59：555残简，"□陈袭一领，直（值）千二百五十。居延如里孙游君所。约至□□朝子真，故（酤）酒二斗"。

买地券1，"时知券约赵满、何非，沽酒各二斗"。

买地券2，"时约者袁叔威，沽酒各半"。

买地券3，"时旁人樊永、张义、孙龙，异姓樊祖皆知券约。沽酒各半"。

买地券5，"时旁人杜子陵、李季盛，沽酒各半，钱千无五十"。

以上引文说明，立约之后，由立约双方共同沽酒酬谢"旁人"。但所录契约，无论是大宗交易（买田），或小件买卖（一袍）皆为"沽酒二斗"，当不会如此一律。契约中如此写法，很可能是一种立契程式，借此表明该约曾公诸社会。

"买地券"5、6中还有一句："钱千无五十"。罗振玉氏解释："钱千无五十者，殆谓以九百五十为千，非足陌也。"① 就是说以九百五十钱，当作一千。此理解可备一说。但这句话是表明曾按此比例支付"旁人"酬金呢？还是在说明此次土地买卖是按"钱千无五十"成交的呢？尚待考证。

二 索债文书

汉简中有戍卒索还赊卖衣物欠钱而提出的申诉文书多件。这类文书对于研究当时如何处理债务纠纷的诉讼程序很有参考价值。现择录并简释如下。

1. 索债文书格式

（1）戍卒魏郡贝丘某里王甲赊卖□皂复袍县絮绪一领，直（值）若干千，居延某里王乙。居延某里王丙舍在某辟。② 它衣财

《新》E·P·T·56：113

---

① 罗振玉：《丙寅稿·房桃枝买地券》跋。

② 辟，聚。《史记》卷一百五十《扁鹊仓公列传》："则邪气辟矣。"《索隐》："辟，犹聚也。""在某辟"，即在某居民点，某村落。《合校》271·1："第五辟"等简中的"辟"，皆指居民点。

（2）☑卖雏皂复袍县絮壮（装）一领，直（值）若干千。觚得东西南北入。任者某县某里王丙，舍在某里☑

　　　　　　　　　　　　　　　　　《新》E·P·T56：208

（3）☑贳卖官复袍若干领，直（值）若干，某所，隧长王乙所。它财

　　　　　　　　　　　　　　　　　《新》E·P·T·56：230

（4）☑□某里王☑若门东西南北☑

　　　　　　　　　　　　　　　　　《新》E·P·T·56：233

按：以上四支简中，第一简较完整，另三支简缺字较多。但仍可以看出这几支简为同一性质的文书。其共同特征是，文书中人名、地址、金额，都是不定式，以"某"、"甲"、"乙"、"丙"、"若干"、"东西南北"等字代。这说明，这类文书不是实际的讨还贳卖衣物欠钱的爰书，而是为讨还贳卖衣物欠钱爰书格式。简中有多件戍卒讨还贳卖衣物欠钱爰书（详后），都是按此格式填写的。式，早在秦时就看做是一种重要法规。秦始皇曾自诩治理国家"皆有法式"。① 《睡虎地秦墓竹简》中有一册《封诊式》，即秦时规定司法审判程序的"式"。今在汉简中见到的戍卒索还贳卖衣物欠钱的爰书格式，是处理民事债务的一种法规雏形。它无论是否经官方正式颁行的法定格式，但在实践中对于处理民事债务文书的规范、统一起了重要作用。

2. 索债文书

（1）戍卒魏郡内黄□居里杜收贳卖鹑缕一匹，直（值）千。广地万年隧长孙中前所，平六☑

　　　　　　　　　　　　　　　　　《合校》112·27

（2）☑濮阳槐里景黯贳卖剑一，直（值）七百。觚得县□□☑客居第五辟

　　　　　　　　　　　　　　　　　《合校》271.1

---

① 《史记》卷六《秦始皇本纪》。

（3）终古隧卒东郡临邑高平里召胜字游翁，贳卖九稯曲布三匹，匹三百卅三，凡直（值）千。觟得富里张公子所，舍在里中二门东入。任者同里徐广君。

《合校》282·5

（4）惊虏隧卒，东郡临邑吕里王广卷上字次君，贳卖八稯布一匹，直（值）二百九十。觟得定安里随方子惠所，舍在上中门第二里三门东入。任者阎少季、薛少卿。

《合校》287·13

（5）戍卒魏郡贝珂里杨通，贳卖八稯布八匹，匹直（值）二百卅，并直（值）千八百四十。卖郑富安里二匹，不实贾。① 知券②常利里淳于中君。③

《合校》311·20

（6）戍卒东郡聊成（城）孔里孔定，贳卖剑一，直（值）八百。觟得长杜里郭穉君所，舍里中东家南入。任者同里杜长完前上。

《新》E·P·T51：84

（7）察微隧戍卒陈留郡傿宝成里蔡□子，七月中贳卖缥复袍一领，直（钱）千一百，故侯史郑武所。

《新》E·P·T51：122

（8）第八隧卒魏郡内黄右部里王广，贳卖莞皂绔橐絮装一两，④直（值）二百七十。已得二百，少七十。遮虏辟衣功所。⑤

·《新》E·P·T51：125

（9）戍卒东郡聊成（城）昌国里繇何齐，贳卖七稯布三匹，直（值）千五十。屋兰定里石平所，舍在郭东道南。任者屋兰力田⑥亲

---

① 实，具体。不实贾（价），未定价。
② 知券，即知道签订此项买卖契约者，犹中人，旁证。
③ 此简简文有脱误，买主、地名均不清楚。
④ 两，一双，一对。
⑤ 衣功所，为戍卒制衣作坊。"遮虏辟衣功所"即这件爰书中的债务人。而不是债务人的住址。
⑥ 力田，致力农事者。《汉书》卷二《惠帝纪》："举民孝弟力田者，复其身。"

功①临木隧。

《新》E·P·T56：10

按：以上所录文书基本上与前述索欠钱的文书格式相符，写有债权人、债务人姓名、地址、赁卖物品、价格、欠款数额，以及任者姓名及住址。这类爰书当是官署令本署所属债权人依格式填写，以便由官府代为收债之用（详后）。

三　官府录债权人申述索债文书

1. 三塢隧长徐宗自言故霸胡亭长宁就舍钱二千三百卅,② 数责不可得。

《合校》3·4

2. 隧长徐宗自言责故三泉亭长石延寿茭钱少二百八十,③ 数责不可得。

《合校》3·6

3. 灭虏隧戍卒梁国蒙东阳里公乘左咸年卅六，自言责故乐哉隧长张中实皂练一匹，直（值）千二百。今中实见为甲渠令史。

《合校》35·6

4. 穷虏隧长陈偃自言责肩水☒

《合校》44·22

5. 口秋里孟延寿自言当责甲渠候官尉史王子平□□□

《合校》158·3

6. 吞远隧卒夏收自言责代胡隧长张赦之，赦之买收缣一丈，直（值）钱三百六十。

《合校》217·15、217·19

---

① 功，通工。亲功，即现在从事某项工作。
② 就，僦。租赁。僦舍，租房屋。
③ 茭，干草饲料。《说文》卷二"艸部"："茭，干刍。"

7. 甲渠卒尹放自言责市阳里董子襄、马游君☐

《合校》261·42

8. 甲渠戍卒淮阳始☐☐宁☐自言责箕山隧长周祖从与货钱千，已得六百，少四百。

《新》E·P·T4：92

9. 鄣卒尹赏自言责第二十一隧徐胜之长襦钱少二千。

《新》E·P·T51：8

10. 司马令史腾谭自言责甲渠隧长鲍小叔负谭食粟三石。今见为甲渠隧长。

《新》E·P·T51：70

11. 第卅二队卒郑邑聚里赵谊自言十月中赍卖系絮二枚，直（值）三百。居延昌里徐子放所·已入二☐

《新》E·P·T51：249

12. 临之隧卒魏郡内黄宜民里尹宗责故临之隧长薛忘得铁斗一，① 直（值）九十；尺二寸刀一，直（值）卅；提绩一，直（值）二十五。凡直（值）百卅五。

同隧卒魏郡内黄城南里吴故责故临之隧长薛忘［得］三石布囊一、曼索一。具皆藏薛忘得不可得。忘得见为复作。②

《新》E·P·T59：7

13. 责第三十三隧卒纪常富字子严布二匹，直（值）千五百。已入五百，少千。候史张君卿任。

《新》E·P·T59：70

14. ☐收虏隧卒丁守责故隧长石钦粟桼③斗、皂布四尺。

《新》E·P·T59：114

---

① "临之隧长薛忘得"，又见于《合校》24·13，当是同一人。

② 复作，刑名，徒刑的一种。《汉书》卷八《宣帝纪》："使女徒复作淮阳赵征卿、渭城胡组更乳善养。"李奇注："复作者，女徒也，谓轻罪，男子守边一岁，女子软弱不任守，令复作于官，亦一岁，故谓之复作徒也。"《汉旧仪》亦谓："女为复作。"按：此简中的"临之隧长薛忘得"，显然是一男子，"妇为复作"之说与其抵牾。

③ 桼，即数字"七"的另一写法，避免与数字"十"相混。

按：以上所录十四支简，其中的"自言责"字样，曾引起学者注意，①称为"自言"简。日人籾山明并认为，"自言"是一种"申述书、申请书"，"由于私人对官方进行申述和申请的行为，被称为'自言'"。换句话说，从官方角度来看，债权人在"索债文书"中提出追索的债务就是"自言责"。以上所录的这类简，是官方依据债权人的"索债爰书"编辑的"债籍"，或"贳卖名籍"，呈报有关机关为债权人索债。这也是基层机构的职责。

简牍中可以见到上级机关催促基层机构呈报"债籍及文书"的文件：

1. ……官檄曰："移卒贳卖名籍，会☐"

《合校》44·23

2. 移责籍及爰书，会月七日须言府

《新》E·P·T56：134

基层机构送达"戍卒自言贳卖"名籍的文书简：

1. 甘露二年五月己丑朔戊戌，候长寿敢言之，谨移戍卒自言贳卖财物吏民所定一编敢言之。

《新》E·P·T53：25

2. ☐月乙卯饼庭部士吏奉敢言之，谨移卒言卖☐编敢言之。

《新》E·P·T52：175

四　官府处理戍卒债务文书

1. 元延元年（公元前 12 年）十月甲午朔戊午，橐佗守候护移肩水城官，② 吏自言责啬夫莘晏如牒。③ 书到，验问，收责，报，如

---

① 参见大庭脩《秦汉法制史研究》（中文版），上海人民出版社 1991 年版，第 515 页；籾山明《爰书新探——兼论汉代的诉讼》，载《简帛研究译丛》第一辑，湖南出版社 1996 年版，第 168 页。
② 肩水城官指肩水都尉府官署。
③ 牒，文书。此处指莘晏欠财物清单。

律令。

肩水塞尉印即日酋夫□发

十月壬戌卒周平以来尉前，佐相

《合校》506·9A、B

2. 元延三年（公元前10年）四月丙戌朔庚戌，铽庭候史□敢言之，府移夃北书曰：□□隧卒子章自责第卅八隧长赵□官袍一领，直（值）千四百五十。验问，收。

《合校》甲附22

3. ☑官告第四候长徐卿，郭卒周利自言当责第七隧长季由☑百。记①到，持由三月奉钱诣官会月三日。有

《合校》285·12

4. ☑丰责居延男子张君孙襄絮一枚，直（值）百三十五，入三十五。

《新》E·P·T59：38

5. 贷甲渠候史张广德钱二千，责不可得。书到，验问，审如猛言，为收责言。谨验问，广德对曰：乃元康四年（公元前62年）四月中，广德从西河虎猛、都里赵武取谷钱千九百五十，② 约至秋予。

《新》E·P·T59：8

6. □丑朔甲寅，居延库守庆敢言之：缮治车卒甯朝自言赍卖衣财物客民卒所，各如牒。律："□辞官移书人在所，在所以次"。③ 唯府令甲渠收责，得钱与朝，敢言之。掾破胡、佐护、充光

《新》E·P·P·T58：45A、B

7. 临桐隧长□仁九月奉钱六百以偿朱子文。文自取。

《合校》6·17

---

① 记，文书的一种。

② 此文书中的债权人言贷"钱二千"。债务人仅承认欠"钱千九百五十"，相差五十。这是双方当事人中有人欺诈，还是借贷付息的一种，预扣利息，即实借一千九百五十钱，到期还二千钱，以俟研究。

③ "人在所"，即债务人所在官署或地区官府。"在所以次"，即"在所"依法定程序再将本文书转至具体负责解决此案的有关机构。

8. □月，自言责士吏孙猛脂钱百廿。谨验问，士吏孙猛辞服负。已得猛钱百廿。

《新》E·P·T52：21

9. ☑□二年二月丁酉朔丁卯，甲渠鄣候护敢言之。府书曰：治渠卒贾☑□自言责隧长孙宗等衣物钱凡八牒，直钱五千一百。谨收得。

《新》E·P·T52：110

10. □责不可得。证所言不服负，爰书自证。步光见为俱南隧长，不为执胡隧长。

《合校》157·12

11. □令史验问，收责□不服，移自证☑

《合校》270·22

12. 徒王禁责诚北候长东门辅钱不服，移自证爰书，会月十日。

《合校》259·1

13. 尉史李凤自言故为居延高亭亭长，三年十二月中送诏狱证［征］觟得，便从居延迎钱①守丞景临取四年正月奉钱六百。至二月中从库令史郑忠取二月奉，不重得正月奉。今库掾严复留凤九月奉钱，不当留库。证所言。

《合校》178·30

14. 甘露三年（公元前51年）十一月辛巳朔己酉，临木候长福敢言之，谨移戍卒吕异众等行道贳卖衣财物直（值）钱如牒。惟官移书令觟得、泺涫收责，敢言之。

《新》E·P·T53：186

按：以上所录十四件文书，根据内容可分以下三类。

（1）官署为债权人转发的索债文书。这其中又可分为两种：①为本官署所属债权人转发的索债文书。如第6简，居延库负责人为本库"缮治车卒甯朝"转呈居延都尉府文件向本都尉甲渠塞的"客民卒"索债的文书。②为非本官署所属的债权人转发的索债文书。如第1简，橐佗候官为肩水

---

① 迎，通逆，预先。迎钱，即预支的钱。

城官吏索债发文至所属"啬夫莘晏"，令其按"牒"（债务账单）还债。

（2）官署处理债务后，向有关机关回报处理结果的文书，所谓"应书"。如第9简，甲渠部候根据都尉府转来的索债文书，对债务人本塞戍卒贾审讯、收得债款后，就该案写的"应书"。有的"应书"写得详细。如第5简将审讯口供也录入文书内："谨验问，广德（债务人）对曰：'乃元康四年（公元前62年）四月中，广德从西河虎猛、都里赵武取谷钱千九百五十，约至秋予'。"

（3）官署令所属下级强制执行偿还债务的文书，如第3简，第四候长徐卿的上级令候长收到此决定后，扣除债务人季由"三月俸钱"，于"会月三日"交官署，以偿还债权人"鄣卒周利"。

从上述文书中可以看出汉代诉讼制度的两个特征。一项是屯戍军人可呈请所在官署代讨债务，包括戍卒行道贳卖衣物、借贷、租赁等发生的债务。这一点上面已说过，此处不再论述。另一项诉讼原则是，凡债务纠纷，若双方当事人不在同一地区，则由债务人所在官署或所在地区的有关机关负责追讨。秦时即实行这原则，如秦《金布律》规定："有责（债）于公及赀、赎者居它县，辄移居县责之。公有责（债）百姓未赏（偿），亦移其县，县赏（偿）。"[1] 此项规定虽是处理公私间债务的条文，但所遵循的原则与汉律相同。第6简所引用的"律□辞官移书人在所，在所以次"。"人在所"，即债务人所在官署，或所住地区的地方官府。"在所以次"，即有关机关依法定程序将文书转至具体负责处理此案的有关机关。引用此律文书中的债权人"缮治车卒"属居延县库。所以由该库代理库丞行文至居延都尉府，由都尉府下文至债务人"在所"甲渠候官。由甲渠候官负责处理此案。如案情复杂，或当事人的行政级别高，有关官府无权断决此案，则将审讯结果和处理意见呈报上级。《居延新简》E·P·F22：1—36所载《建武三年十二月候粟君所责寇恩事》，即反映出了这一诉讼程序（详后）。有关法律规定，汉代刑事案件的审讯、断决也按此原则进行，[2] 此不详述。

---

① 《睡虎地秦墓竹简·金布律》。

② 如《居延新简》E·P·S4·T2：101："移人在所县道官，县道官狱讯以报之，勿征逮，征逮者以擅移狱论。"参见拙著《汉简中所见汉律论考》，载《简帛研究》第二辑，法律出版社1996年版。

五　债务担保文书

1. 阳朔元年八月乙亥朔辛卯，当☐百卅五，愿以八月奉偿放☐。

《合校》213·41A

2. 移卿在所，负卒史干卿钱千，唯卿卿（衍）以七月奉钱千付干卿，以印为信。

《合校》282·4、282·11

3. 初元四年正月壬子，箕山燧长明敢言之，赵子回钱三百，唯官以二月奉钱三☐以付乡男子莫，以印为信，敢言之。

《合校》282·9A、B

4. 十二月辛巳，第十候长辅敢言之，负令史范卿钱千二百，愿以十二月奉偿，以印为信。官

《新》E·P·T51：225

5. 阳朔元年七月戊午，当曲隧长谭敢言之，负故止害隧长宁常交钱六百，① 愿以七月奉钱六百偿常，以印为信，敢言之。甲渠官

《新》E·P·T52：88A、B

按：以上五件文书均是债务人向债权人或相关官署出具的以月俸清偿债务的文书。第1件缺字较多，难以判断该文书是债务人写给债权人，还是写给官署的。第2、第3、第4、第5件，很明显都是写给债务人所在官署的，表示自己愿以月俸偿还债务。如第2件中的"移卿在所"，即将此文书呈送债务人卿所在官署。第3件的"唯官"、第4件中的"官"、第5件的"甲渠官"，均指债务人所在官署。

这五件文书中有两点共同之处，很值得专书一笔。一是允许官吏以月俸偿债。这一偿还债务的方式，为官吏借贷、赊买、租赁等提供了条件，不仅方便了借贷双方，同时也促进了经济的发展。二是"以印为信"。此"印"指个人的私印。在私人债务文书上用"印"作为凭证，以资信守，

---

① 交，即茭，干刍。

反映出印章在法律上的重要性。史籍记载，汉代有在文书上画指为记之说，《周礼·地官·司市》郑玄注："质剂谓两书一札而别之也。若今下手书。"贾公彦疏："汉时下手书即今（指唐代）画指券，与古质剂同也。""以印为信"，明显优于画指。它是我国古代法律文书进一步完善的重要表现。

顺便说一句，汉代官吏的"印"，是应专门研究的问题，这里不能详述。不过在说到个人印章在债务关系中的作用，即"以印为信"，以资借贷时，有必要说明，官吏的私印也可代官印，用于公文中。汉简中有三十余条所谓"以私印行候事"、"以私印行丞事"的事例。

如《居延汉简释文合校》57·1A、B：

永光二年三月壬戌朔己卯，甲渠士吏缰以私印行候事敢言之，候长郑赦父望不幸死，癸巳予赦宁，敢言之。

《居延新简》E·P·T48：25：

二月庚辰，甲沟候长戊以私印行候文书事敢言之，谨写移敢言之。

值得指出的是，官吏是否可以"以私印行事"，当时曾有过反对意见。兹将有关简文抄录如下，俟进一步研究：

以私印封行事容奸，宜有禁

《居延新简》E·P·T52：119

六　债务诉讼卷宗摘录

本文所录债务诉讼卷宗，系几件能反映当时诉讼特点的残篇。仅有一件《粟君责寇恩债务案》诉讼卷宗，比较完整。

1. 索赔死马案

☐书曰：大昌里男子张宗责居延甲渠收虏燧长赵宣马钱凡四千九

百二十。将召宣诣官。"□以□财物故不实，赃二百五十以上"① □已□□□□□辞☑赵氏故为收虏隧长，属士吏张禹。宣与禹同治。② 乃永始二年（公元前15年）正月中，禹病。禹弟宗自将驿牝胡马一匹来视禹，禹死。其月不审日，③ 宗见塞外有野橐佗，④ □□□□☑宗马出塞逐橐佗行可卅余里，⑤ 得橐佗一匹，还。未到隧，宗马莘（瘁）僵死。宣以死马更所得橐佗归宗。宗不肯受。宣谓宗曰，强使宣行马幸莘（瘁）死，不以偿宗马也。☑□共平宗马直（值）七千，令宣偿宗。宣立以□钱千六百付宗。其三年四月中，宗使肩水府功曹，受子渊责宣，子渊从故甲渠候杨君取直。三年二月尽六

《合校》229·1、229·2

按：这是一件审讯文书残卷。文首的"□书"，当是原告张宗的诉状。文中所引法律条文中的"赃二百五十以上"，乃计赃之限界。《汉书·萧望之传》："受所监赃二百五十以上，请逮捕系治。"颜注："二百五十以上者，当时律令坐罪之次，若今律条言一尺以上，一匹以上矣。"汉简中还见有"赃五百以上"，当为高于"赃二百五十以上"的另一级。汉代审讯制度，凡审问有关钱财的案件，首先要向当事人宣告（所谓"辨告"）这条律文，令其招供实情，否则要负法律责任，即"以辞所出入罪反罪"。

2. 责李胜之钱案

□居里女子石君佚、王子羽责候长李胜之钱二百九十三。谨验问：胜之辞，故与君佚夫彭祖为殄北塞外候☑五年十二月中与彭祖等四人供杀牛，已校计，不负彭祖钱。彭祖徙署白石部，移书责厶、羽钱二百九十三。厶爰书自证不当偿彭祖钱，已决绝。彭祖免归坻池至

① 此文是法律条文，全文为"先以证财物故不以实，赃二百五十以上，辞以已定，满三日而不更言情者，以辞所出入罪反罪"。详见拙作《汉简中所见汉律论考》，载《简帛研究》第二辑。

② 同治，即同事，同僚。

③ 不审日，即某日。

④ 橐佗，亦作橐驼，即骆驼。《史记》卷一百一十《匈奴传》："其奇畜则橐驼。"

⑤ 可，大约。

今积四岁，君佚今复责厶钱。厶自证爰书在殄北侯官，毋诣官。彭祖
□□妻

《新》E·P·S4·T2：52、53A

按：此简为责李胜之偿还债款案卷宗残篇。

3. 贷张广德钱案

贷甲渠候史张广德钱二千，责不可得。书到，验问审如猛言为收
责言。谨验问，广德对曰：乃元康四年（公元前62年）四月中，广
德从西河虎猛、都里赵武取谷钱千九百五十，约至秋予。

《新》E·P·T59：8

按：此简为借贷债务案卷宗残篇。案件审问者乃被告债务人张广德所在
地（或所属机关）的司法人员。他根据转移来的"书"，审问被告，并代为
收债，然后回函。此卷宗虽已录入前文"官署为戍卒处理债务文书"，但由
于它反映出了汉代审判制度"移书人在所"的特点，故在此重录一次。

4. 粟君责寇恩债务案

《建武三年十二月候粟君所责寇恩事》

（1）乙卯爰书。

建武三年（公元27年）十二月癸丑朔乙卯（初三日），都乡啬夫
宫以廷①所移甲渠候书，召恩诣乡。先以"证财物故不以实，臧
（赃）五百以上，辞已定，满三日而不更言清（情）者，以辞所出入
罪反罪"之律，②辨告。③乃爰书验问：④

---

① 廷，指县廷。

② 这条法律当为汉《囚律》律文。

③ 辨告，司法用语。晓谕、通告。《汉书》卷一《高帝纪》："吏以文法教训辨告，勿笞辱。"
注："辨告者，分别义理，以晓谕之。"王念孙曰："辨读为班。班告，布告也。"

④ 爰书。《汉书》卷五十九《张汤传》："传爰书，讯鞫论报。"此处指与案件相关的文件，如诉
状、供词、证人证言、勘验文书、调查笔录等。"爰书验问"，即依据爰书审问当事人，核实爰书所涉
及的问题。颜师古注："爰，换也。以文书代换其口辞也。"

　　恩辞曰：颍川昆阳市南里，年六十六岁，姓寇氏。去年十二月中，甲渠令史华商、尉史周育当为候粟君载鱼之觻得卖。商、育不能行。商即出牛一头，黄、特，①齿八岁。平贾（价）直（值）六十石，与交谷十五石，为［谷］七十五石。育出牛一头，黑、特，齿五岁。平贾（价）直（值）六十石，与交谷卅石，凡为谷百石，皆与粟君，以当载鱼就直。②时，粟君借恩为就，载鱼五千头。到觻得贾直（值），牛一头谷廿七石，约为粟君卖鱼沽③出时行钱④卌万。时，粟君以所得商牛黄、特，齿八岁，以谷廿七石予恩顾就直（值）。后二、三［日］当发，粟君谓恩曰："黄牛微瘦，所得育牛，黑、特，虽小，肥，贾直（值）俱等耳。择可用者持行。"恩即取黑牛去，留黄牛。非从粟君借轭牛。恩到觻得卖鱼尽，钱少，因卖黑牛，并以钱卅二万付粟君妻业。少八岁（应为"万"）。恩以大车半椷轴一，直（值）万钱。羊韦一枚为橐，直（值）三千。大笥一合，直（值）千。一石去卢⑤一，直（值）六百。轭索二枚，直（值）千。皆置业车上，与业俱来还。到第三置，⑥恩枭大麦二石付业，直（值）六千。又到北部为业卖（应为"买"）肉十斤，直（值）谷一石，石三千。凡并为钱二万四千六百，皆在粟君所。恩以负粟君钱，故不从取器物。又恩子男钦以去年十二月廿日为粟君捕鱼，尽今年正月、闰月、二月，积作三月十日，不得贾直（值）。时，市庸平贾大男日二斗为谷廿石，恩居觻得付业钱时，市谷决石四千。以钦作作贾谷十三石八斗五升，直（值）觻得钱五万千四。凡为钱八万，用偿所负钱毕。恩当得钦作贾余谷六石一斗五升付。恩从觻得自食为业将车到居延，［积］行道廿余日，不计贾直（值）。时，商、育皆平牛直（值）六十石与粟君，粟君因为其贾予恩，已决。恩不当予粟君牛，不相当谷廿石。皆

① 特，牡牛。
② 就，僦，雇。僦值，即僦费。
③ 沽，通酤，卖。
④ 行钱，市上流通的货币。
⑤ 去卢，盛饭用具。《说文》："去卢，饭器，以柳为之。"一石去卢，即可盛一石食物的用具。
⑥ 置，驿站。《韩非子》卷十七《难势》："夫良马固车，五十里而一置，使中手御之，追速致远。"

证，它如爰书。

（2）戊辰爰书。

建武三年十二月癸丑朔戊辰（十六日），都乡啬夫宫以廷所移甲渠候书，召恩诣乡。先以"证财物故不以实，臧（赃）五百以上，辞以定，满三日而不更言请（情）者，以辞所出入罪反罪"之律，辨告。乃爰书验问：

恩辞曰：颍川昆阳市南里，年六十六岁，姓寇氏。去年十二月中，甲渠令史华商、尉史周育当为候粟君载鱼之觻得卖，商、育不能行。商即出牛一头，黄、特，齿八岁，平贾直（值）六十石，与交谷十五石，为谷七十五石，育出〔牛〕一头，黑、特，齿五岁，平贾直（值）六十石，与交谷卌石。凡为谷百石。皆予粟君，以当载鱼直（值）。时，粟君借恩为就，载鱼五千头到觻得。贾直（值），牛一头，谷廿七石，〔约〕为粟君卖鱼沽出时行钱卅万。时，粟君以所得商牛黄、特，齿八岁，谷廿七石予恩顾就直（值）。后二、三日当发，粟君谓恩曰："黄牛微瘦，所将（应为'得'）育牛，黑、特，虽小，肥，贾直（值）俱等耳，择可用者持行。"恩即取黑牛去，留黄牛。非从粟君借牛。恩到觻得卖鱼尽，钱少，因卖黑牛，并以钱卅二万付粟君妻业，少八万。恩以大车半檋轴一，直（值）万钱，羊韦一枚为囊，直（值）三千，大笥一合直（值）千，一石去卢一直六百。挥索二枚，直（值）千，皆在业车上，与业俱来，还到北部为业买肉十斤，直（值）谷一石，到第三置，为业粜大麦二石，凡为谷三石，钱万五千六百，皆在业所。恩与业俱来到居延后，恩欲取轴器物去。粟君谓恩："汝负我钱八万，欲持器物？"怒，恩不取器物去。又恩子男钦以去年十二月廿日为粟捕鱼，尽今年正月、闰月、二月，积作三月十日，不得贾直（值）。时，市庸平贾大男日二斗，为谷廿石。恩居觻得付业钱时，市谷决石四千，并以钦作贾谷当所负粟君钱毕。恩又从觻得自食为业将车，卦斩来到居延，积行道廿余日，不计贾直（值）。时，商、育皆平牛直（值）六十石与粟君，因以其贾与恩牛。

已决。不当予粟君牛，不相当谷廿石。皆证，它如爰书。

（3）辛未爰书。

建武三年十二月癸丑朔辛未（十九日），都乡啬夫宫敢言之。廷移甲渠候书曰："去年十二月中，取客民寇恩为就，载鱼五千头到觻得，就贾用牛一头，谷廿七石。恩愿沽出行钱卅万。以得卅二万。又借牛一头以为挥，因卖，不肯归以所得就直（值）牛，偿不相当二十石。书到，验问，治决言"。前言解廷，邮书曰："恩辞不与候相应，疑非实。今候奏记府，愿诣乡爰书是正"。府录：令明处更详验问，治决言。谨验问，恩辞；不当与粟君牛，不相当谷十二石。又以在粟君所器物直（值）钱万五千六百；又为粟君买肉，枲谷三石，又子男钦为粟君作贾直（值）廿石。皆尽偿，所负粟君钱毕，粟君用恩器物币败。今欲归恩不肯受。爰书自证。写移爰书。叩头死罪死罪，敢言之。

右爰书。

（4）已卯爰书。

十二月己卯（廿七日），居延令守丞胜移甲渠候官。候所责男子寇恩事，乡置辞，爰书自证。写移书到□□□□□辞，爰书自证。须以政不直者法亟报。如律令。

掾党、守令史赏

《新》E·P·F22：1—36

按：《建武三年十二月候粟君所责寇恩事》册，1973—1974 年出土于汉居延甲渠候官遗址，全册计简卅六枚，一千七百余字，内容可分为"乙卯爰书"、"戊辰爰书"、"辛未爰书"、"已卯爰书"和卷宗题签。它是东汉边郡一件民事诉讼案的卷宗，详细记述了案情始末和审讯、判决过程。其中四件文书的性质，注释家说法不一。笔者认为，要确定各件文书的性质，先要了解汉代诉讼制度。《汉书·张汤传》载，张汤父为长安丞，出，"汤为守舍。还。鼠盗肉，笞汤。汤掘熏得鼠及余肉。劾鼠掠治。传爰书，讯鞫论报。并取鼠与肉具狱。磔堂下，父见之视文辞如老狱吏，大惊"。张晏解释"传爰书"时说，"传，考证验也。爰书自证。不如此言，反受其罪。讯考三日，复问之，知与前辞同不也"。他说的，即汉代审判程序，凡审讯案件应录卜口供，审问一次后，还要"复问之"，以验证前后口供是否有出入。审讯开始先宣读有关法律，令其招供实情。据此可以认定卷宗中的"乙卯爰书"、"戊辰爰书"即是前后两次审讯记录。张晏说："考讯三日，复问之"，依照法律规定应该是"满三日"，即必须经过三日以后再审问第二次。① 此册卷宗中的第一件所记日期里"建武三年十二月癸丑朔乙卯"，即十二月初三。第二件是"癸丑朔戊辰"，即十二月十六日。其间相隔十三日。此案较复杂，两次审问时间相距十数日是可以理解的。这两件爰书的内容基本相同。仅有一处情节小有差异：

乙卯爰书："恩以负粟君钱，故不从取物"。

戊辰爰书："恩与业俱来到居延后，恩欲取轴、器物去。粟君谓恩：'汝负我钱八万，欲持器物'！怒。恩不敢取器物去"。

此差异之处属于"满三日，而更言情"，乃法律所允许的，不为"证财物故不以实"。

辛未爰书是都乡啬夫对此案结案审问全过程的概述，是向县廷的禀报书。内容包括：

①都乡啬夫审讯此案的缘由及第一次审讯结论：根据县廷批转的《候粟君所责寇恩事》审讯此案。审讯向县廷报告审问结论是"恩辞不与候书相应。（粟君所责）疑非实"。

②重审此案缘由：粟君不同意寇恩口供，向县廷提出要求都乡啬夫重审。县廷指示都乡啬夫说："今候奏记府，愿诣乡爰书是正"，"更详验

---

① 《合校》62·28A："讯满三日复辞。"此残简也可证明，汉审判制度，第一次审讯满三日后再审时，当事人可复辞或"更言情"。

问"。

③都乡啬夫重审结论：寇恩所负粟君钱"皆尽偿"。并将此结论"写移爰书"报告县廷。

己卯爰书的内容是，县廷根据都乡啬乡审讯结论，并作判决："须以政不直者法亟报"，通知"甲渠候官"。

此册卷宗还反映出汉审判制度中的两项规定：

①案件由当事人所在地区司法机构负责审问。《新》简中有条简文云："《律》：□辞官移书人在所，在所以次。"这当是一条法律。按此规定，受理案件的司法机构可将案移交被告人所在地区（或所在官署）的有关机构负责审问。此案被告寇恩居住居延都乡辖区内，因而县廷将此案交都乡啬夫，令其审讯。所以"乙卯爰书"和"戊辰爰书"的开头都写明此案是"都乡啬夫宫以（居延县）廷所移甲渠候书，召恩诣乡"进行审讯的。

②乡对县廷交办案件，仅负责审讯、调查，无权判决，然后回报县廷。由县令、县丞断决。判决书上还要署明县府具体承办此案人的姓名。《粟君责寇恩事》一案是由居延县令某、守丞胜判决，掾党、守令史赏承办。

附：行戍道上的商贸活动

在撰写"汉简中的债务文书辑证"时，笔者发现许多西行戍卒不仅是服役戍边，同时还从事经商活动。商贸是经济问题，本不属本文探讨的内容。但它与债务问题密切相关。因为有这些商贸活动，才会出现如此多的债务纠纷。故在此将戍卒经商活动一并略述如下，作为了解汉简中戍卒吏民间发生债务问题的一篇背景资料。

1. 东南地区的行戍士卒携衣物沿途贩卖

以上所录债务文书中的债权人多是戍卒，并且都是从东南各郡县而来服役的。其中有来自东郡濮阳、临邑、聊城；魏郡内黄、内丘；陈留郡儁宝；梁国蒙县等郡国的士卒。贩卖的衣物中多是缕、稯曲布、缥复袍、莞皂绔、缣、缇缋等丝麻织物。这些产自生产较先进，经济较发达的东南地区的物品，带往偏僻、落后的西部去贩卖，自然有利可图。

2. 戍卒贩运衣物的本金

从以上所录赍卖文书中可以看到，戍卒赍卖交易中多是一千多钱一笔，甚至还有几千钱一笔的买卖。这些贩运者的本金从何而来的呢？简牍中有关资料说明，他们的本金很可能是替人代戍而得到的钱。

汉代制度，不愿行戍服役者的可以雇人代替。汉简中有关"取庸代戍"的简有数十枚之多，证实这一制度实际存在。如：

《合校》13·9A："济阴郡定陶徐白大夫蔡守年卅七，庸同县延陵大夫陈遂成年廿九。第廿三□☑"
《新》E·P·T52：240："☑南阳杜衍安里公乘张赍年廿六，庸同县安居里公乘张胜年廿八……"

关于雇主支付代戍者的佣金，居延简中仅有一枚写得明确：

《合校》170·2："张掖居延库卒弘农郡陆浑河阳里大夫成更年廿四，庸同县阳里大夫赵勋年廿九，贾二万九千。"

这些代戍者得钱后，若想贩运衣服，也就有资金了。值得注意的是，代戍者之中还有一种"复为庸"者。实际上就是以代人行戍骗钱。他到达屯戍地报到后，就逃跑返回，又去受雇另一人。甲渠塞吞北隧戍卒苏政就是这种人，他"复为庸，数逋亡离署，不任候望"。[①]"候望"，即站岗放哨，这是戍卒的本职工作。但他擅自离署。简文中虽没有说他"逋亡离署"后去经商。但可以想象得到，这类"复为庸"者，经常往返行戍道上，不会是空着手来回奔走数千里。他们有贩运本金，其中有些人很可能就是以贩运衣物为业者。

3. 官署给戍卒贩运衣物签发的证明

戍卒所用的衣物，一部分是官府发给，另一部分由私人自备，都不可能有很多。然而简牍中有资料说明，有些戍卒携带许多衣物，当不会都是

_____

① 《新》E·P·T40：41。

自用。他们还从当地官府领有证明，以备沿途关卡盘问。如：

皂布□禅衣一领

（1）戍卒　　　皂布复襦一领

　　魏郡□　　练复袭衺一领

　　□□①　　　皂布复绔一两

　　　　　　　桌肥一两　　第廿三

《新》E·P·T59：676

戍卒南阳郡宛邑

（2）●□

临洞里魏合众衣橐

《新》E·P·T51：149

（3）●□戍卒南郡穰邑□里

何翘利衣橐

《合校》326·8A

戍卒陈留郡平丘　　　　□□受领一裘皮羊

（4）□□里赵野　　　　　两二铢犬

　　衺练橐封以　　　　　回两一履桌

　　陈留大守章　　　　　两二缇革

　　　　　　　　　　　　两二□桌

《新》E·P·T58：115

　　"回"是封泥印匣槽符号，官府钤印之处。"橐"，□袋。带有"回"记的衣橐简，即当地官府为行戍卒开的证明。由陈留郡、东郡、魏郡、南郡、南阳郡等地至敦煌、居延地区，有数千里之遥，服役戍卒背负大包贵重衣物，沿途难免不受关卡盘查。如无当地官府开出的证明，是无法通行的。

　　4. 行戍道上的衣物寄卖所

　　上录"索债文书"简中的赍买衣物者，多不是某某人，而是某某

---

　　① 依汉简中其他衣物签实例，此"□□"应为戍卒姓名。

"所"，如：

> 简1，"广地万年隧长孙中前所。"
> 简3，"觻得富里张公子所。"
> 简4，"得定安里随方子所。"
> 简6，"觻得长杜里郭楗君所。"
> 简8，"遮虏辟衣功所。"
> 简9，"屋兰定里石平所。"

"所"，即处所。此处的"所"字，是否表示，并非某人收购衣物，而是某收购所收购，"某某所"，犹如后世的"王记收购所"、"李记收购所"。行戍道上，尤其是一些较繁荣的觻得、屋兰、居延等县城，开设有专门的收购所，是很有可能的，也很有必要。因为戍卒携带的货物，到达目的地后，不可能立即售出。于是便把贩运来的衣物贳卖，或存放某寄卖所，待售出后，或服役期满返程时再收钱。这种交易方式，对于买卖双方都合适，于是就出现了一些经营寄卖的"所"。

简中有大宗收买衣物者，说明他们经营的"所"并不小。

（1）有一名郑武者，居延简中三见，并都与债务有关，当是一人。

> 《新》E·P·T52：126："武贤隧长郑武自言负不侵候长徐辅六百□□。"
> 《新》E·P·T51：199："□年六月己巳朔丁丑，甲渠候破胡以私印行事敢言之，谨移戍卒朱宽等五人贳卖候史郑武所，贫毋以偿坐诈□□名籍一编敢言之。"
> 《新》E·P·T51：122："察微隧戍卒陈留郡傿宝成里蔡□子七月中贳卖缥复袍一领，直（值）钱千一百，故候史郑武所。"

这位郑武先任隧长，后升为候史并兼营收购所，买卖戍卒衣物。后来"贫毋以偿"债，被戍卒联名告发坐罪。

（2）另有一薛忘得者在《新》和《合校》简中各一见，当是一人。

也可能是一个开"所"买卖衣物者，后负债累累，被人告发判刑服劳役。

《合校》24·13："青背又责临之隧长薛忘得七百七十八，谒报，敢言之。"

《新》59：7："临之隧卒魏郡内黄宜民里尹宗责故临之隧长薛忘得铁斗一，直（值）九十；尺二寸刀一，直直（衍）值卅；缇绩一，直（值）廿五。凡直（值）百卌五。同隧卒魏郡内黄城南里吴故责故临之隧长薛忘［得］三石布囊一、曼索一，具皆薛忘得不可得。忘得见为复作。"①

（3）男子唐子平所、骑司马令史所，都是赍买大宗衣物者，绝不会自用：

《合校》206·28："□□既自言五月中行道赍卖皂复袍一领，直（值）千八百，□□卖缣长袍一领，直（值）二千；皂绔一两，直（值）千一百；皂□直（值）七百五十。凡直（值）六千四百。②居延平里男子唐子平所。"

《新》E·P·T51：210A："□始五年二月部卒赍卖衣物骑司马令史所，名籍。"

此简没有说戍卒赍卖衣物的钱数。具体钱数可能载入赍卖"名籍"中。"名籍"，即名册。有一篇"部卒赍卖衣物名籍"，说明此骑司马令史所赍卖的衣物不是一笔、两笔，钱不在少数。

汉朝廷也曾禁止行戍士卒赍卖衣物：

□□属甲渠候官诏书：卒行道辟姚③吏私赍卖衣财物，勿为收责。

《新》E·P·T52：55

---

① "复作"，刑名，徒刑的一种。"见为复作"，即正在服劳役刑。
② 这一总计"值六千四百"有误，赍卖四笔的总值应该是五千六百五十钱。
③ 姚，通遥，远也。《荀子》卷二《荣辱》："其功盛姚远矣。"

　　毋得赍卖衣财物，太守不遣都吏循行□严教受卒官吏各封臧□

《合校》213·15

　　这类禁令是何时颁布的，实行结果如何，均仍需研究。但无论如何，都应该看到汉代的戍边士卒前往戍边时，将经济较发达地区出产的物品贩运到荒凉、落后的西部边陲，对于那里的经济、义化的发展也作出了贡献。现在，人们说到"丝绸之路"时，想到的是一条中国通往亚、欧的"国际商贸"大道，而没有注意到最初汉代戍卒经过这条大道，促进国内东西部商贸发展所起的作用。

（原载《法律史论集》第三卷，法律出版社 2001 年版。）

汉简牍中所见举、劾案验文书辑释

一　举

举，又称举白，即纠举、检举。汉简中所见"举书"，一是边塞基层机构的上级（主要是都尉府）派员检查工作，所谓"行塞"时①对于违纪行为所写的纠举报告书。② 二是有关机关对于下属单位发生的事件，随时纠举文书。这些举书，按其性质多属行政文书。但常作为案验、追诉的依据，③ 故在这里也将其列为司法文书。简中所见"举书"，主要有四类。

1. 卒兵举

卒兵举，即对于戍卒兵器损坏、丢失的纠举。简中有一"卒兵举"检署可证：

□地节四年三月卒兵举。④

---

① 简中多见行塞者所持行塞证件或行塞令，如：《合校》42·6A："八月庚寅武威北部都尉□史安行塞敢言之……"《合校》45·28："□□居延都尉行塞烽隧移过所。"《合校》45·35："□谓候长福候行塞书□。"《新》E·P·F22：166、167、168："建武叁年六月庚午，领甲渠候职门下督盗贼凤谓第四守候长恭等，将军令月生民皆布在田野以塞候望为耳目。檄到，恭等令隧长旦蚤迹，士吏、候长常以日中迹，加慎务将军令，方循行考察，不为意者必举白，毋忽如律令。"

② 以下简文，即所见各次"行塞举"书的检署题签：

《合校》168·6："四月君行塞举。"《合校》285·4："□月尉史殷行塞举。"《合校》311·3："甲渠候官初元五年七月□行塞举。"《新》E·P·T52：284："☑五月以来太守君☑塞举及部报书。"

③ 《新》E·P·T57：108A、B《候史广德坐不循行部檄》，即候官根据"府都吏"，对候史广德推辟、处罚。再如《新》E·P·T59：3、4："河平元年九月戊戌朔丙辰，不侵守候长，士吏猛敢言之。将军行塞，举驲望隧长杜未央所带剑、刃坒，狗少一。未央猛贫急，软弱，毋以塞，举请斥免，谒言官，敢言之。"

④ 《合校》126·26。

2. 吏去署举

吏去署举，即关于吏擅离职守的纠举书。《合校》145·5："□吏去署举"，当即此类举书的残册。以下诸简均为"吏去署举"书：

《合校》8·6："甲渠万岁隧长刑齐不在署。"
《合校》8·10："孤山隧长王市利不在署。"
《合校》194·7："甲渠第二七隧长张德不在署。"
《新》E·P·T59：68："第十四隧卒氾赛不在署。"
《新》E·P·T59：69："吞远隧卒贾良不在署。"

3. 烽火举

烽火举，即纠举传递烽火不合规定，如"烽不相及"、"不以时通"等。如：

《合校》28·1："阳朔三年十二月壬辰朔癸巳，第十七候长庆敢言之。官移府举书曰：十一月丙寅□渠铧庭隧以日出①举坞②上一表、一烟，③下餔④五分通府。府去铧庭燧百五十二里。二百（'二百'衍）□"
《合校》73·29："□未朔丁丑，第十候长忠敢言之：官移府举书□通，辛未夜食⑤□二分通府。府去铧庭百五十二□"
《新》E·P·T65：38："蓬（烽）火不以时通。"
《新》E·P·C36："四月庚戌平旦，众骑。亭举地表，下一苣火，再通。日中，复举□地二单，表一通通府。谓不侵候长辅等，推辟界中，具言。"

---

① 日出，时称名，卯时。
② 坞，土堡。
③ 表、烟，示警信号。表，以缯布为之，赤、白相间，悬竿上，白天观之醒目。烟，用薪焚烧，放在小笼中，悬于竿头。
④ 下餔，时称名，申时。
⑤ 夜食，无解。或时称"夜半"之误。

4. 行书举

行书，即传送官府文书。秦汉时对于行书过程中的各项活动已有严格规定，[①] 并有相关的检查制度。"行书举"，即检查"行书"不合规定的文书。如：

> 官去府七十里，书[②]一日一夜当行百六十里。书积二日少半日[③]乃到，解何？书[④]到各推辟界中。必得事案到如律令言："会月二十六日。"[⑤] 会月二十四日。
>
> 不中程百里罚金半两。过百里至二百里一两。过二百里二两。不中程车一里夺[⑥]吏主者劳各一日。二里夺令□各一日。
>
> 《新》E·P·S4·T·2：8A、B

以上抄录的这条简文，包括两部分内容，前部分是府"行书举"。"会月二十四日"以后部分是此举书附录的关于"行书"的一条法律或《行书律》的条文。

二　劾

劾，即检举官吏罪行，提请审判机关案验断决。[⑦]《居延新简》载破城子探方六八（E·P·T68）出土简牍中有劾文书数件，虽多有脱误，但仍

---

① 《睡虎地秦墓竹简》以及张家山汉墓出土竹简中均有《行书律》。
② 书，指驿站传递的文书，即"行书"。
③ 少半日，一日的三分之一，即小半天。
④ 书，此书指府关于行书的举书。
⑤ 会，会聚，会齐。会月二十六日，按法律规定凡行书延误，必须查清事实，于当月二十六日以前报府。文中的"会月二十四日"，是将本次行书迟留情况查清，并于本月二十四日前报告候官，以便"二十六日"会于都尉府。
⑥ 夺劳，劳，劳绩。秦汉时，以日、月、年为计劳单位。对有过者罚劳，即"夺劳"。如《睡虎地秦墓竹简·厩苑律》："赐牛长日三旬；殿者，谇田啬夫，罚冗皂者二月。"《合校》285·17："功令第四五：士吏、候长、蓬（烽）隧长常以令秋试射，以六为程，过六赐劳矢十五日。"其中"日三旬"、"二月"、"十五日"的"日"、"月"、"旬"，都是指记劳单位。
⑦ 《说文》："劾，法有罪也。"段注："法者，谓以法施之。"

不失为了解汉代劾制的最珍贵史料。兹缀合几件录下。

1. 令史谭劾状①（E·P·T68：1—12）

（1）劾章。

建武五年五月乙亥朔丁丑（初三日），主官令史谭劾移居延狱，以律令从事。

甲渠塞百石士吏居延安国里公乘冯匡，年三十二岁，始建国天凤上戊六年三月己亥除署第四部。病欬（咳）短气，主亭隧七所咦呼。七月□□除署四（第十）部。士吏□匡软弱不任吏职，以令斥免。

五月丁丑甲渠守候博移居延，写移如律令

掾谭

（2）状辞。

建武五年五月乙亥朔丁丑（初三日），主官令史谭敢言之，谨移劾状一编敢言之。

●状辞：公乘居延觻汗里年四十九岁，姓夏侯氏，为甲渠候官斗食令史、署主官以主领吏备盗贼为职。士吏冯匡建国天凤上戊六年七月壬辰，除署第十部士吏。案匡软弱不任吏职，以令斥免。

2. 令史立劾状（E·P·T68：13—28）

（1）劾章。

建武五年九月癸酉朔壬午（初十日），甲渠令史劾移居延狱，以律令从事。

乃九月庚辰（初八日），甲渠第四守候长居延市阳里上造原宪，与主官人谭与宪（"与宪"衍文）争言斗。宪以剑击伤谭匈（胸）一

---

① 标题"令史谭劾状"，以及文中的小标题"劾章"、"状辞"，均笔者所加。以下各劾文书同此。

所，骑马驰南去。候即时与令史立等逐捕到宪治所，不能及。验问隧长王长，辞曰："宪带剑持官弩一，箭十一枚，大革橐一，盛糒①三斗，米五斗，骑马阑越②隧南塞天田③出，西南去"。以此知而劾，无长吏教使，劾者状具此。

掾谭

（2）状辞。

建武五年九月癸酉朔壬午（初十日），令史立敢言之，谨移劾劾（"劾"衍文）状。

［状辞］：上造居延累山里，年四八岁，姓周氏。建武五年八月中，除为甲渠官斗食令史，备寇虏盗贼为职。至今月八日，客民不审☒让持酒来过候，饮。第四守候长原宪诣官，候赐宪、主官谭等酒。酒尽，让欲去，候复持酒出，之堂煌④上饮。再行酒尽，皆起。让与候史、候☒□夏候谭争言斗，宪以所带剑击伤谭匈（胸）一所，广二寸，长六寸，深至骨。宪带剑持官六石具弩一，橐矢铜镞十一枚，持大□橐一，盛糒三斗，米五斗，骑马阑越隧南塞天田出。案宪斗伤、盗官兵，持禁物阑越于边关傲（徼）亡，逐捕未得。它案验未竟。

3. 不侵守候长业劾状（E·P·T68：54—76）
（1）劾章。

建武六年三月庚子朔甲辰（初五日），不侵守候长业劾移居延狱，以律令从事。

乃今月三日壬寅（初三日），居延常安亭长王闳、子男同、攻虏

---

① 糒，干饭。
② 阑越，擅自偷越边境。
③ 天田，防御工事。沿边塞布沙土带，经常耕锄松土，人马踏上，即可知。
④ 堂煌，即堂皇，讲武榭。《汉书》卷六十七《胡建传》："监御史与军诸校列坐堂皇上。"注："室无四壁曰榭。"《汉书补注》："今为讲武榭。"

亭长赵常，及客民赵闳、范翕一（"一"衍文）等五人俱亡。皆共盗官兵、赃千钱以上，带刀、剑及钹各一，又各持锥、小尺、白刀、箴各一。阑越甲渠当曲隧塞，从河水中天田出。○案常等持禁物傲（徼）。逐捕未得，它案验未竟。

三月己酉（初十日），甲渠守候移移（"移"，衍文）居延。写移如律令。

　　　　　　　　　　　　　　　　　　掾谭、令史嘉

（2）状辞。

建武六年三月庚子朔甲辰（初五日），不侵守候长业敢言之，谨移劾状一编敢言之。

●状辞曰：公乘居延中宿里年五十一岁，姓陈氏。今年正月中，府补守候长署①不侵部，主领吏迹候备寇盗贼为职。乃今月三日壬寅，居延常安亭长王闳、闳子男同、攻虏亭长赵常，及客民赵闳、范翕等五人俱亡。皆共盗官兵、赃千钱以上，带大刀、剑及钹各一，又各持锥、小尺、白刀、箴各一。阑越甲渠当曲隧塞，从河水中天田出。案常等持禁物阑越塞于边关傲（徼）。逐捕未得，它案验未竟。以此知而劾，无长吏使劾者。状具此。

4. 令史×劾状（E·P·T68：81—102）

（1）劾章。

建武五年十二月辛未朔戊子（十八日），令史劾，将襄诣居延狱，以律令从事。

乃今月（十二月）十一日辛巳日且入时，② 胡虏入甲渠木中隧塞天田，攻木中隧。隧长陈阳为举埅上二烽，坞上大表一、燔一积薪，城

---

① 署，署理，代理。
② 日且入，即日入。时辰名称，酉时。

北隧助吏李丹候望，见木中隧有烟，不见烽。候长王襃即使丹骑马一匹驰往逆[1]辟，未到木中隧里所。胡虏四、步人（"人"系"入"之误）从河中出，上岸逐丹，虏二骑从后来共围遮，[2]略得丹及所骑驿马持去。●案襃，典主而擅使丹乘用驿马为虏所略得，失亡马。襃不以时燔举，而举堠上一苣火、燔一积薪。燔举不如品约，[3]不忧事边。

（2）状辞。

●状辞曰：上造居延累山里年四八岁姓周氏、为甲渠候官斗令史，以主领吏备寇虏为职。乃今月十一日辛巳日且入时，胡虏入木中隧塞天田，攻木中隧。隧长陈阳为举堠上二烽，坞上大表一、燔一积薪。城北隧助吏李丹候望，见木中隧□□☑□□候长王襃即使丹骑驿马一匹，驰□□☑里所。胡虏四，步入从河□得丹及所骑马□□丹乘用驿马□□☑举堠上苣火☑

5. 候长昌林劾状（E·P·T68：29—40）

（1）劾章。

建武六年四月己巳朔己丑（二十一日），甲渠候长昌林劾，将良诣居延狱以律令从事。

四月己丑，甲渠守候移居延，写移如律令。

（2）状辞。

建武六年四月己巳朔戊子（二十日），甲渠守候长昌林敢言之，谨移劾状一编敢言之。

---

① 逆，迎。
② 遮，拦住。《史记》卷四十八《陈涉世家》："陈王出，遮道而呼涉。"
③ 品约，指《塞上烽火品约》。全品约共十七条。见《居延新简》E·P·F16：1—17。

●状辞：皆曰名爵县里件姓官禄各如律。① 皆□迹候，备盗贼寇
虏为职。乃丁亥（十九日）新占民居延临仁里赵良阑越塞。验问良辞
曰："今月十八日毌所食，之居延博望亭部采胡，于其莫②日入后，欲
还归邑中，夜行迷河（"河"，渡之误）河，阑越甲渠却适隧北塞天
田出入。以此知而劾，无长吏使劾者。状具此。

按：汉代的劾制，众说不一，无定论。诸多界说之中，《说文》及
段玉裁注虽然简略，但较确切。《说文》："劾，法有罪也。"段注："法
者，谓以法施之。"就是说，依照法律追究被告人的罪责。清末著名法
学家沈家本提出"劾有三义"说之后，使问题又复杂化了。③ 近来有学
者撰文指出了沈说不确，④ 但对于"两汉劾制"仍没说清楚。居延地区
破城子探方六八（E·P·T68）的简牍出土后，为了解汉代劾制提供了
新资料，对此问题的研究也有新进展。⑤ 笔者辑录上述劾文书时，也有
所得。兹陈述如下，以期对于汉代审判制度重要一环的劾制有一个清晰
认识。

其一，举劾程序。

汉律规定，无告、劾不得"擅罪人"。⑥ 劾是审判程序的开始阶段。所
以，法律对于劾有严谨制度。上录五件劾文书虽都不完整，但从中可以看
出举劾步骤，即先提出"状辞"，后提出"劾章"。所以每件劾文书都是
由"状辞"和"劾章"两个主要部分组成。《居延新简》中有一支简写着
"●右劾及状"，⑦ 当是一件劾文书的题签，也说明劾文书是由相互关联的

---

① 状辞的开头必须具体写明举劾者的"名爵县里年姓官禄"，如本文前录"劾文书"1、2、3、
4 的"状辞"。此件状辞从略，仅申明举劾者的"名爵县里年姓官禄各如律"。

② 莫，暮。

③ 见沈家本《历代刑法考》（三），第 1372、1478 页（中华书局）。

④ 陈晓枫：《两汉劾制辨正》，载《法学评论》1989 年第 3 期。

⑤ 见李均明《居延汉简诉讼文书二种》，载《中国法律史国际学术讨论会论文集》，陕西人
民出版社 1990 年版；徐世虹《汉劾制管窥》，载《简帛研究》第二辑，法律出版社 1996 年版。

⑥ 《汉书》卷四十四《淮南王传》载，淮南王刘安的罪行之一，即"擅罪人，无告劾系治城旦
以上十四人"。

⑦ 《居延新简》E·P·T56：118。

"劾"与"状"组成。从制作时间来说，先有状辞，后有劾章，① 劾章是根据状辞拟出的。但在劾文书中，劾章是主件，状辞是附件。另有一件是呈交、转呈和签发"状辞"、"劾章"的文件。所以每件劾文书若细分有①状辞，②状辞呈文，③劾章，④劾章呈文，⑤签发文书。这些文件内容，也反映出举劾程序。即由负责官吏（监临或部主）提出状辞，呈本机构的主管官吏。若是刑事案件，则由主管官吏审核状辞，并根据状辞拟出劾章，呈上级机关（简中劾文书中的上级机关即"甲渠候官"）。然后以上级机关的名义，签发移呈审判机关（居延狱）。

其二，状辞。

状辞是举劾的依据。它是由有关责任者提出的。《晋书·刑法志》："张汤、赵禹始作监临部主，见知故纵之例。其见知而故不举劾，各与同罪，失不举劾各以赎论。其不见不知，不坐也。"监临，指负责监督、检查法律执行情况的官吏。部主，指负责主管官吏。他们如果见到或知晓部属成员犯罪，不予举劾，要连坐受罚。据此可见，负责监督法律执行情况者，或有关主管官吏，有责任举劾违法者。上录劾文书证实，其中的状辞都是"监临"，或"部主"提出的。

汉律并明确规定，状辞的开头要写明举劾者的"名爵县里年姓官禄"。② 如第一件中的状辞提出者是"公乘居延鞮汗里年四九岁，姓夏侯氏，为甲渠候官斗食令史，署主官以主领吏备盗贼为职"。第二件的状辞是"上造居延累山里，年四十八岁，姓周氏。建武五年八月中，除为甲渠官斗食令史，备寇虏盗贼为职"。其他第三、第四、第五件中的状辞也如此，不一一列出。

以上五件状辞，四件是由甲渠候官中的小吏令史提出，只有一件状辞是甲渠候官的主管"守候长"提出的。这一区别或与被举劾者的身份有关。前四件中所举劾的是本机关属员，故该机关具体负责令史有权举劾。而第五件劾文书中状辞所举劾的是"新占民"，即甲渠候官管辖地区的一

---

① 上录五件劾文书，其中四件劾章和状辞是同一日写成，故日期相同，难以区分先后。第五件劾章的日期为"建武六年四月己巳朔己丑（二十一日），晚状辞一日'二十日'（己巳朔戊子）。表明状辞先于劾章"。

② 《新》E·P·T68：34。

居民，故须由候长提出状辞。是否如此，以俟详考。

其三，劾章。

以上所录的每件劾文书中，有一部分与"状辞"内容基本相同。笔者认为，这就是举劾文书的正文，可以称为"劾章"。它是由举劾者所在的主管机关呈送审判机关（简中的"居延狱"），追诉被举劾者法律责任的诉讼文书。

劾章所陈述的事实主要根据状辞，但不是状辞的"抄件"。它是主管机关对状辞进行审核后而拟定的。关于劾章与状辞的关系，唐贾公彦的说法较确切，他说："劾，实也。正谓弃虚从实，收取要辞为定。"① 所谓"弃虚从实"，就是拟定劾章者对状辞作审核、修改。这是一项法律程序。所以说，劾章与状辞的区别不在于内容的繁简。兹举例说明如下。

（1）对状辞文字上的修改。

例如，第二件劾文书中的状辞说被劾者所属机构时，写道："第四守候长原宪诣官……"而劾章上则加上"甲渠"二字，写作"甲渠第四守候长原宪"。第四件的状辞在陈述事实时说："胡虏入木中塞天田"。其劾章上也加上"甲渠"二字，写成"胡虏入甲渠木中塞天田"。状辞上缺"甲渠"二字，绝非疏忽，而是不必要。因为甲渠候官的官吏令史在状辞中陈述本候官所属的第四守候长原宪的问题时，无须冠"甲渠"二字。但向居延狱呈送的劾章，则有必要写上"甲渠"名。第四件的劾章也是如此，必须在"木中隧"前冠上"甲渠"二字，以名其所属的机构。

（2）审核状辞陈述的事实。

拟定劾章的最重要工作是审查状辞的内容是否属实。必要时还需验问知情人，录下供词作为证言，载入劾章。例如第二件劾文书中的状辞说，案犯原宪携带兵器及其物品越边境。对于这一确定案件性质，影响量刑轻重的情节，主管机关拟定劾章时，进行了核实。到原宪越境地点"隧南塞"作了调查，并将该隧长的口供，载入劾章："验问隧长王长，辞曰：'宪带剑，持官弩一、箭十一枚、大革橐一、盛糒三斗。米五斗，骑马阑

---

① 《周礼》卷三十五《秋官司寇·乡士》："异其死刑之罪而要之。"郑玄注："要之，为其罪法之要辞，如今劾矣。"贾公彦疏。

越隧南塞天田出，西南去'。"隧长王长还补充了一个重要情节，即案犯越境后逃跑的方向，"西南去"。

状辞中有些情节虽属实，但对于定罪量刑无大关系，劾章可以略去。例如第二件劾文书中的状辞陈述案犯伤人的情节，说得具体、详细："宪以所带剑击伤谭胸一所，广二寸，长六寸，深至骨。"劾章仅保留了"宪以剑击伤谭胸一所"这一事实。略去了关于伤势的记载。既然附件状辞中有关伤势的详细记载，劾章中可以不再重复。这就是贾公彦所说的"收取要辞为定"。

状辞所列案情，经审核属实，将结论载入劾章。汉简中常以"○案"，或"●案"字样开头，记下审核结论。例如第三件劾文书的劾章载："○案常等持禁物阑越塞于边关傲（徼）。"第四件劾文书的劾章记："●案褒典主而擅使丹乘用驿马为虏所略得，失亡马。"

（3）查明与举劾有关的其他情况。

在劾章中，除说明状辞所述案情是否属实外，与举劾有关的其他情节也需一一查清、写明。

①汉法规定。举劾只能以举劾者"见知"为据，不得受人操纵、教唆，尤其不得受其"长吏教使"。因此，劾章中要特别说明对此问题的审查结果。如第二、第五件劾文书的劾章所说："以此知而劾，无长吏教使劾者"。另见《新》E·P·T68：52、68：155等简。

②说明案件不能完全查清的原因。上录劾章中对于因案犯逃亡，无法全面审查的案件，均有说明。如第二、第三劾文书中的劾章载，案犯逃亡，"逐捕未得，它案验未竟"。① 另见《新》E·P·T68：143、152，E·P·T22：362简。

（4）呈文和签署。

以上所录劾文书中除状辞和劾章之外，还有呈文和签署文。这些文书，也反映出了劾章的形成过程及其审判机关的法律程序。

状辞的呈文是由负责具体事务的官吏呈交本机关主管的文书。如第一件中的状辞呈文："建武五年五月乙亥朔丁丑，主官令史谭敢言之，谨移劾状一

---

① 竟，追究。《汉书》卷六十八《霍光传》："此县官重太后，故不竟也。"颜师古注："竟，穷竟其事也。"

编敢言之。"第二件中状辞呈文："建武五年九月癸酉朔壬午，令史立敢言之，谨移劾状。"

本机关主管接到状辞，对其审核（如以上所述）后，另行劾章呈文发往审判机关，令其依法处治。有时将案犯一并解送审判机关。如第一件劾文书中的劾章呈文："建武五年五月乙亥朔丁丑，主官令史谭劾移居延狱，以律令从事。"第四件的劾章呈文："建武五年十二月辛未朔戊子，令史劾，将褒诣居延狱，以律令从事。""褒"，即嫌疑犯。所谓"将褒诣居延狱"，即将嫌疑犯一并押送到居延县狱。劾章呈文由机关主管署名签发。并写上此案承办人和文书的抄写人。如第三件劾文书中的文书签署简："三月乙酉，甲渠守候移居延。写移如律令。掾谭、令史嘉。"在此文书结尾，除机关主管"甲渠守候"外，署名的还有承办人和抄写文书的小吏，"掾谭、令史嘉"。

上录劾文书中的呈文和签署简中除写明责任人的名字、职务以外，还要写明呈送文书的时间：年、月、朔干支，日干支。《唐律·斗讼》规定："诸告人罪，皆须明注年月，指陈实事，不得称疑。"读过上述汉简中的劾文书之后，我们得知，唐代如此严谨的告劾制度，实滥觞于汉。

三　案验

案验，即考实罪行。以案验而形成的文书，可称为案验文书。在简牍中与案验词意相近的还有验问、推辟。或者说验问、推辟也就是案验。验问，着重于问，讯问当事人、证人等。推辟，强调查明事实。当然，推辟过程中，免不了"问"。只不过两词所强调的，各有侧重。兹择录数件案验文书如下：

　　1. 建始元年四月甲午朔乙未，临木候长宪敢言之。爰书：杂①与候史辅验问隧长忠七等人。先以从所主及它部官卒买□三日不更言请（情），书律②辨告，③乃验问隧长忠、卒赏等。辞皆曰名，郡、县、爵、

---

　　① 杂，共同。《汉书》卷七十一《隽不疑传》："诏使公卿将军中二千石杂识视。"
　　② 书律，指"辞已定，满三日而不更言情者，以辞所出入罪反罪"。见《新》E·P·F22：1、2。
　　③ 辨告，宣告。《汉书》卷一《高帝纪》："吏以文法教训辨告，勿笞辱。"注："辨告者，分别义理以晓谕之。"

里、年、姓、官、除各如牒。忠等毋从所主卒及它［部官卒买……］

《新》E·P·T51：228

2. ☑史商敢言之。爰书：郭卒魏郡内［黄］安定里霍不职等五人，□□□□□敞剑庭，① 刺伤，状。先以证不言情，出入罪人。辞☑乃爰书：不职等辞县、爵、里、年、姓各如牒。不职等辞曰：敞实剑庭自刺伤。皆证所置辞。审，它如……

《合校》3·35

3. 建武七年六月庚午，领甲渠候职门下督盗贼敢言之。② 新除第二十一隧长常业代休隧长薛隆，乃丁卯馎时到官，不持官符。③ 谨验问，隆辞：今月四日食时受府符，诸候官行到遮虏，河水盛，浴渡失亡符水中。案，隆丙寅受符，丁卯到官，敢言之。

《新》E·P·T22：169－172

4. 第二隧长景襃不在署。谨验问，襃辞：却适隧卒周贤伐大司农茭郭东，病不任作。官记④遣襃迎取。十月二十六日襃之居延郭东取卒周贤。二十九日还到隧。后都吏郑卿。⑤

《合校》194.17

5. 甲渠言，永以县官事行警檄，牢驹隧内中，驹死。永不当负驹。

建武三年十二月癸丑朔丁巳（初五日），甲渠鄣候获叩头死罪敢言之。掾谭、尉史坚。⑥

府记曰，守塞尉放记言："今年正月中从女子冯□借马一匹，从驹。今年⑦四月九日诣部，到居延收降亭，马罢。止害隧焦永行檄还。放骑永所用驿马去。永持放马之止害隧。其日夜入定时，永行警檄。牢驹隧内

---

① 庭，或即"铤"之误，铤，朴也。《一切经义》："铜铁之朴，未成器用者。"

② 领，汉官制用语，即兼领，指已有主官主职，又领他官他职，而不居其位。

③ 官符，指都尉府的任命文书。

④ 记，官府的公文往来文书格式。官记，指候官发出的记书。

⑤ 都吏，指都尉府吏。后都吏，在都吏走之后。

⑥ "掾谭、尉史坚"五字写在《新》E·P·F22：187简的背面"B"，以下抄录的一件验问文书中的掾□□三字也写在一册文书的第一支简的背面"B"。这种署名方式或表示该掾、史为此案的承办人。

⑦ "从驹。今年"，原文误作"从今年驹"，现改正。

中。明十日驹死。候长孟宪，隧长秦恭皆知状"。记到，验问，明处言。① 会月二十五日。

前言解。谨验问放、宪，皆曰：今年四月九日，宪令隧长焦永行府卿蔡君起居檄，至庶（遮）虏还，到居延收降亭，天雨。永止须臾去。尉放使士吏冯匡呼永曰："马罢，持永所骑马来"。永即还放马。持放马及驹随放后，归止害隧。即日昏时到吞北所，骑马更取留隧驿马一匹，骑归吞远隧。其夜入定时，新沙置吏冯章行殄北警檄来。② 永求索放所。放马夜冒不能得。还骑放马行檄。取驹牢隧内中去。到吞北隧▨□□□罢□□□□中步到……俱之止害隧取驹去。到吞北隧下，驹死。

案：永以县官事行警檄，恐负时，③ 骑放马行檄。驹素罢劳，病死。放又不以死驹付永。永不当负驹。放以县官马擅自假借，坐臧（脏）为盗，请行法。获教敇要领放毋状，当并坐。

叩头死罪死罪，敢言之。

　　　　　　　　　　　　　　　　《新》E·P·F22：186-201

6. 甲渠言，三十井关守丞匡檄言，都田啬夫丁宫□等入关檄留迟。④ 谨推辞如牒。建武四年十一月戊寅朔乙巳（二十八日），甲渠鄣守候博叩头死罪，敢言之。府记曰：⑤ "三十井关守丞匡檄言，居延都田啬夫丁宫、禄福男子王歆、⑥ 郭良等入关檄留迟，⑦ 后宫等到。记到，各推辞界中。定吏主当坐者名，会月晦。" ●谨推辞界中，验问候长上官武、隧长董习等辞相付受［日时］及不过界中，如牒。谨已劾△领职教敇吏毋状，叩头死罪死罪，敢言之。

　　　　　　　　　　　　　　　　　　　　　　掾□□
　　　　　　　　　　　　　　　　《新》E·P·T22：125-132

---

① 处，判决。《汉书》卷八十五《谷永传》："臣愚不能处也。"注："断决也。"
② 置，驿站。新沙置，驿站块。
③ 负，欠。此处为延误时间。
④ 都田啬夫，掌管一县农事的官吏。
⑤ 府，指都尉府。
⑥ 禄福，县名，属酒泉郡。
⑦ 郭良，人名。在此文书中六见，有五处作"郭长"。

入关檄留迟推辟文书附件

1. 府记及甲渠鄣候写移檄文

甲渠鄣候以邮行□①

府告居延甲渠鄣候，卅井关守丞匡十一月壬辰（十五日）檄言："居延都田啬夫丁宫、禄福男子王歆等入关檄甲午（十七日）日入到府"。匡乙未（十八日）复檄言："男子郭长入关檄丁酉（二十日）食时到府"。皆后宫到，留迟。记到各推辟界中，定吏主当坐者名。会月晦。② 有教。③ 建武四年十一月戊戌（二十一）起府。

十一月辛丑（二十四日）甲渠守候告尉谓不侵候长宪等，写移檄到各推辟界中相付受日时，具状，会月二十六日如府记，律令。

《新》E·P·F22：151A、B、C、D

2. 推辟牒书

（1）卅井关守丞匡檄一封，诣府。十一月壬辰（十五日）言：居延都田啬夫丁宫、禄福男子王歆等入关檄甲午（十七日）日入到府，留迟。

● 谨推辟验问。临木候长上官武、隧长陈阳等辞，不受卅井关守丞匡言宫、男子王歆等入关檄，不过界中。

（2）三十井关守丞匡檄一封，诣府。十一月乙未（十八日）言男子郭长入关檄丁酉（二十日）食时到府，留迟。

● 谨推辟验问，临木候长上官武、隧长张勋等辞，今月十八日乙未食坐五分，木中隧长张勋受三十井诚势北隧长房岑。晡时，勋付城北助隧长王明。下晡八分，明付吞远助隧长董习。习留不以时行。其昏（昏）时，习以檄寄④长。长持檄道宿，不以时行檄。月二十日食

---

① 府记邮签。"□"为封泥匣。此邮签以下至"会月二十六日如府记，律令"，均写在一觚上。觚的四面上部都写有"甲渠鄣候以邮行□"。

② 晦，农历每月最后一日。

③ 有教，公文用语。上对下文书结尾常有此语。如《新》E·P·F22：459等。

④ 寄，以事相托。《汉书》卷七十二《鲍宣传》："请寄为奸。"注："请寄，谓以私事相托也。"

时到府。

　　吞远隧去居延百三十里，檄当行十三时，定行二十九时二分。除界中十三时☐。案：习典主行檄书，不☐时二分。不中程。谨已劾。

《新》E·P·F22：133－150

　　（3）……持行到府，皆后官等到，留迟。记到各推辟界中相付日时，具言状。会月二十六日●谨案：乡啬夫①丁宫入关檄不过界中。男子郭长入关檄十一月十八日乙未食坐五分，木中隧长张勋受三十井诚势北隧长岑。餔时，勋付城北隧助吏王明。下餔八分，明付吞远隧吏☐☐皆中程，留迟不在界中，敢言之。

《新》E·P·T22：324、464

　　按：从以上所录文书得知，"案验"即考实其事，以定处治。此词为司法审判用语，它是审判程序的特定阶段，审判机关要对案件作出判决，必须经过"案验"。兹分析如下：

　　（1）以上抄录的案验文书中的负责案验者，都是基层行政机构。所案验的问题大致有三类。一是本机关管辖范围内发生的问题，即"监临部主"者举劾的案件。如以上所列"劾章"的"案件"，即是这一类文书。二是对上级的举记、檄中提出的问题而进行的"案验"。如上述第4、第5、第6文书中的"案验"。三是对其他机关，包括审判机关移交案件的"案验"。汉代法令规定，当事人如不在本地，应将案件移往当事人所在地的有关机关负责"案验"、处决，或仅验问，而后将验问结果返回承办机关。如《新》E·P·T58：45A、B："☐☐丑朔甲寅，居延库守丞庆敢言之；缮治车卒甯朝自言☐贳卖衣财物客民卒所各如牒。律☐辞官移书人在所。在所以次。唯府令甲渠收责，得钱与朝，敢言之。掾破胡、佐护、充光。"这是一件债务案。承办此案的居延府并未直接验问、处决此案。而是根据法律移书"人在所"，即被告人现在地，由所在地区的有关机关，负责审问处理。《新》E·P·T51：517、518、519所载一债务案，也是移书债务人所在地，由所在地有关机关负责验问："☐☐丙辰朔丁巳，不侵

---

　　①　乡啬夫，"都田啬夫"之误。

候长充敢言之，居延甲渠制虏隧长居延长成里公乘逢毋泽年五十五□责故三十井广地隧长姜赣等钱。赣等在居延，移居延验问……"

（2）验问开始，先向被审问者宣读有关律令，令其招供实情，否则应负法律责任。该律文的基本内容是"证不言情"，"辞已定，满三日而不更言情，以辞所出入罪反罪"。①

（3）先问当事人的"名、郡、县、爵、里、年、姓、官、除"。② 除，授职。此处指所任职务。

（4）爰书验问，即依据爰书，审问当事人。

（5）如有其他人参与验问，应在爰书中说明。如第一件文书中的"杂与候史辅验问"，即此案由临木候长宪与候史辅共同验问。

（6）案验结果与处理意见。案验后应作出结论。如第一件的验问结论："忠等毋从所主卒及它部官卒买"物品。第五件的验问结论是"永以县官事行警檄，恐负时，骑放马行檄。驹素罢劳，病死。放又不以死驹付永"。如果所案验的案件需要提出处理意见。验问后应与结论一并提出，报有关机关。如第五件文书中根据府记的指令。"验问，明处言"，验问后提出处理意见："放以县官马擅自假借，坐赃为盗，请行法。获教要领放毋状，当并坐。"第六件文书中有府记提出："记到各推辟界中，定吏主当坐者名。"甲渠候验问后提出："（吞远隧隧长董）习等典主行檄书，不□时二分，不中程。谨已劾。""已劾"，即对董习的处理。

会日。如果是上级交办的案件，一般都定有验问期限。如第五件文书中的验问期限："会月二十五日"。第六件文书中府记指令甲渠候官"会月晦"。因此，甲渠候官命令各隧提前于"月二十六日"汇报推辟结果，以便能准时向都尉府汇报。

（原载《简帛研究（2001）》，广西师范大学出版社 2001 年版。）

---

① 《新》E·P·F22：1、2、21。关于这条律文的具体内容，作者曾考证。参见拙著《汉简中所见汉律论考》，载《简帛研究》第二辑，法律出版社 1996 年版。

② 《新》E·P·T51：228，《居》3·35。

汉代诉讼制度论考

　　1983 年年底至 1984 年年初，于湖北江陵张家山发掘西汉前期墓葬 3 座，发现大量竹简。其中有题为《奏谳书》的文书一册，共二百二十七简。① 这册司法文书对于研究汉初的法制建设有非常重要的价值。

　　"谳"，平议，议罪。② "奏谳"，即下级审判机关将难以断决的案件呈报上级审判机关，直至皇帝审理判决。"狱成奏谳"之事，古已有之。西汉初，可能是为了清理秦朝以来积压的大量疑难案件，遂将"疑狱奏谳"定为制度。汉高祖七年，"制诏御史：'狱之疑者，吏或不敢决，有罪者久而不论，无罪者久系不决。自今以来，县道官狱疑者，各谳所属二千石官以其罪名当报之。所不能决者，皆移廷尉，廷尉亦当报之。廷尉所不能决，谨具为奏，傅所当比律令以闻'"。③ 此诏书的颁布，不仅使得司法官吏解决疑难案件有了法定程序。同时也为汉初的法制建设奠定了基础。现从《奏谳书》中得知，在实行疑狱奏谳制度时，汉统治者对于司法审判的其他各项具体制度也有了规定。新发现的这册法制文书，共辑录案件二十二件。是书虽署名《奏谳书》，但并非都是奏谳案件。其中除了县廷呈请郡守和郡守呈请廷尉审断的案例之外，另有录囚、乞鞠和复审的案例，还有廷尉府举行"集议"断决疑案和提倡"得微难狱"的侦破疑案的范例。此外，为了培养审判官吏守法不阿精神和分析案情的能力，这册法制文书还收录了春秋时期的两则办案故事。

　　从上述内容可以看出，此书并非仅供实行"奏谳"用的参考手册，而是为推行汉代新的司法审判制度而编辑的指导文献。

---

　　① 《张家山汉墓竹简·奏谳书》，文物出版社 2001 年版。以下凡引此书处，仅简写《奏谳书》。
　　② 《汉书》卷五《景帝纪》颜师古注："谳，平议也。"
　　③ 《汉书》卷二十三《刑法志》。

因此，为了了解这册文书的内容，有必要按汉代审判程序，将文书中涉及的基本制度简述如下。

一　司法审判程序

《汉书·张汤传》载有一则张汤审"鼠盗肉"案，其中对汉代的审判制度有一个概括：

> （张汤）父为长安丞，出，汤为儿守舍。还，鼠盗肉，父怒，笞汤。汤掘熏得鼠及余肉。劾鼠掠治。传爰书，讯鞫论报。并取鼠与肉，具狱。磔堂下。

按照这一叙述，汉代审判程序主要有逮捕、告劾、传爰书、讯鞫论报，具狱。对于这段文字，不少学者作过考证。由于所记过于简略，且有关资料极少，因而至今对一代审判制度未有清楚认识。近些年，大批秦汉简牍的出土，尤其是《奏谳书》的发现，使我们有可能对这一代司法审判制度有比较全面、具体的了解。

1. 管辖

审判管辖，即审判机关对案件审理的管辖权限。秦汉时期，尚未见对审判管辖有明确、系统的规定。从有关史料中可以看出，当时对案件的管辖，大致有以下制度。

（1）实行地区管辖，即由案件发生地的审判机关管辖。县廷是地方基层审判机关，因而一县境内发生的案件，无论案件的性质如何，罪行大小（包括死刑案件）；也无论案件当事人的身份、地位如何，均由县廷受理。如西汉，武帝娣盖主私夫丁外人专横跋扈，射杀故京兆尹樊福，行凶后藏公主宅内。案发在渭城。渭城令胡建"将吏卒围捕"凶手，执意要审理此案，即是一例。①

---

① 见《汉书》卷六十七《胡建传》。

（2）军人违法、违纪案件，由地方审判机关管辖。秦汉时，军队内未建专门的军事法庭。因此，军人犯法、军人与军人之间、军人与百姓之间的诉讼，也由地方审判机关受理。如《秦简·封诊式》载，秦昭王四十一年（公元前 266 年）邢丘战役时发生的"夺首"一案，本是军人之间的争讼，但"军戏某"却将此案交地方审理。汉代仍因袭此制。如《居延新简》中的"建武五年候长王褒劾状"载，"褒典主而擅使丹（隧长）乘用驿马，为虏所略得，失亡马。褒不以时燔举而举堠上一苣火，燔一积薪。燔举不如品约，不忧事边"。劾状所列举王褒的罪行，纯属违反军法，但却将他"移居延狱，以律令从事"。① 与"建武五年候长王褒劾状"同探方出土的竹简中，有多支写着"令史劾移居延狱，以律令从事"，当都是军人犯法交地方审判机关审理的案件。② 再者，军人与百姓间的诉讼也由地方审判机关管辖。如 1973 年发现的东汉初年的一件诉讼卷宗《候粟君所责寇恩事》。该案原告粟君是军官，被告寇恩是平民，并没有因为原告是军官身份，交由甲渠候的上级——都尉府处理，而是向案件发生地居延县廷提起诉讼。③ 至于依法享有特权（如汉代的"先请"）者参与的案件，一般也是由有关地区审判机关受理，审问后，依"先请"制度，提交上级有关机关判决。

2. 逮捕

逮捕，即由司法机关以强制力搜捕、拘押人犯。逮捕是行使审判的前提，故商鞅相秦所受李悝著《法经》中即有《捕律》一篇。汉承秦制，萧何所著《九章律》中也有《捕律》。但该篇律目不传。沈家本在考证汉律时说道："《捕律》之目，《晋志》无文，无以考之。"④《张家山汉墓竹简·二年律令》中也见《捕律》一篇。篇章虽不完整，但可证实汉《捕律》即有关拘捕人犯的法律。综上所述传世古籍及出土简牍中所见资料，汉逮捕制度有以下规定。

---

① 《居延新简》E·P·T68：81—92。
② 如 E·P·T68：103、104："建武六年九月丁酉朔丙辰令史嘉劾移居延狱，以律令从事。"其他如 E·P·T68：105、106、57、58 等，皆是相同案例。
③ 见《建武三年候粟君所责寇恩事》，载《居延新简释粹》，兰州大学出版社 1988 年版。
④ 沈家本：《历代刑法考·汉律撰遗卷一》。

（1）机构。

汉代，地方上发生的刑事案件，一般由县令、县尉，乡游徼、亭长、求盗等负责查禁、拘捕。

县署有专门负责拘捕刑事罪犯的机构县尉。《后汉书》志第二十八《百官五》载，县有县尉，其职掌之一，"主盗贼，凡有贼发，主名不立，则推索行寻，案察奸宄，以起端绪"。县令是一县最高司法长官，对于县中所有司法事务皆有权过问。若遇重大案件，县令、长常亲自率吏卒搜捕案犯。乡署有游徼，掌巡察缉捕贼之事。亭有亭长，以禁盗贼。亭部有吏卒求盗专掌逐捕盗贼。驻有士兵的亭，另置有校长。《后汉书》志第二十五《百官二》："本注曰：校长，主兵戎盗贼事。"校长拘捕盗贼事，在秦汉简牍中常见。如《张家山汉墓竹简·奏谳书》中有一案例载，"校长池曰：士伍军告池曰：大奴武亡，见池亭西，西行。池以告，与求盗视捕武"。校长拘捕盗贼事，一般是案发现场，拘捕现行犯。

（2）制度。

汉代律令规定，司法机关实施逮捕有种种限制：

拘捕人犯，需执有拘捕证件。《居延汉简释文合校》58·17，193·19："逮，戍卒觡得安成里王福字子文，敬以逮书捕得，福盗械。"逮，即逮。逮书，即拘捕证，也名"系牒"，汉简中见此名："求盗甲告曰：从狱史武备盗贼，武以六月壬午出行公梁亭，至今不来，不智（知）在所，求弗得，公梁亭校长丙坐以颂系，毋系牒，弗穷讯。"①"毋系牒"即非法拘捕。

不得夜入人室捕人。《捕律》规定："禁吏毋夜入人庐舍捕人，犯者，其室殴伤之以毋故入人室律从事。"② 法律如此规定，可能是因为黑夜间，室内的人无法辨认闯入者是有拘捕权的官吏，还是强盗。故禁止黑夜入人室捕人。

此外，为防止、减少因诉讼活动而妨碍生产，烦扰百姓，汉代律令关于拘捕还有以下规定：

---

① 《张家山汉墓竹简·奏谳书·淮阳守行县掾［录］新郪狱》。

② 《居延汉简释文合校》395·11。

移人在所县道官，县道官狱讯以报之，勿征逮。征逮者以擅移狱论。①

移，指移送文书。人，指案件当事人（包括被告人、证人等）。按此律规定，当事人现居住的县道官署负责验问，然后将审讯结果报予受理此案的审判机关。受理此案的县道不得将此当事人"征逮"到本县道。否则将按"擅移狱"论罪。

律曰：赎以下可檄，檄。勿征逮。②

赎，指赎刑，刑罚的一种。凡处"赎"刑的罪，称作"赎罪"，处轻罪的刑罚。据说，东汉永元年间，赎以下有"二千六百八十一条"。③ 檄，用于征召的文书。《说文》段注引李贤文："光武纪曰：《说文》以木简为书，长尺二寸，谓之檄，以征召也。"按此规定，赎罪案件的当事人，尽可能发"檄"书将其传唤到庭，勿拘捕。

为怜悯、体恤妇女、老弱者，西汉末、东汉初，皇帝都曾下诏，对妇女、老弱者的某些犯罪，可"就验"，而不逮捕、羁系。

平帝元始四年诏："明敕百寮，妇女非身犯法，及男子八十以上七岁以下，家非坐不道，诏所名捕，它皆无得系。其当验者，即验问。"④

光武帝建武三年诏："男子八十以上，十岁以下，及妇女从坐者，自非不道，诏所名捕，皆不得系。当验问者即就验。"⑤

---

① 《居延新简》E·P·S4·T2：101。
② 《居延汉简释文合校》157·13、185·11。
③ 《后汉书》卷四十六《陈宠传》。
④ 《汉书》卷十二《平帝纪》。
⑤ 《后汉书》卷一《光武帝纪》（上）。

以上两诏令的内容基本相同。唯一区别在于一说"男子七岁以下"，一说"十岁以下"。规定"十岁以下"较合理。至于何为"就验"？注家有不同解释。《汉书·平帝纪》颜师古注："就其所居而问。"《汉书辅注》周寿昌曰："即验问不稽时也。岂有长吏就讼者之居而听讼者。情理不合。"王先谦同意周说。笔者认为，从文法来看，两种意见都不错。而颜师古所说较近诏令原意。"其当验者即验问"的上文是"它皆无得系"，即不作逮捕、羁押。《汉书·衡山王刘赐传》载，衡山王谋反事发后，廷尉请逮捕衡山王。"上曰：'勿捕'。遣中尉安、大行息即问王，王具以情实对。"这也说明"就问"，即无须拘捕。如需审问，"就其所居而问"即可。这里不是强调"验问不稽时"。当然，如能"就其所居而问"，自然不会拖延时间。

（3）通缉。

通缉是逮捕逃亡犯的一种措施，即由有关权力机关发布通缉令，要求各地官民协助追捕逃亡犯，秦汉时的所谓"名捕"或"诏所名捕"，[①] 即通缉。通缉令一般由皇帝或丞相、御史等中央政权机关发布。如《史记》卷六《秦始皇本纪》："毐等败走。即令国中，有生得毐，赐钱百万，杀之五十万。"这就是所见到的秦代的一道通缉令。汉代的通缉令要求写明在逃犯的姓名、性别、年龄、籍贯、身份、相貌，以及所犯罪行等。现将汉简中的名捕诏书抄录两件如下：

> 名捕平陵德明里李蓬，字游君，年三十二三，坐贼杀游徼周救，攻邯□市，贼杀游徼业、谭等，亡为人奴……
>
> 诏所名捕平陵长藿里男子杜光，字长孙，故南阳杜衍……多□，黑色、肥大，头少发，年可卅七八□□……五寸……杨伯，初亡时驾骊牡马，乘阑举车，黄车菌，张白车篷，骑骊牡马，因坐役使流亡□户百廿三，擅置田监史，不法不道，丞相御史□执金吾宗属所二千石

---

① 《汉书》卷七十二《鲍宣传》："时名捕陇西辛兴。"颜师古注："诏显其名而捕之。"又见《汉书》卷九十二《楼护传》："名捕宽诏书至。"颜师古注："举名而捕之也。"

奉捕。①

为了查获逃犯，以上两道诏书对于逃亡犯作了详尽描述。

汉简中还多见为执行名捕诏书的文书，所谓"上行文"、"下行文"。从中不仅看出地方对于诏书的重视，同时也可以了解执行"诏书"的制度。现简介如下。

> ……匿界中。书到，遣都吏与县令以下逐捕搜索部界中，听亡人所隐匿处，以必得为故，诏所名捕重事，事当奏闻，毋留，如诏书律令。②

这是一件"下行"文书。此简之首断缺，无从知晓下达此件的具体单位和时间。"书到"，指诏书到达。"遣都吏与县令以下逐捕搜索部界中"，说明县以下单位必须搜索部界中有无"诏所名捕"的通缉犯。"事当奏闻"，指执行此诏书的情况及时上报。

> 元康元年十二月辛丑朔壬寅，东部候长长生敢言之。候官官移太守府所移河南都尉书曰：诏所名捕及铸伪钱、盗贼。亡，未得者牛延寿、高建等廿四，牒书到，搜，[索部界中] ……（正面）
> 候史旁，遂昌。（背面）③
> 证任毋牛延寿、高建等当留居界中者，书审……④

以上为元康元年十二月写的执行名捕诏书的汇报文书，即所谓"上行文"。文中说，东部候官接到经太守府所移河南都尉下达的名捕诏书以后，

---

① 《居延汉简释文合校》114·21、183·13。此外，汉简中还有许多关于"名捕"的简牍。特别值得一提的是1973年出土的《甘露二年御史书》，是一道较完整的"名捕诏书"。由于内容较长，本文在此不抄录，见《居延新简释粹》。

② 《居延汉简释文合校》179·9。

③ 《居延汉简释文合校》20·12A、B。

④ 《居延汉简释文合校》306·17。

进行了搜捕，但未抓获逃亡犯，并付有保证书，即证明应捕犯牛延寿、高建等未曾"当留居界中"。值得提出研究的一个问题是，《合校》255·27简文也是执行名捕诏书的"上行文"。而简首写道："……捕验亡人所依匿处，必得，得诣如书。毋有，令吏民相牵证任，爰书。以书言。"这段文字，很可能是关于如何执行名捕诏书的法律条文。大意如下：依上诏书的指示，搜索逃犯藏匿，必须逮住逃犯。抓获后按诏书所说，送往指定地点。如没有发现逃犯，应令有关吏民写出保证书，并书面报告上级。汉简所见许多执行名捕诏书的"上行文"的内容，基本如以上所言，也可证明255·27简的开首文字是关于执行名捕诏书的法律规定。

秦汉时，审判机关不仅有权逮捕被告，甚至可以逮捕证人。《汉书·张汤传》："使吏案捕汤左田信等。"李奇注："左，证左也。"《汉书·王莽传中》："逮捕证左。"当时，一桩案子，常逮捕许多人为证人。《汉书·杜周传》说，酷吏杜周为廷尉，审问大案"连逮证案数百，小者数十人；远者数千里，近者数百里。会狱，吏因责如章告劾不服，以掠笞定之。于是闻有逮证，皆亡匿"。这是官吏"闻有逮证"而亡匿。至于小民更惧怕做证人。《后汉书·陈宠传》说，"是以盗发之家，不敢申告，邻舍比里，共相压迫，或出私财，以偿所亡"。邻舍为什么"压迫"被盗人家，不让他告发呢？原因就在于怕作为被盗者的证人而被"逮证"。汉简中有一则文书，反映出证人常常是由官府派兵卒遣送出庭的。这一棨的内容如下：

> 元延二年八月庚寅朔甲午都乡啬夫武，敢言☐，襃葆俱送证女子赵佳张掖郡中。谨案曰：☐留，如律令，敢言之。●八月丁酉居延丞☐☐。居延丞印。八月庚子以来。①

"棨"是刻木而成的一种符信。过关时执以为凭。这则棨是居延县都乡啬夫开出的经居延县丞签发的通行证明，遣送证人女子赵佳到张掖郡出庭作证。从中可以看到当时的证人是经逮捕、遣送出庭的，所以称为"逮

---

① 《居延汉简释文合校》181·2A、B。

证"。

二 羁押

审判未结案之前，司法、审判机关对诉讼当事人（主要是被告人）实行羁押，秦汉时称作"系"，或"鞫系"、①"系狱"②等等。这时关于羁押制定有种种制度。③

1. 械系与颂系

秦时关于诉讼当事人的羁押，尚未见有因当事人身份、地位不同区别对待的规定。汉时将"系"分为两种："械系"与"颂系"。《汉书》卷二《惠帝纪》载，惠帝即位时规定："爵五大夫，吏六百石以上及宦皇帝而知名者有罪当盗械者，皆颂系。"又《汉书》卷二十三《刑法志》载，孝景后三年，"复下诏曰：年八十以上八岁以下及孕者未乳、④师、朱（侏）当鞫系者，颂系之"。从这两道诏令来看，"颂系"是对于一部分诉讼当事人羁押时的优待。现分别叙述如下。

"械系"也名"盗械"，⑤即羁押时着狱具。《汉书》卷三十九《萧何传》："乃下何廷尉，械系之。"《汉书》卷四十三《娄敬传》："械系敬广武。"颜师古注："械谓桎梏也。"汉简中也见"械系"一词。⑥"颂系"，即不着狱具。颜师古注："颂读曰容，容，宽容之，不桎梏。"⑦今人陈直云："颂系二字，松系之假借，因西汉时尚无松字（指松字的繁体鬆）。"⑧此意见也可备一说。"颂系"一词，汉简中也常见⑨。在此不一一抄录。

---

① 《居延汉简释文合校》239·46："鞫系书到，定名、县、爵、里、年口。"
② 《居延汉简释文合校》4·9。《汉书》卷七十六《张敞传》。
③ 中国古代监狱囚禁的囚徒有两类，一是对诉讼当事人的囚禁，二是对已判决执行（参见陈光中、沈国峰《中国古代司法制度》）。本文仅研究对诉讼当事人的羁押。
④ 《汉书》卷二十三《刑法志》颜师古注："乳，产也。"
⑤ 何谓"盗械"？注家各持一说。沈家本所说甚是："囚之著械，原是虑其逃亡；盗，逃也。故曰盗械。非必逃亡之人，始令著械，收系亦不必皆在犴牢。"（《汉书摭遗·系囚》）
⑥ 见《居延汉简释文合校》13·6、118·18。
⑦ 《汉书》卷二十三《刑法志》颜师古注。
⑧ 陈直：《汉书新证》，第15页。
⑨ 《居延汉简释文合校》5·3、10·1、13·8、126·12。

2. 狱具

为防止被押者逃逸，或抗拒，一般都将囚犯禁于监狱内，以待审判。如秦简中有一条关于抓获投匿名书信者如何处理的律文规定："有投书，勿发，见辄燔之；能捕者购臣妾二人，系投书者鞫审谳之。"① "系投书者"，即为了对其审讯定罪。至于依法当"械系"者，不仅将其囚禁于监狱，并要着狱具，以束缚其身体。

《说文》云，"一曰械，器之总名"。从秦简得知，秦时的刑具有赤衣、枸椟、纍、杕。②

赤衣，也称赭、赭衣，即禁者所穿的赤褐色衣服。《汉书》卷二十三《刑法志》云，秦代"赭衣塞路"，此"赭衣"者中，既有囚徒，又有被押待审判者。据秦律规定，凡入狱者，一般都要"赤其衣"。因而也可视"赤衣"为狱具。

枸椟，应为木制狱具，如枷或桎梏之类。

纍，读为缧（音雷），系在禁囚颈上的墨索。

杕，读为鈇（音第），套在禁囚足胫的铁钳。③

汉代羁押囚禁者的械有"桎梏钳赭"。

桎梏，木制狱具。颜师古注："械在手曰梏，在足曰桎。"④ 钳，铁制狱具。颜师古注："钳，以铁束颈也。"⑤

赭，即赤衣。⑥

汉律规定，任何人不得私自解脱狱具。《汉书》卷九十《义纵传》："为死罪解脱。"孟康注："律，诸囚徒私解脱桎钳赭，加罪一等；为人解脱，与同罪。"

3. 羁押期限

秦汉时，尚未规定出羁押期限。秦律虽然规定若将案件当事人长期拘

① 《秦简·法律答问》。
② 《秦简·司空律》。
③ 参见《秦简·司空律》："有罪以赀赎"注。
④ 《汉书》卷二十三《刑法志》注。
⑤ 同上。
⑥ 关于狱具，可参见沈家本《历代刑法考·刑具考》。

禁而不审判，有关官吏应受处罚，所谓"弗问而久系之，大啬夫、丞及官啬夫有罪"，① 但是，法律并没有明确规定羁押多长时间为之"久系"。《秦简·法律答问》中有一则答问反映出，拘系一年而不结案的案件，也没有认为是久系不决。《答问》说："甲盗牛，盗牛时高六尺，系一岁，复丈，高六尺七寸，问甲可（何）论？当完城旦。"此《答问》意在说明，以作案时的身高为定罪量刑的依据，一年以后的身体有所增高，不影响刑期长短。它同时表明，在司法实践中"系一岁"而未判决的案件也不认为是"久系"。

汉代统治者也主张案件应"以时验问"，② 不应久拖不决。西汉立国初期，为了解决审判机关对"有罪者久而不论，无罪者久系不决"的问题，曾规定了"狱疑谳"制度，但也没有规定多久时间为"久系不决"，③ 也就是说，没有规定出，羁押案件当事人的具体期限。

三　推辟

推辟，司法用语，犹言推究，推求，即查明案情，在汉简中多见。在汉代，推辟与审判无明显的阶段之分，也无专门负责执行推辟的机关。《后汉书》志第二十八《百官五》说到县尉的职责时，写道："尉主盗贼。凡有贼发，主名不立，则推索行寻，案察奸宄，以起端绪。"这里虽然说县尉有侦破盗贼案的责任，但仅仅是"以起端绪"而已，并不承担全案的侦查任务。侦查与审判都由审判机关办理。侦查常常就是审讯的开始，而在审讯过程中可以继续侦查。但是，为了有效地揭露犯罪事实真相，秦时对于侦查活动已制定出了许多具体制度，现分别阐述如下。

1. 讯问证人

证人，秦汉时称为左、证左。④ 这时的证人同被告人一样，可以逮捕、

---

① 《秦简·司空律》。

② 见《居延汉简释文合校》4·1。

③ 《汉书》卷二十三《刑法志》。

④ 《汉书》卷六十六《杨恽传》："事下廷尉，廷尉定国考问，左验明白。"颜师古注："左，证左也。"言当时在其左右见此事者也。

拘押、拷打。关于逮捕、拘押证人的问题，本文前面已有论述，在此不再重复。至于对证人的拷打，史籍中也多有记载。采用拷打、威胁、引诱等手段，迫使证人做审判官所需要的陈述的事例，也不胜枚举。东汉有一郡仓曹掾戴就，因拒不作伪证，诬陷郡太守贪污，被拘系钱唐县狱，严刑拷掠，五毒备至。其酷惨之状，令人不忍目睹。① 此案当是中国封建社会里对证人严刑逼供的典型事例之一。

　　然而也应该承认，有关法律文献足以说明，秦汉时在审判过程中是重视收集证人证言的。《秦简·封诊式》中有几则爰书的记载清楚地说明了这一点。

　　（1）根据证言，确定案件性质。"经死"爰书记述一桩吊死案的现场勘验时，特别指出，若要查清死者自杀的原因，必须询问死者的"同居"："自杀者必先有故，问其同居，以合（答）其故。"这里所说的"同居"，即该案的证人。"同居"的回答即证言，对于判断死者是否"自杀"有重要意义。

　　（2）根据证言，判断案发的时间、地点。"贼死"爰书中，在详细记录了对一桩凶杀案件如何勘验以后，又特别指出要讯问案发现场周围的居民，以了解案发的具体时间、地点。该爰书最后说："讯甲亭人及丙，智（知）男子可（何）日死，闻号寇者不殹（也）？"甲，某亭发现死尸的求盗。甲亭人，指该亭的其他人。丙，距死尸二百步远的田舍主人。

　　（3）根据证言，判断被盗物品的价值。"穴盗"爰书记载，为了证实被盗者所丢衣服是否是一件新衣，现场勘验者向被盗者的邻居作了详细调查。"穴盗"爰书最后写道：

　　　　讯丁、乙伍人士五（伍）□，曰："见乙有结复衣，缪缘及殿（纯），新也。不智（知）其里□可（何）物及亡状。"以此直（值）衣贾（价）。

　　有关史料说明，秦至西汉前期，提供证言是每个庶民的法定义务，即

---

① 见《后汉书》卷八十一《戴就传》。

使父子、夫妻等亲属之间也不得拒绝作证。进入西汉，秦时尚"告讦"的恶习受到批判，儒家伦理思想日益扩大，法律逐渐儒家化。儒家尊尊、亲亲原则也影响到了诉讼中的举证制度。汉宣帝地节四年颁布的"亲亲得相首匿"诏，对于亲属间的举证，作了限制性规定。该诏令写道："自今子首匿父母，妻匿夫，孙匿大父母，皆勿坐。其父母匿子，夫匿妻，大父母匿孙，罪殊死，皆上请廷尉以闻。"① 颜师古注："凡首匿者，言为谋首而藏匿罪人。"按此诏令规定，一定范围内的亲属犯罪，可以相互隐瞒，而不受追究或加刑。既然如此，诏令所规定的亲属犯罪，也可以拒不提供证言。

案件当事人对自己供词是否提出了证据（人证或物证），应记录在案。

案件经证验后，也应记录在案。因为经证验所得结论，常常是审判活动进入下一程序（是否立案、审问、判决等）的重要根据。如《汉书·薛宣传》载，薛宣告栎阳令："证验以明白，欲遣史考察。"汉简中也多见"验问"文书，如《居延汉简释文合校》：

  193·30：□官移甲渠侯官，验问收责□

  133·11：谨验问守候长……

  127·35：□以牒验问官久故吏令史范弘□

  《居延新简》：

  E·P·T5：107：☑移尉丞行塞。验问第二十九隧长王禹☑

  E·P·T5：125：☑居延都尉德谓甲渠塞□□写移书到验问☑☑

如律令。掾仁☑

秦汉法律严禁伪证。伪证，即故意提供不符合事实的证言。提供伪证者一般要负刑事责任。因而，汉代对于如何审定证言，已有具体的法律规定（详见下文"审问"一节）。

2. 搜索家室

为了取得证据，或收缴赃物而搜索案件当事人的家室，是侦查案情的

---

① 《汉书》卷八《宣帝纪》。

重要方式之一。因此，秦时法律规定，审判机关接收起诉案件后，如需要搜索当事人的家室，便立即签发"封守"文件，"遣识者以律封守"。① 所谓"封守"，即搜查、封存。《秦简·封诊式》中有"封守"爰书一则，当是写"封守"报告书的法定格式。其中记载了如何搜索案件当事人住宅的要求和要领。现抄录如下，以便分析：

> 封守□□乡某爰书：以某县丞某书，封有鞫者某里士五（伍）甲家室、妻、子、臣妾、衣器、畜产。●甲室、人：一宇二内，各有户，内室皆瓦盖，木大具，门桑十木。●妻曰某，亡，不会封。●子大女子某，未有夫。●子小男子某，高六尺五寸。●臣某，妾小女子某。●牡犬一。●几讯典某某、甲伍公士某某："甲党（倘）有［它］当封守而某等脱弗占书，且有罪。"某等皆言曰："甲封具此，毋（无）它当封者。"即以甲封付某等，与里人更守之，侍（待）令。

这则爰书说明了以下几点。

第一，搜索案件当事人的家室，须持县审判机关下达的搜索证。该爰书开首写道，某乡主执行搜索"有鞫者"家室的行动，是"以某县丞某书"为根据的。爰书如此写，绝非偶然。《封诊式》中另有一则"告臣"爰书在说到县审判机关要求"某乡主"搜查"有鞫者"时命令是由"某县丞某"下达的。这从另一面证明"封守"当事人的家室，应持县丞签发的搜索证。

第二，搜索时，应有被查封者的家属，以及里典、四邻在场。"封守"爰书载明，乡主某执行封守时，"典"，即里正（因避秦始皇讳，改"里正"为"里典"）、"甲伍公士某某"，即被查封者甲的同伍人（即邻人）"公士某等"在场。被查封者的妻不在场，爰书特记明："妻曰某，亡，不会封。"

里典、伍人不仅有义务作为旁证人参加搜索活动，同时还有责任如实

---

① 《秦简·封诊式·有鞫》。

申报被告人的全部财物。被告人家室的财物是否已被全部查封，居然要由里典、伍人承担责任。所以搜索结束时，主持此事的官吏认真、慎重地查问里典和伍人："甲是否还有其他应该查封而你等脱漏未加登记。如果有，你等将承担罪责。"里典、伍人还要对此具结，证明"甲应查封的都在这里，没有其他应封存的了"。

第三，搜索时应作详细记录。"封守"爰书的记载说明了这一点。被查封者家庭成员、房屋间数、结构、树木棵数、牲畜等都登记在册。对于一些有可能追究当事人法律责任的事实，爰书都特书一笔。记录虽然简单，但非常明确。例如：

妻曰某，亡，不会封。

妻是被告人家庭成员，查封没有参加，逃亡在外当然应该记载清楚。

子、大女子某，未有夫。

"子"，指某甲的女儿。"大女子"，即成年妇女。① 成年、"未有夫"等状况，可能涉及纳赋税等问题，故在爰书中特记一笔。

子小男子某，高六尺五寸。

对于某甲的儿子，特记下他的身高，也有特殊原因。秦简中有关资料说明，秦民是按身高傅籍的。傅籍的法定身高很可能就是"六尺五寸"。② 傅籍后，要依法服徭、戍役，缴纳赋税。秦律规定，达到法定身高而不傅籍，里典、三老、伍人都要负法律责任，③ 因此，负责查封的官吏发现"子小男子某，六尺五寸"后，不能不记入爰书。而对于某甲家中其他成

---

① 从汉简中得知，当时很可能是女十五岁以上就称"大女"。
② 参见拙著《秦律中的徭、戍问题》，载《考古》1980 年第 6 期。
③ 参见《睡虎地秦墓竹简·秦律杂抄·傅律》。

员的身高，却没有记录的必要。

3. 勘验现场

勘验，是指对与犯罪有关的场所、物品、尸体等进行检验、调查。这也是了解案件发生情况，以及发现和收集有关犯罪证据和线索的重要方法之一。在这方面，秦国早已积累了丰富的经验。《睡虎地秦墓竹简》中的《封诊式》，就是一册勘验现场、检查物证的经验总结。其中记载的勘验现场的方法、要领，以今天的眼光看来，也是很有意义的。

第一，及时进行现场勘验。为了了解案件的真实情况，必须及时对案发现场作调查研究，秦时已认识到及时勘验现场的重要性。《封诊式》列举的一些案件中，凡需要勘验现场的，爰书无不写明。审判机关接到案发报告或控告后，立即派人勘验现场。如"贼死"爰书载，求盗甲告："署中某所有贼死。"县府"即令令史某往诊"。"经死"爰书载，里典甲报告："里人士伍丙经死其室。"县廷也是"即令令史某往诊"。还有爰书写道，不仅应即时"往诊"，并明确指出应勘验的具体事项。如"出子"爰书载，当发生妇女斗殴而流产的案情后，应"即诊婴儿男女，生发及保之状。有（又）令隶妾数字者，诊甲前血出及痛状。有（又）讯甲室人甲到室居处及复（腹）痛子出状"。"即"，立刻、当即。"诊"，察看。即时，是勘验现场的基本要求。发案时间过久，作案现场破坏，就会失去勘验的意义。

第二，勘验应周密细致，抓住问题症结。面对凌乱的作案现场，如何着手分析，理出端绪，是一门艺术。《封诊式》反映出，当时对于各类案件的勘验、检查都有一套规律。司法侦查人员进入作案现场后，不是东抓西找，随手乱翻，而是抓住关键，按部就班，有条不紊地进行察看、分析、判断。例如，"贼死"爰书记载，勘验者检查一杀人现场时，有步骤地察看了三个方面，对于侦破案件很有帮助。首先，检查死者的伤痕，从而判断"像斧砍的痕迹"。此说很有道理。其次，认真察看现场周围的遗留足迹，发现死者"西边有涂漆的秦履一双，一只离死者六步有余，一只离死者十步；把履给死者穿上，恰相适合"。"男子尸体距某亭一百步，距某里士伍丙的农舍二百步"。这些对于判断被害者死前是否有过反抗、挣扎，以及进一步调查死者遇害的时间、原因，都非常有用处。最后，勘验者还对死者的身体做了细致检查：男性，壮年，白皮肤，身高七尺一寸，头发长二尺，腹部有灸疗旧疤两处，等等。这对确认死者是何人很重要。

再如，"经死"爰书中所说的检验吊死的尸体应注意事项，也是经验之谈。该爰书说："检验时必须首先仔细观察颈项痕迹，应独自到尸体所在地点，观察系绳的地方，系绳处如有绳套的痕迹，然后看舌头是否吐出，头、脚离系绳处和地面各有多远。有没有流出屎尿？然后解下绳索，看口鼻有无叹气的样子？并看绳索痕迹淤血的情况。试验尸体的头能否从颈上的绳中脱出。如能脱出，便脱掉衣服，彻底查看尸体全身、头发内，以及会阴部。"其所以在检验吊死的尸体时，要特别注意上述事项，是为了判断此案是自杀还是他杀。爰书继续写道："舌不吐出，口鼻没有叹气的样子，绳的痕迹淤血，绳系系颈上不能把头脱出，就不能确定是自缢。如果死去已久，口鼻也有不能像叹气样子的。"以上论述说明，汉时已基本掌握了如何检验上吊死者尸体的方法。

第三，注意询问现场了解情况的人。《封诊式》说明，当时已经认识到侦查案件不仅是做一些检查、鉴定等技术性工作，同时还要注意及时向在场的人了解与案件有关的情况。《封诊式》中几则有关勘验、检查案情的爰书，都记录有询问知情人的事项。如"贼死"爰书记载，勘验者察看凶杀案现场后，随即询问现场周围的人："是否知道男子死在哪一天，有没有听到呼喊'有贼'的声音？""经死"爰书说，如果确定上吊者是自杀，就要查明自杀的原因。这要"询问他的同居，让他们解答其原因"。"出子"爰书说，勘验者检验了某甲流产后，便讯问甲同室的人，"甲到家后生活和腹痛流产的情况"。

除以上所述，《封诊式》中还有几点，也可能是当时勘验、检查现场的制度。①搜索家室、勘验现场等活动，均须派遣两名以上的司法人员参加。一般都是由令史率若干牢隶臣，以及案发所在地的里典等人一起进行清查、勘验。②如有必要，则需派遣具有专门知识、技能的人参加。如"疠"爰书载，检验麻风病患者，需"令医丁诊之"。"出子"爰书载，检验妇女流产时，需"令隶妾数字者，诊甲前血出及痛状"，即派遣有多次生育经历的隶妾检验甲阴部出血和创伤情况。③勘验、检查后，须由主持此事的令史写出专门的报告，作为正式的司法文件存档。如"贼死"、

"经死"、"穴盗"等篇中的"令史某爰书"和"出子"篇中的"丞乙某爰书"等，都是勘验现场的报告书。

4. 鉴定

鉴定是对于与案件有关的专门性问题，进行鉴别和分析判断的一种方法。它对于及时准确地揭露犯罪、证实诉讼问题的性质起重要作用。《封诊式》中有关记载表明，在侦查案情的过程中，审判人员对任何事物的认定，都不是主观臆断，而是经过鉴定后作结论。并且积累了一套符合科学的经验。兹举例两则如下。

"争牛"爰书记载，甲、乙二人带来一头牛，都说这就是自己丢失的那头系有长套绳有角的黑色母牛。这时仅根据牛的外形无法确定此牛是谁的。审判官吏通过询问二人各自的牛几岁了，对确定牛的主人，则是一种较正确的办法。于是"令史某齿牛"。"齿牛"，即数牛齿确定牛的年岁。这是至今仍使用的鉴定牛的年岁的方法。

"疠"爰书记载的医生对麻风病患者的诊断，也是一种较科学的鉴定。鉴定书说：患者"没有眉毛，鼻梁断绝，鼻腔已坏。探刺他的鼻孔，不打喷嚏。臂肘和膝部□□□到□两脚不能正常行走，有溃烂处。手上没有汗毛。叫他呼喊，声音嘶哑。是麻风病"。这篇关于麻风病的鉴定书，即使以现代的医学知识来衡量，也是完全正确的。

四　告诉

告诉，即向审判机关提起诉讼。这是审判程序中的重要一环。一般情况下，必须有人提起告诉，审判机关方可审判案件。无告劾不得任意拘捕、审判人。汉文帝时，淮南王刘长被判处"弃市"的罪行之一，即是他曾"擅罪人，无告劾系治城旦以上十四人"。①

1. 告诉基本原则

关于告诉，汉代法律有详细规定。仅见传世古籍及出土简牍中的条文就有：

---

① 《汉书》卷四十四《淮南厉王刘长传》。

（1）辞者辞廷。

汉代"辞者辞廷"制度是承袭秦制。辞，指诉讼。廷，即平、正、直。《广雅》："廷，平也。"《风俗通·佚文》："廷，平也，又正也。言县廷、郡廷、朝廷，皆取平均、正直也。"地方审判机关主要是县廷。"辞者辞廷"，是说告状应告到县廷。如果离县廷较远，"得告所在乡"。《二年律令·具律》中有一条律文规定：

> 诸欲告罪人，及有罪先自告而远其县廷者，皆得告所在乡，乡官谨听，书其告，上县道官。廷士吏亦得听告。

"所在乡"，指原告人所居住的乡。按此规定，原告人居住地离县廷远，可告到乡。乡受理诉状后，转呈县廷。由县廷断决。

（2）受理诉状，须书有原告人实名实姓。

审判官吏受理的诉状，必须有原告人姓名。不得根据匿名书信审判案件。法律规定："毋敢以投书者言系治人。不从律者，以鞫狱故不直论。"[①] 投书，即匿名书信。[②] 据此可知，诉状必须书有真实姓名。

（3）告诉赦前事不受理。

诏有司无得举赦前事。[③]

依此诏令，司法审判机关不得受理赦前事。

（4）诬告、告不审皆应负法律责任。

> 诬告人以死罪，黥为城旦舂；它各反其罪。告不审及有罪先自告，各减其罪一等，死罪黥为城旦舂，城旦舂罪完为城旦舂，完为城旦舂罪，[黥为鬼薪、白粲]，[黥] 鬼薪、白粲及府（腐）罪耐为隶臣妾，耐为隶臣妾罪耐为司寇，司寇、迁及黥颜（颜）頯罪赎耐，赎耐罪罚金四两。赎死罪赎城旦舂，赎城旦舂罪赎斩，赎斩罪赎黥，赎

---

① 《张家山汉墓竹帛·二年律令·具律》。

② 《睡虎地秦墓竹简·法律答问》"有投书"条注。

③ 《汉书》卷十一《哀帝纪》。

黥罪赎耐，赎耐罪□金四两罚金二两，罚金二两罪罚金一两。①

诬告，故意诬陷他人有罪。告不审，告他人有罪但不准确。此二罪名皆因袭秦制。《睡虎地秦墓竹简·法律答问》："甲告乙盗牛若贼伤人，今乙不盗牛，不伤人，问甲何论？端为，为诬人；不端，为告不审。"秦有"诬告反坐"之制。现从《二年律令》得知，汉律对于"反坐"规定得很具体："诬告人以死罪，黥为城旦舂，它各反其罪，告不审及有罪先自告，各减其罪一等。"

《告律》中还有一条法律对"告不审"作了进一步解释，那就是告人者原为"不审"，但他自己另有他罪，与所告的罪相等或更重，就不能称为"告不审"，即此条律文所说："告人不审，所告者有它罪与告罪等以上，告者不为不审。"

（5）不得告尊长。

子告父母、妇告威公，②奴婢告主、主父母妻子，勿听，而弃告者市。③

（6）未满十岁及刑徒不得告人。

年未盈十岁及系者、城旦舂、鬼薪、白粲告人，皆勿听。④

2. 告诉种类

如果按提起诉讼者的身份、地位，以及案件性质的不同，汉代的告诉可区分为以下几类。

其一，自讼，即受害人为追究被告人的法律责任，向审判机关直接提起的控诉。对于自讼案，如法律无特别规定，审判机关应受理。《奏谳书》中有数则案例即自讼案，如：

（1）十一年"三月己巳大夫禒辤（辞）曰：六年二月中买婢媚士伍点所，价钱万六千，于三月丁巳亡，求得媚，媚曰：不当为婢"。

① 《二年律令·告律》。
② 威，婆母。《广雅·释亲》："姑谓之威。"
③ 《二年律令·告律》。
④ 同上。

此案即原告自讼，向江陵县状告奴婢和原奴婢主点。江陵县受理此案后，因"疑媚罪"，才向所属二千石官南郡守"奏谳"。

（2）"胡丞憙敢谳之，十二月壬申，大夫芉诣女子符，告亡"。

此案也是自讼案，大夫芉状告女子符。胡县廷因有疑难，不敢断决，"奏谳"所属二千石京兆尹。

在自讼案件中，法律允许原告委派代理人代为诉讼。东汉王符在说到官府对案件久拖不决时，写道："豪富饶钱者取客使往。"① 取客，即雇人。"取客使往"，指请人代理诉讼。请人代诉系因袭秦制。《秦简·封诊式·黥妾》爰书中有一例。这则爰书写道："某里公士甲缚诣大女子丙，告曰：'某里五大夫乙家吏，丙，乙妾也。乙使甲曰：丙悍，谒黥劓丙'。"原告五大夫乙派遣家吏甲代为控告女子丙。

自讼，也名自言，即原告人提出申述、呈请，请有关机关处理有关诉讼。这类所谓"自言"爰书在居延汉简中多见，兹择录数则如下。

（1）三焦隧长徐宗自言胡霸故亭长宁就舍钱二千三百三十，② 数责不可得。

《居延汉简释文合校》3·4

（2）隧长徐宗自言责三泉亭长石延寿荄钱少二百八十，③ 数责不可得。

《居延汉简释文合校》3·6

（3）灭虏隧戍卒梁国蒙东阳里公乘左咸年三十六，自言责故乐哉隧长张中实皂练一匹，直（值）千二百。今中实见为甲渠令史。

《居延汉简释文合校》35·6

---

① 王符：《潜夫论》卷十八《爱日》。
② 就，僦，租赁。就舍，租房屋。
③ 荄，干刍。

（4）第三十二队卒邽邑聚里赵谊自言十月赍卖系絮二枚，直（值）三百。居延昌里徐子放所。已入二☐

《居延新简》E·P·T51：249

以上所录的这类简，是"自言"者向其所属机构提出的追索债务的"自讼"爰书。其所属机构将这些爰书编辑为"债籍"，或"赍卖名籍"，呈报有关机关为自讼的债权人索债。以下即是一则候官将所属戍卒的自言（即自讼）爰书转呈都尉府，由都尉府移书有关县廷代为收债。

甘露三年（公元前51年）十一月辛巳朔己酉，临木候长福敢言之，谨移戍卒吕异众等行道赍卖衣财物直（值）钱如牒。① 惟移书令觻得、泙渭收责，② 敢言之。

《居延新简》E·P·T53：186

如果案情复杂，收到"自讼"爰书的县廷有权指令债务人所在的乡啬夫负责审讯。③ 然后将审讯结果呈县廷判决。《候粟君所责寇恩事》爰书的所记即反映出这一制度。④

其二，公诉，即国家机关为追究被告人的法律责任向审判机关提起的诉讼。在汉简中所见到的"公诉"有以下几类。

（1）由监察机关提出的诉讼。如《奏谳书》有一案例："八年十月己未，⑤ 安陆丞忠劾狱史平舍匿无名数大男子种一月。"⑥ 丞，"典知仓狱"。丞有监督县狱史遵守法纪的职责。中央政府有御史、司隶校尉等执行对官吏违法行为实行监督、纠举。监察机关提起的诉讼，审判机关可以受理，也可能不受理。或虽受理但不一定判罪。《汉书·盖宽饶传》："为司隶校

① 牒，即吕异众等的"自讼"爰书。
② 觻得、泙渭均县名，分别属张掖郡和酒泉郡。
③ 汉律规定："☐辞官移书人在所，在所以次"（《居延新简》E·P·T58：45A、B）。"人在所"即债务人所在官署或居住地区的官府。
④ 参见《居延新简》E·P·F22：1—32。
⑤ 八年，汉高祖八年（公元前199年）。
⑥ 舍匿，隐藏于家。大男子，成年男子。

尉，刺举无所回避，小大辄举，所劾举众多，廷尉处其法，半用半不用。"

（2）由主管官吏对所辖属员犯法行为提出的诉讼。汉简中有此类案例数件，如：一、"状辞：公乘居延鞮汗里年四十九岁，姓夏侯氏，为甲渠候官斗食令史，署主官以主领吏备盗贼为职。士吏冯匡始建国天凤上戊六年七月壬辰，除署第十部士吏，案匡软弱不任吏职，以令斥免"。① 这是甲渠候官中的主官对"软弱不任吏职"的士吏提出诉讼。此案后经甲渠守候核准、主官令史负责写出劾状移送"居延狱以律令从事"。② 二、"状辞曰：上造居延累山里年四八岁姓周氏，为甲渠候官斗食令史以主领吏备寇虏为职。乃今月十一日辛巳日且入时，胡虏入甲渠木中隧塞天田，攻木中隧，隧长陈汤为举坞上二烽，坞上大表一，燔一积薪。城北隧助吏李丹候望，见木中隧有烟，不见烽。候长王襃即使丹骑驿马一匹驰往迎辟。未到木中隧里所，胡虏四步人从河中出，③ 上岸逐丹，虏二骑从后来共围遮，略得丹及所骑驿马持去。案襃典主而擅使丹乘用驿马为虏所略得，失亡马。襃不以时燔举，而举坞上一苣火、燔一积薪、燔举不如品约，不忧事边"。④ 此案也以甲渠候官令史劾送居延狱。

（3）由地方治安机关提起的诉讼。地方治安机关对所辖地区发生的案件有权也有责任提起诉讼。兹择《奏谳书》中秦时的案例两件以证：

　　一、"元年十二月癸亥，亭庆以书言雍廷，⑤ 曰：毛卖牛一，质，疑盗，谒论"。

亭庆，市亭负责人庆。发现一偷牛的嫌疑犯，向雍县县廷告发。

　　二、"六月癸卯，典赢告曰：不知何人刺女子婢冣里中，夺钱，不知之所。即令狱史顺、去、忠。大□固追求贼"。

---

① 《居延新简》E·P·T68：9—12。
② 《居延新简》E·P·T68：7—8。
③ 四步人，当为"四人步"。
④ 《居延新简》E·P·T68：93—102。简中缺字参考 E·P·T68：83—92 补入。
⑤ 雍，县名，秦属内史，在今陕西凤翔西南。

典，里典，当时讳"正"，改里正为里典，地方基层机构负责人，负责地方治安。"典赢告"，即地方发生抢劫案向县廷告发。

3. 诉状

诉状，即提起诉讼文书。汉时，检举官吏罪行，提请审判机关案验、断决的诉状，称作劾状。《说文》："劾，法有罪也。"段注："法者，谓以法施之。"《居延新简》载破城子探方六八（E·P·T68）出土简牍中有劾状多件，其中虽有不少脱误，但仍不失为了解汉代劾制的珍贵史料。兹缀合几件录下，以便分析汉代诉状的内容。

（1）汉简中的劾状文书择录。

①令史谭劾状①（E·P·T68：1—12）。

劾章

建武五年五月乙亥朔丁丑（初三日），主官令史谭劾移居延狱，以律令从事。甲渠塞百石士吏居延安国里公乘冯匡，年三十二岁，始建国天凤上戊六年三月己亥除署第四部。病咳短气，主亭隧七所唓呼。七月□□除署四部。士吏□匡软弱不任吏职，以令斥免。

五月丁丑甲渠守候博移居延，写移如律令。掾谭

状辞

建武五年五月乙亥朔丁丑（初三日），●状辞：公乘居延鞮汗里年四十九岁，姓夏侯氏，为甲渠候官斗食令史，署主官以主领吏捕盗贼为职。士吏冯匡始建国天凤上戊六年七月壬辰，除署第十部士吏。案匡软弱不任吏职，以令斥免。

②令史立劾状（E·P·T68：13—26）。

劾章

---

① 标题"令史谭劾状"，以及文中的小标题"劾章"、"状辞"，均笔者所加。以下各劾文书同此。

建武五年九月癸酉朔壬午（初十日），甲渠令史劾移居延狱，以律令从事。

于九月庚辰（初八日），甲渠第四守候长居延市阳里上造原宪，与主官人谭与宪（"与宪"衍文）争言斗。宪以剑击伤谭匈（胸）一所，骑马驰南去。候即时与令史立等逐捕到宪治所，不能及。验问隧长王长，辞曰："宪带剑持官弩一，箭十一枚，大革橐一，盛糒三斗，米五斗骑马阑越隧南塞天田出，[①] 西南去。"以此知而劾，无长吏教使。劾者状具此。

状辞

建武五年九月癸酉朔壬午（初十日），令史立敢言之，谨移劾状。

[●状辞]：上造居延累山里，年四十八岁，姓周氏。建武五年八月中，除为甲渠官斗食令史，备寇虏盗贼为职。至今月八日，客民不审□让持酒来过候，饮。第四守候长原宪诣官，候赐宪、主官谭等酒。酒尽，让欲去。候复持酒出，之堂煌[②]上饮再行酒尽，皆起。让与候史、候□□夏候谭争言斗。宪以所带剑击伤谭匈（胸）一所，广二寸，长六寸。深至骨。宪带剑持官六石具弩一，橐矢铜镦十一枚，持大□橐一，盛糒三斗，米五斗骑马越隧南塞天田出。案宪斗伤盗官兵，持禁物阑越于边关傲（徼）亡，逐捕未得。它案验未竟。

③不侵守候长业劾状（E·P·T68：54-76）。
劾章

建武六年三月庚子朔甲辰（初五日），不侵守候长劾移居延狱，

---

① 阑越，擅自偷越边境。天田，防御工事。沿边塞布沙土带，经常耕锄松土人马踏上，即可知。
② 堂煌，即堂皇，讲武榭。《汉书》卷六十七《胡建传》："监御史与护军诸校列坐堂皇上。"注："室四无四壁曰皇。"《汉书补注》："今为讲武榭。"

以律令从事。

于今月三日壬寅（初三日），居延常安亭长王闳、子男同、攻虏亭长赵常，及客民赵闳、范翁一（"一"，衍文）等五人俱亡。皆共盗官兵、赃千钱以上，带刀、剑及铍各一，又各持锥、小尺、白刀、箧各一。阑越甲渠当曲隧塞，从河水中天田出。●案常等持禁物阑越塞于边关徼。逐捕未得，它案验未竟。

三月己酉（初十日），甲渠守候移居延。写移如律令。掾谭、令史嘉

状辞

建武六年三月庚子朔甲辰（初五日），不侵守候长业敢言之，谨移劾状一编敢言之。

●状辞曰：公乘居延中宿里年五十一岁，姓陈氏。今年正月中，府补守候长署不侵部，① 主领吏迹候备寇盗贼为职。乃今月三日壬寅，居延常亭长王闳、闳子男同、攻虏亭长赵常及客民赵闳、范翁等五人俱亡，皆共盗官兵，赃千钱以上，带大刀、剑及铍各一，又各持锥、小尺、白刀、箧各一。阑越甲渠当曲隧塞，从河水中天田出。案常等持禁物阑越塞于边关徼。逐捕未得，它案验未竟。以此知而劾，无长吏使。劾者状具此。

④令史㢟劾状（E·P·T68：81—102）。
劾章

建武五年十二月辛未朔戊子（十八日），令史㢟，将褒诣居延狱，以律令从事。

于今月（十二月）十一日辛巳日且入时，② 胡虏入甲渠木中隧塞

---

① 署，署理，代理。
② 日且入，即日入，时辰名称，酉时。

天田，攻木中隧。隧长陈阳为举坞上二烽，坞上大表一，燔一积薪。城北隧助吏李丹候望，见木中隧有烟，不见烽。候长王襃即使丹骑马一匹驰往逆辞，① 未到木中隧里所。胡虏四步人（"步人"当系"人步"之误）从河中出，上岸逐丹，虏二骑从后来共围遮，略得丹及所骑驿马持去。● 案襃典主而擅使丹乘用驿马为虏所略得，失亡马。襃不以时燔举而举坞上一苣火燔一积薪燔举不如品约，不忧事边。

状辞

● 状辞曰：上造居延累山里年四八岁姓周氏，为甲渠候官斗食令史，以主领吏备寇虏为职。于今月十一日辛巳日且入时，胡虏入木中隧塞天田，攻木中隧。隧长陈阳为举坞上二烽，坞上大表一、燔一积薪。城北隧助吏李丹候望，见木中隧□□□□□候长王襃即使丹驿马一匹，驰□□□里所。胡虏四，步入从河□得丹及所骑驿马□□□丹乘驿马□□□举坞上苣火□

⑤候长昌林劾状（E·P·T68：29—40）。
劾章②

建武六年四月己巳朔己丑（二十一日），甲渠候长昌林劾，将良诣居延狱以律令从事。
四月己丑，甲渠守候移居延，写移如律令。

状辞

建武六年四月己巳朔戊子（二十日），甲渠守候长昌林敢言之，谨移劾状一编敢言之。

---

① 逆，迎。
② 皆劾章，仅有呈文，而无状文。

●状辞：皆曰名爵县里年姓官禄各如律。皆□迹候，[1] 备盗贼寇
虏为职。于丁亥（十九日）新占民居延临仁里赵良阑越塞。验问，良
辞曰：今月十八日毋所食，之居延博望亭部采胡，于其莫日入后，[2]
欲还归邑中，夜行迷河（"河"，渡之误）河，阑越甲渠却适隧北塞
天田出入。以此知而劾，无长吏使劾者。状具此。

（2）举劾程序及劾状文书内容。

从上录五件劾文书中可以看出当时的举劾程序。每件劾文书都是由
"状辞"和"劾章"两主要部分组成。[3] 从制作时间来说，先有状辞，后
有劾章。劾章是根据状辞提出的。但在一份劾文书中，劾章是主体，状辞
是附件。另有三件是呈交、转呈和签发"状辞"、"劾章"的文件。所以
每份劾文书若细分有①状辞，②状辞呈文，③劾章，④劾章呈文，⑤签发
文书。[4] 这些文件的内容，也反映出了举劾程序。即由负责官吏（监临或
部主）提出状辞，呈本机构的主管官吏。若是提交审判机关的案件，则由
主管官吏审核状辞，并根据需要作修改、补充，提出劾章，呈交上级机关
（简中劾文书中的上级机关即"甲渠候官"）。然后以上级机关的负责人的
名义（候长，或有关令史），签署呈审判机关（居延狱）。

①状辞。

状辞是举劾的依据。它是由有关责任人提出的。《晋书·刑法志》载，
"张汤、赵禹始作监临部主见知故纵之例，其见知而故不举劾，各与同罪，
失不举劾，各以赎论。其不见不知，不坐也"。监临，指负责监督、检查
法律执行情况的官吏。部主，指负责主管官吏。他们如果见到或知晓部属
成员犯罪，不予举劾，要连坐受罚。据此可见，负责监督法律执行情况
者，或有关主管官吏，有责任举劾违法者。上录劾文书证实，状辞正是

---

① 迹候，候望巡察。

② 莫，暮。

③ 《居延新简》E·P·T56：118 写"右劾及状"，这件劾文书题签，也说明劾文书由相互关联
的"劾章"与"状辞"组成。

④ 上录五件劾文书，其中四件劾章和状辞是同一日写成故日期相同，难以区分先后。第五件劾
章的时间为"建武六年四月己巳朔己丑（二十一日）"，晚状辞一日（己巳朔戊子），也表明状辞先于
劾章。

"监临"或"部主"提出的。

汉律明确规定,状辞的开头要写明举劾者的"名爵县里年姓官禄"。如第一件状辞提出者是"公乘居延鞮汗里,年四十九岁,姓夏侯氏,为甲渠候官斗食令史,署主官以主领吏备盗贼为职"。第二件状辞提出者是"上造居延累山里,年四十八岁,姓周氏。建武五年八月中,除为甲渠官斗食令史,备寇虏盗贼为职"。其他第三、第四件的状辞也是如此。只有第五件的状辞开头写作"皆曰名爵县里年姓官禄各如律,皆□迹候,备盗贼寇虏为职"。这件状辞,因起诉人多,在文书开头不便将诸人一一写出。从汉简中见到,文书中凡遇这种情况,一般将诸当事人的姓名、年龄、籍贯等,按法律规定另列一牒,附主件后。如《居延新简》E·P·T51:228,一验问爰书载:"皆曰名郡县爵里年姓官除各如牒。"《居延汉简释文合校》3·35:"不职等辞县、里、年、姓各如牒。"接着,状辞中要写明被告人的姓名、身份、住址及其违法犯罪的事情经过、时间等。如已经对被告人进行审讯。则要写明审问结果、处理意见。最后需申明此案"以所知而劾,无长吏教使"。

②劾章。

以上所录的每件劾文中,有一部分与"状辞"内容基本相同。笔者认为这就是举劾文书的正文,姑且名之"劾章"。它是主管机关接到状辞后认为该案有必要提起诉讼时,于是对状辞进一步审核修订、补充,然后以主管责任人(简文中所谓的"主官令史"、"候长")的名义呈递审判机关(简文中所说的"居延狱"),追诉被劾者法律责任的诉讼文书。

劾章所陈述的事实主要根据状辞,但不是状辞的抄件。关于劾章与状辞的关系,唐贾公彦的说法较确切。他说:"劾,实也。正谓弃虚从实,收取要辞为定。"[①]所谓"弃虚从实",就是拟定劾章者对状辞的审核、修改。这是一项法律程序。所以说,劾章与状辞的区别不在于内容的繁简。兹根据以上所录劾文书分析如下。

其一,对状辞文字上的修改、补充。

---

① 《周礼》卷三十五《秋官司寇·乡士》:"异其死刑之罪而要之。"郑玄注:"要之,为其罪法之要辞,如今劾矣。"

例如，第二件劾文书中的状辞说被劾者所属机构时，写道："第四守候长原宪诣官。"而劾章上则加"甲渠"二字，写为"甲渠第四守候长原宪诣官"。第四件劾文书的状辞在陈述事实时说："胡虏入木中隧塞天田。"其劾章上也加"甲渠"二字，写为"胡虏入甲渠木中隧塞天田"。状辞上缺"甲渠"二字，绝非疏忽，而是不必要。因为甲渠候官的官吏令史，在状辞中陈述本候官所属的第四守候长原宪的问题时，无须冠"甲渠"二字。但向"居延狱"呈递的劾章，则有必要写上"甲渠"名。第四件的劾章也是如此。必须在"木中隧"前，冠上"甲渠"二字，以明其所属的机构。

第一件劾文书的劾章中补上被劾者"年三十二岁"。"病咳短气，主亭隧七所哶呼"一句，也很必要。状辞既然斥责该吏"软弱不任吏职"，就应该提出事实根据。

其二，审核状辞陈述的事实。

拟定劾章的最重要工作是审查状辞的内容是否属实。必要时还需验问知情人，录下供词作为证言，载入劾章。例如第二件劾文书中的状辞说，案犯原宪携带兵器及其他物品阑越边境。对于这一确定案件性质，影响量刑轻重的情节，主管机关拟定劾章时，进行了核实，到原宪越境地点"隧南塞"作了调查，并将该隧长的口供加入劾章："验问隧长王长，辞曰：'宪带剑，持官弩一、箭十一枚、大革橐一，盛糒三斗米五斗骑马阑越隧南塞天田出，西南去'。"隧长王长还补充了一个重要情节，即案犯越境后逃跑的方向，"西南去"。

状辞中有些情节虽属实，但对于定罪量刑无大关系，拟劾章时可以略去。例如第二件劾文书中的状辞陈述案犯伤人的情节，说得具体、详细："宪以所带剑击伤谭胸一所，广二寸，长六寸，深至骨。"刻章仅保留了"宪以剑击伤谭胸一所"这一事实。略去了关于伤势的记载。既然附件状辞中有关于伤势的详细记载，劾章中可以不再重复。这就是贾公彦所说的"收取要辞为定"。

状辞中所列案情经审查属实，原举劾者的结论，要一并加入劾章。汉简中常以"○案"，或"●案"字样开头，记下审核结论。例如第三件劾文书的劾章载："○案常等持禁物阑越塞于边关徼。"第四件劾章载："●案褒典主而擅使丹乘用驿马为虏所略得，失亡马。"

其三，查明与举劾有关的其他情况。

在劾章中，除说明状辞所述案情是否属实外，与举劾有关的其他情节也需一一查清、写明。

①汉法规定，举劾只能以举劾者"见知"为据，不得受人操纵、教唆，尤其不得受其"长吏教使"，因此劾章中要特别说明对此问题的审查结果。如第二、第五劾文书的劾章所说"以此知而劾，无长吏教使劾者"（另见《居延新简》E·P·T68：52、155 等简）。

②说明案件不能完全查清的原因。上录第三劾文书中状辞所说的"逐捕未得，它案验未竟"，[①] 在该件文书的劾章中也录上。如果在劾章中没有申明，也可以将状辞中的此话免去，如第二件劾文书。

五　审讯制度

审讯是审理案件过程中的重要一环。秦汉时已制定有种种审讯的法规。这里主要论述有关地方基层审判机关，即县廷审判案件的制度。

县廷审理案件有两种方式。一种是将某一类案件交由被告人现居住的乡，由乡啬夫负责审问。然后根据乡审问结果及乡啬夫提出的处理意见，县廷作出判决。如《建武三年候粟君所责寇恩事》诉讼卷宗中所载的"己卯文书"，即居延县廷根据都乡啬夫审问候粟君控告寇恩案的结果而作出的判决。

受理案件后，另一种处理方式，即由县廷直接审问。如《秦简·封诊式》中的"爰书"，多是由县廷直接审问的案件。如"告臣爰书"载："某里士五（伍）甲缚诣男子丙，告曰：'丙，甲臣，桥（骄）悍，不田作，不听甲令，谒买（卖）公，斩以为城旦，受贾（价）钱'。讯丙，辞曰：'甲臣，诚悍，不听甲。甲未赏（尝）身免丙。丙毋（无）病也，毋（无）它坐罪。'"爰书中的"讯丙"，即由县丞讯问被告人丙。

1. 秦汉时，乡或县在审问前，先要做三件事情

（1）宣告有关陈述政策。

依秦律规定，当事人陈述不实，若系无意，谓之"不审"，若系"故

---

① 竟，追究。《汉书》卷六十八《霍光传》："此县官重太后，故不竟也。"颜师古注："竟，穷竟其事也。"

意"，称为"端为"。无论哪种情况，都要受相应惩罚。到汉代，已制定出专门法律条文，在审问开始时由主审官向当事人宣读，所谓"辨告"。《建武三年候粟君所责寇恩事》载，都乡啬夫两次审问当事人时，都先宣读这条律文：

> 证财物故不以实，赃五百以上，辞已定，满三日而不更言请（情）者，以辞所出入罪，辨告。①

汉简中多见这条律文残简。如《居延汉简释文合校》3·35："先以证不言情出入罪。"37·27："□官，先以证不言情出入。"7·20："□先以证不言情出入罪□。"《居延新简》E·P·T51：111："□辞以定，满三日□。"E·P·T51：228："……三日而不更言请（情）书律辨告……"E·P·T51：290："□故不以实，赃二百五十以令辨告。"E·P·F54：9："证财物故不以实，赃二百五□。"以上所引简文，可能是同一条律文的不同节录。

汉律规定，宣读上述律文后方开始审问，即简文中所说"辨告，乃验问"。如《居延新简》E·P·T52：417："□先以证不［言］请（情），辨告，乃验问定。"E·P·T51：288："……三日而不更言请（情）书律辨告。乃验问……"

（2）"定名事爵里"。

所谓"定名事爵里"，即确定当事人的姓名、年龄、籍贯等基本情况。了解这些基本情况，对于分析案情，确定当事人的法律责任，以及适用法律都有十分重要的意义。所以早在秦时，就将"定名事爵里"定为审问案件的一项内容。所以《秦简·封诊式》中有关函调文书格式都将"定名事爵里"列为调查的基本项目，即所谓"何定名事爵里"。汉代法律规定需要询问当事人基本状况的项目，较秦时更细。秦时仅问当事人的姓名、职业、籍贯住址，而汉时则需要问"名、爵、县里、年、姓、官、禄"等项。仅择录汉简中所见的几件审讯笔录说明之：

---

① 辨告，班告、布告。《汉书》卷一《高帝纪》："吏以文法教训辨告，勿答辱。"颜师古注："辨告者，分别义理以晓谕之。"

①《居延新简》E·P·F22：330："而不更请（情）辞所出入罪反罪之律师辨告，乃爱书验问。辞曰：'上造，居延临仁里，年廿八岁，姓秦氏，往十余岁父母皆死，与男同产兄良异居，以更始三年五月中除为甲渠吞远隧长……'"

上述当事人所答完全与按诉讼程序应问的"爵、县里、年、姓、官、禄"相合。而且还简单交代了个人家庭状况和任命（除）为甲渠吞远隧长的时间。

②《居延新简》E·P·T59：1："河平元年九月戊戌朔丙辰，不侵守候士吏猛敢言之，谨验问不侵候史严，辞曰：'士伍，居延鸣沙里，年三十岁，姓衣氏，故民，今年八月癸酉除为不侵候吏，以日迹为职'。"

③《居延汉简释文合校》3·35："☑史商敢言之，爱书：鄣卒，魏郡内［黄］安定里霍不职等五人。□□□□□敝剑庭刺伤，① 状。先以证不言请（情），出入罪人辞。☑乃爱书，不职等辞：县、爵、里、年、姓各如牒。不职等辞曰：'敝实剑庭自刺伤，皆证'所置辞审。它如。"

④《居延新简》E·P·T51：228："建始元年四月甲午朔乙未，临木候长宪敢言之。爱书：'杂与候史辅验问隧长忠等七人。先以从所主及它部官卒买□三日而不更言情书律辨告，乃验问隧长忠、卒赏等辞皆曰：名、郡县、爵、里、年、姓、官、除，各如牒。忠等毋从所主卒及它□'。"

以上第③、第④爱书中所说的"牒"，即详细记录所问被告人"名事爵里"的附件。

（3）问明"有无他坐罪，何罪赦"。

"有无他坐罪"，指被审讯的当事人是否还有其他罪过尚须审判。"何

---

① 庭，读作"铤"，铜铁朴也，见《说文》。《一切经音义》："铜铁之未成器用者。"

罪赦"，指以往是否犯过罪，经过赦免。从《秦简·封诊式》得知，秦时的审讯制度中已有讯问被告人"有无他坐罪"、"何罪赦"的规定。汉时的审判制度承袭了此项规定。对此问题，不一定在审问的开始提出，但在审问过程中必须弄清楚。《居延汉简释文合校》14·28："贺未有鞠系时，毋它坐，谒报，敢言之。"此简当是答复审讯机关询问被告人贺，是否曾被鞠系过，是否犯有其他罪。

2. 审讯程序

（1）传爰书。

"传爰书"一语出自《汉书·张汤传》。为论述方便，将这段文字再次引出：

> 汤掘窟得盗鼠及余肉，劾鼠掠治。传爰书，讯鞠论报。并取鼠与肉，具狱磔堂下。

从上下文字来看，这句话指的无疑是一项审讯程序。但何为"传爰书"？这项程序为什么在"劾鼠掠治"和"讯鞠论报"之中？这些问题至今无定论。《汉书补注》辑录的诸家解释各执一词。今人也有几种说法，但都与汉代审判制度不符。例如，在论证"传爰书"时，大庭脩先生说：苏林、颜师古的"'以文书代口辞'的解释是正确的"。又说："传爰书，是移动爰书。"①籾山明先生说："最初在逮捕、讯问时，张汤扮演了啬夫、游徼的角色。从官制上看，这些官吏在案件中无权做最后的判决，这恐怕是属于更高的上级县官的职能，因此他们必须把犯人引渡到县廷。与此同时，他们还有把逮捕、讯问的概况记录作成文书并送往县廷的义务。毋庸赘言，这些文书是为了给县官做判决提供根据。因为这些文书就是爰书，所以才称其为'传爰书'。"②这些解释，错在没有读懂"传"字。"传"有两读，一音"船"，当"传达"、"传播"讲。一音"篆"，当

---

① ［日］大庭脩：《秦汉法制史研究》（中文版），上海人民出版社1991年版，第519页。

② ［日］籾山明：《爰书新探——兼论汉代的诉讼》，载《简帛研究译丛》第一辑，湖南出版社1996年版，第178页。

"阐明"、"解释"讲。如阐述、解释《春秋》的《左传》、《公羊传》的传。"传爱书"应读为"传（篆）爱书"，即阐明、解释、验证爱书。魏人张晏的注释是对的。他说："传，考、证验也。爱书自证，不如此言，反受其罪。讯考三日复问之，分（'知'之误——笔者注）与前辞同不也。"① 若将"传"读"船"音，"传爱书"解释为"以文书代口辞"、"移动爱书"、"传送爱书"等，就与汉审判制度不合了。

有哪些"爱书"需要在法庭上审核、验证呢？史书上无明确记载。从有关史料来看，可能有以下各类爱书：

①告、劾文书（诉状）。

②勘验文书。

《睡虎地秦墓竹简·封诊式》载有关案件的爱书反映出，县廷接到告劾后立即令令史前往勘验，由负责勘验者写出报告。例如：

> 贼死爱书：某亭求盗甲告曰："署中某所有贼死，结发、不知何男子一人，来告。"即令令史某往诊。令史某爱书：……
>
> 经死爱书：某里典甲曰："里人士伍丙经死其室，不知故，来告。"即令令史某往诊。令史某爱书……

"往诊"，即前往事故现场勘验。勘验后写的报告，须经法庭审核。

③调查函件。

被告人所供重要情节，必须调查。如被告人的姓名、年龄、籍贯、身份、职业、有无前科等。经调查后写的文书（汉简中常称作"牒"）法庭也须验证。例如《睡虎地秦墓竹简·封诊式》载：

> 有鞫，敢告某县主：男子某有鞫，辞曰："士伍，居某里"。可定名事里，所坐论云何，何罪赦，或复问无有？遣识者以律封守，当腾，腾皆为报，敢告主。

---

① 《汉书》卷五十九《张汤传》。

这是一件外调函件式样。"有鞫"爰书：被审讯人住在他县某里。法庭发函该县调查此人的姓名、身份、籍贯，曾犯有何罪，判过什么刑罚或经赦免，是否再次被审问过，并请派了解情况者依法查封看守，登记造册、寄回。汉代函调文书式样，与秦大致相同。《居延汉简释文合校》214·124："□武（'或'字之误）复问毋有，云何？得盗械"。① 这支简当是汉函调文书的残篇。

另外，汉律规定，案件有关人（包括证人）如在他县时，负责审理此案的县，无须将此人拘系到庭，而是请此人所在县讯问，将口供报与审判此案的县，所谓"移人在所县道官，县道官狱讯以报之，勿征逮。征逮者以擅移狱论"。② 此"讯以报之"文书，当也是审判法官所"传爰书"之列。

④封守爰书。

如果被告人的家室、妻子等应该查封看守，由县发文令被告人所在乡执行。封守后向县廷做书面报告。

《睡虎地秦墓竹简·封诊式》：封守乡某爰书："以某县丞某书，封有鞫者某里士伍甲家室，妻、子、臣妾、衣器、畜产……"

法庭对此"封守爰书"也应审核。

⑤鉴定文书。

对于确定罪行性质、轻重的事、物均须鉴定，并作出笔录交法庭审核。兹将简牍中所见鉴定文书列举数则如下。

鉴定疗症：

令医丁诊之。丁言曰："丙无眉，艮本绝，③ 鼻腔坏。刺其鼻不

---

① 盗械，即以拘系盗贼的刑具，拘系该犯，械，刑具。《汉书》卷二《惠帝纪》颜师古注："盗械，凡以罪着械皆得称焉。"

② 《居延新简》E·P·S4·T2：101。"擅移狱"，罪名。非法受理不属于该审判机关管辖的案件。

③ 艮，疑读为根。艮本，疑即山根。医书中对两眼间鼻梁的名称。

嚏。肘膝□□□到□两足下奇（踦），①溃一所。其手毋肢。②令号，其音气致。疠也。"③

鉴定牛岁：

令令史齿牛，牛六岁矣。④

鉴定缯券：⑤

举關以婢债所券廉视贾市者，⑥类缯中券也。今令贩缯者釁视，曰：券齿百一十尺，尺百八十钱，钱千九百八十，类缯中券。⑦

"传爰书"阶段，从被审问人方面来说，就是答辩状辞的陈述，或称"自证"。"自证"言辞录成文字，即"自证爰书"。这类"爰书"在汉简中常见。兹抄录两件如下：

①《建武三年候粟君所责寇恩事》：⑧爰书验问。（被告人）恩辞曰："颍川昆阳市南里年六十六岁，姓寇氏……（中略）……不当予粟君牛，不相当谷二十石"皆证。

这就是寇恩对粟君控告他应偿还债务的答辩的"自证爰书"。

②建武四年女子齐通耐责恭取鼓事：⑨爰书验问。（被告人）恭辞

---

① 踦（音基），《尚书大传》注："步足不能相过也。"
② 肢（音拔），汗毛。
③ 疠，麻风病。《睡虎地秦墓竹简·封诊式》。
④ 齿牛，察看牛齿数，知牛年岁。《睡虎地秦墓竹简·封诊式·争》。
⑤ 缯券，系织品交易契约。缯，系织品的总称。券，契约。此简中的"缯券"为物证。
⑥ 债，仆倒，跌倒。廉，考察，查访。
⑦ 《奏谳书》，第228页。
⑧ 《居延新简》E·P·F22：1－36。
⑨ 《居延新简》E·P·F22：328－332、556。

曰："上造，居延临仁里，年二十八岁、姓秦氏，往十余岁父母皆死与男同产兄良异居，以更始三年五月中除为甲渠吞远隧长……（中略）……恭不服取鼓。爰书（自证）。"

秦恭对于控告他取隧鼓一事不服而进行的答辩，即他对此案的"自证爰书"。

"传爰书"阶段，从审判官吏角度来说，就是讯问，张晏称为"讯考"。秦汉时对于官吏讯狱工作非常重视，秦代就规定有指导讯狱工作的原则。《秦简·封诊式·讯狱》："凡讯狱必先尽听其言而书之，各展其辞。虽知其他，① 勿庸辄诘。其辞已尽书而无解，乃以诘者诘之。诘之又尽听书其解辞，② 又视其它无解者以复诘之。"就是说，审讯案件要仔细、耐心听其陈述，并加以记录。使其尽量说清问题。虽然明知是谎言，也不要阻止。一直等他没有什么可说的，但问题仍没交代清楚时，才加追问。

（2）诘问。

诘问，即追问。前引秦时的"讯狱"原则规定，当事人陈述之后，法官若认为仍没有将案情交代清楚，即可追问，直至他无从辩解为止，所谓"其辞已尽书而无解，乃以诘者诘之。诘之又尽听书其解辞，又视其它无解者以复诘之"。从《奏谳书》中得知，汉代因袭了秦时的"诘"制。在该书所录案例中可以见到，被告人陈述后，法官随即对于那些没有交代，或没有交代清楚的问题发出诘问。所问问题，对于认定被告人是否违法犯罪，有重要关系。如例二记，法官"诘媚（被告人）：媚故点（原告）婢，虽楚时去亡，降为汉，不书名数，③ 点得，占数媚，④ 媚复为婢，卖媚当也。去亡，何解？"此"诘"对于确定媚的身份至关重要，从而可以判断原告是否有权贩卖媚。再如例三，法官"诘阑（被告人）：'阑非当得娶南为妻也，而娶以为妻，与偕归临菑，是阑来诱及奸，南亡之诸侯，阑匿之也。何解？'阑曰：'来送南而娶为妻，非来诱也。吏以为奸及匿南，

---

① 他，欺骗，《说文》作诧。
② 诘，责，追问。《礼记》卷十六《月令》："诘诛谩暴。"郑注："诘，谓问其罪，穷治之也。"
③ 名数，户籍。
④ 占，申报。

罪。毋解。'诘阑:'律所以禁从诸侯来诱者,令它国毋得娶它国人也。阑虽不故来,而实诱汉民之齐国,即从诸侯来诱也。何解'？阑曰:'罪,毋解'"。此案中的两"诘",确定了被告人犯罪事实及罪的性质。

（3）复问。

复问,即审讯后的再次审讯。《汉书》卷五十九《张汤传》张晏注:"讯考三日,复问之,知与前辞同不也。"① 复问是审判制度中的一项重要程序。秦时已有此制。《睡虎地秦墓竹简·封诊式》中的"有鞫"、"复"、"告臣"、"黥妾"等爰书程序中均有"或复问无有"一句。就是说负责审讯的机关,在回复的爰书中务必写明被审讯者的供词是否经过复问审核。如果未经"复问",在爰书中也要写明,如"亡自出"爰书中所说"莫复问"。

汉因秦制。汉初成书的《奏谳书》所录爰书中的"问",即"复问"程序。从中得知,"诘"后,还必须有"问",即经过复问。在此过程,即使被告人的供词与前次相同,也要经过这一程序,并在爰书中写明。例如《奏谳书》第一、第三、第十七等案例中的"问,如辞",即说明复问时被告人的供词与第一次审问时相同。由于相同,因而就用不着将复问口供再抄录一遍,仅写"问,如辞"即可。

复问时,被告人可以更改前次的供词,所谓"更言"。也可以补充交代。如第二案例,复问时被告人媚说:"年四十岁",即补充说明自己的年龄。第五案例,复问时,被告人武补充交代:"士伍,年三十七"。法官并对他的补充交代进行了核实,所谓"诊如辞"。第十四案例,复问时,被告人平供:"平爵五大夫,居安陆和众里,属安陆相。"补充交代了他的爵位、住地,以及任职机构。

复问,也是法官进一步查清案情的机会。如第十六案例,在复问时,法官审讯、验证了被告人苍、信、丙等是否关内侯的问题。经复问查实,等人"皆故楚爵,属汉以比士,非诸侯子"。

（4）刑讯。

刑讯古已实行。秦时已明文规定问案时可以实行刑讯。但当时的立法

---

① 《汉书补注》中王先谦对张晏所说不以为然:"汤为儿戏不必如平日有移换他官考实之事,捕得盗鼠亦烦三日复问。"此说实不知"复问"是一项必经的审判程序。

者并不认为刑讯是最有效的问案方式。《睡虎地秦墓竹简·封诊式》中有一则关于审判原则的条文，反映出当时立法者对刑讯问题的认识。

> 治狱，能以书从迹其言，毋治（笞）谅（掠）而得人请（情）为上；治（笞）谅（掠）为下，有恐为败。

书，书写，记录。此处指各种文书，如诉状、契约、勘验、鉴定文书，以及证人证言、调查笔录等。"以书从迹其言"，即根据各种文书的记载，追问、考察被告人的供词。如此获得实情为上，以笞打、恐吓逼供是下策。提出这一治狱原则，不是为了维护人的尊严，而是为了追求审问效果。所以当时不可能禁止刑讯，而是规定措施保证有效刑讯。秦统治者在提出这一治狱原则的同时，又对于在什么情况下方可实行刑讯，作了具体规定：

> 凡讯狱，必先尽听其言而书之，各展其辞，虽知其訑勿庸辄诘。其辞已尽书而无解，乃以诘者诘之。诘之又尽听书其解辞，又视其它无解者以复诘之。诘之极而数訑，更言不服，其律当笞掠者，乃笞掠。笞掠之必书曰：爰书，以其数更言，无解辞，笞讯某。

这一项制度说明，当时的立法者主张审讯时尽量避免刑讯。只是在罪犯反复变更口供，百般狡辩，拒不认罪时，方可笞讯。并且规定两条制度，防止滥施刑拷，其一，"其律当笞掠者，乃笞掠"，就是说依法实行刑讯。其二，"笞掠之必书曰：爰书，以其数更言，无解辞，笞讯某"。即是说，笞掠后应有详细记录，以备审查。①

《奏谳书》中仅有一件文书（第十七案例）记载审讯时曾用刑逼供。此案发生于秦始皇元年。这是一件刑徒"乞鞫"，要求平反的案例。因为

---

① 《睡虎地秦墓竹简·封诊式》中的这项"讯狱"原则，对后世立法有一定影响。《唐律》卷二十九《断狱》"讯囚察辞理"条关于拷讯要件的规定，或曾参考秦制。该条云："应讯囚者，必先以情，审察辞理，反复参验，事须讯问者，立案同判，然后拷讯。违者，杖六十。"

原审非法刑讯造成冤案，因而从该爰书看不出有关刑讯制度的记录。

汉承秦制，汉律明确规定，审判官可以使用刑讯方式确定罪名，所谓"律云：'掠者唯得榜笞立'"。① 就是说，在不得不使用刑讯定罪的情况下，可以使用刑讯。《陈书·沈洙传》引汉律："死罪及除名，罪证明白，考掠已至而抵陷不服者，处当列上。"按此说法，死罪重犯，证据确凿，经过拷讯仍不认罪者，即可定罪。由此可知，西汉酷吏杜周对待罪犯，常常是"不服，以掠笞定之"，② 毫无法律依据的任意作为。

对于刑讯制度，早在西汉时就有人提出批评。宣帝即位时，路温舒上《尚德缓刑疏》。其中说："夫人情安则乐生，痛则思死。棰楚之下，何求而不得？故因人不胜痛，则饰辞以视之；吏治者利其然，则指道以明之，上奏畏却，则锻练而周内之。奏当之成，虽咎繇听之，犹以为死有余辜。"③ 他认为刑讯是造成冤、假、错案的重要原因。然而，刑讯作为封建审判程序中的一项重要制度，终封建社会未能将其消除。

（5）鞫。

鞫，亦作鞠，史籍中常见。注家对此字也多有诠释。

《尚书·吕刑》："输而孚。"传："谓上其鞫劾文辞。"疏："汉世问罪谓之鞫，断狱谓之劾。"

《周礼·秋官·小司寇》："读书则用法。"注引："郑司农云：'读书则用法，如今时读鞫已乃论之'。"疏："鞫谓劾囚之要辞，行刑之时，读已乃论其罪也。"

《汉书·刑法志》："今遣廷史与郡鞫。"如淳注："以囚辞决狱事为鞫。"李奇注："鞫，穷也，狱事竟穷也。"颜师古注："李说是也。"

《汉书·景武昭宣元成功臣表》："新畴侯赵弟，坐为太常鞫狱不实。"如淳注："鞫者以其辞决罪也。"

然而以上诸家注释均没有指出"鞫"作为一项重要审讯程序的确切含义。从秦汉简牍中有的关资料，尤其是《奏谳书》中所载案例说的

---

① 《后汉书》卷三《章帝纪》。
② 《汉书》卷六十《杜周传》。
③ 《汉书》卷五十一《路温舒传》。

"鞫"，得知"鞫"即法官对审讯案件作出的结论：所审问的案情是否真实、行为是否构成犯罪，以及罪行的性质、轻重，适用何种法律，应判何种刑罚。若案件难以断决，则呈请上级审判机关"谳之"。兹择录几件《奏谳书》案例中的"鞫"辞如下：

第一案例：

鞫之：毋忧变（蛮）夷大男子，岁出賨钱，以当徭斌，窠遣为屯，去亡，得，皆审。疑毋忧罪，它县论，敢谳之，谒报。吏当，毋忧当要（腰）斩，或曰不当论。

第十四案例：

鞫：平智（知）种无名数，舍匿之，审。当：平当耐为隶臣，锢，毋得以爵、当赏免。令曰："诸毋名数者，皆令自占书名数，令到县道官，盈三十日，不自占书名，皆耐为隶臣妾，锢，勿令以爵、赏免，舍匿者与同罪。"以此当平。

第十五案例：

鞫：恢，吏，盗过六百六十钱，审。当：恢当黥为城旦，毋得以爵减、免、赎。律："盗臧（赃）直（值）过六百六十钱。黥为城旦"；令："吏盗，当刑者刑，毋得以爵减、免、赎，以此当恢。"

第十六案例：

鞫（鞫）之：苍贼杀人，信与谋，丙、赘捕苍而纵之，审。敢言之：新郪信、掌长苍谋贼杀狱史武，校长丙、赘捕苍而纵之，爵皆大庶长。律："贼杀人，弃市。"以此当苍。律："谋贼杀人，与贼同法。"以此当信。律："纵囚，与同罪。"以此当丙、赘。当之：信、苍、丙、赘皆当弃市，毄（系）。

以上所录的几件鞫文说明，案件的鞫文必须写明：①已审定的事实。②适用的律令条文。③对案件的断处决定，即所谓"当黥为城旦"、"当弃市"、"当腰斩"等。如唐颜师古所说："当，谓处断也。"①

六　汉代的几项重要审判制度

1. 奏谳

前面已经说到，"奏谳"，即下级审判机关将疑难案件呈请上级审判机关评议、断决。"狱成奏谳"，古亦有之。《礼记·文王世子》中有"狱成，有司谳于公"之说。不过此"奏谳"是对公族犯罪的一种宥赦程序，不是为解决疑案。秦时也还没有定出解决疑案的具体制度。当时遇有疑案，一般都是交皇帝审理。《汉书》卷二十三《刑法志》载，秦始皇为处理司法审判事务，十分忙碌。他"躬操文墨，昼断狱，夜理书，自程决事，日悬石之一"。西汉立国之初，可能是由于沿用秦代的司法审判制度，高皇帝无暇处理审判事务，因而积压大量待决案件。为此在众事繁多，日不暇给之时，不得不制定处理疑难案件的"狱疑谳"诏令，以便及时清理积案。《汉书》卷二十三《刑法志》载，高祖七年制诏御史："狱之疑者，吏或不敢决，有罪者久而不论，无罪者久系不决。自今以来，县、道官狱疑者，各谳所属二千石。二千石官以其罪名当报之。所不能决者，皆移廷尉，廷尉亦当报之。廷尉所不能决，谨具为奏，傅所当比律令以闻。"这道诏令不仅有助于清理积案，同时也使我国封建司法审判制度得到进一步完善。它所确定的审讯原则，也为汉代司法审判制度的改革奠定了基础。清末法学家沈家本评论这道诏令时说道：它是"汉承秦苛法之后，慎狱恤刑，与民更始"。② 此说甚是。

然而"承秦苛法"之后，汉初要实行"慎狱恤刑"的审判制度实属不易。"狱疑谳"诏令颁布后"吏犹不能奉宣"，也就是说，官吏不认真

---

① 《汉书》卷二十三《刑法志》颜师古注。
② 沈家本：《历代刑法考》（三），中华书局 1985 年版，第 1494 页。

执行。因而，汉景帝时又对"狱疑谳"制度作了两次补充规定。景帝中元五年复下诏曰："诸狱疑，虽文致于法而于人心不厌者，辄谳之。"根据这道诏令的规定，审判机关所断案件，即使符合法律，如果民众不服，也可呈请再断。景帝后元元年，针对法官怕谳狱失误而负责任，又对"狱疑谳"制度作了一项补充规定："狱重事也，人有愚智，官有上下。狱疑者谳，有令谳者，已报谳而后不当，谳者不为失。"这一规定，进一步解除了对于疑狱，"吏或不敢决"的疑虑。

为贯彻"狱疑谳"诏，汉代廷尉府增置了专门处理请谳疑狱的"奏谳掾"。《汉书》卷五十八《兒宽传》载，张汤为廷尉，"以（兒）宽为奏谳掾，以古法义决疑狱，甚重之"。宣帝时，于廷尉府又增添了处理谳疑狱的"廷平"四员，秩六百石。① 并规定"冬月"为"治请谳"的期限。《汉书》卷七十一《于定国传》载，于定国为廷尉"冬月治请谳"。② 宣帝对于请谳之狱尤其重视，"常幸宣室，斋居而决事"。如淳注："宣室，布政教之室也。重用刑，故斋戒以决事。"③ 为了便于了解地方审理疑时的情况，汉代廷尉审议奏谳疑狱时，还允许郡国遣主持其事的属史诣廷尉参与审议。《周礼》卷三十五《秋官·讶士》："凡四方之治于士者造焉。"郑玄注："谓谳疑辨事先来诣，乃通之于士也。士主谓士师也。如今郡国亦时遣主者吏诣廷尉者。"

"狱疑诏"规定，下级审判机关"奏谳"时，须遵守两项制度。这在《奏谳书》中也得到印证。

（1）"谨具为奏"。

"具"，具备，完备。此处指凡奏谳案件务必将该案的有关文件全部呈上，所谓"具狱上府"。颜师古说："具狱者，狱案已成，其文具备也。"④《奏谳书》所录案例中，有的在文书中明确写明"具狱的件数"。如案例十四："上奏七牒，谒以闻。"案例十六："为奏当十五牒上谒。"案例二十二："为奏二十二牒。"一案文书有告劾文书（诉状）、当事人的陈述、

---

① 《汉书》卷二十三《刑法志》。
② 《汉书》卷二十三《刑法志》写为"季秋后请谳"也是。
③ 《汉书》卷二十三《刑法志》。
④ 《汉书》卷七十一《于定国传》颜师古注。

"诘"、"问"口供、现场勘验、物证的"诊"断等。

（2）"傅所当比律令以闻"。

"傅"通附。"傅所当比律令以闻"，即随奏谳文书附上与断决此案有关的律令，以便上级参考。如案例四，附《律》："娶亡人为妻，黥为城旦。弗知，非有减也。"案例十五，附《律》："盗赃值过六百六十钱，黥为城旦"；《令》："吏盗，当刑者刑，毋得以爵减免赎"；等等。

另外，《奏谳书》还反映出，随奏谳文书可以附上原审法官对该案如何判决的意见，所谓"吏议"、"吏当"。如案例一："史当：毋忧（罪犯）当腰斩，或曰不当论。"案例二："吏当：黥媚颜颓，畀禄，或曰当为庶人。"案例四："吏议：符有［名］数明所，明嫁为解妻，解不知其亡，不当论。或曰：符虽已诈书名数，实亡人也。解虽不知其情，当以娶亡人为妻论，斩左止为城旦。"

2. 集议

汉代有朝廷九卿集体议事制度，朝廷遇重大疑难问题，由皇帝召公卿百官会集朝廷辩论决定。《汉书》卷五十二《灌夫传》："东朝廷辩之。"张晏注："会公卿大夫东朝，共理而分别之。"《西汉会要》辑有西汉朝廷"集议"事例数十件。其中有讨论疑难案件的事例多件。成帝时，定陵侯淳于长坐大逆诛，其小妻等六人应否连坐案；哀帝初，薛宣子况赇客相明创申咸案等"集议"都很有名。现从《奏谳书》案例二十一得知，作为九卿之一的廷尉署内也实行"集议"制度。这对于了解汉代的司法审判制度十分珍贵。

廷尉"集议"决狱方式有以下特征。

（1）廷尉"集议"的案件是下级审判机关奏谳案件。案例二十一即杜县县廷"疑甲罪"而奏谳于廷尉的案例。因而廷尉"集议"后，需将结论"告杜论甲"。

（2）廷尉"集议"，只是就已知的案情讨论如何定罪量刑，而不是重审。

（3）参与"集议"的官吏，包括廷尉在内的诸多属吏，"廷尉勃、正始、监弘、廷史武等三十人"。

（4）该案例的文书格式也不同于奏谳文书。而是先将有关的法律条文一一列出。然后介绍案情。最后，写出讨论发言情况，以及各个人意见。

案例二十一，为进行对该案的讨论，而列出了六条相关律令，以便论证该案的犯罪性质和量刑轻重。

（1）列出前三条律文的目的，在于说明被告女子甲的夫死之后在家庭中的法律地位及其对死夫有尽孝道的义务。据此而断定女子甲与人通奸，违背孝道，犯不孝罪。同时，该女子在其夫的母亲之旁，无所顾忌与人通奸，又犯"悍"罪，当一并论处。

（2）列出"奸罪"的条文，是为了对此种犯罪的处理。按此规定，凡"奸罪"，应将通奸男女一并抓获，经案验后，加木械送官府。该案仅捕得女子甲，也未及时"案校上"，因而不能定为"奸罪"，只可按"不孝"和"敖悍"处罚。

（3）列出第三、第四条律文，是为掌握量刑轻重的幅度。

从以上所述，也可以看出廷尉勃等人"集议"时，采用的是断狱方式。在法律无明文规定的情况下，这种"无条，取比类以决之"，① 不失为一种比较合理的断狱办法。从逻辑学上来说，先秦名学家对此早有论证。《荀子》卷十九《大略》："有法者以法行，无法者以类举。以其本知其末，以其左知其右，凡百事异理而相守也。"《墨子》卷十一《小取》："辟也者，举它物而以明之也。"然而，在断决该案时，廷尉勃等人根据几条法律简单比较推演出的结论，并不能适用于不同属性的案件。推论必须注意"殊类"、"异形"的问题。《吕氏春秋·别类》："物多类然而不然"。就是说，事物十分复杂，有些事物貌似同类，其实不然。这种貌似同类的事物不能彼此推论。该案中，廷尉勃等人的错误就在于此。他们仅引用法律论证女子甲作为死者妻子在家庭的地位，"夫异尊于妻"，便得出结论："夫死未葬"，妻与人奸，为"不孝"。而忽略了一项决定该案性质的因素，即妻虽应尊于夫，但夫死与未死，对妻的要求不同。夫死后，妻与人通奸，不能定为"不孝"。既非"不孝"，也就无从定其"悍"罪。廷史申正是以被告人女子甲的夫死与未死应有区别，而否定了女子甲的"不孝"罪。同时又以吏捕奸罪，未将男、女二人"案校上"，而否定女

---

① 《周礼》卷三十四《秋官·大司寇》疏。

子甲的"奸罪"。汉代的"集议"断狱方式，颇值得注意。

3. 乞鞫

乞鞫，即案件审理结束，宣读判决后，被告人不服，请求重审。《奏谳书》案例十七，即是一件审理"乞鞫"案的文书。该案发生于秦始皇元年，第二年重审断决。根据这件案例，以及秦简的有关记载说明，秦时的"乞鞫"制度有以下基本规定。

（1）案件审理结束，被告人方可提出重审。《睡虎地秦墓竹简·法律答问》："以乞鞫及为人乞鞫者，狱已断乃听，且未断犹听也，狱断乃听之。"汉、魏、晋，直至唐律，均有类似规定，但有改变。《史记·夏侯婴列传》裴骃《集解》引邓展云："《律》：'有故乞鞫'，《索隐》：案《晋令》云：狱结竟，呼囚鞫语罪状，囚若称枉欲乞鞫者，许之也。"魏新律对这项规定已有改动，即"二岁刑以上，除以家人乞鞫之制"。① 按此修改，秦律所说的"为家人乞鞫者"，就无权对"二岁刑以上"囚徒的判决提出"乞鞫"。《唐律》沿袭此制。《唐律》狱结竟取服辩条《疏议》曰："其家人亲属唯止告示罪名，不须问其服否。囚若不服听其自理。"

（2）论决满三月不得乞鞫。② 《奏谳书》案例十七"乞鞫"的提出不满三月，符合此制。该案是"二月癸亥"断决，"四月丙辰"乞鞫，断决后五十四天就申请重审，没过期限。

（3）乞鞫案，由原审的上级审判机关审理。《奏谳书》案例十七载，该案原审是雍县，其上级当是郡廷。而简文记载，此件乞鞫案却不是郡廷，而是中央审判机关廷尉。这说明当时（秦始皇二年）此地区尚未置郡，因而由廷尉直接审理雍县的乞鞫案。秦的郡县制是逐渐推行的。秦统一后，始在全国普遍实行郡县制（见《史记》卷六《秦始皇本纪》）。

（4）乞鞫案，不仅要依程序审讯原案当事人，并且要审问负责原审的法官。案例十七文书载，廷尉审讯该案时，还审问了原参加审讯的法官雍县县丞昭、史敢、铫、赐等。并判决他们原"论失之"。

---

① 《晋书》卷三十《刑法志》。
② 《周礼》卷三十五《秋官·朝士》："凡士之治，有期日。国中一旬，郊二旬，野三旬，都三月，邦国期。期内之治听，期外不听。"注："郑司农云，谓在期内者听，期外者不听，若今时徒论决满三月不得乞鞫。"

（5）乞鞫案，经重审后，若是一桩冤假错案，不仅应该撤销原判决，并且要赔偿因错判而给被告人造成的一切损害。如《奏谳书》案例十七廷尉复审判决：

第一，撤销错判：讲"故乐人，居沅醴中，不盗牛，雍以讲为盗，论黥为城旦，不当。复之，讲不盗牛"。

第二，恢复被告人讲的自由身份。"除讲以为隐官，令自常，畀其于於"。"隐官"，被黥为城旦的囚犯服劳役的场所。撤销错判，就应当将其从"隐官"中放出，恢复自由人身份，让其回原县"於"。

第三，讲的妻、子，因讲沦为黥城旦而被卖，由官府为其赎回。被没收已变卖的家产，作价偿还。因讲案而连坐受罚者，也应撤销，所谓："妻、子已卖者，县官为赎。它收已卖，以价畀之。及除坐者赀，赀□人还之。"

4. 录囚

录囚，即由皇帝或上级长官巡行考察所部郡国、县道狱政，纠正错案，平反冤狱，或督办久系未决案件。《奏谳书》案例十六，即是一件郡守录囚文书。该文首句是标题："淮阳守行县掾（录）新郪狱"。[①] 其中的"掾"字，当是"录"之误。[②]

皇帝亲自录囚，多见于东汉。《晋书·刑法志》："及明帝即位，常临听讼观，录洛阳诸狱。"《后汉书·第五伦传》载，永明五年，会稽太守第五伦坐法入狱，"会帝幸廷尉录囚徒，得免归田里"。明帝以后，其他帝、后录囚事也多有记载。

刺史录囚，始于汉武帝。武帝元封五年，初置刺史，其职责之一，即巡行所部，录囚诸郡，断理冤狱。《汉书·百官公卿表》："武帝元封五年，初置部刺史，掌奉诏条察州。"颜师古注："《汉官典职仪》云，刺史班宣，周行郡国，省察治状，能否断治冤狱。"例如，《汉书·隽不疑传》载，隽不疑"拜为青州刺史，每行县录囚徒还。"《汉书·何武传》："及

---

① 淮阳，郡名。《汉书》卷二十八《地理志》王先谦《补注》："故属秦楚郡。楚汉之际属楚国，（汉高祖）六年置淮阳郡，十一年为国。"据简文中日月干支，当合于汉高祖六年。

② 此字识"掾"，文句不通。"录"的繁体录与"掾"字形似，或因此而误。汉有录囚制度。

武为刺史，行部录囚徒。"以后，刺史逐渐成为地方最高行政长官，录囚也仍是其职责之一。《后汉书》卷二十八《百官志》："诸州常以八月巡行所部郡国，录囚徒。"注引胡广曰："县邑囚徒，皆阅录视，参考辞状，实为真伪。有侵冤，即时平理也。"

郡守巡行属县录囚则是常职。《后汉书》卷二十八《百官志》本注，郡太守"秋冬遣无害吏案讯诸囚，平其罪法，论课殿最"。从《奏谳书》得知，汉初即规定出郡守录囚制度。从以上所述，可以看出，录囚与乞鞫有明显区别。

（1）乞鞫是罪犯自认为法官判决不公正，要求重审。而录囚则是审判机关的上级（郡守、刺史，直至皇帝）检察工作时发现的错案。

（2）乞鞫案有期限，过期提出，不予审理，"论决满三月不得乞鞫"。而录囚案则无时限。也就是说不论何时断决的案件，只要上级长官一经发现，均可提出。

5. 复狱

复，即复狱，重审案件，① 即对已经审判断决的案件，发现有错误，重新审理。《资治通鉴》卷七，秦始皇"谪治狱吏不直及复狱不直者，筑长城及处南越地"。注："奏当以成而复按之。"《奏谳书》案例十八，即是一件复狱实例。它具体阐明复狱是纠正错案的一项重要司法制度。

复狱虽然也是对已经审断案件的重新审理，但与上面所说的乞鞫、录囚制度不同。乞鞫案，是囚犯本人或家人对判决不服，而请求重审。如案例十七，"黥城旦讲乞鞫"。录囚案是上级长官巡视下级审判机关时，发现的错判案件，提出重审。如案例十六"淮阳守偃行县录新郪狱"。而复狱案则是上级长官根据监察机构或个人对某一具体案件断决的举劾控告，而命令进行的重审。如案例十八，即是根据"御史书"，南郡对攸县县令库狱的复审。史籍中所见到的"复狱"，也多是朝廷提出的要求重审的大案、要案。例如：

《汉书·赵广汉传》："广汉使长安丞按（苏）贤，尉史禹故劾贤为骑

---

① 《尔雅》卷二《释诂下》："复，审也。"郭注："复校所为审谛。"《华严经音义》："复为重审察也。"

士屯霸上，不诣屯所，乏军兴。贤父上书讼罪，告广汉。事下有司复治。禹坐要斩，请逮捕广汉。"

《汉书·杜延年传》载，杜延年提出，"候史吴故三百石吏，首匿迁，不与庶人匿随者等，吴不得赦。奏请复治，劾廷尉、少府纵反者"。

6. 治狱应遵循的两则原则

《奏谳书》辑录的案例，主要是为了以实例诠释各种司法审判制度。此外，也收集了几件文书。意在阐述法官断狱应遵循的原则。其中有两条对于维护法制统一很有实际意义。

（1）直道事君，法不阿意。

案例十九、案例二十是两件春秋时期的办案故事。这两则故事有一个相同点，即法官都是以事君刚直不阿而著称。

一位是柳下季，春秋时鲁僖公时大夫，姓展名获，又名禽。他受封于柳下，谥号惠，所以名柳下惠。

《论语·微子》："柳下惠士师，三黜。人曰：'子未可以去乎？'曰：'直道而事人，焉往而不三黜？枉道而事人，何必去父母之邦？'"

在这里，孔子对柳下惠任士师，三黜，直道事君的精神，称颂不已。并说他是"言中伦，行中虑"的"贤者"。孟子称柳下惠为"圣人，百世之师"。① 案例二十所记柳下惠治盗粟案，史籍不载，但从中可以看出，在审理此案时，他仍能坚持自己的意见，不因国君指责用刑过重，而放弃自己的主张。

另一法官是史猷，字子鱼，春秋时卫国大夫。曾以"尸谏"留传于世。

　　《韩诗外传》：史鱼病且死，谓其子曰："我为人臣，生不能进贤退不肖，死不当治丧正室，殡我于室足矣。"卫君闻之，召蘧伯玉，而退弥子瑕，史鱼生以身谏，死以尸谏，可谓直矣。

孔子称："直哉史鱼。"案例十九史猷断"炙中有发"案，同样表现

————————

① 《孟子·尽心下》。

出他"执法不阿意"的精神。国君及其夫人认为养婢"治食不谨,罪死",而史猷认为养婢"无罪",并经过调查、研究而作出正确结论。

《奏谳书》中的案例,最晚的一件发生于高祖十一年。据此可知,此书编辑于高祖十一年(公元前195年)以后。文帝三年(公元前177年)任廷尉七八年的张释之,很可能阅读过这册与职务有直接关系的书。《史记》载,张释之接受文帝交办的"犯跸"案,依法处犯跸者"罚金四两"。文帝斥责他判刑过轻,应处死刑。他说君主也要依法办案,提出了一个很著名的观点:"法者,天子所与天下公共也。今法如此而更重之,是法不信于民也。"①

从张释之这种治狱作风中,可以看到《奏谳书》所宣传的法官应当刚直不阿、秉公执法的精神在当时的影响。

(2)参伍验证,得微难狱。

《奏谳书》案例二十二,也不是奏谳文书,而是秦代一县丞为本县一狱史请功的文书。文书分两部分,前部分介绍狱史侦破抢劫案的过程,后部分是谒请表彰的呈文。文书中引用了一条秦时法律:"令曰:'狱史能得微难狱,上'。"案例二十二以实例阐明了这条法令,并树立了一个侦破疑难案的典范。

何谓"得微难狱"?《说文》"彳部"云:"微,隐行也。"在史籍中,"微"字常用来表述与审讯、侦破案件有关的意思。《史记·循吏列传》:"公以臣能听微决疑,故使为理。"《索隐》:"言能听察微理,以决疑狱。"《汉书·郭解传》:"使人微知贼处。"颜师古注:"微,伺问之也。"参考上述解释,再读案例二十二的内容,不难理解,"得微难狱"的"微"即"线索",或抓住线索,进行侦察。负责办理此案的狱史举闿以先秦名家的"参伍验证"之法,对案情进行了缜密的调查研究。注意搜集证据,对其分析、比较,鉴定真伪,以认定该犯的罪行。

特别值得一说的是,狱史举闿办案,不是脱离现实,孤独地冥思苦索案情。而是深入罪犯生活的社会,走访群众,去收集、鉴别证据,揭露犯罪,从而侦破了一件案情复杂,又"毋征物"的抢劫案。应该说,《奏谳

---

① 《史记》卷一百二十《张释之列传》。

书》倡导的"得微难狱"办案精神，对于中国古代司法审判实践的发展
有重要意义。

（原载《秦汉简牍中法制文书辑考》，社会科学文献出版社 2008 年版。）

论中国古代法学与名学的关系

　　春秋战国是中国古代法学的繁荣时期。当时整个文化的空前发达，为法学的发展创造了条件。其中，先秦名学的形成与发展，对法学的影响最为深刻、广泛。然而对此问题，迄今鲜为学界注意。最近，有学者指出，"名辩思潮与成文法的诞生有直接关系"，[①] 是很有见地的观点。笔者不揣浅陋，愿就古代法学与名学的关系试作初探，以寻求中国古代法学理论的特征及其发展规律。

一　名学——中国古代法学的理论基础

　　名学，亦称辩学，即中国古代逻辑学。它是一门研究概念、判断、推理及其相互联系的规律、规则的学科。[②] 春秋战国时期，社会发生大变革，一切体现原来社会制度、秩序的名称与新的事物产生了矛盾，出现了所谓"名实之相怨"、"绝而无交"现象；[③] 并因此而掀起了一场"形名之辩"，展开了关于"名"的性质、内容、相互关系的探讨以及对于"辩"的理论的研究。随着这场争辩而出现的名学，在此过程中逐渐完善。很显然，名学不是与社会现实生活相脱离的纯学术。在它形成的过程中，思想家就把它作为论证自己政治主张的方法，甚至直接将其视为一门能够用以治世的学问。如《墨子·小取》说："夫辩者将以明是非之分，审治乱之纪，明同异之处，察名实之理，处利害，决嫌疑。"《公孙龙子·迹府》说，名辩家公孙龙"欲推是辩，以正名实，而化天下"。在运用这门新兴学问

---

①　武树臣：《名辩思潮与"成文法"的诞生》，载《中外法学》1991 年第 4 期。
②　参见《哲学大辞典》（逻辑学卷）。
③　《管子·宙合篇》。

论证自己的政治主张方面较为突出的有儒、墨、法三家。例如：

孔子强调"正名"，主张"为政必先正名"。《论语·子路》："子曰：'必也正名乎！……名不正则言不顺，言不顺则事不成，事不成则礼乐不兴，礼乐不兴则刑罚不中，刑罚不中则民无所措手足。'"他认为只要按周礼规定的等级名分来纠正新出现的一切不符合名分现象，天下即可治理。

墨子主张"取实予名"，即根据客观实在决定名称概念。按照这种名实观，他认为"天下之君子不知仁"的原因，"非以其名也，亦以其取也"。① 当时各诸侯国之所以攻伐争战不息，是因为他们"有誉义之名而不察其实"。②

在先秦诸子之中，法家的治国之道与名学的关系最为密切。法家多好名学。他们之中有的既是法家代表人物，又是名学家。史籍明确记载的就有：

邓析（约前545—前501年），这位先秦名家、法家的先驱、名辩思潮的开拓者，在名学方面，提出"按实定名"理论，倡导"操两可之说，设无穷之辞"的名辩之术。在政治上，主张"循名责实"，"视名而出政"，"刑名之治"。商鞅（前390—前338年），战国时期政治改革家、法家主要代表人物。《史记》记载他"少好刑名之学"。尸佼（约前390—约前330年），商鞅之师，曾参与秦国变法的法家人物，也好"正名定分"的名辩之术。申不害（约前385—前337年），战国时期法家的另一位代表人物，也好名学，"申子卑卑，施之于名实"。③ 尹文（约前360—前328年），主张法治，同时精于名学，"其学本于黄老，大较刑名学也"。④ 韩非（约前280—前233年），这位战国末期法家集大成者，对于先秦名学也有重要贡献，史家称他"喜刑名法术之学"。⑤ 另外，以名辩学称著于世，同时主张法治者，也有人在。如以名辩学闻名的惠施（约前370—前310年），也是一位法家，曾经"为魏惠王为法。为法已成，以示诸民人。

---

① 《墨子·贵义》。
② 《墨子·非攻》。
③ 《史记·老子韩非列传》。
④ 转引自仲长统《尹文子序》。
⑤ 《史记·老子韩非列传》。

民人皆善之"。① 这些表明，中国古代法学与名学关系密切。

先秦法家之所以喜好名学，原因在于它主张的"以法治国"论是以名学为其理论依据之一，研究名学也就是研究"循名责实"的治世之道。质言之，把名实问题的研究用于政治。如邓析曰："循名责实，察法立威"；② 申不害言："为人臣者，操契以责其名"；③ 韩非云："循名实而定是非"，④ 无不是要人君运用法律、名分来督责臣民，治理国家。哲学家胡适认为，这里的"名"，即法律（如"杀人者死"）；"实"，指具体案件（如"甲杀伤乙"）；凡符合这条法律的案件，就应当依照这条法律所规定的刑罚给予处罚。⑤ 此说即"循名责实"。⑥ 显然，"循名责实"既是法家的名学观点，也是他们的政治理论。

既然要"循名责实"、"以法治国"，就必须有体系严密、内容协调、符合逻辑的法律制度（包括立法、司法等各方面的制度）。所以先秦法家无不强调，法律当如"权衡"、"尺寸"，准确公正；立法必须详明、周备；等等。而这个时期形成的名学，则为法制的变革奠定了理论基础。法家（包括立法、司法者）为推行和贯彻自己的政治主张，充分利用先秦名家，尤其是墨家的名学理论，逐步建立起了新的法律制度。遵循名学的思维形式而形成的法学，从此与哲学、政治学、伦理学有了明显区别，成为一门具有独特用语（法言法语）、名词概念精当、判断推理符合逻辑、体系协调缜密系统的科学。此时的名学对中国古代的法理学的繁荣和其后专门研究法律规范和法律适用的律学的发展，产生了重要影响。⑦

西汉司马谈批评法家的治国之术，"不别亲疏，不殊贵贱，一断于於法，则亲亲尊尊之恩绝矣。可以行一时之计，而不可长用也。故曰

① 《吕氏春秋·淫辞》。
② 《邓析子·无厚》。
③ 《申子·大体》，"为人臣者"，当作"为人君者"。
④ 《韩非子·奸劫弑臣》。
⑤ 见胡适《中国哲学史大纲》（卷上），商务印书馆1987年版，第378页。
⑥ 这个公式与现代逻辑学的"三段论的第一格"（亦名审判格）相合。它的推理过程，典型地体现了由一般到个别（或特殊的）的思维过程。
⑦ 中国古代法学的发展，又促进了名学的发展。哲学家冯友兰指出，先秦的"刑名之家，就是名家。所谓名家，就其社会根源说，是春秋，战国时期各国公布法令所引起的一个后果"，《中国哲学史新编》第一册，第181页。

'严而少恩'。"并认为名家的缺陷也在于此，所谓"专决於名而失人情"。① 秦王朝"二世而亡"的历史事实说明，法家的治国之道，或如司马谈所说，不适于作为治理国家的指导思想。但是，他们把"刑名"与"法术"相联系，把名实问题的研究用于政治，从而为中国古代法学的发展奠定了一个科学的理论基础，不能不说这是对中国古代法律文化的重大贡献。

近世有一种观点认为，从逻辑思维方面来说，法家"循名责实"本身的"短处"，使其不适于作为"齐天下之动"的法的理论基础。在探讨古代法学与名学的关系时，有必要首先弄清楚这一问题。胡适认为，先秦法家的"控名责实"学说，"根本上只是一种演绎的理论。这种理论的根本观念只要'控名责实'，要'刑名参同'，要'以一统万'。这固是法家的长处，但法家的短处也在此。因为'法'的目的在'齐天下之动'，却不知道人事非常复杂，有种种个性的区别，决不能全靠一些全称名词便可包括了一切。例如'杀人'须分故杀与误杀。故杀之中，又可分别出千百种故杀的原因和动机。若单靠'杀人者死'一条法去包括一切杀人的案情，岂不要冤杀许多无罪的人吗？中国古代以来的法理学只是一个刑名之学。今世的'刑名师爷'，便是这种主义的流毒"。② 对于此说，笔者很难苟同。

首先，中国古代以来的法理学，绝非"只是一个刑名之学"（对此今天已无须赘述）。其次，"控名责实"是主张实行法治者提出的一个总的政治原则。在具体论述如何实现这一原则时，法家并没有主张仅用"全称名词"对"非常复杂的、有种种个性区别"的人际关系实行"一刀切"。相反，法家强调处理问题务必区别对待，并提出过一些如何判断、区分事物的办法。如韩非说："循名实而定是非，因参验而审言辞"，③ 又说"参伍之道，行参以谋多，揆伍以责失"。④ 参，比较；验，验证；揆，度量、考察；伍，同类。就是说，对人的言行作出判断之前，必须用事实、功效

---

① 《史记·太史公自序》。
② 胡适：《中国哲学史大纲》卷上，第379页。
③ 《韩非子·八经》。
④ 《韩非子·显学》。

来验证，一定要通过"参伍之道"，方可责人过失。不经过"参验"下结论，是愚蠢表现，即"无参验而必之者，愚也。弗能必而据之者，诬也"。① 所以，韩非主张立法应当详细、具体，符合实际。他主张"明主之法必详事"。② 近年出土的秦简也表明，以法家理论为指导思想而制定的秦律，对于各类犯罪的惩罚，不是用"一些全称名词"概括一切，如对杀伤罪，有贼杀伤、斗杀伤、共犯、有前谋的伤害、教唆等区分。而对盗窃罪仅就赃物数量的多少，就有多种不同处罚。

二 名学的范畴理论对法制的影响

先秦名学对中国古代法学的影响主要表现在当时名学中形成的范畴理论，为人们认识和解决法的问题，提供了正确思维形式和规则。从而出现了具有精确的名词概念，论证命题的判断推理符合逻辑，可以称为科学的中国古代法学。我们从战国时期法制变革的结晶——魏《法经》和其后的秦律中，就能够清楚地看到名学的一些重要范畴的理论对法学的深刻影响。

1. 类

"类"是先秦名学中关于定名、立辞、推理的基本概念。"类"字在商周时虽已出现，但把它作为逻辑范畴提出来，则是在春秋时期。人们随着认识能力逐渐提高，这时已能运用"集类"、"分类"方法进行推理和分析处理事物。如孔子曰"有教无类"，③ 邓析说"动之于其类"，④《易·象》提出"天地睽而其事同"、"男女睽而其志通"。睽，违背，不合。即是说，无论在自然界或社会，事物之间既有差异，也有共性，因而能够以"类族辨物"，⑤ 用"类"的范畴察辨事物同异。自墨子明确提出"依类明

---

① 《韩非子·显学》。
② 《韩非子·八说》。
③ 《论语·卫灵公》。
④ 《邓析子·转辞》。
⑤ 《易·象》。

故"，"推类察故"，① 把察类、明故作为辨的原则和逻辑方法后，就为先秦名学的形成奠定了理论基础。同时对"类"概念的深刻认识，又反过来直接指导了人们的思维活动。这一时期法律制度中的一些发展、变化，明显与名学"类"的概念的形成有关。

（1）"类"理论与法典体例的变化。

战国时期，法典的体例发生了一次重要变化，即改"刑名之制"为"罪名之制"。《晋书·刑法志》载："魏文侯师李悝。悝撰诸国法，著《法经》。以为王者之政，莫急於盗贼，故其律始於《盗》、《贼》。盗贼须劾捕，故著《囚》、《捕》二篇。其轻狡、越城、博戏、借假不廉、淫侈、逾制以为《杂》律一篇，又《具》律具其加减。故所著六篇而已，然皆罪名之制也"。所谓"罪名之制"，即按"罪名"编纂法典。在此之前的"刑书"是按"刑名"编纂的。如《周礼·司刑》云："掌五刑之法，以丽万民之罪。墨罪五百，劓罪五百，宫罪五百，刖罪五百，杀罪五百。"周穆王时制定的《吕刑》，虽然增加了刑罚数目，但仍无体例变化。《尚书·吕刑》有"墨罚之属千，劓罚之属千，剕罚之属五百，宫罚之属三百，大辟之罚，其属二百。五刑之属三千"。改"刑名之制"为"罪名之制"，绝非编纂法典的简单技术问题。从认识论的角度来看，按"刑名"定制，仅是对事物表面的一种相同现象的概括，反映的只是事物表面非本质的特有属性的概念。而"罪名"的形成，则需要概括出事物的决定性的特有属性，即本质属性。编出"罪名之制"的法典，所抓住的已经不是事物的表面和外部联系，而是其本质的内在联系。做到这一点，必须先做到逻辑学上的所谓"审名"、"辩类"。韩非的"审名以定位，明分以辩类"，② 也就是通过分析各"罪名"的含义给它下一定义来确定它的位置，明确其界限，进而找出各"罪名"的差别，将其归为不同的类。如《易·象》所说"以同而异"。显然，若将"盗"、"贼"罪各集为一篇，首先要在形形色色的各类犯罪中找出"盗"、"贼"罪的本质属性。也就是先要对它们有充分认识，才能用"盗"、"贼"的概念，表述出它们的内涵，

---

① 《墨子·尚贤中》。

② 《韩非子·扬权》。

明确它们外延反映的一切有关"盗"、"贼"罪的行为。这样才可能将"盗"、"贼"罪各列为一篇。再者，由于对"盗"、"贼"罪的本质属性能有所认识，立法者才能进而确定这两种罪对社会的严重危害性，才可能提出"王者之政，莫急於盗贼"，而将其列为刑律的中心篇章。而制定出的法典的其他篇章，则主要是为了保证这两篇章的实施。

由此可以看出，当时在名辩思潮的影响下，依据名学"类"的理论制定出"罪名之制"的《法经》，明显优于单纯按照事物外部特征而编纂的"刑名之制"的刑书。《法经》按"罪名"编纂法典，遂成为中国古代制定法典的模式。此后不再有按"刑种"或"刑期"制定的法典。明人邱濬评曰："刑法之著为书始于此（指李悝著《法经》）。成周之时虽有禁法，著于《周官》，然皆官守之事，分系于其所职掌，未有成书也。然五刑之目其属各有多少，五等之刑各以类而相从焉，著之篇章，分其事类，以后诠次，由於此乎始焉。"① 当然，"刑法之著为书"，不一定开始于李悝，② 但是将"五等之刑各以类而相从，著之篇章，分其事类，以为诠次"的法典，绝不会早于春秋，而只能出现于人们对于名学中"类"这一逻辑范畴有了深刻认识之后。

（2）"类"的理论对于审问罪犯和法律的适用，具有重要的指导意义。

首先，在审判过程中，无论是区分罪与非罪，还是认定罪的性质，都必须以"类"的理论为根据。"类"是判断、推理的前提。《墨经·大取》云："立辞而不明其类，则必困矣。"即说，对事物作出判断以前，必先"明其类"。由此可见，"类"概念对于审理案件的重要意义。对此，将在下面分析"故"的理论对法学的影响时，一并论述。

其次，法律的适用，与"类"理论的关系更为密切。在此仅以审判机关适用法律判决案件为例而谈。能否依法判决案件，是是否实行法治的一个重要表现。先秦法家曾就此提出种种主张。如商鞅的"刑无等级"，③

---

① 转引自沈家本《历代刑法考》，第 382 页。
② 沈家本说："战国时，各国各有刑法，悝不过集而自居为一家言"，"邱氏之言乃臆测之词也"，《历代刑法考》，第 842 页。
③ 《商君书·赏刑》。

人君不可行"私善","法制设而私善行，则民不畏刑"；① 韩非的"刑过不避大臣，赏善不遗匹夫"，②"法不阿贵，绳不挠曲"；③ 等等。为实现这一法制原则，法律也有了种种具体规定。然而，能否对案件作出正确判决，还需具备一个重要前提，那就是判审官吏需要具备正确的思维和认识客观实际的逻辑理论，尤其是关于"类"概念的深刻认识。依法判决案件，从逻辑学的角度来说，即先秦名学所谓的"以类行杂，以一行万"④ 的具体化。其中，既要遵守"以类取，以类予"⑤ 的原则，又要注意"殊类"、"异形"的问题。《吕氏春秋》言"万物殊类异形"、⑥"物多类然而不然"，⑦ 是说，事物十分复杂，有些事物貌似同类，其实不然，因而并不是所有貌似同类的事物都能类推，所谓"类固不必可推知"。⑧ 这些关于"类"的理论，为正确适用法律，作出符合实际的判决奠定了理论基础。审判官吏如能运用这些正确反映客观实际的逻辑理论适用法律，自然就能作出符合实际的判决。

2. 故

"故"，指事物形成的原因、条件，或推理、论证的根据。与"类"相同，"故"也是中国古代逻辑学中的一个重要范畴。先秦思想家早已认识到事物的形成必有其原因、条件，所谓"故，所得而后成也"。⑨ 强调论证问题，必先"辩其故"、⑩"明其故"。⑪ 将所以成立的根据阐述清楚，所谓"以说出故"；⑫ 并且认识到"故"有大小之分："小故"——形成事物的必要条件，"有之不必然，无之必不然"；⑬"大故"——事物的充分

---

① 《商君书·君臣》。
② 《韩非子·有度》。
③ 同上。
④ 《荀子·王制》。
⑤ 《墨子·小取》。
⑥ 《吕氏春秋·圜道》。
⑦ 《吕氏春秋·别类》。
⑧ 同上。
⑨ 《墨子·经上》。
⑩ 《墨子·兼爱中》。
⑪ 《墨子·非攻下》。
⑫ 《墨子·小取》。
⑬ 《墨子·经说上》。

条件，"有之必然，无之必不然"。① 总之，凡提出一命题，都必须"言之成理"，"持之有故"。

先秦名学中关于"故"的理论，在古代法学中得到充分体现。从秦简中可知，制定秦律的立法者无论是在区分罪与非罪，确定犯罪的性质，或考虑量刑轻重等问题时，都深入细致地考虑过犯罪形成的原因和条件。因此当人们阅读秦律之后，不管对其内容如何评价，但对其论证问题，阐述问题的思维形式，不能不折服。正如荀子称赞名家时所言："然而其持之有故，其言之成理。"② 兹列举秦简中《法律答问》二则，分述如下。

"盗羊：士五（伍）甲盗一羊，羊颈有索，索直（值）一钱，问可（何）论？甲意所盗羊殹（也），而索系羊，甲即牵羊去，议不为过羊。"

这是一件"盗羊"案例。在确定甲的"盗羊"罪时，从法的理论方面来说，"答问"明确指出了构成此案的基本要件。客观要件是"盗一羊"，主观要件是"甲意盗羊"。从逻辑学的角度来看，这就是所谓的"以说出故"。"答问"阐明了认定为"盗羊"罪的必要条件和绝对条件。至于案情中的另一情节："羊颈有索，索值一钱"，"答问"既不把它当作认定"盗羊"的必要条件，更不把它视为绝对条件，因而也就没把仅值一钱的"索"，作为定罪的赃物计算。所以得出的结论是，既然定为"盗羊"，就应该"议不为过羊"。

"抉籥：'抉籥（钥）赎黥'，可（何）谓'抉籥（钥）'？抉籥（钥）者已抉启乃为抉，且未启亦为抉？抉之弗能启即去，一日而得，论皆可（何）殹（也）？抉之且欲有盗，弗能启即去，若未启而得，当赎黥。抉之非欲盗殹（也），已启乃为抉，未启当赀二甲。"

"答问"对"抉籥"案件的分析，也同样体现了名学"故"的理论。它认为构成"抉籥"罪，必须具备两个要件，一是"抉籥"行为。没有"抉籥"行为，不可能定为"抉籥"罪。但是，不能把一切"抉籥"行为，都定为"抉籥"罪。"行为"仅是构成"抉籥"罪的必要条件，即墨家所谓的"小故"。二是定为"抉籥"罪，还必须具备充分条件（或称绝

---

① 《墨子·经说上》。
② 《荀子·非十二子》。

对条件），即墨家所谓的"大故"，也就是"答问"说的"抉之且欲有盗"，即为偷盗而撬门。这一点，现代刑法理论称为构成犯罪的"主观要件"。这则"答问"虽很简单，但清晰地反映出立法者制定法律时是严格遵循逻辑理论的。

"故"的理论，对于秦时的司法审判活动也有深刻影响。从当时的审判实践中可以看出，秦统治者要求审判官吏把"察类"、"明故"作为审理案件务必遵循的原则和逻辑方法。《睡虎地秦墓竹简》中有《封诊式》一书。这是一部关于审讯、调查、勘验案情的文书程式的选编，是指导基层官吏审判工作的重要文件。其中反映出秦立法者从丰富的审判经验中，总结出了一套缜密、严谨、符合逻辑的程序。从逻辑学的角度来看，这些审案程式对讯问案件、勘验现场所作的具体规定无不是"辩其故"的必要环节。审讯者只要依据审问获得的这些已知要点，运用合乎逻辑规则的推理，即可得出正确结论。现举其中的《经死》爰书分析如下。经死，即上吊而死。"经死爰书"是一则关于调查、勘验吊死现场的文书。爰书在详细记录了现场情况后说："诊必先谨审视其迹，当独抵死（尸）所，即视索终，终所党（倘）有通迹，乃视舌出不出，头足去终所及地各几可（何），遗矢弱（溺）不殹（也）？乃解索，视□鼻涓（嚏）然不殹（也）？及视索迹郁之状。道索终所试脱头：能脱，乃□其衣，尽视其身、头发中及篡。舌不出，口鼻不涓（嚏）然，索迹不郁，索终急不能脱，□死难审殹（也）。节（即）死久，口鼻或不能涓（嚏）然者。自杀者必先有故，问其同居，以合（答）其故。"

以上所述是关于检验死者自杀还是他杀的要点。它说明，当时的法医学已经相当发达，所列出的检验"经死"尸体的方法，即使今天看来，也仍有科学道理。另一方面从逻辑学的角度来看，这篇爰书严格遵循了先秦名学关于推理的原则。《墨子·经说上》云："故，所得而后成也。"按照这一逻辑理论，要断定该案是自杀还是他杀，必须弄清"经死"的原因、条件。爰书认为尸体头脚离系绳处及地面有一定距离、流出了屎尿、舌吐出、口鼻有叹气的样子、绳的痕迹处有淤血、绳套可从头上脱出（如死去已久，口鼻也可能无叹气状）等情节，是定为自缢的条件。此外还需查清死者自杀的主观原因，否则也不能定案。所以该爰书最后说："自杀者必先有故，问其同居，以合（答）其故。"若查不清自杀的主观原因，此案仍是一疑案。

3. 譬

"譬"，又称"辟"，是先秦名学中的一种推论形式。为了阐明某一事实或原理，而找出另一已知的、与其相似的事实或原理，作类比推理说明。这种推论称作"譬"。《墨子·小取》有"辟也者，举它物而以明之也"；惠施的"以其所知喻其所不知而使人知也"，① 即是"譬"。名学"譬"理论的形成，使人认识事物的能力极大提高，对于中国古代法制、法理论的发展均有重要影响。在秦律中，常见以"譬"这种方式阐明问题。例如：

"盗封啬夫可（何）论？② 廷行事以伪写印。"③ 大意：问假冒啬夫封印应如何论处？答，依照成例，按伪造官印论罪。

"铍，戟、矛有室者，拔以斗未有伤殴（也）。论比剑。"大意：铍、戟、矛有鞘的武器，拔出来斗殴，没有伤人，应与拔剑相斗同样论处。

"或与人斗，夬（决）人唇，论可（何）殴（也）？比痏痏。"大意：问与人斗，撕破人的嘴唇应如何论处？答，与打人造成青肿或破伤同样论处。

"臣强与主奸，可（何）论？比殴主。"大意：问奴强奸主人，如何论处？答，按殴打主人同样论处。

"斗折脊项骨，可（何）论？比折支（肢）。"大意：问斗殴折断了颈脊骨，应如何论处？答，与折断四肢同样论处。

上述数则"法律答问"回答问题的方式相同，都是"以其所知喻其所不知而使人知之"。"伪写印"、"拔剑斗殴"、"因斗殴使人痏痏"、"殴主"、"因斗殴折断人四肢"等罪，法律都明确规定有如何处刑。因此，当发生类似犯罪时，只需简单回答"论比剑"、"比殴主"等，就明白对类似犯罪如何处刑了。但是，先秦名学认为，以"譬"的方式推论，仅仅

---

① 引自《说苑·善说》。

② 古时，文书、通行凭证等，上面都有封泥，然后在泥上加盖玺印。"盗封啬夫"，或为假冒啬夫封印。

③ 廷行事，官府成例。伪写，假造。

是根据两个或两类犯罪作简单比较而推演出的结论，从逻辑学的角度来说，它不能解决属性的联系性质。这种推论所列举的前提与结论的联系是或然性的。为了提高"譬"所得结论的可靠性，先秦名学家指出，"譬"应"以类行"，"异类不比"。① 从以上列举的几则"答问"中可以看出，答问者运用"譬"的方式推论时，遵循了这一原则。如"盗封嗇夫"与"伪写印"、"强与主奸"与"殴主"、"斗折脊项骨"与"折肢"等，从刑法学的角度来说，无论在犯罪的客体和客观方面，还是犯罪的主体和主观方面，以及犯罪的手段都是"最相类似"，从而使得以"譬"的推论方式，能够得出较准确的结论。

人类社会关系繁杂纷呈，法律不能一一作出规定。而先秦名家关于"譬"的理论，很早就为我们解决这一问题，提供了理论依据。以上事例说明，正确运用"譬"的推理，不仅简明、确切地解答了法律条文尚未规定的某些犯罪应如何处刑的问题，并且使人对这些犯罪行为的性质，能立即有一个确切、深刻的认识。这就为法制的进一步完善创造了一个条件。

4. 效

"效"，先秦名学的用语，立论的标准，也可解释为推理的方法。《墨子·小取》曰："效者，为之法也。所效者，所以为之法也。故中效则是也，不中效则非也。"即，立论需要先立一个标准，然后按这一标准检验命题，凡符合这个标准（中效）的命题，就是正确的；否则，就不正确。"效"，作为一种推论的方法，对于古代法学同样有深刻影响。

《睡虎地秦墓竹简》中有近三十种律令。律名一般都是以该律令所调整事物的名称来命名。如《田律》是关于维护乡野社会秩序、管理农事、征收田赋的法律，《仓律》是有关粮食仓库管理的法律，《司空》是调整司空所管理的土木工程的法律，等等。而只有一种律令不是以其所调整事物的名称命名，称作《效》。内容是关于检验都官和县属机关物资的法律。"效"这个词，显然是从当时流行的名学中借来的。有关国家机关物资管理的法律，定名为"效"，虽然抽象，但很贴切。先制定出管理规章，然

---

① 《墨子·经下》。

后以此为准则，检验有关官吏管理的物资，这便是"效"。①

　　新出土的汉简证实，汉也有《效》律。② 秦汉以后不再有以"效"为名的律令。与该律有关的内容，分别写入其他法令了。探其原因，或嫌"效"字过于抽象，意思不明确，不适于用作律名。但是，名家关于"效"的理论，对于古代法制、法学的影响却是深远的。其明显地表现在，历代统治者都懂得一种有效的统治方式是，制定出各种规范，以此作为检验臣民行为的准则，合者（中效）为守法，不合者为非法、违法，进而应该受到惩罚。这种统治方式，如今已被人们视为"公理"了。就此而言，法家借助名学"效"的理论，推行的"责效主义"，③ 对于树立臣民的法的观念、法的意识起了重要作用。

　　通过对以上名学中部分范畴理论影响古代法学的阐述，足以说明先秦时期的法学与名学的关系非常密切，名学的形成为古代法学的发展奠定了理论基础。其中有两点值得注意：第一，在研究中国古代法学理论时，既要注意促使它形成和发展的经济、政治上的原因，揭示其阶级实质；也要注意到其他意识形态对它的影响。东汉班固曾评曰，春秋以降，"诸子十家，其可观者九家而已。皆起於王道既微，诸侯力政，时君世主，好恶殊方，是九家之（说）［术］蠭出并作，各引一端，崇其所善，以此驰说，取合诸侯，其言虽殊，辟犹水火，相灭亦相生也。仁之与义，敬之与和，相反而皆相成也"。④ 这个论断符合历史实际。首先，法学与其他诸子学说一样，都是适应当时社会的政治、经济需要而产生。其次，诸子学说，也包括法学，相反而相成。它们之间既有斗争，又相互吸收，互为补充。不注意这种复杂的联系，形而上学地认为它们之间只存在矛盾的、对立斗争的关系，则不可能正确地揭示出诸子学说，以及中国古代法学的特点和其

---

　　① 如《效》律的一条律文规定："同官而各有主殹（也），各坐其所主。官啬夫免，县令令人效其官，官啬夫坐效以赀，大啬夫及丞除。县令免，新啬夫自效殹（也），故啬夫及丞皆不得除。""新啬夫"、"故啬夫"均指县令而言；除，免罪。

　　② 参见《江陵张家山汉简概述》，《文物》1985 年第 1 期。

　　③ "责效"，胡适用语。他说："守法便是'效'。不守法便是不'效'。但不守法即有罚，便是用刑罚去维持法令的效能。法律无效，等于无法。法家常说'控名以责实'。这便是我所说的'责效'。"《中国哲学史大纲》卷上，第 378 页。

　　④ 《汉书·艺文志》。

发展、变化规律。第二，中国古代法学，以及依据当时社会现实需要而制定的法律，与先秦名学有密切关系。这对于完善现代社会的法律制度也有重要的参考意义。立法者制定法律必须遵循逻辑学理论，名词概念确切，条文符合逻辑，体系严密，以维护法制的统一和实行。

（原载《中国法学》1993 年第 1 期。）

论中国古代法学与名学的关系（续篇）

名学，亦称辩学，中国古代的逻辑学。它是一门研究概念、判断、推理及其相互关系的学问。它的形成与发展对于当时的法学（包括法的理论、立法、司法）产生了深刻的影响。作为法律、法令的"法"，就与名学有密切关系。先秦名学用语的"法"，其基本意思是"标准"、"规则"。先秦墨家对这个意义的"法"，有多方面阐述。如：

《墨子·经上》："法，所若而然也。"

《墨子·小取》："效也者，为之法也。所效者，所以为之法也。故中效则是也，不中效则非也。"

《墨子·经说上》："意、规、圆，三也俱，可以为法。"

《墨子·经说下》："方尽类，俱有法，而异，或木或石，不害其方之相合也。尽类犹方也，物俱然。"

作为法律、法令之"法"，事实上是从名学中的"法"而借用来的。这里的"法"突出了名学"法"字的"规则"含义。《说文解字》就是在这个意思上解释"法"的。它说"法，刑也"。强调"法"应公平、公正的特征，又说"法"，"平之如水"。先秦法家正是从这两点阐述"法"字的。如：

《管子·心术上》："杀僇禁诛谓之法。"

《管子·任法》："夫法者上之所以一民使下也。"

《管子·七法》："尺寸也，绳墨也，规矩也，衡石也，斗斛也，角量也，谓之法。"

《韩非子·难三》："法者，编著之图籍，设之于官府，而布之于百姓者也。"

先秦的法家中多人以名学闻名于世。如邓析、商鞅、申不害、尹文、韩非、惠施等。他们主张"以法治国"论，就是以名学中的"循名责实"为理论根据的。他们研究名学学说、范畴，就直接影响、发展了先秦时的法学。

前几年出土的、规定秦汉司法审判制度的《封诊式》、《奏谳书》，①可以当作先秦名学专著来读。这两册法制文书，以司法实践为根据，从现实生活中总结，归纳出的理论、观点，大大丰富了我国古代名学。这枝国学园地中绽放出的奇葩，很值得我们研究、探讨。

1993 年，笔者首次论述了中国古代法学与名学的关系。② 此文考证了名学范畴对于法律条文中罪名、刑名的厘定，以及条文的制定、法典体例的编纂的影响。现再写此文，研究秦汉司法审判制度与名学范畴理论之间的关系，谈谈对司法审判程度的影响。

一　参验

参验，"参伍之验"简称，先秦名学的重要范畴。参，比较；验，验证，即所谓参考验证。《庄子·天下》："以参为验。"《楚辞·九章》："参验考实。"这种朴素的唯物主义的认识论，构成了先秦名学的重要范畴，名学家将它视为立言、行事的指导原则。韩非说："循名实而定是非，因参验而审言辞。"③《淮南子·主术训》："事不在法律中，而可以便国佐治，必参五（伍）行之。"总之，参验一词成为人们辨别是非、真伪的准则。所以，韩非说：　"无参验而必之者，愚也。弗能必而据之者，诬也。"④

秦汉时的司法审判制度充分体现了先秦名学的"参验"思想。其中有些法制术语、名词，甚至直接引用于名学。秦汉法律规定的审判程序分为有鞫、羁押、告诉、案验、判断等阶段。整个程序可以说是一个对案件完

---

① 《封诊式》，载《睡虎地秦墓竹简》，文物出版社 1977 年版。《奏谳书》，载《张家山汉墓竹简》，文物出版社 2001 年版。

② 高恒：《论中国古代法学与名学的关系》，载《中国法学》1993 年第 1 期。

③ 《韩非子·奸劫弑臣》。

④ 《韩非子·显学》

整"参伍之验"过程。其中进行推辟活动的案验，也就是名学所说的"参验"。

案验，即考实罪行。史书中与案验词意相近的名词，还有验问、推辟。或者说验问、推辟也就是案验。验问，着重于问，讯问当事人、证人等。推辟，强调的是调查、推断事实。当然，推辟过程中免不了"问"。两词强调的各有侧重，但都是案验。笔者曾对汉简中所载的案验文作过辑录、考释。①并对案验的各项活动作过分类。如讯问证人、搜查家室、勘验现场、鉴定证物等。法律对案验活动有严格规定。因篇幅所限，本文不便对审判程序中的案验过程作详细分析。兹介绍秦简《封诊式》，供读者阅读了解当时审案过程中的案验细节。《封诊式》共有二十五条文书。其中有两条规定司法审判应遵循的案验原则《治狱》、《讯狱》。其余各条都是对案件进行调查、检验、审讯程序的文书程式。

体现"参验"精神的"讯狱"原则规定：

> 凡讯狱，必先尽听其言而书之，各展其辞，②虽智（知）其池，③勿庸辄诘，④ 其辞已尽书而无解，乃以诘者诘之。诘之有（又）尽书其解辞，有（又）视其它无解者以复诘之。诘之极而数池，更言不服，其律当治（笞）谅（掠）者，乃治（笞）谅（掠）。治（笞）谅（掠）之必书曰：爰书：以某数更言，无解辞，治（笞）讯某。

《封诊式》列出的审问各类案件程式有二十三条。审问各类案件，各有不同"案验"要求。现列举两例（摘要），分析如下：

1. "贼死"爰书记载，案验凶杀案现场时，勘验者有步骤地察看了四个方面。第一，检查死者伤痕，从而断定"像斧砍的痕迹"。第二，认真察看现场周围的遗留足迹，发现死者"西边有涂漆的秦履一双，一只离死

---

① 高恒：《秦汉简牍中法律文书辑考》，社会科学文献出版社2008年版。
② 展，陈述。《左传》襄公三十一年注："陈也。"辞，《礼记·表记》注："犹解说也。"
③ 池，欺骗。《说文》作诂。云："沇州谓欺曰诂。"
④ 诘，追问。《礼记·月令》："诘诛暴慢。"郑注："诘，谓问其罪，穷治之也。"

者六步有余,一只离死者十步;把履给死者穿上,很合脚"。"男子尸体距某亭一百步,距某里士伍丙的农舍二百步"。这些情况对于判断被害人死前是否有过反抗、挣扎,以及进一步调查死者遇害的时间、原因,都非常有用。第三,勘验时对于死者身体做了细致检查:男性,壮年,白皮肤,身高七尺一寸,发长二尺,腹部有炙疗旧疤两处,等等。这对确认死者是何人很重要。第四,讯问死者同亭人员和丙,是否知道男子死在哪一天,是否听到呼喊有贼的呼叫声?

2. "经死"爰书记载一吊死案。该爰书说:"检验时必须首先仔细观察颈项痕迹。应单独一人到尸体所在地点,观察系绳处,是否有绳套的痕迹。然后看舌头是否吐出,头、脚离系绳处和地面各有多远。有没有流出屎尿?然后解下绳索,看口鼻有无叹气的样子?并看绳索痕迹淤血的情况。试验尸体的头能否从颈上的绳套中脱出。如能脱出,便脱掉衣服,彻底查看尸体全身、头发内,以及会阴部。"① 检验吊死的尸体时,其所以要特别注意上述事项,主要是为了判断此案是自杀还是他杀。爰书继续写道:"舌不吐出,口鼻没有叹气的样子,绳的痕迹淤血,绳系颈上不能把头脱出,就不能确定是自缢。如果死去已久,口鼻没有叹气的样子,绳的痕迹淤血,绳系颈上不能把头脱出,就不能确定是自缢。如果死去已久,口鼻也有不能像叹气样子的。"以上论述可以看出,当时规定的验"经死"案程式,就是名学所说的"参伍之验"。

顺便指出,秦简《封诊式》,以及汉简《奏谳书》,都是当时官方编纂的培训司法审判干部的教材,供他们如何依法办案的范例。由此可以看出先秦名学对于现实生活的指导意义。

二 辩

辩,名学中的重要范畴。由于对名学的重要性,后有人将其当作名学的代称,使之成为一门具有丰富内容的学问——辩学。辩,辩论、论证、

---

① 会阴:人体骨盆的下方,左右两腿之间区域,后部有肛门,前部有外生殖器。中医学上称"篡"。

推理。墨家认为辩是认识事物、弄清是非的重要方法、手段，主张"辩是非"、①"辩其故"。②作为名学范畴的"辩"，在其形成、发展过程中，逐渐赋予辩应有明确任务、目的及其应遵循的基本原则、要求。

运用于法学中的"辩"，成为司法审判的方法，并构成审判程序的重要阶段。汉代许慎说："辩，治也。从言，在辛辛之间"，又说："辛，辠也"。在辛辛之间加"言"字为之辩。段玉裁在解释"辩，治也"这句话时说："治者，理也"，"谓治狱也"。③段的解释也有根据，《周礼·秋官·乡士》中有"辩其狱讼"之说。从许慎对"辩"的解释中可以说，在汉代，人们已不太关注"辩"字在名学方面的意义，而直接强调它在司法审判过程中的作用。但是，审判过程中的"辩"，充分体现了名学"辩"的精神。

秦汉司法审判制度规定，辩的活动主要表现在"传爰书"过程。"传爰书"一语见于《汉书·张汤传》。张汤儿时游戏，仿法官审判盗肉老鼠："汤掘窟得盗鼠及余肉，劾鼠掠治。传爰书，讯鞫论报。并取鼠与肉，具狱，磔堂下"，这段话无疑说的是审判盗鼠的全过程。"传爰书"是审判阶段。

何谓"传爰书"？长期无定论。这里有必要多说几句，澄清对此问题的不确说法。《汉书补注》辑录的诸家解释各执一词。④这里不一一陈述。今人说法中，日本两位学者较有影响。但都与汉代审判制度不符。例如，大庭脩先生说：苏林、颜师古的"'以文传口辞'的解释是正确的"。又说："传爰书，是移动爰书"。⑤籾山明先生说："最初在逮捕、讯问时，张汤扮演了啬夫、游缴的角色。从官制上看，这些官吏在案件中无权做最后的判决。这恐怕是属于更高的上级县官的职能。因此他必须把犯人引渡到县庭。与此同时，他们还有把逮捕、问的概况记录做成文书并送往县庭的义务。毋庸赘言，这些文书是为了给县官做判决提供根据。因为这些文

---

① 《墨子·修身》。
② 《墨子·兼爱》。
③ 《说文·辛部》。
④ 《汉书补注·张汤传》。
⑤ ［日］大庭脩：《秦汉法制史研究》（中文版），上海人民出版社 1991 年版，第 519 页。

书就是爱书，所以才称其为'传爱书'。"①

上述解释错误的原因有二：一是不了解秦汉时的诉讼审判制度。二是没有读懂"传"字。"传"字有两读，一音"船"，当"传送"、"传播"讲。二音"篆"，当"阐述"、"解释"讲，如阐述、解释《春秋》的《左传》、《公羊传》的"传"。"传爱书"应读为"传（音篆）爱书"，即阐明、解释，验证爱书。魏人张晏的注释是对的，他说："传，考、证验也。爱书自证，不如此言，反受其罪。讯考三日复问之，分（'知'之误——笔者注）与前同不也。"②

有哪些"爱书"需要在法庭上审核、验证呢？史书上未见明确规定，有关资料说明，凡是诉讼各方（包括公诉人）提出的各种文书，都必须在法庭上一一说明、证验。笔者曾对秦汉简牍中所见的文书作过辑录，分别作过考释。③需要"传"的文书，主要有以下各种：

①告、劾文书。

②勘验文书。

③调查文书。

④封守爱书。

⑤鉴定文书。

"传爱书"阶段，从被审问人方面来说，就是答辩的陈述，或称"自证"。"自证"言辞录为文字，即"自证爱书"。汉简中多见。从审判官吏方面来说，就是讯问，称作"讯考"，秦时对"讯考"有法律规定。见前面引文《封诊式·讯狱》爱书。

"传爱书"过程不是诉讼当事人根据爱书简单的一问、一答。其中包括陈述、讯问、诘问、复问。在这一过程中，允许当事人更改口供、补充事实、举出新证等。整个过程，也就是名学所说的"辩"。经过"辩"，达到"参验"犯罪事实的目的。段玉裁说得不错，"辩"，"治者，理也，谓治狱也"。

---

① ［日］籾山明：《爱书新探——兼论汉代的诉讼》，载《简帛研究译丛》第一辑，湖南人民出版社1996年版，第178页。

② 《汉书补注·张汤传》注。

③ 《秦汉简牍中法制文书辑考》，社会科学文献出版社2001年版。

三　微显阐幽

"微显阐幽",亦作"显微阐幽",名学用语。《易·系辞下》:"夫《易》彰往而察来,而微显阐幽。"唐孔颖达疏:"阐,明也。谓微而显之,幽而阐明也。"意为显示和阐明细微幽隐之事,可以揭示出它的全部及其真实本质。秦时将此论点奉为办案的指导原则。有一条法律明文规定:

> 令:狱史能得微难狱,上。

这条令文见于一县府为本县狱史请功的文书,[①] 何谓"得微难狱"?《说文·彳部》:"微,隐行也。"史书中见到的"微"字常用于表述审判官吏善于侦破案件:

《史记·循吏列传》:"公以臣能听微决疑,故使为理。"《索隐》:"言能听察微理,以决疑狱。"

《汉书·郭解传》:"使人微知贼处。"颜师古注:"微,伺问之也。"

以上所说的"听微"、"察微",就是说办案时要善于抓住细节、疑点,侦破案情。《奏谳书》载的《"得微难狱"事例》,以详细文字诠释了名学"微显阐幽"的"参验"之法。它为司法审判提供了科学、有效的办案指导思想。

(2010 年 4 月 25 日。)

---

① 《张家山汉墓竹简·奏谳书》。

《公羊春秋》学与中国传统法制

　　与中国社会的政治经济关系相适应的中国传统法制，秦汉时期已基本形成。不过，秦时的法制基本上是以法家思想为理论指导而建立的。汉以后才逐渐以儒学作为自己的理论基础。这里说的儒学，主要指《公羊春秋》学。《公羊春秋》是专门解释《春秋》的儒家经典之一，旧题战国时公羊高撰。初仅口说流传，至汉景帝时始"著于竹帛"。汉武帝时公羊学作为一门国学，设为五经博士之一，于是治《公羊传》者大增，公羊学成为了显学。从政治上说，这是因为西汉立国初期，统治者吸取秦王朝由于实行严刑峻法和横征暴敛政策，导致秦二世而亡的历史教训，政治上采用了黄老学派无为而治的主张，从而在各方面取得了显著成效。但是，执行无为而治路线又促进了诸侯国和地方豪强地主势力的坐大。于是引起了中央与地方、地主阶级与农民阶级之间矛盾的激化，出现了所谓"土崩瓦解"之势。[①] 在这种情况下，统治者急需改弦易辙，确立一种与政治经济制度进一步发展相适应、符合长远利益的理论，作为治国指针。这时认识到儒家理论很适合需要。统治者内部经过激烈斗争，最终采用了儒家公羊学的主张。史载："景武之世，董仲舒治《公羊春秋》，始推阴阳，为儒者宗。"[②] "于是上（武帝）尊《公羊春秋》，由是《公羊》大兴。"[③] 经董仲舒等人发挥、宣扬的"《春秋》之义"，被应用到了中国古代社会上层建筑的各个领域，使儒家经典《春秋》，成为治世的政治纲领（参见本文第二章第一节"实行引经决狱的政治原因"）。近世治公羊的学者说："夫孔子之道在《春秋》，两汉之治以《春秋》，自君臣士大夫，政治法律言

---

①　班固：《汉书·徐乐传》，中华书局1975年版，第2805页。

②　《汉书·五行志》，第1317页。

③　《汉书·儒林传》，第3617页。

议，皆以《公羊》为法，至今律犹从之。（吾有《今律出春秋考》。）"①细检汉以后历代法制，能清楚看出公羊学说对中国传统法制的律令内容、司法制度、审判程式等各方面都有影响。

一　公羊春秋学与传统法制的指导原则

经学家评论《春秋》时说："《春秋》有大义，有微言。所谓大义者，诛讨乱贼以戒后世是也。所谓微言者，改立法制以致太平是也。"②《春秋》这部名为编年体的历史书，实际就是一部服务于统治者的政治教科书。汉代公羊家联系实际，将其中的"大义"、"微言"发挥、应用到社会上层建筑的各个领域，使其成为各项活动的指导方针。原因在于，所谓《春秋》要义，原本就很适合用来加强、巩固当时的政治法律制度。

（一）重"三纲"，维护封建等级制度

"三纲"，即"君为臣纲，父为子纲，夫为妻纲"。早在战国时代韩非就曾提出过此论。③但是，董仲舒对于确立"三纲"的神圣地位，起了重要作用。他综合先秦儒法，以及阴阳诸家的理论，对于"三纲"问题作了全面论述，使之成为封建统治者调整社会关系的指导原则。

董仲舒说人际间的"三纲"关系，决定于"天"。他以天道阴阳关系论证"三纲"："是故仁义制度之数，尽取之天。天为君而覆露之，地为臣而持载之。阳为夫而生之，阴为妇而助之，春为父而生之，夏为子而养之……王道之三纲，可求于天。"④因而君臣、父子、夫妻之间的关系不是平等的。天、父、夫对臣、子、妻而言，享有与天一样至高无上的尊严神圣地位："父者，子之天也。天者，父之天也"、"子不奉父则绝"。⑤这就

---

① 康有为：《春秋董氏学·传经表第七》，中华书局1990年版，第208页。
② 皮锡瑞：《经学通论·春秋》卷四，中华书局2003年版，第1页。
③ 韩非：《韩非子·忠孝篇》卷二〇，中华书局1958年版，第1107页："臣之所闻曰：'臣事君，子事父，妻事夫，三者顺则天下治，三者逆则天下乱，此天下之常道也'。"
④ 董仲舒：《春秋繁露·基义第五三》，中华书局1996年版，第351页。
⑤ 《春秋繁露·顺命第七十》，第410、412页。

是说子、臣、妻服从父、君、夫之命是绝对的，否则是最大罪恶。

董仲舒还以一种"物必有合"的哲学，说明君臣、父子、夫妻之间，一方服从另一方是必然的、合理的。他说："凡物必有合。合，必有上，必有下，必有左，必有右，必有前，必有后，必有表，必有里。有美必有恶，有顺必有逆，有喜必有怒，有寒必有暑，有昼必有夜，此皆其合也。"①"合"的两方有主次之分，从属之别。董仲舒从这种"物必有合"的"合"中，"悟"出一个道理，人际关系中的"三纲"也是"合"的表现，因而它是符合自然规律的、合理的。

公羊家阐述的"三纲"学说，逐渐成为统治者指导臣民的行为和国家活动的理论基础。传统法制不仅体现了"三纲"精神，同时也成为维护"三纲"的工具。法制中的刑律就是明显例子。法律明确规定破坏纲常伦理的犯罪为不可赦免的十种重罪，即谋反、谋大逆、谋叛、恶逆、不道、大不敬、不孝、不睦、不义、内乱。如果说"十恶"罪中，有些罪是沿袭秦律，以及汉初"二年律令"而来，如《睡虎地秦墓竹简》② 中有"不孝"罪，《张家山汉墓竹简》③ 中有"谋反"、"不孝"等罪名以外，那么其他重罪名，可以说是根据儒家"三纲"理论而设定的。这些罪名在历代法典中的位置，无不是按"三纲"理论的要求而排定的。翻开《唐律》④ 就可以看到列为罪名篇目之首的是"十恶"重罪。《唐律疏议》在宣布"谋危社稷"为首恶重罪时，振振有词地引"三纲"理论为据。《唐律疏议》里说道：

> 案《公羊传》云："君亲无将，将而必诛。"谓将有逆心，而害于君父者，则必诛之。在《左传》云："天反时为灾，人反德为乱。"然王者居宸极之至尊，奉上天之宝命，同二仪之覆载，作兆庶之父母。为子为臣，惟忠惟孝。乃敢包藏凶慝，将起逆心，规反天常，悖

① 《春秋繁露·基义第五三》，第 350 页。
② 《睡虎地秦墓竹简》整理小组编：《睡虎地秦墓竹简》，文物出版社 1978 年版。
③ 《张家山二四七号汉墓竹简》整理小组编：《张家山汉墓竹简（二四七号墓）》，文物出版社 2001 年版。
④ 长孙无忌等撰，刘俊文点校：《唐律疏议》，中华书局 1983 年版。

逆人理，故曰"谋反"。①

将帝王称为"宸极之至尊，奉上天之宝命"，子、臣必须惟忠惟孝等说教，直接来自儒家的"三纲"论。

（二）"大一统"，强调君主中央集权

"大一统"是儒家一贯的政治主张。孔子曾说："天无二日，民无二王。"② 孟子强调"定于一"。③ 荀子说："隆一而治，二而乱。自古及今，未有二隆争重而能长久者。"④ 公羊学因袭了先秦儒家的这一主张。他们通过对《春秋》的解释，阐发了自己大一统的微言大义。

《春秋》隐公元年："春，王正月。"公羊家认为《春秋》如是书，是因为奉行周历，以子月（十一月）为正月，以示"大一统"之意。《公羊传》解释道："元年者何？君之始年也。春者何？岁之始也。王者孰谓？谓文王也。曷为先言王而后言正月？王正月也。何言乎王正月？大一统也。"⑤ "大"在这里是动词，作"尊崇"讲。《公羊传》这样说，表明它推崇一统。董仲舒宣扬"大一统"的用意，正是为了加强中央集权。为此，他对"大一统"进行了全面论述。

董仲舒对于《春秋》中"春，王正月"四字作了自己的解释。所谓"《春秋》序辞也。置'王'于'春正'之间，非（苏舆案：非，或亦之误）曰上奉天施而下正人，然后可以为王也云尔。"⑥ 就是这样，将王权与天意联系到了一起。他甚至直接宣布，"大一统"是一则永恒规律："《春秋》大一统者，天地之常经，古今之通谊也。"⑦ 从而为实行"大一统"找到了理论根据。他说"定于一"是"天道"："天之常道，相反之

---

① 《唐律疏议》卷一，第6—7页。

② 《孟子·万章上》卷五，中华书局1957年版。

③ 《孟子·梁惠王上》卷一。

④ 章诗同注：《荀子简注·致士七十四》，上海人民出版社1974年版，第147页。

⑤ 何休注，徐彦疏：《春秋公羊传注疏》（收入阮元校刻《十三经注疏》，中华书局1980年版），下册，隐公元年，第2196页。

⑥ 《春秋繁露·竹林第三》，第62页。

⑦ 《汉书·董仲舒传》卷五十六，第2523页。

物也，不得两起，故谓之一。一而不二，天之行也。"① 按此理论，一国之中，天子与诸侯之间的关系也是如此"不得两起"，必须是"一统乎天子"。所以，实行君主中央集权专制是合乎"天道"的。也正是以此理论为根据，董仲舒答汉武帝策问著"天人三策"，从而也就确立了汉以后中国封建国家大一统的政治制度。

董仲舒"大一统"的主要内容，可以概括为相互联系的两点：

一是政治上一统，实行君主中央集权。所谓"诸侯皆系统天子，不得自专"。② 董仲舒说："有天子在，诸侯不得专地，不得专封，不得专执天子之大夫，不得舞天子之乐，不得致天子之赋，不得适天子之贵。"③ 总之，就是加强中央集权，以固专政。董仲舒认识到，巩固君主专制有两项重要措施，就是掌握立法、司法权。他说："君也者，掌令者也，令行而禁止也。"④ 这样即可保证君主对臣民的统治，否则就不能"臣天下"。

"大一统"的另一个内容，即实行思想文化一统。这当是公羊家说的"大一统"应有之义。《汉书·王吉传》："《春秋》所以大一统者，六合同风，九州共贯也。"⑤ "同风"、"共贯"，即思想文化的一统。在公羊家看来，这是一国政纪法制的基础。董仲舒向汉武帝建议，"罢黜百家，独尊儒术"时，就作如此说。他说："《春秋》大一统者，天地之常经，古今之通谊也。今师异道，人异论，百家殊方，指意不同，是以上亡以持一统，法制数变，下不知所守，臣愚以为诸不在六艺之科孔子之术者，皆绝其道，勿使并进，邪辟之说灭息，然后统纪可一而法度可明，民知所从矣。"⑥ "今师异道，人异论，百家殊方，指意不同"，说的是治世建国的思想路线。如在这方面不统一，不一致，必然会使法制混乱。所以要使"统纪可一"、"法度可明"，必须"罢黜百家，独尊儒术"。董仲舒的论述，与汉武帝欲实行思想文化专制的意图正合。他即位后就曾同意丞相卫

---

① 《春秋繁露·天道无二》，第 345 页。
② 颜师古注：《汉书·董仲舒传》，第 2523 页。
③ 《春秋繁露·王道第六》，第 113—114 页。
④ 《春秋繁露·尧舜不擅移、汤武不专杀第二十五》，第 221 页。
⑤ 《汉书·王吉传》，第 3063 页。
⑥ 《汉书·董仲舒传》，第 2523 页。

绾的建议，罢黜法家、纵横家，已表露出欲实行思想文化专制的意图。

（三）尚法制，重视以律令治国

清经学家皮锡瑞说：“《春秋》近于法家。”[1] 他说的《春秋》，主要是指《公羊春秋》。还有注释家认为，公羊家董仲舒的主要著作《春秋繁露》的某一篇章，甚至是参考法家韩非的思想写出来的。[2] 这些评论不无道理，公羊学派的理论确有“近于法家”之处，重视法制的功效，运用法律确立封建社会秩序，尤其注意以法律维护以“三纲”为核心的封建社会的等级制度。

首先要说的是，公羊学“近于法家”之处，不仅在于视法律为治国有效工具这一点上，他们的立论根据也相同，即认为人“皆有趋利避害”之性。董仲舒说：“故圣人之治国也，因天地之性情，孔窍之所利，以立尊卑之制，以等贵贱之差。设官府爵禄，利五味，盛五色，调五声，以诱其耳目，自令清浊昭然殊体，荣辱踔然相骏，以感动其心，务致民令有所好。有所好然后可得而劝也。故设赏以劝之。有所好必有所恶，有所恶然后可得而畏也，故设罚以畏之。”[3] 这套理论的确与法家的治国之道并无不同。如《管子·明法解》说：“明主之治也，悬爵禄以劝其民，民有利于上，故主有以使之。立刑法以威其下，下有畏于上，故主有以牧之。故无爵禄则主无以劝民，无刑罚则主无以威众。”[4] 董仲舒甚至还说：“故圣人之制民，使之有欲，不得过节，使之敦朴，不得无欲。”[5] 这些话哪像儒者所说的呢？儒家不是一贯说教立君为民吗？

西汉的现实生活也证实公羊学派崇尚法制。汉武帝提倡公羊学，公羊派人物在政治上受重用之后，汉代律令日趋繁多。《史记·平准书》载："自公孙弘以《春秋》之义绳臣下，取汉相，张汤用峻法决理为廷尉，于

---

① 《经学通论·春秋》卷四，第6页。
② 苏舆撰，钟哲点校：《春秋繁露义证》，中华书局1996年版，（保位权第二十）注："此篇颇参韩非之旨"，第172页。
③ 《春秋繁露·保位权第二十》，第173页。
④ 戴望：《管子校正·明法解第六十七》，收入世界书局编《诸子集成》，第5册，上海书店出版社1987年版，第343页。
⑤ 《春秋繁露·保位权第二十》，第174页。

是见知之法生，而废格沮诽穷治之狱用矣。"① 公孙弘，公羊学家，与董仲舒齐名。他"治《春秋》不如仲舒，而弘希世用事，位至公卿"。② 此人即相位后，以所谓"《春秋》之义绳臣下"，实际上就是按照法家"明主治吏不治民"的主张，③ 实行"见知不举连坐"的措施，严督官吏。再加上当时的统治者"外事四夷之功，内盛耳目之好，征发烦数，百姓贫耗，穷民犯法，酷吏击断，奸轨不胜"。在此形势下，"于是招进张汤、赵禹之属，条定法令，作见知故纵、监临部主之法，缓深故之罪，急纵出之诛。其后奸猾巧法，转相比况，禁罔寝密。律令凡三百五十九章，大辟四百九条，千百八十二事，死罪决事比万三千四百七十二事。文书盈于几阁，典者不能徧睹"。④

以上所说仅是汉武帝时期的刑事立法。再从董仲舒的"因能授官"，驾驭百官的主张中也可以看出公羊学派的崇尚法制。董仲舒在他的"天人三策"中曾说："古所谓功者，以任官称职为差"，"量材而授官，录德而定位"。⑤ 如何"量材"、"录德"呢？即对官吏实行考试。他曾说："考绩之法，考其所绩也"、"考绩黜陟，计事除废"、"览名责实，不得虚言，有功者赏，有罪者罚，功盛者赏显，罪多者罚重。下能致功，虽有贤名，不予之赏；官职不废，虽有愚名，不加之罚"，如此，"则百官劝职，争进其功"。⑥ 汉时为实行"考功课吏"，曾订立有考试、上计、官吏任免、奖罚、黜陟等法规。除此之外，20世纪出土的简牍进一步证实，为规范、调整各种社会关系，汉时制定的法规多不胜数。事实证明，公羊学派崇尚法制。

对于汉武帝推崇《公羊春秋》，尚法制，人们历来褒贬不一。但秦汉以来制定的传统法制，为维护、巩固汉以后两千多年的社会制度起了决定性作用。

---

① 司马迁：《史记·平准书第八》卷三〇（点校本，中华书局1959年版），第1424页。
② 《汉书·董仲舒传》，第2525页。
③ 《韩非子·外储说右下》卷三十五，第751页。
④ 《汉书·刑法志》，第1101页。
⑤ 《汉书·董仲舒传》，第2513页。
⑥ 《春秋繁露·考功名第二十一》，第179页。

（四）任权变，主张行权济事变

司马迁强调学习《春秋》的重要性时说道："为人臣者不可不知《春秋》，守经事而不知其宜，遭变事而不知其权。"① 就是说学习《春秋》既可以通经，又可以懂权。无怪乎东汉经学家贾逵说："公羊多任于权变。"② 讲究"权变"，确为公羊学的一大特点。

儒家一贯主张权变。孔子曾说："可与共学，未可与适道；可与适道，未可与立；可与立，未可与权。"③ 孟子也称许"权变"。他说："男女授受不亲，礼也。嫂溺则援之以手，权也。"④ 通达权变，而非诡诈、狡猾。哲学家程颢云："古今多错用权字，才说权，便是变诈，或权术，不知权只是经所不及者，权量轻重，使之合义。才合义，便是经也。"⑤

在哲学上，"权"和"经"是一对范畴。"经"，指儒家经义，一般原则。"权"是原则的灵活运用。公羊家认为《春秋》允许权变，即是说在制定政策，或处理具体事情时，可以根据不同情况采取不同对策、措施。即便这些对策、措施与儒家理论有所抵牾，也是允许的。董仲舒继承先秦儒家关于经权的观点，并有所发展。他在《春秋繁露》中就有如下论述：

> 是故，天之道有伦，有经，有权。⑥
>
> 《春秋》无达辞，从变从义，而一以奉天。⑦
>
> 《春秋》无通辞，从变而移。⑧
>
> 《春秋》固有常义，又有应变。⑨
>
> 天子三年然后称王，经礼也。有故则未三年而称王，变礼也。

---

① 《史记》卷一三〇（太史公自序第七十），第3298页。
② 范晔撰，李贤等注：《后汉书·贾逵传第二十六》卷三六，中华书局1973年版，第1236页。
③ 《论语·子罕第九》卷五，中华书局1957年版，第124页。
④ 《孟子·离娄上》卷四，第1740页。
⑤ 转引自《春秋繁露·竹林第三》注，第60—61页。
⑥ 《春秋繁露·阴阳终始第四十八》，第340页。
⑦ 《春秋繁露·精华第五》，第95页。苏舆注引程子云："《春秋》以何为准？无如中庸。欲知中庸，无如权。何物为权？义也，时也。"
⑧ 《春秋繁露·竹林第三》，第46页。
⑨ 《春秋繁露·精华第五》，第89页。

明乎经变之事，然后知轻重之分，可与适权矣。①

夫权虽反经，亦必在可以然之域。②

　　根据董仲舒以上所述，可以认为儒家所谓的"经权"中的经，即儒家经义；权，即权变经义的灵活运用。但无论怎么变，都不能脱离"可以然之域"。就是说，变是可以的，但不能出圈。早在春秋时期立论的儒家经义，引用来解决数百年以后的现实问题，难免不产生矛盾。这时以"经权"说加以解释，就可以名正言顺地引"经义"处理现实问题了。

　　举例来说，在治国之道问题上，董仲舒与孔子的主张有区别。孔子主张"为政以德"，以德教化庶民，使其具有廉耻之心，自觉地遵守法律秩序，心悦诚服地服从统治者。他说过："导之以政，齐之以刑，民免而无耻；导之以德，齐之以礼，有耻且格。"③ 作为儒者的董仲舒，不能完全否定"为政以德"。他曾说过："王者承天意以从事，故任德教而不任刑。"④但是，董仲舒也得承认，现实社会完全依靠德教是无法治理的。再说，他不能忽视已有的一套法律制度对于巩固社会秩序所起的作用。所以，在总的治国指导思想问题上，董仲舒对儒家的"以德治国"说，略有修补，提出"德主刑辅"。但为了使这条理论立得住，让人们认可它符合"经义"，董仲舒费尽心机，提出了种种道理。

　　首先，董仲舒以阴阳比附刑德，证明"德主刑辅"符合"天意"。所谓"刑者德之辅，阴者阳之助也"。⑤ 在"天人三策"中，他讲了一篇道理："天道之大者在阴阳。阳为德，阴为刑；刑主杀而德主生"、"天使阳出布施于上而主岁功，使阴入伏于下而时出佐阳；阳不得阴之助亦不能独成岁。终阳以成岁为名，此天意也"。⑥ 董仲舒又以"四时"来证明"德主刑辅"说。他说："庆赏罚刑与春夏秋冬，以类相应也，如合符。故曰

---

① 《春秋繁露·玉英第四》，第75页，注引《韩诗外传》："常谓之经，变谓之权，怀其常道而挟其变权，乃得为贤。"

② 《春秋繁露·玉英第四》，第79页，苏舆注："在可以然之域，即为合道。"

③ 《论语·为政》卷二。

④ 《汉书·董仲舒传》，第2501页。

⑤ 《春秋繁露·天辨在人第四十六》，第336页。

⑥ 《汉书·董仲舒传》，第2505页。

王者配天，谓其道。天有四时，王有四政，四政若四时，通类也。天人所同有也"、"庆赏罚刑之不可不具也，如春夏秋冬不可不备也"。① 董仲舒反复论证了他的"德主刑辅"后，恐怕还担心别人说他任意篡改儒家经义，于是又以公羊学的"经权"说加以说明。他说："阳为德，阴为刑。刑反德而顺于德，亦权之类也。"② 清经学家凌曙对这句话解释道："犹权之反于经，然后有善者也。"③ 就是说，适用刑法虽有反于德，但最终有利于德政的实现。这是"权"，是允许的。

如何依"经权"说解决疑案，董仲舒也有例子：

例一：《春秋》桓公十一年："宋人执郑祭仲。"宋向祭仲要求把当时郑国公子忽驱逐出去，立公子突为君。祭仲答应了这个要求。若按儒家观点，祭仲此举为"非义"。然而《公羊传》认为，《春秋》以祭仲为贤，因为他"知权"；并解释道："祭仲不从其言，则君必死，国必亡。从其言，则君可以生易死，国可以存易亡。少辽缓之，则突可故出，而忽可故反，是不可得则病，然后有郑国。古人之有权者，祭仲之权是也。权者何？权者，反于经然后有善者也。"④ 照《公羊传》的说法，如果祭仲答应了宋国的要求，公子忽虽然暂时出亡，但过一些时候，仍可以回来为君。即使不能回来，也无非是祭仲自己蒙受逐君之罪。否则，他必定要死，郑国也必定要亡。祭仲权其轻重，答应宋国要求，他的这种行为，显然违反忠君原则，但避免了郑国灭亡。这就是所谓"反于经然后有善"。

例二：春秋时期，晋国同齐国打仗，齐顷公被围。齐将逢丑父，冒充齐顷公受擒，使齐顷公得以逃脱，晋国判逢丑父以"欺三军"之罪。⑤ 董仲舒认为，逢丑父虽然杀其身以救君，但不算是"知权"。

董仲舒对上述两例作了不同判断。他说："丑父欺晋，祭仲许宋，俱枉正以存其君"、"祭仲见贤而丑父犹见非，何也？曰：是非难别者在此。此其嫌疑相似而不同理者，不可不察。夫去位而避兄弟者，君子之所甚

---

① 《春秋繁露·四时之副第五十五》，第353页。
② 《春秋繁露·阳尊阴卑第四十三》，第327页。
③ 同上书，第327页注。
④ 《春秋公羊传》桓公十一年。
⑤ 同上书，成公二年。

贵，获虏逃遁者，君子之所甚贱。祭仲措其君于人所甚贵以生其君，故《春秋》以为知权而贤之。丑父措其君于人所甚贱以生其君，《春秋》以为不知权而简之。其俱枉正以存君，相似也，其使君荣之与君辱不同理，故凡人之有为也，前枉而后义者，谓之中权"、"前正而后有枉者，谓之邪道"。①

实践中常发生依律断案时有违常理的事例。如何处理这类案件，公羊学的"经权"说提出了可以灵活处理的原则。有人认为："后世刑书，有律有例，律以断法，例以准情。律一定，而例因时而变通。经犹之律，权犹之例也。"② 以例变通律的规定，或许受"经权"说的影响演进而来的。

二　引经决狱，儒学影响审判的重要方式

（一）实行引经决狱的政治原因

引经决狱（亦名春秋决狱、经义折狱），概而言之，即以儒家思想为断狱指导思想。它要求司法官吏在审理案件的过程中，用儒家经义分析案情、认定犯罪的根据，并按经义精神解释和适用法律。西汉时期，公羊学者董仲舒等人积极推行这种断狱方式，由于得到当时统治者的支持，遂广为流传。沈家本说："引《春秋》之义，乃其时风尚如此，仲舒特其著焉者耳。"③ 当时的统治者为什么要倡导引经决狱呢？回答这个问题，得从这时的统治者治理国家的政治思想路线的变化说起。

由秦至汉，掌握政权的统治者在确立思想政治路线问题上，有一个选择过程。以法家思想为指导思想的秦王朝，平定六国之后，虽然建立了一个中央集权的君主专制国家，但未能使其巩固、发展。一个重要原因，或如西汉思想家贾谊所言："秦离战国而王天下，其道不易，其政不改，是其所以取之守之者无异也。"④ 就是说，地主阶级取得政权之后，继续奉行法家路线，不能巩固政权。"秦为天下，二世而亡"的历史教训，促使西

---

① 《春秋繁露·竹林第三》，第59—61页。
② 《春秋繁露·玉杯第二》，第42页注。
③ 沈家本：《历代刑法考》第2册，中华书局1985年版，第881页。
④ 《史记·秦始皇本纪第六》卷六，第283页。

汉统治者改弦易辙，于立国初期以黄老思想为指导，推行"清静无为，与民休息"的政策。这一变更取得了成效，出现了史家称道的"文景之治"。然而黄老学派的主张，不能适应地主阶级专政长远需要。统治者急需确立一种与政治经济制度进一步发展相适应、符合封建地主阶级长远利益的政治思想路线。这时，公羊学派的代表人物董仲舒应运而生。他提出"罢黜百家，独尊儒术"，主张实行儒家思想路线，遂得到最高统治者汉武帝的赏识。

封建社会法制发展的历史与封建统治阶级的政治思想路线的发展、变化相适应。《汉书·刑法志》："高祖初入关，约法三章曰：'杀人者死，伤人及盗抵罪'，蠲削烦苛，兆民大悦。其后四夷未附，兵革未息，三章之法不足以御奸，于是相国萧何攈摭秦法，取其宜于时者，作律九章。"[①]"九章律"，不仅条文、篇目"攈摭秦法"而成，在立法指导思想上也未脱先秦法家的窠臼。1983 年出土的汉律《二年律令》，计二十七种律，一种令，共三百多条，是吕后二年（公元前 286 年）辑录的律令集。[②] 在立法指导思想方面，也看不出有新的变化。文、景时期，汉律虽时有修改、增补，但始终未能订出以儒家思想为指导的完备法典。

如果说以儒家思想为理论基础的法典不可能在短时期内制定出，那么以儒家的观点解释现有的法律，也就是"引经决狱"，则可以弥补这方面的不足。因为这样可以使现有的法律和司法活动，及时服务于已经改变了的政治思想路线。由此看来，汉武帝时期统治者推行引经决狱，有其政治原因，即实行新的政治思想路线。

（二）何谓引经决狱?

引经决狱，又称经义折狱。因所引经义多出自《春秋》，故又名《春秋》决狱。所谓引经决狱，即要求审理案件时，以儒家经义作为分析案情、解释法律，以及定罪量刑的理论依据。简而言之，即以儒家思想指导司法审判活动。史学家认为公羊董仲舒是倡导引经决狱的第一人。他分析

---

① 《汉书·刑法志》，第 1096 页。
② 载《张家山汉墓竹简（二四七号墓）》，第 127—210 页。

案件的实例，有助于今天人们理解何谓引经决狱。《汉书·艺文志》的《春秋》类有"公羊董仲舒治狱十六篇"。《后汉书·应劭传》："故胶西相董仲舒老病致仕，朝廷每有政议，数遣廷尉张汤亲至陋巷，问其得失。于是作《春秋决狱》二百三十二事，动以经对，言之详矣。"①董仲舒所著《春秋决狱》，其书今不传。法学家沈家本辑录有董仲舒断狱六例，②兹将其分析如下，以了解这种断狱方式的原意。

1. 拾道旁弃儿养以为子

　　时有疑狱曰："甲无子，拾道旁弃儿乙养之以为子，及乙长，有罪杀人，以状语甲，甲藏匿乙，甲当何论？"仲舒断曰："甲无子，振活养乙，虽非所生，谁与易之。《诗》云，螟蛉有子，蜾蠃负之。《春秋》之义，父为子隐。甲宜匿乙，诏不当坐。"

在此案例中董仲舒引用两条经义：第一条引《诗·小雅·小宛》："螟蛉有子，蜾蠃负之。"以此说明，儒家观点，养父子即亲父子。第二条引《论语·子路》："孔子曰：吾党之直者异于是：父为子隐，子为父隐，直在其中矣。"以此说明，甲宜匿乙，无罪。

2. 乞养子杖生父

　　甲有子乙以乞丙，乙后长大而丙所成育。甲因酒色谓乙曰："汝是吾子。"乙怒杖甲二十。甲以乙本是其子，自告县官。仲舒断之曰："甲生乙不能长育以乞丙，于义已绝矣，虽杖甲，不应坐。"

该案中的甲与乙是父子关系。依照汉律子殴父应弃市。但此案中的甲生乙后，将其送他人抚育成人。甲、乙之间的父子关系已断。所以，乙殴甲不应以子殴父论罪。董仲舒引经义论证甲乙之间的父子关系已绝，故不应以子殴父论乙罪。《春秋》经中不见有董仲舒所说的类似"恩义已绝"

---

① 《后汉书·应劭传》，第1612页。
② 沈家本：《历代刑法考》第3册，第1770—1772页。

事例。《公羊董仲舒治狱》注释者推论董所用的系《春秋公羊传》僖公五年中的事例而断，可参考。

3. 放麑

　　君猎得麑，使大夫持以归，大夫道见其母随而鸣，感而纵之。君慍，议罪未定，君病，恐死，欲托孤幼，乃觉之大夫其仁乎，遇麑以恩，况人乎，乃释之以为子傅。其议何如？董仲舒曰："君子不麑不卵。大夫不谏，使持归，非仁也。然而中感母恩，难废君命，徙［纵］之可也。"

该条案例所引经义乃《礼记·曲礼下》："国君春田不围泽，大夫不掩群，士不取麑卵。"① 文中的"徙之可也"之"徙"字，乃"纵"之误。董仲舒以仁为本，认为大夫放麑，虽废君命，但合乎"仁"道，故云"纵之可也"。纵，指放麑。

4. 武库卒盗弩

　　甲为武库卒，盗强弩弦一，时与弩异处，当何罪？论曰："兵所居，比司马，阑入者髡，重武备，责精兵也。"弩櫱机郭弦轴异处，盗之不至盗武库兵。阵论曰："大车无挽，小车无軏，何以行之。② 甲盗武库兵，当弃市乎？"（以上或人论二）曰："（此下仲舒所断），虽与弩异处，不得弦不可谓弩。矢射不中，与无矢同，不入，与无镞同。律曰，此边鄙兵所赃、值百钱者，当坐弃市。"

沈家本对此件案例曾有分析，甚是。兹录下供参考："武库地在禁中，兵又非常用之器，故罪重至弃市。边鄙兵所居比司马门，则亦与禁中等，故盗者亦当以盗武库兵论也。若弦、弩异处，董谓不可谓弩，自是持平之

---

　　① 《礼记正义·曲礼下》［见郑元注，孔颖达疏《礼记正义》（收入《十三经注疏》上册）］，第1259页。

　　② 《论语·为政》卷二。

语，似此者自当以减论。赃值百钱当为别条。原文'边鄙兵所赃'句必有讹夺，恐当为'盗边鄙所居赃百钱即弃市'，重边防也。"①

从"引经决狱"来看，此案例颇值得注意，"引经"不仅是为了以相适应的儒家的道德伦理、政治等观念分析案情、解释法律，而且可以用儒家经义所体现出的思维方式，来论证案件性质。该案所引的经义就是为了说明不能将物体的部分零件当作一件完整的物体。一件完整的弩是由蘗（又名弩牙）、郭、弦、轴等部件构成，因而不能将盗弩弦等作为盗弩犯处罪。如此定案是实事求是、合情合理的。

5. 殴父

甲父乙与丙争言相斗，丙以佩刀刺乙，甲即以杖击丙，误伤乙，甲当何论？或曰殴父也，当枭首。论曰："臣愚以父子至亲也，闻其斗莫不有怵怅之心，持杖而救之，非所以欲诟父也。《春秋》之义，许止父病，进药于其父而卒，君子原心，赦而不诛。甲非律所谓殴父，不当坐。"

该案引经意在论证案情非"殴父"。所引经义见《春秋公羊传》昭公十九年曰："冬，葬许悼公。贼未讨，何以书葬？不成于弑也。……是君子之弑止也，赦止者，免止之罪辞也。"何休注云："原止进药本欲愈父之病，无害父之意，故赦之。"②

6. 私为人妻

甲夫乙将船，会海风盛，船没溺流死亡，不得葬。四月，甲母丙即嫁甲，欲皆何论？或曰，甲夫死未葬，法无许嫁，以私为人妻，当弃市。议曰："臣愚以为《春秋》之义，言夫人归于齐，言夫死无男，有更嫁之道也。妇人无专制擅恣之行，听从为顺，嫁之者归也。甲又尊者所嫁，无淫衍之心，非私为人妻也。明于决事，皆无罪名，不当坐。"

---

① 沈家本：《历代刑法考》第 3 册，第 1397 页。
② 《春秋公羊传注疏》昭公十九年，第 2324 页。

该案疑难之点有二：其一，夫死未葬，私为人妻，依法当弃市。而此案甲夫乙系因船会海风，没溺流死亡，不得葬即更嫁，如何断处。其二，夫死无男，私为人妻，如何断处。审判者引以下经义说明，依儒家观点妻甲更嫁无罪。《春秋公羊传》文公十八年："夫人姜氏归于齐。"何休注云："归者大归也，夫死子杀贼人立，无所归留故去也。"疏："凡言大归，一出不反之辞也。"①

从以上六则案例，大致可以看出"引经决狱"的基本意思。"引经决狱"绝非以儒家经义代替法律，而是要求以儒家伦理道德观念、政治理论作为分析案情、解释法律，以及定罪量刑的理论依据。

（三）引经决狱与儒家重要法律观点的形成

引经决狱，要求审理案件时，能够找出儒家相应的经义作为分析案情、定罪量刑的依据。然而先秦儒家具体论述法律问题的经义很少，决狱者所引用的基本上是政治、伦理、道德等方面的经义。在引经决狱过程中，逐渐形成了一系列符合儒家思想的具体法律观点。这些观点不仅是"引经决狱"的依据，而且影响着以后的封建时代的立法。有些观点，甚至直接为立法吸收，变成了法律条文，法典化了。本文仅对"引经决狱"而形成的儒家主要具体法律观点分述如下：②

1. 君亲无将，将而诛焉

"君亲无将，将而诛焉"，语出《春秋》庄公三十二年及《春秋公羊传》昭公元年。颜师古解释："以公子牙将为杀逆而诛之，故云然也。亲谓父母也。"③ 将，指将有叛逆之意。按儒家伦理观念，臣对君，子对父，不允许有犯上作乱意念。即使将有此意，尚无行为，也是大逆不道的犯罪。"君亲无将，将而诛焉"一语，遂成为决断触犯皇权及皇帝尊严与安全犯罪的理论依据。列举数案如下：

---

① 《春秋公羊传注疏》文公十八年，第 2275 页。
② 以下列举的几条经义，作者在（论"引经决狱"）［收入《法律史论丛·第三卷》（法律出版社 1983 年版），第 52—68 页。后收入氏著，《秦汉法制论考》（厦门大学出版社），第 178—193 页］一文曾作分析，撰写这篇文章时，又引用这几条经义，但有补充、修改，特说明之。
③ 《汉书·王莽传》卷九十九下，第 4153 页。

《汉书·淮南衡山济北王传》载，淮南王刘安谋反，"胶西王端议曰："安废法度，行邪辟，有诈伪心，营惑百姓，背叛宗庙，妄作妖言。'《春秋》曰：'臣无将，将而诛。'安罪重于将，谋反形已定，臣端所见其书印图及它逆亡道事验明白，当伏法"。

《汉书·董贤传》载，哀帝时，丞相王嘉因对东平王云案有疑，数争谏，被诛。哀帝舅丁明对王嘉被诛表示同情，就被哀帝以"君亲无将，将而诛焉"为理由，免去大司马职务。

《后汉书·樊宏传》："广陵王荆有罪，帝（汉明帝）以至亲悼伤之，诏儵与羽林监南阳任隗杂理其狱。事竟，奏请诛荆。引见宣明殿，帝怒曰：'诸卿以我弟故，欲诛之，即我子，卿等敢尔邪！'儵仰而对曰：天下高帝天下。非陛下之天下也。《春秋》之义，'君亲无将，将而诛焉'。……臣等以荆属托母弟，陛下留圣心，加恻隐，故敢请耳，如今陛下子，臣等专诛而已。"①

以上案例说明，根据儒家尊尊、亲亲原则而引申出来的"君亲无将，将而诛焉"论点，包括以下意思。其一，君臣、父子之间的关系，绝不能违反。杀君、杀父之罪重于其他任何罪。《盐铁论·晁错篇》："《春秋》之法，'君亲无将，将而必诛'。故臣罪莫重于杀君，子罪莫重于杀父。"②其二，尊尊原则，高于亲亲原则。汉家制度，推崇亲亲，是为了显示尊尊。③因而任何侵犯皇权，损害皇亲尊严以及危害皇帝安全的行为，即使皇帝的尊长所为，也要受到严厉制裁。其三，人臣即使有反抗君主的图谋，也认为是犯罪。

正因为"引经决狱"者提出的"君亲无将，将而必诛"这一论点，为统治者维护至高无上的地位提供了理论根据，使得以后历代法典有理由将有关维护皇权的条文视为最重要法规，列入篇首。例如《唐律》将危害社会制度的严重犯罪"十恶"列入首篇《名例》。其中又以危害君主政权的"谋反"、"谋叛"、"谋大逆"三种罪为最严重。而其理论根据之一，即儒家经义"君亲无将，将必诛焉"。《唐律疏议》解释"谋反"罪时说：

---

① 《后汉书·樊宏传》卷三二，第1123页。
② 桓宽撰，马非百注释：《盐铁论简注》，中华书局1984年版（晁错第八），第63页。
③ 《汉书·孝元傅昭仪传》卷九十七，第4401页。

"案《公羊传》云：'君亲无将，将必诛焉'，谓将有逆心而害于君父者，则必诛之。《左传》云：'天反时为灾，人反德为乱'。然王者居宸极之至尊，奉上天之宝命，同二极之覆载，作兆庶之父母，为子为臣，惟忠惟孝，乃敢包藏凶慝，将起逆心，规反天常，悖逆人理，故曰谋反。"① 《唐律·盗贼篇》具体规定："诸谋反及大逆者皆斩。"② 对于"谋反"、"谋大逆"处重刑，也是以"将而必诛"为据。《唐律疏议》对这条解释道："狡竖凶徒，谋危社稷"，③ 即使"始兴狂计，其事未行，将而必诛，即同真反"。这就是说，不仅谋反罪的预备、未遂要惩处，即使有谋反之意，也认为是犯罪。元人王元亮《唐律疏议释文》解释："将有此兴狂之心者，必诛也。"④ 这也说明，"将而必诛"，含有"诛心"、"诛意"的意思，即惩罚思想。

2. 《春秋》之义，诛首恶而已

此条经义出自《春秋公羊传》。《春秋》僖公二年："虞师晋师灭夏阳。"《春秋公羊传》："虞，微国也，曷为序乎大国之上？使虞首恶也。"⑤ 有人说："此即后世分首从之律。"此说不误。汉代法律在"共同犯罪"中已有首从之分。公羊家强调"诛首恶"，与他们"诛心"、"诛意"相关（详后）。由于公羊家的提倡，广为论事决狱者引用：

《汉书·孙宝传》："《春秋》之义，诛首恶而已。"⑥

《后汉书·梁商传》："商上疏曰：《春秋》之义，功在元师，罪止首恶。"⑦

《盐铁论·疾贪》："《春秋》刺讥不及庶人，责其率也。"⑧

《潜夫论·断讼》："《春秋》之义，责知诛率。"⑨

---

① 《唐律疏议》卷一，第6—7页。

② 《唐律疏议》卷一七，第321页。

③ 同上。

④ 《唐律疏议·附录》，王元亮重编，（唐律释文）卷一七，第639页。

⑤ 《春秋公羊传注疏》僖公二年，第2247、2248页。

⑥ 《汉书·孙宝传》卷七七，第3258页。

⑦ 《后汉书·梁商传》卷二七四，第1176页。

⑧ 《盐铁论简注》（疾贪三十三），第263页。

⑨ 王符：《潜夫论》卷五，王继培笺，彭铎校正，中华书局1979年版（断讼第十九），第229页。

"诛首恶"，从法律角度来看，符合公平原则，共同犯罪中的首领，理应承担主要责任。从策略角度来说，强调"诛首恶"有利分化共犯组织。

3. 恶恶止其身

"恶恶止其身"一语，出自《公羊春秋》。《春秋》昭公二十年："曹公孙会自鄷出奔宋。"《春秋公羊传》解："鄷也，鄷则曷为不言鄷？为公子喜时之后讳也。《春秋》为贤者讳也。何贤乎公子喜时？让国也"、"君子善善也长，恶恶也短。恶恶止其身，善善及子孙。贤者子孙，故君子为之讳"。①汉代"引经决狱"者引申为"罪止其身"，即不可惩罚因他人犯罪受牵连的无辜者。汉代引此经义论事决狱的事例有：

《后汉书·五行志五》注引《风俗通》曰："灵帝光和中，雒阳男子夜，龙从兄阳求借钱，龙假取繁数，颇厌患之；阳与钱千，龙意不满，欲破阳家，因持弓矢射玄武东阙，三发，吏士呵缚，首服"、"灵帝诏报，恶恶止其身，龙以重论之，阳不坐。"②

《后汉书·刘般传》："安帝初，清河相叔孙光坐赃抵罪，遂增锢二世，鄷及其子。是时居延都尉范邠复犯赃罪，诏下三公、廷尉议。司徒杨震、司空陈褒、廷尉张皓议依光比。（刘）恺独以为《春秋》之义，'善善及子孙，恶恶止其身'，所以进人于善也。《尚书》：'上刑挟轻，下刑挟重'。如今使赃吏禁锢子孙。以轻从重，惧及善人，非先王详刑之意也。有诏：'太尉议是'。"③

依"恶恶止其身"说决狱即只惩罚犯罪者本人，不株连无辜者。撇开儒家的伦理说教不谈，这一经义本身，从法学角度来看是合理的。有关记载说明，自春秋起就实行一人犯罪，夷其三族；或诛及四邻的连坐。《史记·秦本纪》："秦文公二十年（公元前746年），法初有三族之罪。"又，《春秋公羊传》僖公十九年（公元前641年）何休注："梁君隆刑峻法，一家犯罪，四家坐之。"秦于商鞅变法时，连坐法更加发展，有亲属连坐、什伍连坐、官吏上下级间连坐等。西汉立国后，高后时曾废除"夷三族"

---

①《春秋公羊传注疏》昭公二十年，第2325页。

②《后汉书·五行志五》，第3343页。

③《后汉书·刘般传》，第1308—1309页。

法，文帝时又明令废除与收孥相关的连坐法。① 然而，终汉之世，从未彻底废除连坐法。② 以上所引事例，仅是当时引"恶恶止其身"说，作为解决特殊案件的办法。拥护连坐法者认为，连坐可以"累其心，使重犯法也"。③ "彼以知为非罪之必加，而戮及父兄，必惧而为善。" 事实说明，实行连坐既不能减少犯罪，也不能预防犯罪，而且影响着社会秩序安定。一个社会里很多人有罪，这个社会还能安定吗？针对这种情况，"引经决狱"者提出"恶恶止其身"说，反对株连无罪者，限制打击范围，不仅有利于社会秩序的安定，也符合人民的利益。

4. 以功覆过

《春秋》僖公十七年："夏，灭项。"《春秋公羊传》："齐灭之也。不言齐，为桓公讳也。桓公尝有继绝存亡之功，故君子为之讳。"④ 汉代"引经决狱"者常引此经义为据，为有功于国者犯罪，进行辩解，所谓"以功覆过"。

《汉书·田延年传》载，宣帝初，大司农田延年因"主守盗三十万，不道"。御史大夫田广明提出，废昌邑王时，田延年有功。"《春秋》之义，以功覆过。"⑤ 请求赦免田延年的贪污罪。

《汉书·陈汤传》载，元帝时，西域都护甘延寿、西域副校尉陈汤，"矫制"兴师，平定西域郅支单于之乱。事后朝廷争议。石显、匡衡等人认为，"延寿、汤擅兴师矫制"，陈汤又有贪污罪，应当治罪。宗正刘向说"昔齐桓公前有尊周之功，后有灭项之罪，君子以功覆过而为之讳行事"。甘延寿、陈汤应"除过勿治，尊宠爵位，以劝有功"。

《后汉书·马援传》载，伏波将军马援因用兵失算，遭受重大损失，被梁松陷害。死后，朱勃上疏以"以功覆过"为据，请求为他平反。"臣闻《春秋》之义，罪以功除，圣王之祀，臣有五义，若援，所谓以死勤事

① 参见《汉书》卷三，(高后纪)；卷四，(文帝纪)。
② 参见《汉书》卷二三，(刑法志)；卷七九，(冯参传) 等。
③ 《汉书·刑法志》，第1104页。
④ 《春秋公羊传》僖公十七年，第2255页。
⑤ 《汉书·田延年传》，第3666页。

者也。愿下公卿平援功罪，宜绝宜续，以厌海内之望。"①

　　案：曹魏以后的法律明确规定，有功勋者享有司法特权，审判机关不得按一般程序定罪判刑。犯死罪，须"先奏请议，议定奏裁"，经皇帝决裁。此项制度始于周，秦时废。法家不主张有功者享有司法上的"请议"特权。②汉代虽未明文规定恢复"八议"制度，但到东汉后期，常有人提出"八议"问题。"引经决狱"者提出"《春秋》之义，以功覆过"，为以后恢复"议功"制度提供了理论根据。

　　5. 亲亲得相首匿

　　"亲亲得相首匿"，即一定范围内的亲属间，相互隐瞒犯罪事实，不应受法律制裁。这一刑法观点是根据儒家下述论点演变而来的。《论语·子路》："父为子隐，子为父隐，直在其中矣。"公羊学发展为"为尊者讳，为亲者讳，为贤者讳"，③董仲舒据此而认为，父子间隐瞒犯罪事实，不应受法律制裁。《通典》载有一董仲舒决狱案例（前文曾引用）："时有疑狱曰：'甲无子，拾道旁弃儿乙养之，以为子。及乙长，有罪杀人，以状语甲。甲当何论？'仲舒曰：甲无子，振活养乙，虽非所生，谁与易之。《诗》云：'螟蛉有子，蜾蠃负之。'《春秋》之义，'父为子隐'，甲宜匿乙，不当坐。"

　　董仲舒此决狱案例，与汉代当时的法律规定不一致。秦至汉初的法律规定，亲属间不得隐瞒犯罪事实。如《汉书·高惠高后文功臣表》载："临汝侯灌贤元朔五年，坐子伤人首匿，免。"④此例说明，汉武帝时期，父子间仍不许隐瞒犯罪。董仲舒提出"亲亲得相首匿"后，直至汉宣帝时，才定为法律。宣帝地节四年诏："自今子首匿父母、妻匿夫、孙匿大父母，皆勿坐。其父母匿子、夫匿妻、大父母匿孙，罪殊死，皆上请廷尉以闻。"其他亲属之间，仍不得首匿。⑤唐代将"亲亲相隐"原则，明文

---

　　①　《后汉书·马援传》，第 827 页。

　　②　高亨注译：《商君书注译·赏刑》，中华书局 1974 年版，《赏刑》："所谓壹刑者，刑无等级，自卿相、将军，以至大夫庶人，有不从王令，犯国禁，乱上制者，死罪不赦。有功于前，有败于后，不为损刑，有善于前，有过于后，不为亏法。"

　　③　《春秋公羊传注疏》闵公元年，第 2244 页。

　　④　《汉书·高惠高后文功臣表》卷一六，第 548—549 页。

　　⑤　如《汉书·王子侯表第三上》卷一五上，第 474 页，载陆元侯延寿"五凤三年，坐知女妹夫亡命，笞二百，首匿罪，免"。

规定于法典之中，并扩大了相隐亲属的范围。《唐律·名例》："诸同居，若大功以上亲，及外祖父母、外孙、若孙之妇，夫之兄弟及兄弟妻，有罪相为隐。"①

"推亲亲以显尊尊"，汉儒根据儒家伦理观念提出的"亲亲得相首匿"原则的目的，是为了维护封建等级制度。因此，"亲亲相隐"原则自提出之时起，就不适用于直接危害封建君主专政的重大犯罪。宣帝地节四年诏规定的"亲亲相隐"原则，不适用于谋反、不道等大罪。例如，《汉书·王子侯表》："成陵节侯德，鸿嘉三年，坐弟与后母乱，共杀兄，德知不举，不道，下狱瘐死。"②凡遇此类案件，"引经决狱"者又以儒家另一论点"大义灭亲"为据，论证亲属间不得相隐谋反、不道等大罪。

以上仅列举了汉代"引经决狱"常用的数条经义。从中不难看出，通过这种断狱方式，儒家思想不仅对法制能产生深刻影响，并逐渐形成了具有儒家思想特征的法律观点。

（四）引经决狱对传统法制的危害

以法治国，最基本要求，即法制统一。如果立法、司法不统一，就没有法制。而引经决狱却无法实现法制统一。这是因为：

第一，经义虽然是儒家思想的具体表现，但却不是规范条文。引用经义断狱必然发生"各人生意"，随意解释。按照各人理解的经义分析案情，定罪量刑，就无法做到法制统一。

第二，儒家经义非常庞杂，任何审判官吏都难以通晓、掌握。司马迁曾说过："夫儒者，以六艺为经，六艺经传千万数，累世不能通其学，当年不能究其礼。"以集"礼义之大宗"的《春秋》为例，一部《春秋》，"文成数万，其指数千，万物之聚散皆在"其中，③要求审理案件时，即时找出合适的经义来参照是很困难的。

第三，经义文字简约、含义深奥，且无固定界说，用来决狱，常常断

---

① 《唐律疏议·名例》卷六，第130页。
② 《汉书·王子侯表》卷一五下，第495页。
③ 《史记·太史公自序第七十》卷一三〇，第3297页。

章取义，造成同罪不同罚的混乱。这种状况又为不法之吏舞文弄法，残害无辜开方便之门。

由于以上原因，汉代引经决狱实践中，常发生所引经义与法律条文抵牾，有害法制统一的矛盾。例如，汉有"矫制"罪。[①] 法律规定："律，矫诏大害要斩。有矫诏害，矫诏不害。"[②] 依法处理"矫制"罪，本不复杂。若引经义断决，反而使经义与法律冲突，难以达成一致意见。《汉书》载有两例引经义"大夫以君命出，可自专"，来否决"矫制"罪的案件，两次均发生争议：

《汉书·终军传》："元鼎中，博士徐偃使行风俗。偃矫制，使胶东、鲁国鼓铸盐铁。还，徙为太常丞。御史大夫张汤劾偃矫制大害，法至死。偃以为《春秋》之义，大夫出疆，有可以安社稷，存万民，颛之可也。汤以致其法，不能诎其义。有诏下军问状，军诘偃曰：'古者诸侯国异俗分，百里不通，时有聘会之事，安危之势，呼吸成变，故有不受辞造命颛己之宜；今天下为一，万里同风，故《春秋》：王者无外。偃巡封域之中，称以出疆何也？且盐铁，郡有余臧，正二国废，国家不足以为害，而以安社稷存万民为辞，何也。'……偃穷诎，服罪当死。"[③]

《汉书·冯奉世传》载，宣帝时，冯奉世以卫侯使持节送大宛诸国客。时匈奴发兵攻车师，北道告警，莎车又攻劫南道，鄯善以西皆绝不通。遂矫制发西域诸国兵进击莎车。莎车王自杀，诸国悉平，威震西域。"上甚悦，下议封奉世。丞相、将军皆曰：'《春秋》之义，大夫出疆，有可以安国家，则颛之可也。奉世功效尤著，宜加爵士之赏'，少府萧望之独以奉世奉使有指，而擅矫制违命，发诸国兵，虽有功效，不可以为后法。即封奉世，开后奉使者利，以奉世为比，争逐发兵，要功万里之外，为国家生事于夷狄。渐不可长，奉世不宜受封。上善望之议，以奉世为光禄大夫、水衡都尉。"[④]

---

①　矫制，罪名，假传诏令、命令。《汉书·汲黯传》卷五○，第2316页，颜师古注："矫，托也，托奉制诏书而行也。"

②　《汉书·功臣表第五》卷一七，第660页。

③　《汉书·终军传》卷六四下，第2818页。

④　《汉书·冯奉世传》卷七九，第3294—3295页。

从以上事例看来，为了维护法制，维护君主中央集权制度，有些儒家经义，并不能任意引用。

第四，引经决狱基本目的，在于引经解律使其能为现存的社会服务，若违背这一宗旨，则不能引用。即使依据这类经义制定的法律，也当否定。东汉张敏奏请废除《轻侮法》就是一例：

《后汉书·张敏传》："建初中，有人侮辱人父者，而其子杀之。"① 依法律规定，杀人者应处死刑。肃宗皇帝援引经义"《春秋》之义，子不报仇，非子也"。赦免子为父报仇者死罪。这一判例，遂定为《轻侮法》。十余年后，大臣张敏上奏反对，认为赦免复仇者死罪，会助长复仇乱杀之风，不利社会安定。他说："《春秋》之义，子不报仇，非子也，而法令不为之减者，以相杀之路不可开也。今托义者得减，妄杀者有差，使执宪之吏得设巧诈，非所以'在丑不争'之义。"② 立法定制，"原其本意，皆欲禁民为非也。未晓《轻侮》之法将以何禁。必不能使不相轻侮，而更开相杀之路，执宪之吏复容其奸枉"。和帝同意他的意见，废除《轻侮法》。

三 公羊学对古代审判理论的发展

（一）古代有关审判理论简述

中国古代很重视司法审判问题。现存古文献中不乏这方面的资料。其中有政治思想家提出的审判理论、原则；有审判官吏总结出的审判经验；还有已制定的审判法规。这些资料虽不系统、全面，但都是有关审判的基本要点。兹辑录数则先秦至汉初儒家典籍有关审判的论述，以便了解公羊学者在这方面的继承和发展。

1. 《尚书》中有关审判的论述

《尚书》③ 是儒家经典，经儒者删改，被奉为宣扬儒家思想的重要典

---

① 《后汉书·张敏传》卷四四，第 1502 页。
② 同上。
③ 见孔颖达撰《尚书正义》（收入《十三经注疏》上册）。

籍。其中有关法制的论述，也反映出了儒家司法审判的观点。例如：

《尚书·康诰》："敬明乃罚：人有小罪，非眚，乃惟终，自作不典，式尔，有厥罪小，乃不可不杀。乃有大罪，非终，乃惟眚灾，适尔。既道极厥辜，时乃不可杀。"又曰："要囚，服念五六日至于旬时，丕蔽要囚。"①意思是说：有人犯罪虽小，但不思悔改，继续犯罪，属于故意犯，对于这种人应该杀掉。有人虽犯大罪，但是偶然过失，并知悔改，对这种人可以不杀。从中可以看出当时的慎罚的审判原则。既然刑法区分故意和过失、偶犯和惯犯，那么，必然要求审案时要验察犯罪者的主观意识，即心态。所以审理案件，要认真审查犯人的口供，甚至要认真地考虑五六天到十天，然后判决。

《尚书·舜典》："眚灾肆赦，怙终贼刑。"②从这条刑法原则中又可以看出审理案件要注意犯罪人的行为动机与结果，以惩治怙恶不悛者。所以孔《疏》："其有意善功恶，则令出金赎罪之刑。若过误为害，原情非故者，则缓纵而赦放之。若怙恃奸诈，终行不改者，则贼杀而刑罪之。"③

上述种种"慎罚"的审判意见，不单纯为维护惩罚的效力，而是为了宣明德教，实行德政，所谓"慎罚以明德，而明德须慎罚"，即"明德慎罚"。

《吕刑》是《尚书》中论述审判制度较多的篇章。该文首先明确表明"典狱，非讫于威，惟讫于富"，④即审判不是为惩罚，而是为民造福，体现出了"明德慎罚"思想。强调审理案件要求"两造具备，师听五辞"，即全面核实证据，查明事实，明验供词。做到"察辞于差，非从惟从"，即注意供词中的细微区别，辨识真伪。如孔《疏》所云："断狱者非从其伪，惟从其本情。"⑤"本情"包括主客观方面的实情，犯罪事实、动机、目的等。

---

① 《尚书正义》卷一四，（康诰），第203—204页。
② 《尚书正义》卷三，（舜典），第128页。
③ 同上书，第129页。
④ 《尚书正义》卷一九，（吕刑），第248页。
⑤ 同上书，第250页。

2. 《礼记》中关于决狱的基本原则

《礼记》① 也是儒家重要经典之一。战国至西汉初的儒家各种礼仪著作汇集，较全面反映了古代社会伦理观念、宗法制度，以及儒家各派思想。《礼记·王制》篇大概是汉初制出的建国纲领，其中提出了一条重要的司法审判原则。"凡制五刑，必即天论，邮罚丽于事。凡听五刑之讼，必原父子之亲，立君臣之义以权之；意论轻重之序，慎测浅深之量以别之，悉其聪明，致其忠爱以尽之。疑狱，泛与众共之，众疑，赦之。"兹简释如下：

> 制，郑《注》：断也。孔《疏》："制是裁制，故曰断也。"② 即天论，孔《疏》：即，就也。论，论议。制五刑之时，必就上天之意。邮罚丽于事，邮，通尤，罪过。丽，附著。事，指犯罪事实。孔《疏》："断其罪过及责罚其身，皆依附所犯之事。不可离其本事，假他别事而为喜怒。"③ 就是说，断狱应以事实为据。至于文中所强调的"意论"、"慎测"、"悉其聪明"等，就是要求听讼时要考虑儒家所谓的仁义、忠爱等伦理关系。如此说教，与儒家倡导的援经折狱无异。这条听狱原则最后还说，在审理过程中如认为是可疑而无法断决的案件，那就公开由大众共同审理。如此仍难以断决的案件，就将其赦免。

从以上所录论述中可以清楚看出，无论是《尚书》提出的"明德慎罚"原则，还是《礼记》主张的"邮罚丽于事"，都要求审理案件时，要查明犯罪事实、犯罪的动机、目的，以及当事者之间的关系等。明于此，就可知道公羊学家对儒家审理案件理论的继承和发展。

（二）董仲舒对古代审判理论的发展

1. 至清廉平，据法听讼，无有所阿

儒家一贯主张"克己"、"修己以安人"。"政者，正也，子帅以正，

---

① 《礼记正义》（收入《十三经注疏》上册）。

② 同上书，卷一三，第 1343、1344 页。

③ 同上书，卷一三，第 1344 页。

孰敢不正?"司法审判也当如此。所谓"君子者,法之源"。① 董仲舒在评论执法司寇一职时,即如此要求。他说:"执法司寇","至清廉平,赂遗不受,请谒不听,② 据法听讼,无有所阿,孔子是也。为鲁司寇,断狱屯屯,③ 与众共之,不敢自专。是死者不恨,生者不怨"。④

孔子听讼严肃认真,广听众议之事,《说苑·王公篇》有以下记述:"孔子为鲁司寇,听狱必司断,敦敦然皆立,然后君子进曰:某子以为若何,某子以为云云。又曰:某子以为何若,某子曰云云,辩矣。然后君子几当从某子云云乎?以君子之知,岂必待某子之云云然后知所以断狱哉?君子之敬让也。文辞可与人共之者,君子不独有也。"⑤

在这里,董仲舒称颂孔子为司寇楷模,同时也表述了他认为狱官应具有高尚品德:第一,廉明公正,拒收贿赂。第二,依法听讼,不阿谀奉上。第三,广听众议,不独断专行。这几点意见,也是当时法律的要求。法律规定,"吏坐受赇枉法",如已听,事虽未行,请者、听者皆为司寇。⑥ 至于阿谀奉承,曲法断狱,受人卑视。而秉公断狱,执法不阿,则受人称赞。廷尉张释之否定文帝不按法律规定要重惩犯跸者的意见,受到世人称颂。

董仲舒因袭孔子对于疑难案件"与众共之,不自专"的审判方式,汉代早已实行。《奏谳书》录有一件"集议"决狱的案例,就是证明。⑦ 该案大意:女子甲夫死未葬,与人通奸。廷尉、正、监、廷史等三十人集议判决女子甲"完为舂"。而另有廷史申徭使在外,未参加集议,返回后对判决提出异议。于是再次集议改判。另外,徐天麟撰《西汉会要》、《东汉会要》均辑录有《集议》一篇,其中并有议"法制"、议"刑法"分目。可以证明汉代"集议"审案方式很流行。

---

① 《荀子简注·君道十二》,第124页。
② 请谒,指向狱官私相请求,徇私枉法。《春秋繁露·五行相生》凌曙注:"《管子》:'人君惟毋听。请谒任举,则群臣皆相为请。然则请谒得于上,党与成于乡,如是则货财行于国,法制设于官,群臣务佼而求用。然则无爵而贵,无禄而富,故曰请谒任举之说胜,则绳墨不正。'"
③ 屯屯,即敦敦,勤恳,认真。
④ 《春秋繁露·五行相生第五十八》,第365—366页。
⑤ 刘向:《说苑》卷一四,(至公),上海古籍出版社1990年版,第124页。
⑥ 《汉书·外戚恩泽侯表》卷一八,第694页,如淳注。
⑦ 《奏谳书》,载《张家山汉墓竹简(二四七号墓)》。

2. 教本狱末，听讼以明理行教为务

董仲舒说："故折狱而是也，理益明，教益行。折狱而非也，暗理迷众，与教相妨。教，政之本也。狱，政之末也。其事异域，其用一也，不可不以相顺，故君子重之也。"①

在这一段听讼的论述中，董仲舒提出了一个重要观点，即折狱是明理行教的过程，以实行教化为目的。他一再强调"教"的重要性。他说："圣人之道，不能独以威势成政，必有教化。故曰：先之以博爱，教以仁也；难得者，君子不贵，教以义也。虽天子必有尊也，教以孝也；必有先也，教以弟也。此威势之不足独恃，而教化之功不大乎？"② 在解释治国必须以教化为主时，董仲舒说道："夫万民之从利也，如水之走下，不以教化堤防之，不能止也。是故教化立而奸邪皆止也者，其堤防完也；教化废而奸邪并出，刑罚不能胜者，其堤防坏也。古之王者明于此，是故南面而治天下，莫不以教化为大务。"③ 显而易见，这个"教本狱末"说，是由他的"德主刑辅"政治理论引申而来的。他曾说："刑者德之辅，阴者阳之助也。"④ 又说："阳为德，阴为刑，刑反德而顺于德。"⑤ 听讼自然要服从这条治国总原则。

3. 原心定罪，听讼应本事原志断狱

"原心定罪"亦名"原情定过"（《后汉书·霍谞传》）："原心省意"（《论衡·答佞》⑥），是董仲舒提出的另一项指导听讼的具体原则。原，追究根源。⑦ 心，心志，这里指行为人的动机、意图。"原心定罪"源于《春秋公羊传》隐公元年论述《春秋》"书法"中的"及"与"暨"的区别时说："及犹汲汲也，暨犹暨暨也。及，我欲之；暨，不得已也。"何休注："举及、暨者，明当随意善恶而原之，欲之者，善重，恶深。不得已者，善轻，恶浅；所以原心定罪。"对于这条原则，董仲舒有具体说明；

① 《春秋繁露·精华第五》，第 94 页。
② 《春秋繁露·为人者天第四十一》，第 319—320 页。
③ 《汉书·董仲舒传》，第 2503 页。
④ 《春秋繁露·天辨在人第四十六》，第 336 页。
⑤ 《春秋繁露·阳尊阴卑第四十三》，第 326 页。
⑥ 王充：《论衡》（收入《诸子集成》第 7 册），〈答佞〉，第 116 页。
⑦ 《汉书·薛宣传》卷八三，第 3369 页，颜师古注。

"《春秋》之听狱也，必本其事而原其志，志邪者不待成，首恶者罪特重，本直者其论轻"。① 兹分析如下：

（1）本其事而原其志。

事，指犯罪事实。"本其事"，即根据事实。原，寻找，考察。"原其志"，即根据事实，考察犯罪者行为时的动机、目的。"本其事"是"原其志"的前提，两者密切相连。苏舆说："事之委曲未悉，则志不可得而见。故《春秋》贵志，必先本事。"② 另一方面也可以从其志明了事的实质，有所谓："从其志以见其事也。从贤之志以达其善，从不肖之志以著其恶。"③ 这条原则与现代刑法学的说法相吻合，听讼应当查明事实，分析作案者动机、意图，以便定罪量刑。

（2）志邪者不待成。

"志邪"，心术不正。这句话的意思是，一个人动机不纯正，有为非作歹的想法，即使尚未作为，或者犯罪未遂也要惩罚。如果是企图加害君主，更加要惩治。《春秋公羊传》昭公元年载，"《春秋》贬陈侯之弟招"。为什么要"贬"？"言将自弑君也。今将尔。词曷为与亲弑者同？君亲无将，将而必诛焉"。就是说，有弑君的想法，就要受到惩处。

（3）首恶者罪特重。

从重惩处共同犯罪中的首犯，也是公羊学派的一贯主张。汉有"《春秋》之义，诛首恶而已"④ 的说法。《春秋》有一例，僖公二年："虞师晋师灭夏阳。"《春秋公羊传》云："虞，微国也，曷为序乎大国之上？使虞首恶也。"⑤ 但何为"首恶"？汉世引用此条经义论事，论狱者对"首恶"的解释各不相同：

a.《汉书·孙宝传》载，成帝时，益州刺史"谕告群盗，非本造意，渠率皆得悔过自出遣归田里"。⑥ "造意"，最先提出的犯罪意图。"渠率"，

① 《春秋繁露·精华第五》，第92页。
② 《春秋繁露义证·精华》，第92页。
③ 《春秋繁露·玉英第四》，第77页。
④ 《汉书·孙宝传》卷七七，第3258页。
⑤ 《春秋公羊传注疏》僖公二年，第2248页。
⑥ 《汉书·孙宝传》卷七七，第3258页。

指"群盗"首领。从这道谕文来看,"首恶"仅指造意者,不包括共同犯中的"渠率"。

b.《盐铁论·疾贪篇》:"《春秋》刺讥不及庶人,责其率也。"① 又,《潜夫论·断讼篇》:"《春秋》之义,责知诛率。"② 这两则引文说明共犯中的首领是首犯。

晋人张斐说:"唱首先言谓之造意",③ 当是沿袭汉律。据此可以认为董仲舒所说的"首恶",主要是指共犯中的造意者,也就是提出犯罪意图的人。这样看来,所谓"首恶者罪特重",也是强调打击"志邪"者。

(4) 本直者其论轻。

直,正直。行为人的目的、动机纯正,即使违犯法律,也可减、免处罚。《盐铁论·刑德篇》:"法者缘人情而制,非设罪以陷人也。故《春秋》之治狱,论心定罪,志善而违于法者免,志恶而合于法者诛。"④ 董仲舒曾举例说:春秋时期,许悼公生病,其子许止进药,结果许悼公因吃错药而死。董仲舒就此事评论道:"《春秋》之义,许止父病,进药于其父而卒。君子原心,赦而不诛。"⑤

根据以上分析,可以认为公羊学派所谓的"原心定罪",即以儒家伦理道德观念为标准,依据犯罪事实,考察当事者的动机、目的,然后定罪量刑,着重惩处违反封建纲常伦理的违法犯罪。

董仲舒所强调的"原心定罪"、"本事原志"论点,明显因袭了前人的说教。《尚书·舜典》中"眚灾肆赦,怙终则刑"、《礼记·王制》中的"邮罚丽于事"说,无不是主张决狱应"原心定罪"、"本事原志"。而董仲舒的论点又对后世有影响。晋人张斐提出的审判活动应遵循的原则,显然渊源于董仲舒的理论。张斐说:"论罪者务本其心,审其情,精其事,近取诸身,远取诸物,然后乃可以正刑。"在这里,张斐对董仲舒的原则

---

① 《盐铁论简注·疾贪三十三》,第263页。
② 《潜夫论·断讼第十九》卷五,第229页。
③ 《晋书·志第二十刑法》卷三〇,中华书局1982年版,第928页。后魏及唐代法律明文规定"造意者"为共犯中的首犯。《通典》卷一六七,转引(后魏律):"诸共犯罪,皆以发意为首。"《唐律·名例》:"诸共犯罪以造意为首,随从者减一等。"《唐律疏议·名例》卷五,第115页。
④ 《盐铁论简注·刑德五十五》,第393页。
⑤ 转引自《春秋繁露·精华第五》注,第93—94页。

作了重要补充，即在审判活动中要"本其事"，首先要"精其事"，认真查明案情。他引用《易·系辞》上的一句话："近取诸身，远取诸物"，借此说明，判断犯罪者的心理状态，查明犯罪事实，不仅要观察当事人的表现，所谓"近取诸身"，而且要收集一切有关证据，所谓"远取诸物"。①

当然，从法学角度来看，审理案件时，应当"本其事原其志"。但把"心"、"志"作为定罪量刑的唯一根据则是错误的。法官审案既要考虑主观要素，也要考虑客观要素。撇开犯罪行为所侵犯的客体和行为结果，也难以认定犯罪者"心"、"志"的善恶。再说，仅以犯罪者主观要素作为定罪根据，也不问既遂、未遂，不考虑危害后果如何，往往导致"诛心"、"诛意"，惩罚思想。这就为不法之吏独断专行提供了借口。

四　结论

中国古代传统法制发展和历史说明，一个时代的法制总是与这个时代的政治思想路线相一致。中国古代传统法制，初期是以法家思想为理论基础，西汉景武时期，统治者的政治思想路线逐渐改为儒家思想作为指导治国的理论基础。为了适应这一变化，西汉武帝时期兴起了"引经决狱"的断狱方式。借此在司法实践中，贯彻以儒家思想为理论基础的政治路线。经这一过程而形成的一系列儒家法律观点、理论为中国传统法制"儒家化"创立了条件。

从《公羊春秋》学与中国传统法制的关系，以及实行"引经决狱"的政治原因中，不难看出，研究中国传统法制诸问题，必须注意儒学以及当时的政治现实对它的影响。

（本文于 2005 年 10 月 20 日通过刊登。）

---

① 参见拙著《张斐的〈律注要略〉及其法律思想》，《中国法学》1984 年第 3 期，第 131—144 页。后收入《秦汉法制论考》，第 286—309 页。

后记

中国古代传统法制与儒家经学有密切关系，其中与公羊学的关系尤为深刻，很值得专门研究。这次，台湾"中央研究院"历史语言研究所主办"经义折狱与传统法律"学术研讨会，笔者有幸应邀参加。撰写与会论文时，考虑到"经义折狱"仅是儒家思想影响法制的一种方式，为对此问题能有全面了解，故将原议题扩展为《〈公羊春秋〉学与中国传统法制》，并把自己原有的一些认识简述于此。虽草率成篇，终因时间仓促，其中有些问题论述尚欠周详，不当之处，祈方家指正。

（原载《传统中国法律的理论与实践》，
台北："中央研究院"历史语言研究所 2008 年 5 月。）

富之教之、允执其中及其他

——孔子治国之道略说[*]

　　如何治理国家，孔子有较全面的论述。他提出的有治国理论基础、指导原则，并拟定有种种具体措施。这些理论多是从统治者长远利益出发，调整、改善统治者与人民之间的关系，以巩固统治者的政权。但应当承认，这些旨在促使社会平稳、安定的理论，在不同的历史时代，也同样起着有利于历史发展的积极作用。兹择其数则，略说如下。

一　富之教之

　　《论语·子路》："子适卫，冉有仆。子曰：'庶矣哉！'冉有曰：'既庶矣，又何加焉？'曰：'富之'，曰：'既富矣，又何加焉？'，曰：'教之'。""富之"、"教之"，也即所谓的"富而后教"，是孔子提出的一项重要治国方略。这里所说的"富"，当然不会是巨富，可能就是当时人们常说的"民足"，或"足食"，即饱暖而已。至于作为治国方略组成部分的"教之"，当然不限于创办私塾、聚徒讲学之事，而是关于如何实行"礼乐之教"，建设封建社会的精神文明的问题。孔子很重视"教"的问题。在考察一个国家的社会状况时，他特别注意这方面的问题。他曾说："入其国，其教可知也。其为人也，温柔敦厚，诗教也。疏通知远，书教也。广博易良，乐教也。洁静精微，易教也。恭俭庄敬，礼教也。属辞比事，春秋教也。"^① 这里，我们不专门探讨孔子为什么要"先富后

---

　　* 本文为 1997 年 9 月赴香港参加"孔子与二十一世纪　国际学术研究会"而作。
　　① 《礼记·经解》。

教"，以及如何"富"、"教"。只想强调孔子对于富与教，两者并重，不允许轻视任何一方。这一点从他与冉求之间断绝师徒关系的原因中可以看出。

孔子的学生冉求，姓冉名求，字子有，颇有处理政事的才能。孔子对这名学生很欣赏，不止一次夸奖他能干，并多次向鲁国当时的执政者推荐。如，季康子问孔子："求也可使从政也与？"孔子很肯定地答道："求也艺，于从政乎何有？"① 再如孟武伯向孔子询问冉求的情况时，孔子说，冉求能否做到"仁"难以断定，但是"千室之邑、百乘之家，可使为之宰也"。② 当冉求受聘出任鲁国正卿季氏宰时，孔子很有把握地说，冉求将受重用，会做出一番事业。③ 如他所预料，冉求任季氏家臣期间，协助季氏推行革新措施，使其财富大增。④ 然而这位长于政事的门徒，跟随孔子多年，但对于老师所讲的那套治国方略并不领受。孔子说治国既要"富之"，又要"教之"，二者并重，缺一不可。而他的这位门徒早在出道之前，就表示不同意老师的主张。有一次，孔子令几位学生谈谈个人的抱负。冉求说："方六七十，如五六十，求也为之，比及三年，可使足民。如其礼乐，以俟君子。"⑤ "礼乐"，指"礼乐之教"。这是孔子提倡"教之"的基本内容。在这里，冉求公然与老师唱反调，说他治国就不实行"礼乐之教"。并且辩解道："非不说夫子之道，力不足也。"孔子看出冉求是在以"力不足"为借口，拒不执行他的政治主张。当时就批评道："力不足者，中道而废，今女画。"⑥ 画，画线为界，停止不前。就是说，你不是能力不足，行至中途力尽而止，而是不愿向前走呢！师徒之间由于在治国之道方面的矛盾，最后发展到断绝关系的地步。《论语·先进》："季氏富于周公，而求也为之聚敛而附益之。子曰：'非吾徒也，小子鸣鼓而攻之可也。'"这里记载说：孔子宣布同冉求断绝师徒关系，仅因为他的这名学生

---

① 《论语·雍也》。
② 《论语·公冶长》。
③ 《史记·孔子世家》："冉求将行，孔子曰：'鲁人召求，非小用之。将大用之也。'"
④ 《孟子·离娄上》："求也为季氏宰，无能改于其德，而赋粟倍他日。"
⑤ 《论语·先进》。
⑥ 《论语·雍也》。

帮助季氏过分搜刮财富。实际上是因为冉求任季氏宰期间，只抓经济，不实行"礼乐之治"。而礼乐教化是孔子治国方略的重要组成部分，缺少这方面的内容，也就不能成为孔子的治国方略了。所以他对冉求的作为恼怒至极，令学生们大张旗鼓地声讨他。由此可以看出，孔子治国是"富之"、"教之"并重的。

在这里，孔子也为我们提出了一个评价国家治理得如何的标准。在他看来，一个国家治理得如何，不仅要看这个国家经济发展水平，同时也要看这个国家的精神文明状况。他的这个观点对于中国古代政治思想史的发展有深刻影响。历史上许多政治家、思想家在评论一个国家、一个时代的政治、经济制度时，都不是只看经济发展水平，而不论其精神文明状况。如史家称道的"文景之治"、"贞观之治"等，就是综合其在物质、精神两方面的成就而给予的评价。一些思想家提出的理想国，也多体现出了孔子治国理论的要求。如孟子设计的理想社会，[①]《礼记·礼运》篇中的"小康"、"大同"社会，以及康有为构想的理想国，[②] 等等。

二　允执其中

孔子称颂尧、舜治国遵循"允执其中"[③] 的方针。"中"，指"中庸"。中，即中正、中和，不偏不倚。庸，即平常、常道。孔子称"中庸"为最高美德。他说："中庸之为德，其至矣乎。"[④] 主张将"中庸"作为个人修养和处世的原则和方法。按照"中庸之道"，处理问题不能偏向某一端，要善于抓住"两端"之间的"中"，即在两端之间找到最恰当的连接点，令矛盾的双方达到新的统一。就是说，凡事"举其中"。在这一过程中，既要避免"过"，也不能"不及"。如果处理问题的条件不成熟，不必勉强，所谓"不可则止"。[⑤]

---

① 见《孟子·梁惠王上》、《滕文公上》。
② 见康有为的《大同书》。
③ 《论语·尧曰》。
④ 《论语·雍也》。
⑤ 《论语·先进》。

为此，做到"中庸"，必须掌握两要点：

一是"时"。孔子说的"中"，既不是两端之间的等距离中心点，也不是两端间的某一固定点。"中"的位置，因时而异，所以要掌握住"时"。孔子的这层意思，朱熹颇有体会。《礼记·中庸》："仲尼曰：君子之中庸也，君子而时中。"朱熹注："中无定体，随时而在。""君子之所以为中庸者，以其有君子之德，而又能随时以处中也。"就是说，处理问题要审时度势，善于把握时机、火候。

二是"权"。"权"字本意为秤锤。它在秤杆上的位置以所秤物体重量为转移，非固定一点。故"权"，即通达权变。孔子讲究"权"。《论语·子罕》："可与共学，未可与道；可与适道，未可与立；可与立，未可与权。"就是说，有些人愿意共同学习，但他要学的未必是道。有些人虽然能学到道，但未必能坚守道。能坚守道的人，又往往抱住道，守着死的规矩，不能随机应变，去实现道。孔子并且认为，权变并不离开道（"何远之有"）。言下之意，用一种死的办法，固定的方式，处理因时、因地而异的问题，是达不到"中"的。必须善于权变，灵活处理。孟子曾强调"权"对于实现"中庸之道"的重要性。他说："执中无权，犹执一也。所恶执一者，为其贼道也，举一而废百也。"①

从以上所述可以看出，只有掌握"时"与"权"，才能达到"中庸"。孔子很善于此道。他提出的统治术大都体现"中庸"精神，如"宽猛相济"、"一张一弛"、"择可劳而劳之"等。处理问题的方式、方法要以时间、地点为转移，不偏不倚，恰到好处。这是符合辩证法的方法。毛泽东说："孔子的中庸观念是孔子的一大发现，一大功绩，是哲学的重大范畴，值得很好的解释一番。"② 然而在实践中，孔子的"中庸之道"是使矛盾的双方永远处于平衡状态，即"致中和"，而不主张采取措施（或创造条件）使事物两方之中的主要方面，进一步发展，突破旧事物，形成一个新事物。这不难理解。他提出的"中庸之道"是以"复礼"为目的，而不是突破旧的"礼制"。子贡问孔子如何"制中"？孔子直言不讳地说，

---

① 《孟子·尽心上》。
② 《毛泽东书信选集》，第 147 页。

"礼"可以"制中"。① 既然"礼"可以"制中",那么按照"中庸之道"处理问题,永远不会与"礼"发生冲突了。

三　正名之治

孔子主张"为政必先正名"。《论语·子路》:"子路曰:'卫君待子而为政,子将奚先?'子曰:'必也正名乎!'子路曰:'有是哉,子之迂也,奚其正?'子曰:'野哉由也!'君子于其所不知,盖阙如也。名不正则言不顺,言不顺则事不成,事不成则礼乐不兴,礼乐不兴则刑罚不中,刑罚不中则民无所措手足。故君子名之必可言也,言之必可行也。君子于其言,无所苟而已矣。"《论语》中的这一章,或如学者所言,是孔子针对当时卫国发生的争夺君位之事,提出的一项解决具体问题的措施。② 但从"为政必先正名"论断的内容来看,孔子提出的是一项具有普遍意义的治国之道,在中国古代政治思想发展史上有重要意义。这里所说的"名",主要是指与社会、国家制度有密切关系的那些伦理、政治名词、原则等。他认为治国当从思想上、制度上"正名"入手。"名"是从当时新兴的一门学问,名学中引用过来的范畴。有人说:"孔子的正名主义,实是中国名学的始祖。"③ 是否"始祖",姑且不论。但孔子确是最早借名辩学来阐明自己政治主张的思想家之一。与孔子同时期的邓析曾提出"循名责实"、"按实定名"。这既是"名学"理论,也是一种政治主张。此后,《墨子·小取》:"夫辩者将以明是非之分,审治乱之纪,明同异之处,察名实之理,处利害,决嫌疑。"《公孙龙子·迹府》说,公孙龙"欲推是辩,以正名实,而化天下"等,无不含有以"正名"治国之意。所不同的是孔子的"正名",强调用旧有的"名",来纠正已经改变的社会秩序。而邓析等人既主张"循名责实",即按已有的"名"来规范现存的事物,又强调

---

① 《礼记·仲尼燕居》:"子贡曰:'敢问将何以为此中者也。'子曰:'礼乎礼。夫礼所以制中也'。"

② (清)刘宝楠:《论语正义》:"正名指蒯聩之事"。另参见冯友兰《中国哲学史新编》第一册,第 139 页。

③ 胡适:《中国哲学史大纲》(卷上),第 104 页。

"按实定名"，即根据已变的事物，拟定新"名"，用此来确定、调整新的社会关系。不管怎么说，孔子提出"正名"。即以体现统治者意志的"名"，用以规范臣民。这在当时还是一种新的治国方式。所以，孔子提出"正名"时，连终日跟随他的门徒子路都没有听说过，故困惑不解地问道："有这样做的吗?"并说他老师迂腐。

下面对孔子说的"正名"略作分析。其内容可分为两点：

1. 一切确定典章制度、规范臣民行为的"名"，应该有明确的含义、统一、公认的是非标准。否则做不到"正名"。这就是孔子所说的"名之必可言也，言之必可行也"。

2. 应严格遵守、执行等级名分和行为规范，任何人不得违反、逾越。孔子强调："君子于其言，无所苟而已矣"。

《论语》中有则语录具体体现出他的"正名"之治。《论语·颜渊》："齐景公问政于孔子，孔子对曰：'君君，臣臣，父父，子子。'"就是君、臣、父、子的言行，应符合君、臣、父、子之"名"。抓住"正名"这一关键，国家即可治理，社会即可安定。所以齐景公听了孔子的回答后，忙说道："善哉! 信如君不君，臣不臣，父不父，子不子，虽有粟，吾得而食诸?"

四　为政以德

孔子主张"德治"。他说："为政以德，譬如北辰，居其所而众星共之。"[①] 他继承、发展前人关于"德治"的思想，使其成为一种较完整的政治理论，从而大大丰富了中国古代政治法律文化，对政治法律制度的发展有重要影响。这里仅略述其"德治"说的主要内容。

(一) 惠民

孔子主张实行"施惠于民"政策。他对于能"博施于民"的执政者，给予很高评价，认为能做到这一点的执政者，算得上比"仁人"还高的

---

① 《论语·为政》。

"圣人"。《论语·雍也》："子贡曰：'如有博施于民而能济众，何如？可谓仁乎！'子曰：'何事于仁！必也圣乎！尧、舜其犹病诸！'"对郑子产"养民也惠"、"使民也义"①的"施惠于民"之举，孔子称赞不已。因而他把"富民"看做为政的首要任务。前文提到，当冉求问"既庶矣，又何加焉？"孔子说先"富之"。所以在赋税问题上，他强调"敛从其薄"。②孔子提倡"惠民"，也是为了维护统治者的利益。他说统治者过分追求财富会使人民不满，进而引起社会动乱。他警告说："放于利而行，多怨。"③再者，如能寓富于民，最终还是于君有利。其弟子有若答哀公问，充分反映了孔子的这一思想，所谓"百姓足，君孰与不足？百姓不足，君孰与足"。④即是说，"百姓足"，是国家财政收入的可靠保证。

(二)宽政

待民以"宽"是"德政"的另一重要内容。孔子认为只有实行"宽政"，才能得到百姓的拥护。他一再说："宽则得众。"⑤对于为政不"宽"者，孔子很不以为然。《论语·八佾》："子曰：'居上不宽……吾何以观之哉！'"鲁哀公问宰我，土地神主应该用什么树木。宰我回答，为了使民恐惧，不敢干违法事，周人以栗树。孔子听后连忙说："成事不说，遂事不谏，既往不咎"，阻止宰我，不要再提这件往事了。用栗木为神主是周制，因而一贯崇尚周礼的孔子不便多说什么，但他对于"使民战栗"做法的不满，溢于言表。这里也应当指出，孔子说的"宽"，主要是为了"得众"。如果过"宽"，出了乱子，破坏了社会秩序，必须"纠之以猛"。就是说，为政以"宽"，是有条件的。

(三)德教

"德教"是孔子"为政以德"的主要内容。孔子作为中国古代伟大的

---

① 《论语·公冶长》。
② 《左传·哀公十一年》。
③ 《论语·里仁》。
④ 《论语·颜渊》。
⑤ 《论语·阳货》、《尧曰》。

教育家，开创了私人办学之风，从事教育大半生，积累了丰富的教学经验。对此，本文不一一论述，仅谈谈他作为"为政以德"内容的"德教"，即如何实施仁义礼乐之教，导民为善的问题。

孔子说："道之以政，齐之以刑，民免而无耻；道之以德，齐之以礼，有耻且格"。① 就是说，以"德教"培养人的道德情操，使其有羞耻之心，自觉地遵守社会秩序。如果人无廉耻之心，怎么还会忠心地拥护统治者呢？所以孔子对于当时的社会风尚日下，忧心忡忡。他说："德之不修，学之不讲，闻义不能徙，不善不能改，是吾忧也。"②

孔子认为培养人的道德品质，要从两方面着手。一方面是树立良好的社会风尚，以陶冶人的禀性。而这一方面与统治者个人的品质及其实行的政策有直接关系。《论语·颜渊》："季康子问政于孔子曰：'如杀无道，以就有道，何如？'孔子对曰：'子为政，焉用杀？子欲善而民善矣。君子之德风，小人之德草，草上之风，必偃'。"又说："上好礼，则民莫敢不敬；上好义，则民莫敢不服；上好信，则民莫敢不用情。夫如是，则四方之民襁负其子而至矣。"③ 这就是所谓"导之以德"。

兴学校，传播斯文，陶冶人品，也是施行德教的重要方面。孔子谈到办学的目的时说，要令其学生"入则孝，出则弟，谨而信，汎爱众，而亲仁。行有余力，则以学文"。④ 所谓"学文"，即学习有关礼、乐、《诗》、《书》等文化知识。"学文"的主要目的，也是为了提高人的道德水平。孔子说过："兴于《诗》，立于礼，成于乐。"⑤

以上所述说明，孔子的"为政以德"说，有其丰富内容。以此作为治国指导原则，方能得到人民的拥护，所谓"众星拱之"。

（原载中国法律史学会主办《法律论史集》第 1 集，法律出版社 1989 年版。）

---

① 《论语·为政》。
② 《论语·述而》。
③ 《论语·子路》。
④ 《论语·学而》。
⑤ 《论语·泰伯》。

司马迁的法律思想

　　司马迁（公元前 145—前 86 年）是西汉著名史学家、文学家、思想家。字子长，龙门（今陕西韩城南）人，太史令司马谈之子。十岁时学习古文，后从孔安国学习《尚书》，又向董仲舒学习《公羊春秋》。班固称赞司马迁："涉猎者广博，贯穿经传，驰骋古今上下数千载间。"① 并曾数次漫游四方，对社会实际生活作过深入考察。二十岁时，"南游江淮、上会稽，探禹穴，窥九疑，浮于沅、湘；北涉汶、泗，讲业齐、鲁之都，观孔子之遗风，乡射邹、峄；厄困鄱、薛、彭城，过梁、楚以归"。② 二十四岁，侍从武帝到过西北的扶风、平凉、空峒。二十五岁又奉命出使川、滇。次年又随武帝封禅泰山，游海上，巡辽西，历九原。多次游历，大大丰富了地理、历史知识，为以后撰写《史记》打下了坚实基础。二十二岁，始入仕为郎中，后任太史令。天汉三年（公元前 98 年），李陵抗击匈奴，兵败投降，司马迁为之辩解，获罪下狱，受腐刑。四年狱中生活，使其对封建社会的政治法律制度有深刻了解。太初元年（公元前 104 年），司马迁倡议并主持制定太初历的工作。此后就着手撰写《史记》，征和年间完成。

　　司马迁的主要著作是《史记》，这是中国最早的一部纪传体通史，也是中国古代第一部传记文学巨著。此外，另有赋八篇，均散佚，仅《艺文类聚》卷三十存其《悲士不遇赋》片段。所撰《报任少卿书》，记述了他下狱后受刑经过和修史抱负，载《汉书·司马迁传》。

---

　　① 《汉书·司马迁传》。
　　② 《史记·太史公自序》。

一 实行《春秋》之义与维护封建"一统"说

在政治思想方面，司马迁继承了董仲舒的《公羊春秋》学的"大一统"理论。董仲舒说："《春秋》大一统者，天地之常经，古今之通谊也"，① 即是说，"一统"是封建社会永远存在的客观规律。司马迁也说："《春秋》之义行，则天下乱臣贼子惧焉。"② 所谓"《春秋》之义"，其主要内容，即"尊王攘夷"，"强干弱枝，大本小末"，也就是维护封建君主专制的中央集权制。

董仲舒论证"大一统"的理论根据是"三统"说，认为王者受命于天，各统一正，"所以明乎天统之义也"。③ 司马迁也是以公羊学的"三统"论为根据的，证明汉得天下是"得天统"。他说历史的发展"若循环，而复始"，汉得天下是再一轮循环的开始。《史记·高祖本纪》："汉兴，承敝易变，使人不倦，得天统矣。"司马迁论证汉得"天统"的目的与董仲舒一样，也是为了"尊王"，维护封建王朝的"大一统"。

公羊学的"大一统"理论是司马迁修史的一项指导原则。他在评叙汉王朝中央与地方的关系时，以及批判诸侯王谋反、谋叛的行为时，无不是从维护"大一统"的原则出发。首先，在论述分封制问题上，司马迁强调要以"强本干"，加强封建君主专政的中央集权为原则。他说，分封诸侯，土地不能过多、过大："古者诸侯地不过百里，山海不得封"，④ 使其"上足以奉贡职，下足以供养祭祀，以蕃京师"。⑤ 其次，在论述到有汉以来发生的诸侯王背叛中央政府的行为时，司马迁总是坚决反对。例如，他批判淮南王、衡山王谋反时说，"淮南、衡山亲为骨肉，疆土千里，列为诸侯，不务遵蕃臣职以承辅天子，而专挟邪僻之计，谋为畔（叛）逆，仍父子再

---

① 《汉书·董仲舒传》。
② 《史记·孔子世家》。
③ 《春秋繁露·三代改制质文》。
④ 《史记·吴王濞列传》。
⑤ 《史记·汉兴以来诸侯王年表》。

亡国，各不终其身，为天下笑"。① 而对于维护统一的行为则竭力称赞。司马迁说，周勃平定诸吕之乱，拥立代王刘恒为帝是"匡国家难，复之乎正。虽伊尹、周公，何以加哉"。② 最后，中央政府为了维护中央集权而采取的一切旨在削弱、限制诸侯王和地主豪强势力政策，司马迁也是积极支持的。例如，元朔二年（公元前 127 年），汉武帝采纳主父偃的建议，颁布"推恩令"。该令规定，诸侯王除以嫡长子继承王位以外，可以推恩将自己的封地分封给子弟，由皇帝制定封号。这些从王国里分出来的小侯国，改由郡统辖，只能收取租税，而无行政权力。这样，王国的封地越来越小。可见，颁布"推恩令"名义上是行"仁孝之道"，实际上是为了削弱诸侯王的势力。司马迁对于武帝颁布"推恩令"的真实用意是一清二楚的，然而却倍加称赞道："盛哉，天子之德！一人有庆，天下赖之。"③

二　德刑兼施、以德为主论

鉴于秦"专任刑罚"而"速亡"的历史教训，西汉初期的政治家、思想家无不主张治国当以德教为主，刑德并用，而反对"专任刑罚"。在治国方式的问题上，司马迁基本上与当时流行观点相一致，并无新的见解。以德为主，德刑并用的主张，不仅决定了他对法的性质、作用的看法，而且也成为他评述历史人物的标准之一。

司马迁虽然反对"独任刑罚"，但不完全否定法对于维护社会秩序的作用。他曾说："故教笞不可废于家，刑罚不可捐于国，诛伐不可偃于天下，用之有巧拙，行之有逆顺耳。"④ 这就是说，治理国家必须用刑罚。只不过要用得恰当、适时而已。

他甚至认为，当需要使用刑罚时而不使用，就是失职。他说："当是之时，吏治若救火扬沸，非武健严酷，恶能胜其任乎！言道德者，溺其职

① 《史记·淮南衡山列传》。
② 《史记·绛侯周勃世家》。
③ 《史记·建元已来王子侯者年表》。
④ 《史记·律书》。

矣"。①

虽然如此，司马迁对法的作用的认识与法家的观点有根本的不同。他不认为法可以治本，因而"唯法为治"。司马迁赞成当时流行的一种看法："法令者治之具也，而非制治清浊之源也。"② 他说，当一些人"倍本多巧，奸轨弄法，善人不能化"之时，则需要使用法律"严削为能齐之"。③法令"禁奸止邪"的作用是立见成效，显而易见的。在把"礼"与"法"相比较时，司马迁说，"夫礼者禁未然之前，法施已然之后；法之所为用者易见，而礼之所为禁者难知"。④ 这种易见的"严削为能齐之"的作用，如孔子所说的那样，只能使"民免而无耻"，而不是"有耻且格"。所以，他说，治理主要依靠"德治"，而不在严酷刑罚。

司马迁虽不主张"唯法为治"，但却强调维护封建法制的统一。譬如，在《史记》中，他专门撰写了一位"守法不失大理"，"守法不阿意"的执法者廷尉张释之的传，为后世树立了一个维护封建法制的典型。

特别值得一提的是，司马迁首次在封建官吏之中，列出"循吏"和"酷吏"，分别论述。他区分"循吏"和"酷吏"的一个重要标准，即看他们是否严格地守法、执法。

在《史记》中，司马迁共写了十名"酷吏"。被他称作"酷吏"的官吏之中，虽然有严格遵循法制者，如郅都，"行法不避贵戚，公廉，不发私书，问遗无所受，请寄无所听"，并且申称"已倍亲而仕，身固当奉职死节官下，终不顾妻子矣"。⑤ 又如义纵"直法行治，不避贵戚"。⑥ 但所列酷吏中，多数人是恣意诛杀，不以法制为意。如周阳由，"所爱者，挠法活之，所憎者，曲法诛灭之"。⑦ 张汤决狱，专以皇帝的意见为根据。"所治即上意所欲罪，予监史深祸者；即上意所欲释，予监史轻平者"。⑧

---

① 《史记·酷吏列传》。
② 同上。
③ 《史记·太史公自序》。
④ 同上。
⑤ 《史记·酷吏列传》。
⑥ 同上。
⑦ 同上。
⑧ 同上。

杜周"不循三尺法","专以人主意为狱"。^① 王温舒"善事有势者；即无势者，视之如奴。有势家，虽有奸如山，无犯"。^② 对于这些勿视法纪，任意诛杀的残酷行为，均受到司马迁严厉批判。

被司马迁称作"循吏"者，其重要特征之一，即"本法循理"，能够"上顺公法，下顺人情"。^③《史记·循吏列传》中所写的五名"循吏"都是春秋时期的官吏。他们多是执法不阿，以身作则，严守法纪。鲁国相公仪休，为政"奉法循理，无所变更，百官自正"。^④ 石奢任楚昭王相，"坚直廉正，无所阿避"，在巡视乡县时，发现其父杀人而逃。他纵其父，而自刎，认为"废法纵罪，非忠也，臣罪当死"。^⑤ 晋文公时的最高狱官李离，因属吏在审问案件中的错误，错判被告死罪，遂自拘而死，以正法纪。他说："理有法，失刑则刑，失死则死。公（晋文公）以臣能听微决疑，故使为理，今过听杀人，罪当死。"^⑥

需要注意的一点是，司马迁颂扬"循吏"维护法制的精神，不是出于赞成法家的"以法治国"的政治主张，而是基于儒家"王道"学说。司马迁认为，官吏"奉法循理"，则是"王道"精神的体现。他颂扬张释之"守法不阿意"时说："不偏不党，王道荡荡；不党不偏，王道便便。"此语出自《尚书·洪范》，儒家学派常用来表述"王道"主张。司马迁赞许张释之公正执法是实行"王道"，说明他把严格执法看成是实行"德政"的一个内容。因此，凡是官吏司法、决狱过程中，体现了"德政"、"王道"精神的事迹，司马迁在《史记》中都要大书一笔。周文王以"仁"、"德"精神决狱，受到司马迁称颂。《史记·周本纪》："西伯阴行善，诸侯皆来决平。于是虞、芮之人有狱不能决，乃如周。"在《史记·燕召公世家》中，司马迁还特别记下了"召伯听讼甘棠"的传说，赞扬召公就地审讯的便民之举，许召公为"仁"："召公奭可谓仁矣！甘棠且思之，

---

① 《史记·酷吏列传》。
② 同上。
③ 《汉书·循吏传》颜师古注。
④ 《史记·循吏列传》。
⑤ 同上。
⑥ 同上。

况其人乎。"

综上所述，可以说司马迁认为法是"治之具"，并强调遵守法制，维护法制统一。但不是在宣扬"以法为本"，而是主张以儒家倡导的"法"、"仁"观点，作为司法的指导原则。

"为政以德"是先秦以来儒家学派的一贯主张。司马迁也是持这一观点。虽然他未曾就此问题作过专门论述，但从他对有关历史问题的评述中，不难看出他对"德治"观点是赞赏的。例如，他总是把是否实行"德治"作为衡量一个朝代兴亡成败的决定因素。《史记·五帝本纪》中，评论传说中的炎帝、轩辕的政治时说道："炎帝欲侵陵诸侯，诸侯咸归轩辕"。就是说，轩辕"修德"而得天下。考察夏、商、周各朝代的兴衰治乱，也是以"修德"、"行德"为标准。司马迁说："桀不务德而武伤百姓，百姓弗堪"，[①] 遂亡。"汤修德，诸侯皆归汤"。[②] 周时，古公亶父"积德行义，国人皆戴之"，"民皆歌乐之，颂其德"。周文王"笃仁，敬老，慈少"，"积善累德，诸侯皆向之"。[③] 总之，司马迁认为，一国兴盛，皆因"修德"、"行德"；动乱、衰败，则是由于"乱德"。

先秦儒家主张的"德治"，其重要内容之一，即进行"教化"。通过教化，治人心，使其自觉地遵守社会秩序。司马迁完全赞同儒家上述观点。在比较"德治"与"法治"的作用时，他引孔子的下述论点作为理论依据："导之以政，齐之以刑，民免而无耻。导之以德，齐之以礼，有耻且格"，强调说，治理国家在德治，而不在严密的酷法，所谓"在彼不在此"。[④]

在如何进行教化的问题上，与荀况、董仲舒等人的看法相同，司马迁也非常重"乐"的作用。他说："上古明王举乐者，非以娱心自乐，快意恣欲，将欲为治也。"[⑤] 乐，与礼、政、刑的重要性相同。他认为："礼以导其志，乐以和其声，政以一其行，刑以防其奸。礼乐刑政，其极一也。

①　《史记·夏本纪》。
②　同上。
③　《史记·周本纪》。
④　《史记·酷吏列传》。
⑤　《史记·乐书》。

所以同民心而出治道也。"① 进行乐教，可以使人脱胎换骨，成为具有高尚品德的人。司马迁说："故音乐者，所以动荡血脉，通流精神而和正心也。故宫动脾而和正圣，商动肺而和正义，角动肝而和正仁，征动心而和正礼，羽动肾而和正智。故乐所以内辅正心而外异贵贱也，上以事宗庙，下以受化黎庶也。"② 就是说，"乐"作用于人的内脏，然后"和正"其伦理观念。这样把人的自然属性与人的社会性混为一谈，显然是非常荒诞的。但他强调"乐"能培养人的道德情操的观点，无疑是正确的。

三　"趋利避害"与因势利导思想

司马迁的德治为主，德刑并施政治主张的理论依据之一，即他的趋利避害的人性论。在人性问题上，他与荀况的观点相近。荀况说："凡人有所一同，饥而欲食，寒而欲暖，劳而欲息，好利而恶害，是人之所生而有也，是无待而然者也，是禹桀之所同也。"③ 司马迁也认为"好利恶害"是一切人所共有的特性："天下熙熙，皆为利来；天下攘攘，皆为利往。"④ 又说："自天子至于庶人，好利之弊何以异哉？"⑤ 与以前的思想家的看法相同，⑥ 司马迁也认为人的"好利避害"之性，是天生的，所谓"富者，人之情性，所不学而俱欲者也"。⑦ "嗟呼！利诚乱之始也。"⑧ 人的这种贪利之性是犯罪的一个重要社会原因。因此，如何改变，或者说克服人的贪利之性，向来是思想家、政治家非常重视的一个课题。在前人有关论述的基础之上，司马迁认为解决人"好利避害"之性的方式有五种。他说："夫神农以前，吾不知己。至若《诗》、《书》所述虞、夏以来，耳

---

① 《史记·乐书》。
② 同上。
③ 《荀子·荣辱》。
④ 《史记·货殖列传》。
⑤ 同上。
⑥ 如，《商君书·错法》说："人生有好恶，故民可治也。"《荀子·荣辱》说："好利而恶害，是人之所生而有也。"
⑦ 《史记·货殖列传》。
⑧ 同上。

目欲极声色之好，口欲穷刍豢之味，身安逸乐，而心夸矜势能之荣使。俗之渐民久矣，虽户说以眇论，终不能化。故善者因之，其次利导之，其次教诲之，其次整齐之，最下者与之争。"① 显然，这五种方式中，司马迁最欣赏的是"因之"、"利导之"；不赞成的是"整齐之"、"与之争"。后三种的含义很清楚，"教诲"，即进行德教。"整齐之"，即用法律加以管束、制裁。"与之争"，即统治者与人民争利。"与之争"是指"汉武帝之盐铁、平准"。何为"因之"、"利导之"呢？司马迁对此并未作明确解释。不过，如果对司马迁所阐述的社会经济状况、生产条件以及地理环境等对风俗习惯和人的习性的影响，就不难理解他的"因之"、"利导之"的含义。

《史记·货殖列传》："夫三河在天下之中……王者所更居也，建国各数百千岁，土地小狭，民人众，都国诸侯所聚会，故其俗纤俭习事。"

"种、代，石北也，地边胡，数被寇。人民矜懻忮，好气，任侠为奸，不事农商。然迫近北夷，师旅亟往，中国委输时有奇羡。其民羯羠不均，自全晋之时固已患其僄悍，而武灵王益厉之，其谣俗犹有赵之风也。"

"中山地薄人众，犹有沙丘纣淫地余民，民俗懁急，仰机利而食。大夫相聚游戏，悲歌慷慨，起则相随椎剽，休则掘冢作巧奸冶，多美物，为倡优。女子则鼓鸣瑟，跕屣，游媚贵富，入后宫，遍诸侯。"

"上谷至辽东，地踔远，人民希，数被寇……民刁悍少虑，有鱼盐枣栗之饶。"

"齐带山海，膏壤千里，宜桑麻，人民多文彩布帛鱼盐……其俗宽缓阔达，而足智，好议论，地重，难动摇，怯于众斗，勇于持刺，故多劫人者，大国之风也。"

"而邹、鲁滨洙、泗，犹有周公遗风，俗好儒，备于礼，故其民龊龊。颇有桑麻之业，无林泽之饶。地小人众，俭啬，畏罪远邪。及其衰，好贾趋利，甚于周人。"

尽管司马迁的以上论述很肤浅，有些甚至牵强附会。但应当承认，他认识到了决定社会风尚和人民习性的主要因素是经济状况、物质生活条

---

① 《史记·货殖列传》。

件，以及地理环境等。因此，要改变或影响人的"贪利之性"，就不能仅靠"户说以眇论"的说教，而必须首先改变人们所处的经济状况和所享受的物质生活条件，也就是创造条件满足人的物质欲望。物质财富的增长，又为改变人的"贪利之性"，创立了基础。所以司马迁在论述"生资货财利"的经济专著里，特别引出了管仲的一句话："仓廪实而知礼节，衣食足而知荣辱"。① 在他看来，生产物质财富，不仅是为了满足人的物质需求，也是为了"利导"人性，即改变人的习性发展，创造物质条件。

从以上所述，可以认为司马迁的法律思想也是以儒家的理论为中心，融合了道、法诸家的一些观点。在法学方面，他虽然没有做过多的专门论述，但观点是明确、具体的。这都表现在他对于历史事实的评述中。在西汉武帝时期，如果说董仲舒从哲学上为封建正统法律思想的形成奠定了理论基础；那么，可以说司马迁则是以历史事实论证了封建正统法律思想产生的必然性和合理性。他为封建正统法律思想的形成、发展及传播作出了重要贡献。

（原载《秦汉法制论考》，厦门大学出版社 1994 年版。）

---

① 《史记·货殖列传》引《管晏列传》。

扬雄的法律思想

扬雄（公元前53—公元18年），一作杨雄，西汉末哲学家、文学家。字子云，蜀郡成都（今属四川）人。少年好学，以文章名世。成帝时，游学京师，投大司马车骑将军王音，任门下史。后除为郎，给事黄门。王莽时，校书天禄阁，官为大夫。因为此事，扬雄曾遭宋代理学家朱熹的指责。《通鉴纲目》记到新莽地皇元年时，朱熹怒不可遏地特书一笔："莽大夫扬雄死！"书"死"，而不书"卒"，是对扬雄屈节仕莽的鄙视。但不能因此而完全否定扬雄的为人。《汉书·扬雄传》说，起先，扬雄曾与王莽、董贤同官。"当成、哀、平间，莽、贤皆为三公，权倾人主，所荐莫不拔擢。而雄三世不徙官，及莽篡位，谈说之士用符命称功德获封爵者甚众，雄复不侯，以耆老久次转为大夫，恬于势利乃如是。"这就是说，扬雄是凭资历而迁升为大夫的。扬雄虽曾写过《剧秦美新》一文，吹捧王莽，但此事只能看做是扬雄为自身安全，不得已而为之。靠诈骗术夺取政权的王莽，总是怀疑臣民怨恨毁谤他。一直打算显示威严使臣民畏惧。所以，王莽篡位后借甄丰、刘棻献符命一事，进行过一次血腥镇压，"牵引公卿党亲列侯以下，死者数百"。① 扬雄也受到牵连，差点送了命。"时雄校书天禄阁上，治狱使者来，欲收雄，雄恐不能自免，乃从阁上自投下，几死。"② 后经讯问，扬雄与此案无涉，才获释。在这种政治气氛下，扬雄说了几句颂扬王莽的话，不能看做是趋势附炎的品质问题。扬雄一生，清贫自守，"不汲汲于富贵，不戚戚于贫贱，不修廉隅以徼名当世"。③ 善作赋，曾写《反离骚》、《甘泉赋》、《河东赋》、《校猎赋》、《长杨赋》等，

---

① 《汉书·王莽传中》。
② 《汉书·扬雄传》。
③ 同上。

讽劝汉帝。后研究哲学，主要著作有《太玄》、《法言》。其政治法律思想仍以儒家学说为理论基础，杂有道家、黄老观点。

一　法的起源与性质

西汉中后期，天命论、阴阳灾异以及谶纬学日渐盛行。持此论者宣称，"仁义制度之数，尽取之天"，"王道之三纲可求于天"。① 或者说，"王不承于天以制号令则无法"，"以天之端，正王者之政"，② 等等。他们把法律制度看做是统治者禀承天的旨意制定的。也就是说，法是天意的表现。生于这一时期的扬雄，却未被谶纬神学化了的"天人感应"说所迷惑，而提出了自己的宇宙哲理。他认为天地产生万物是无意志、无目的的。一切事物的发生、发展、死亡都是自然现象。他说："有生者必有死，有始者必有终。自然之道也。"③ 至于人事问题，更与天无涉。王朝的兴衰、成败与天道毫无关系。扬雄说： "屈人者克，自屈者负。天何故哉。"④ 他明确指出，阴阳家所谓的"黄帝终始"即"五德转移"的历史循环论，完全是虚构。扬雄说："或问黄帝终始，曰：托也……夫欲雠伪者必假真。"⑤ 雠，售也。为了兜售假货，而把它说成是真的，是"真理"、"规律"。

基于上述自然、社会观，扬雄不认为法是先验的、天的意志。他说："或曰：太上无法而治，法非所以为治也。曰：鸿荒之世，圣人恶之。是以法始乎伏羲，而成乎尧。匪伏匪尧，礼义哨哨，圣人不取也。"⑥ 扬雄认为法律是随着社会的发展到一定阶段由于人类生存的需要而产生的。"太上"、"洪荒之时"，或指人类社会的初期没有法律。当时不仅没有法律，而且也没有三纲六纪，人与禽兽相近。对于这样的"洪荒之时"，圣人恶

---

① 《春秋繁露·基义》。
② 《春秋纬·元命苞》卷上。
③ 《法言·君子》。
④ 《法言·重黎》。
⑤ 同上。
⑥ 《法言·问道》。

之，于是制定了法律，使人类过着有秩序的生活。这就是说，在扬雄看来，法的出现是人类文明的体现，是时代进步的标志，并非坏事。因此不要侈谈礼义，而否定伏羲、尧舜。

至于法律是否"始乎伏羲，成乎尧"呢？对于扬雄的这种说法没有必要认真考究。我们不能指望他说出法产生的确切时期。这句话的重要意义在于，他指出了法是人制定的，而不是天的意旨；是人类社会发展到一定阶段以后而出现的，不是与天地同存、先验的东西。

扬雄的上述论点，并非他的发明。他的圣人制法的说法，显然因袭了荀况的礼之起源说。① 至于"法非所以为治也"的论点，则是汉代流行的看法。例如：

《淮南子·泰族训》："故法者治之具，而非所以为治也。"又：《氾论训》："故法制礼义者，治人之具也，而非所以为治也。"

《史记·酷吏列传》："法令者治之具，而非制治清浊之源也。"

《盐铁论·论灾》："文学曰：故法令者，治恶之具也，而非至治之风也。"

以上著作虽都认为"法非所以为治也"，但引用这一论点的用意却不尽相同。司马迁和贤良文学说此话时，是为了说明任用刑罚，不如使用德教。如文学说："故法令者，治恶之具也，而非至治之风也。是以古者明王茂其德教而缓其刑罚也。"② 而《淮南子》引用这句话的用意在于说明，有了法律并不等于国家就得到治理，还要看这一"治之具"所推行的政治方针如何。《淮南子·泰族训》说："故法者治之具，而非所以为治也。""有道以统之，法虽少，足以化矣。无道以行之，法虽众，足以乱矣。"这里所说的"道"，即指政治路线、方针。扬雄的看法与《淮南子》相近。他说"法非所以为治"时，也不是完全否认法的作用，只是说，法并非治国的决定性因素。决定因素应当是由法推行的政治路线。扬雄说："或曰：因秦之法，清而行之，亦可以致平乎？曰：譬诸琴瑟，郑卫调俾，夔因

---

① 《荀子·礼论》："礼起于何也？曰：人生而有欲，欲而不得，则不能无求，求而无度量分界，则不能不争。争则乱，乱则穷。先王恶其乱也，故制礼义以分之，以养人之欲，给人之求。使欲必不穷乎物，物必不屈于欲，两者相持而长也，是礼之所起也。"

② 《盐铁论·论灾》。

之，亦不可致箫韶矣。"① 这句话的意思是说，有人问，运用秦代法律能治理好国家吗？扬雄没正面回答问题。他举例说，即使由舜时的乐官夔，使用好乐器，如果按照郑国、卫国的曲调来演奏，也弹不出优美的雅乐。这就是说，秦二世而亡的原因，不仅由于秦法残酷，而主要是秦王朝执行了错误的政治路线。如他所说："秦之有司负秦之法度。秦之法度，负圣人法度。秦弘违天地之道，而天地违秦亦弘矣。"②

从以上所述可以看出，就法与政治路线的关系而言，扬雄虽不否定法对于治理国家的作用，但也不认为法具有决定性作用。法仅仅是推行政治路线的工具。国家能否得到治理，要看法所推行的政治路线是否符合"天地之道"。

二　重德轻刑说

在德、刑关系问题上，扬雄仍然是持儒家的一贯主张，强调实行德政，德教为主，刑罚为辅。他说："民可使觌德，不可使觌刑。觌德则纯，觌刑则乱。象龙之致雨也，难矣哉。曰，龙乎龙乎！"③

显而易见，扬雄的这一论点是脱胎于孔子的"道之以德，齐之以礼，有耻且格"。但也有所区别。那就是他不像前人所说的"德教"或"教化"④优于刑罚，而是使民"觌德"。觌者，见也。因此，"觌德则纯"，不是口头上说教能够达到的。而是要求统治者实行"德政"，也就是实行"仁政"（详后）。一是以身作则。如他所说："政之本，身也。身立，则政立矣。"⑤ 扬雄认为，以身作则是很难做到的事情。如果做不到这一点，就不是"觌德"。如同画一条龙，就要求它"致雨"，是办不到的。他认为，统治者如能做到"仁"、"廉"、"正"和识"礼义"，为臣民做出榜

① 《法言·寡见》。
② 同上。
③ 《法言·先知》。
④ 如贾谊说："道之以德教者，德教合而民气乐；驱之以法令者，法令极而民风哀。"（《汉书·贾谊传》）其他如董仲舒、《盐铁论》中的贤良、文学也有类似言论。
⑤ 《法言·先知》。

样，国家就得到治理。他说："君子为国，张其纲纪，议其教化。导之以仁，则下不相贼。苟之以廉，则下不相盗。临之以正，则下不相诈。修之以礼义，则下多德让。此君子所当学也。"①

扬雄重视教化的理论根据之一，即是他的人性善恶混论。他说："人之性也，善恶混，修其善则为善人，修其恶则为恶人。"② 此说是因袭董仲舒的"人有贪仁两性"而来的。董仲舒在此理论基础上确立了自己一套治国方式，"德主刑辅"说。扬雄也认为，统治者只要进行礼义教化，发扬人的善性，去掉人的禽兽般的恶性，社会即可安定，国家即可治理。他说："圣人之治天下也，碍诸以礼乐，无则禽，异则貉。"③

至于如何才能发展人的善性，克服人的恶性呢？扬雄与董仲舒的主张则稍有区别。董仲舒认为天子教化人民是上天赋予的权利和责任。所谓"王者"任德教乃"承天意以从事"，人民应老实接受统治者的教化。而扬雄则强调个人的修身养性。他说只要个人主观努力修养，就可以获得优秀的道德品质。"君子不动，动斯得矣。"④ 问题的关键在于个人要有修身的自觉性，有明确的目标与标准，努力去做，就可达到。扬雄说："修身以为弓，矫思以为矢，立义以为的，奠而后发，发必中矣。"⑤

谈到进行教化的内容，扬雄所说的也不外是儒家提倡的伦理道德。他说："道、德、仁、义、礼，譬诸身乎！夫道以导之，德以得之，仁以人之，义以宜之，礼以体之，天也。合则浑，离则散。一人而兼统四体者，其身全乎！"⑥ 就是说，一个人如果具有仁、义、礼诸品德就可以称为完人。他又说："或问仁、义、礼、智、信之用。曰：仁，宅也。义，路也。礼，眼也。智，烛也。信，符也。处宅由路，正眼明烛执符。君子不动，动斯得矣。"⑦ 看来要成为完人，必须具备上述五品德。

在德、刑关系问题上，还有一点，扬雄也承袭了孔子的主张，即先德

---

① 《法言·先知》。
② 《法言·修身》。
③ 《法言·问道》。
④ 《法言·修身》。
⑤ 同上。
⑥ 《法言·同道》。
⑦ 《法言·修身》。

教后刑罚。他说："或曰，为政先杀后教？曰：於乎！天先秋而后春乎，将先春而后秋乎！"① 在这里，他举时令的顺序为例，说道，刑德的先后问题，如同一年四季的顺序一样，只能是先教后诛。如李轨所注："天道，先春后秋以成岁。为政，先令后诛以成治。"②

扬雄虽然重视德教，但不完全否定刑罚的作用。他说："为国不迪其法，而望其效，譬诸算乎。"③ 迪，遵循。治国不遵循法度，就不能治理好国家。因此，扬雄不反对制定合理而又适应时代需要的法律。他说："肉刑之刑，刑也。"④ 此刑，指夏禹时制定的肉刑三千。他说："唐虞象刑惟明，夏后肉辟三千，不胶者卓矣。"⑤ 汉代有一传说，尧舜时为治世，仅用"象刑"就可治国。夏时世风日薄，故制定了肉刑三千。⑥ 扬雄认为，夏时根据时代的需要制定肉刑是完全正确的。因此，他虽主张重德轻刑，但对于夏禹适应社会需要制定的刑法，则称赞不已。他认为要对触犯封建法制、破坏封建社会秩序的行为实行暴力镇压，不能仁慈。他说："斧刃蛾蛾，利匠人之贞。测曰：蛾蛾之斧，利征乱也。"⑦ 又说："援我罘罝，不能以仁也。"⑧

三　有因有革因时变法

西汉后期，封建王朝面临全面崩溃之势。严重的社会政治危机，引起统治阶级中各方面人士的不安。他们之中有些人如贡禹、谷永、鲍宣等人对社会的腐败和政治的黑暗进行深刻揭露和尖锐抨击，呼吁统治者进行改革。当时的执政者大司马师丹、丞相孔光、大司空何武也提出并制定了限

① 《法言·先知》。
② 同上。
③ 同上。
④ 同上。
⑤ 同上。
⑥ 《汉书·刑法志》："禹承尧舜之后，自以德衰而制肉刑，汤武顺而行之者，以俗薄于唐虞故也。"
⑦ 《太玄·文》。
⑧ 《太玄·断》。

田、限蓄奴婢的法令，企图借此阻止土地兼并，缓和社会矛盾。后因当权的外戚官僚们的反对，被搁置起来了。总之，王莽代汉之前，冀望摆脱社会危机的种种议论和呼吁改革之声弥漫朝野。

此时的扬雄，因不愿涉足激烈的政治斗争之中，故"草《太玄》，有以自守，泊如也"。① 但是，这不能说明他不关心现实。他曾把《太玄》与"发天地之臧，定万物之基"的《易》相比。② 这就很明显地反映出他撰写《太玄》的抱负。仅就《太玄》中有关"新故更代"、"因循"、"革化"的论述来看，就足以说明，扬雄对于现实的社会问题是非常关心的，并企图为进行改革提供理论根据。

首先，扬雄热烈赞颂社会变革，认为"新故更代"是事物发展的规律，是值得称道的："新故更代，阴阳迭循，清浊相废，将来者进，成功者退，已用则贱，当时则贵。"③ 这种符合辩证法的"新故更代"观点，激发人们去正视历史向前发展，去迎接社会变革。它与充满迷信色彩、宣扬历史循环论的"三统"论，有本质区别。"三统"论是要人们接受命运的安排，而扬雄则要人们主动地投入改革。凡事"可则因，否则革"、"新则袭之，敝则益损之"，④ 不必要徘徊、犹豫。

其次，扬雄认为凡事都有其自己的规律，进行一项改革，或实行一个政治措施，都必须遵循其规律，否则就不能实现。他说："上索下索，遵天之度。往述来述，遵天之述"，"天违、地违、人违，而天下之大事悖矣。"⑤ 又说："故为，可为于可为之时，则从；为不可为于不可为之时，则凶。"⑥

再次，扬雄认为事物在发展、变化过程中，有因有革。他说："夫道有因有循，有革有化。因而循之，与道神之。革而化之，与时宜之。故因而能革，天道乃得。革而能因，天道乃驯。夫物不因不生，不革不成。故

---

① 《太玄·应》。
② 《汉书·扬雄传》。
③ 同上。
④ 《法言·同道》。
⑤ 《太玄·棿》。
⑥ 《汉书·扬雄传》。

知因不知革，物失其则；知革而不知因，物失其均。革之匪时，物失其基。因之匪理，物丧其纪。因革乎因革，国家之矩范也。矩范之动，成败之效也。"① 因，指因循，即继承；革，指变革、改革。两者虽是对立的，但在事物发展过程中，都是不可缺少的。因为"物不因不生，不革不成"。"因"才能不失事物的原有属性，"革"才能不断向前发展。但是，无论"因"或"革"，都要遵循事物内在规律。这就是"革"要合乎时。所谓合乎时，即条件成熟了，不适应形势变革不行。条件不成熟，勉强变革也不行。否则就会破坏事物的基础。所谓"革之匪时，物失其基"。"因"要合乎理。理，指事物新旧更替的规律。新事物总是从旧事物中产生出来的。因此，在建立一项新的制度，或改革旧的制度时，对旧的制度不能完全抛弃，否则，新的也就建立不起来。这就是"因之匪理，物丧其纪"。

最后，扬雄告诫当权者，如何处理因革问题，是关系国家兴亡、事业成败的大事，务必要慎重对待。

基于以上理论，扬雄在谈到制定法律时，总是强调因时立法，不可拘泥而不知变通。他一反董仲舒等人的"奉天法古"主张，说道："或曰：以往圣人之法治将来，譬犹胶柱而调瑟，有诸？曰：有之。"② 不能运用古代的法律治理将来的社会，时代变了，法律也要改革。扬雄举例说，尧舜让贤，向来为人们所称道。然而夏商周三代都没因袭尧舜旧制，而是父传子，改为世袭制。唐虞时代无肉刑，以画像对罪犯作象征性惩罚。而夏代根据需要，制定肉刑三千条。这些都是不拘泥旧制，具有远见的法制改革。③

总而言之，再好的法律或政治制度，如果不符合时代的需要，与实际相脱离，也不能算是好的法律、好的制度。扬雄说："五帝垂典，三王传礼，百世不易。叔孙通起于桴鼓之间，解甲投戈，遂作君臣之仪，得也。甫刑靡敝，秦法酷烈。圣汉权制，而萧何造律，宜也。故有萧何律于唐虞

---

① 《太玄·莹》。
② 《法言·先知》。
③ 《法言·先知》："圣人之法，未尝不关盛衰焉。昔者，尧有天下，举大纲，命舜禹。夏殷周属其子，不胶者卓矣。唐虞象刑惟明，夏后肉辟三千，不胶者卓矣。"

之世，则悖矣。有作叔孙通仪于夏殷之时，则惑矣。"①

四　上以统下与为政中和

在社会政治思想方面，扬雄的基本观点是建立中央集权的君主专政制度，实行中和治民，"惠以厚下"，进而达到先贤在《礼记·礼运》、《孟子·滕文公》等著作中描述的那种理想的社会，即："老人老，孤人孤，病者养，死者葬，男子亩，妇人桑。"② 他对于西周的政治制度与政策十分称颂，认为是一种典型的"思政"："昔在周公，征于东方，四国是王。召伯述职，蔽芾甘棠。其思矣。"③

"征于东方，四国是王。"④ 这是称颂周公以武力奠定了以周天子为中心的分封诸侯的制度和确立了"礼乐征伐自天子所出"的中央集权制。扬雄并为这一制度提出了一个理论根据。他说："一玄都覆三方，方同九州，枝载数部，分正群家，事事其中。"⑤ 司马光对这段话的政治含义剖析得很清楚："玄者天子之象也，方者方伯之象也，州者州牧之象也，部者一国之象也，家者一家之象也。上以统下，寡以制众，而纲纪定矣。"⑥ 这个覆盖四方，统治众生，维系着封建君主专政制度的"玄"，仍然是儒家一贯宣扬的"三纲"之道。扬雄说："夫玄也者，天道也，地道也，人道也。兼三道而天名之，君臣父子夫妇之道。"⑦ 他并且认为，只要不偏不倚，永远遵循"三纲"之道，封建制度即可永久造福于人民。所谓"三纲得于中极，天永厥福"。⑧

看来要把封建君主政治制度，描绘成神圣的、永恒的，确实是一件难

---

① 《汉书·扬雄传》。
② 《法言·先知》。
③ 同上。
④ "征于东方，四国是王"，脱胎于《诗·国风·破斧》中的"周公东征，四国是皇"、"周公东征，四国是吪"、"周公东征、四国是遒"等"美周公"之句。
⑤ 《太玄·图》。
⑥ 《太玄·首》注。
⑦ 《太玄·图》。
⑧ 《太玄·永》。

以办到的事情。扬雄在论证封建君主专政的合理性、必然性时，虽然抛弃了董仲舒用来骗人的"天子受命于天，天下受命于天子"、"王道之三纲可求于天"等说教，但他的"玄"学也没有把问题说清楚。当他表述自己的自然观时，确实显示出了朴素的唯物主义和辩证法因素。而当他用这个"玄"学论证他的社会观时，就暴露出了他的唯心主义倾向。

至于扬雄说"召伯述职，蔽芾甘棠"，称颂召伯行德政为人民所思念的观点，则是值得肯定的。① 他认为受人民怀念的"思政"，应当"中和"治民、"惠以厚下"。②

扬雄说："立政鼓众，动化天下，莫尚于中和。"③ "中和"，一贯被儒家奉为治国圭臬。如荀况说："中和者，听之绳也。"④ 所谓"中和"，就是"宽猛得中"、⑤ "宽猛相济"或宽严适度。关于何谓"中和"以及如何做到"中和"，在扬雄之前，已有人作过详尽阐述。在此基础上，扬雄又从理论上进一步论证了实行"中和"政策的合理性和重要性。

《易传》作者认为事物是由对立的双方相互依赖，相互联系而组成的统一体。而这个相互联系的对立双方各向其相反的方向转化，即形成事物的发展、变化，所谓"刚柔相推，而生变化"。⑥ 为了保持事物的稳定性，就要克制或防止对立的任何一方"偏"（过或不及）。因而提出了"中"的范畴，并强调"尚中"、"行中"、"中正"等。扬雄因袭《易·系辞》"尚中"思想，提出"立政"当尚"中和"。他从《易·乾卦》中六爻从初九"潜龙勿用"到上九"亢龙有悔"的变化，意识到过与不及就要向相反方向发展，所谓"极则反也"，⑦ 因而应当"尚中"。他说："龙之潜亢，不获其中矣。是以过中则扬，不及中则跃，其近于中乎。"⑧ 他并举出

① 《诗·召南·甘棠》三章，皆美召伯句。孔颖达疏："武王亡时，召公为西伯，行政于南土，决讼于小棠之下，其教著明于南国，爱结于民心，故作是诗以美之。"

② 《法言·寡见》。

③ 《法言序》。

④ 《荀子·王制》，唐杨倞注："听，听政也。""中和，谓宽猛得中也。"

⑤ 同上。

⑥ 《易·系辞上》。

⑦ 《太玄·阑》。

⑧ 《法言·先知》。

日光照射和制陶用土干湿来论证为政当"中和":"圣人之道,譬犹日之中矣,不及则未,过则昃。"日处于正中,才可以"光被四表"。"甄陶天下者,其在和乎?刚则瓾,柔则坏。"晋李轨对这句话理解很准确,他说:"陶者失刚柔之和则不成器,为政失宽猛之中则不成治。"① 为政"宽猛得中"、"刚柔相济"、"宽严适度",这就是扬雄治民"中和"的主旨。

基于上述"中和"理论,扬雄既反对过分剥夺、压榨人民的"虐政虐世",② 他说酷吏是吃人的猛虎。③ 同时也不同意完全不征赋税和废除刑法。扬雄所谓的"惠以厚下",就是"中正"、适度。他提出的政治经济政策是征收"什一"税,实行"井田"制和适用"刑法三千"。

在《法言·先知》中,扬雄说:"什一,天下之正也,多则桀,寡则貉。井田之田,田也。肉刑之刑,刑也。"

儒家称"什一"税制是最合乎"中正"的税制。④ 桀,指昏庸无道的夏桀。貉,系对东北一民族的蔑称。取税超过"什一",即是残暴的夏桀。少于"什一",即是无须支付"社稷宗庙、百官制度之费"的不文明民族。所以,扬雄说:"什一,天下之正也。"

"井田"制历来为儒家称作理想的政治经济制度。《孟子·滕文公上》:"方里而井,井九百亩,其中为公田,八家皆私百亩,同养公井。公事毕,然后敢治私事。"所以,扬雄称只有"井田"制,才算得上是"中正"的土地制度。

"肉刑之刑",即扬雄前文所说"夏后肉辟三千"。另外,《尚书·吕刑》载,周穆王所定吕刑(甫刑)也是三千条。一般人虽然认为夏禹、周穆王定三千条刑法。都是因为道衰德败不得不用重刑,所谓"刑乱邦用重典也"。⑤ 但是前、后汉之间,汉代刑法已大大超过三千条了。一般都主张

---

① 《法言·先知》李轨注。

② 《法言·吾子》。

③ 《法言·渊骞》:"酷吏?曰:虎哉虎哉!"

④ 《孟子·告子下》云:"什一"而税。尧舜之道,"欲轻之于尧舜之道者,大貉小貉也。欲重之于尧舜之道者,大桀小桀也"。《公羊传·宣公十五年》:"什一者,天下之中正也。多乎什一,大桀小桀。寡乎什一,大貉小貉。什一者,天下中之正也。什一行而颂声作矣。"

⑤ 《汉书·刑法志》。

删减刑法条文。有人认为,如"今汉承衰周暴秦极敝之流,俗已薄于三代",① 当用重典,应"删定今律,撰二百章,以应大辟",其他"皆复古刑,为三千章"。② 另一种意见,虽也主张将现行刑法减为三千条,但是认为,这是由于"五刑之属三千","应经合义"、"与礼相应",是符合"中正"的"详刑"。③ 扬雄就是持这种观点。所以他说,"中和"治民,应当适用"肉刑之刑"。

(原载《秦汉法制论考》,厦门大学出版社 1994 年版。)

---

① 《汉书·刑法志》。

② 同上。

③ 《汉书·刑法志》:"成帝河平中,复下诏曰:《甫刑》云'五刑之属三千,大辟之罚其属二百'。今大辟之刑千有余条,律令烦多,百有余万言",可作删减,"务准古法"。又《后汉书·陈宠传》载,和帝永元六年,廷尉陈宠奏请将律令"溢于《甫刑》者除之"。他说:"今律令死刑六百一十,耐罪千六百九十八,赎罪以下二千六百八十一,溢于《甫刑》者千九百八十九,其四百一十大辟,千五百耐罪,七十九赎罪。""宜令三公、廷尉平定律令,应经合义,可使大辟二百,而耐罪、赎罪二千八百,并为三千,悉删除其余律令,与礼相应。"

《汉书·刑法志》的法律思想

——兼论它对中国古代法律文化的继承与发展

　　《汉书·刑法志》是现存最早的一篇关于中国古代法制历史的专著，同时也是一篇关于法的理论的重要著作。这一篇以儒家学说为基本理论依据的法学著作，对于中国古代法律文化的形成和发展有重要影响。当我们探讨儒学对中国法律文化的影响时，绝不可忽视它在这方面所起的重要作用。为此，作者不揣浅陋，掷出此文，以期引起研究法律文化的学者的关注。

　　东汉史学家班固（公元32—92年）的《汉书·刑法志》是按兵狱同制撰写的。因而，这篇名为《刑法志》的著作，既写了法制史，又写了兵制史。但其中有关法制的内容，多于兵制。该《志》开篇有一导论，主要阐述的是国家和法的起源问题。然后叙述兵制、法制。在法制部分里，又把立法与司法问题分别阐述。结尾部分作者联系现实，对东汉王朝的刑事政策以及立法、司法中存在的问题作了评论。应该说，《汉书·刑法志》作为一篇法制专史来说，是不够严谨的，西汉王朝颁布的许多律令都未涉及，一些与法制有关的问题也没有论述。然而它对于中国古代法律文化的形成和发展，起到了相当重要的作用：

　　第一，由于班固在《汉书》中首辟《刑法志》专篇，记载西汉法制沿革概况，才使我们得以对一代法制有所了解。尤其是西汉律令早已佚亡，现存的这篇《刑法志》更显得珍贵。再者，《汉书·刑法志》开后代史书撰写《刑法志》的先河。在它的影响下，包括《清史稿》在内的二十五史中，大多有《刑法志》。有些没有《刑法志》的断代史，也由与其邻近朝代的史书作了补充。如《晋书·刑法志》对于东汉、曹魏；《隋书·刑法志》对于梁、陈、齐、周等朝代的史书都有所补充。从而使我们有可能对于汉以后近两千年的法制沿革有较系统的了解。

第二，在《汉书·刑法志》中，班固从西汉一代有关法制的活动中，总结出的立法、司法原则，尤其是其中所阐述的儒家法律观点，对于汉以后历代王朝法律制度的制定和中国封建法律儒家化，都有重要影响。

下面分别谈谈《汉书·刑法志》的法律观点，以及它对中国古代法律文化的继承和发展。

一　关于国家和法的起源问题

《汉书·刑法志》开篇就论述了国家和法的起源问题。关于这个问题，西汉以来已有一个较为流行的说法，即董仲舒的"天人合一"的君权神授说，所谓"天子受命于天，天下受命于天子"，"王者承天意以从事"，①宣称法是上天意志的体现。既然如此，"出于天"的国家和法，当与天共存，也就无所谓起源问题了。

虽然班固很推崇董仲舒，但却没有采用他的这种"天命"说。他糅合儒、法等家的论点，另编制了一套国家和法的起源说："夫人宵天地之貌，怀五常之性，聪明精粹，有生之最灵者也。爪牙不足以供耆欲，趋走不足以避利害，无毛羽以御寒暑，必将役物以为养，任智而不恃力，此其所以为贵也。故不仁爱则不能群，不能群则不胜物，不胜物则养不足。群而不足，争心将作，上圣卓然先行敬让博爱之德者，众心说而从之。从之成群，是为君矣；归而往之，是为王矣。《洪范》曰'天子作民父母，为天下王'。圣人取类以正名，而谓君为父母，明仁爱德让，王道之本也。爱待敬而不败，德须威而久立，故致礼以崇敬，作刑以明威也。"②

在先秦诸子中，早已有人从人类物质生活需要入手来考察国家和法的起源。《商君书》、《荀子》、《吕氏春秋》等著作都认为人类为了满足物质生活的需要，不能不群聚一起，以战胜大自然。但群居必然会产生争斗。

---

① 《春秋繁露·为人者天》。
② 《汉书·刑法志》。以下凡未注明出处的引文，均见《汉书·刑法志》。

为了避免、解决争斗，于是就产生了君主、官吏、法律等，进而形成了一种"定分止争"的国家和法的起源说。持此种观点的诸家仅在何以能群的问题上，有所分歧。例如，荀子认为人所以能群，是因为人有"义"的属性。他说："人何以能群？曰分。分何以能行？曰义。"① 而《吕氏春秋》则认为，人能群，是由于"利"的促使："群之可聚也，相与利之也，利之出于群也，君道立也。"②

社会发展史表明，人的直接祖先曾经是一种群居动物。它们为了生存不得不以群体的联合力量和集体活动来弥补体力的不足，以战胜大自然。然而，群居仅仅是人类社会形成发展的一个重要条件，并不是人类社会的特征，更非国家和法产生的直接原因。但是，从人类物质生活条件方面着手探索国家和法的起源，无疑要比凭空臆造的"天人合一"的君权神授论符合实际。

显然，关于国家和法的起源问题，班固因袭了先秦诸子的观点，仅向其中糅进了儒家的"仁爱"之说。在他看来，人所以能群，是因为人有"仁爱之心"，所谓"不仁爱则不能群"。但是，又必须用"礼"、"刑"维持才能永远不"败"。如他所说："爱待敬而不败，德须威而久立，故制礼以崇敬，作刑以明威也。"至于对谁"崇敬"，明谁的"威"，虽然班固没有明说，但已不难看出，他要说的是国家和法的出现是为了维护人君的统治地位和权威。如此一来，班固就将前人关于法的出现是为了"定分止争"，改变成法的出现是为统治者服务了。

《汉书·刑法志》的上述论点，为后代立法者、修史者经常引用。他们以此为立论根据，振振有词地宣称，唯有"天子"有立法权。统治者"定礼以崇敬，立刑以明威"是天经地义的。例如，《晋书·刑法志》说到必须颁布《晋律》时说："道有法而不败，德俟刑而久立"；《唐律疏议·名例》开篇仿着《汉书·刑法志》的说法，宣布"轻刑明威，大礼崇敬"。总之，《汉书·刑法志》的国家和法的起源说，为以后的统治者立法制造了一个新的理论根据。

---

① 《荀子·王制》。
② 《吕氏春秋·恃君览》。

二　关于"德主刑辅"理论

　　"德主刑辅"是儒家政治法律思想的重要内容。它滥觞于西周，倡导于孔子，至西汉由董仲舒形成一个完整的理论体系。而班固撰写《汉书》时，又以此理论作为评论西汉一代统治者实行统治的主要理论依据之一，因而又大大发展了这一理论，并使其得到广泛传播。

　　关于法对治国安邦的作用问题，班固给予了足够重视。在《汉书·刑法志》中开始论述法制问题时，班固旁征博引，一再强调法是治国必不可少的工具。他说："古人有言：'天生五材，民并用之，废一不可，谁能去兵？'① '鞭扑不可弛于家，刑罚不可废于国，征伐不可偃于天下'。"② 然而，班固又认为法律并不是最主要的工具，它不能用来治本。他完全同意司马迁在《史记·酷吏列传》中的说法："法令者治之具，而非制治清浊之源。"③ 所以，在强调法的重要性时，又一再说明，法的作用仅在于辅助德政。例如，《汉书·刑法志》引《文子》："文德者，帝王之利器；威武者，文德之辅也。"《汉书·叙传》论述撰写《刑法志》的主旨时，班固又说："威实辅德，刑亦助教。"由班固编纂的《白虎通义》也说："圣人治天下，必有罚何？所以佐德助治，顺天之度也。"④

　　《汉书·刑法志》对于"德主刑辅"理论，虽然没有作集中、系统的阐述，但读过《汉书》之后不难发现，不仅《刑法志》，就是整部《汉书》都贯彻了"德主刑辅"理论。这里仅举与此有关事例说明之。

　　首先，与《史记》相比，《汉书》较注意介绍有关政治家、思想家的"德主刑辅"学说。如《汉书》中的《贾谊传》、《董仲舒传》都以较大篇幅刊载他们这方面的理论。而《史记》的《贾谊列传》、《董仲舒列传》，则根本未涉及这一问题。宣帝时，廷尉史路温舒由于强烈呼吁实行"尚德

----

　　① 宋子罕语。见《左传·襄公二十七年》。

　　② 《吕氏春秋·荡兵》。

　　③ 《汉书·酷吏传》。这是西汉较流行的观点。除《史记》、《汉书》外，《淮南子·汜论训》、《盐铁论·论灾》中均有类似说法。

　　④ 《白虎通德论·五刑》。

缓刑"政策，《汉书》不仅为其立传，全文刊录了这篇疏文，并在《刑法志》中又作专门介绍。从而使这篇深刻批判严刑峻法、主张为政以德的重要理论著作，得以广为流传。

《汉书》中的《食货志》和《货殖传》是两篇关于农业、货币和商业经济的专史。其中也反映了班固"德主刑辅"的思想，即"富而后教"的主张。例如，在关于人的道德品质与其物质生活条件的关系问题上，班固的观点与司马迁很不相同。司马迁引管子语："仓廪实而知礼节，衣食足而知荣辱"为依据，提出："礼生于有而废于无"，"人富而仁义附焉"。① 似乎人的道德品质与财富的多寡成正比。而班固认为富人的品德并不一定高尚，因此提出要"富而后教"。所以，班固评述社会制度的优劣时，不仅看它能否满足人的物质生活的需求，还要看它是否为推行教化创造了条件。他称赞传说中的远古社会，"食足货通，然后国实民富，而教化成"；认为"《诗》、《书》所述"的殷、周盛世，所以令人想往，也是由于这一社会不仅能使人安居乐业并且"富而教之"。② 班固说，三代实行井田制，人们"欲寡而事节，则足而不争。于是在民上者，道之以德，齐之以礼。故民有耻而敬。贵谊而贱利。此三代之所以直道而行，不严而治之大略也"。③ 这里，班固主张"法先王"的说法，明显是一种倒退的观念，无可取之处。但是，在考察社会经济制度时，同时能够注意到这种制度是否为实行教化、培养人的思想情操创造了条件，则是值得称道的见解。

《汉书·礼乐志》，从名称来看当是一篇论述"礼"、"乐"的专著。然而就其内容来说，作者对于"礼"、"乐"本身的问题阐述得很不够。该《志》主要谈论的是"礼乐"对于安定社会的效应问题，运用"礼乐"教化百姓的可能性、重要性、必要性以及刑德关系的一些问题。承袭孔子的观点，班固也认为人性天生无大差别。差别是后天所受的教育以及风俗习惯影响的不同而形成的。在《汉书·刑法志》中，他曾说道："风俗移

---

① 《史记·货殖列传》。
② 《汉书·食货志》(上)。
③ 《汉书·货殖传》。

易，人性相近而相远，信矣。"然而改造人性，节制人欲最有效的措施，就是乐教。在《礼乐志》中，班固引孔子的话说："安上治民，莫善于礼，移风易俗，莫善于乐。"

"礼乐"何以有如此效应呢？班固认为，这是因为人的情欲是天赋，不能消灭，但可以用"礼乐"节制。他说："人函天地阴阳之气，有喜怒哀乐之情。天禀其性而不能节也，圣人能为之节而不能绝也。故象天地而制礼乐，所以通神明，立人伦，正情性，节万事者也。"①

一言以蔽之，乐能陶冶人性。为此，班固呼吁，"汉承秦之败俗"，应该定制度，兴礼乐，以"移风易俗，使天下回心而向道"。②

既然是为了教化而兴乐，因而班固对于乐的内容也就很注意。他提倡为统治者歌功颂德的"正声"。他说："王者未作乐之时，因先王之乐以教化百姓，说乐其俗，然后改作，以章功德。"③ 对于使"殷纣断弃先祖"的"淫声"，桑间、濮上的"新声"，以及郑、卫、宋、赵的"靡靡之音"，《礼乐志》一概给予尖锐批评。

沿袭《史记》的先例，在《汉书》中，班固也撰写了《循吏传》一篇，褒奖受民敬爱的良吏。然而，何为循吏？班固与司马迁的看法并不相同。司马迁认为"奉职循理"，或者说"本法循理"、"奉法循理"者，可称作"循吏"，强调一个"奉法"、"本法"。因为"奉法循理，无所变更，百官自正"。④ 在谈到撰写《循吏列传》的原因时，司马迁说："奉法循理之吏，不伐功矜能，百姓无称，亦无过行，作循吏列传。"⑤ 这种观点，是因循秦时的看法。秦时评定官吏好坏的主要标准之一，就是看该官吏是否"明法律"。《睡虎地秦墓竹简·语书》说："凡良吏明法律令"，"恶吏不明法律令"。而班固则强调循吏应当是善于实行德教者。所以，《汉书·循吏传》中表彰的官吏，多是"谨身帅先，居以廉平，不至于严，而民从化

---

① 《汉书·礼乐志》。
② 同上。
③ 同上。
④ 《史记·循吏列传》。
⑤ 《史记·太史公自序》。

者"。① 如文翁为蜀郡守，"仁爱好教化"；黄霸为政"宽和"，"力行教化而后诛罚"；龚遂以怀柔手段平息农民暴动；等等。对于那些"称其位，然任刑罚"的地方官吏，虽然班固也给予称赞，但从不许之为"循吏"。在评定官吏是否循吏的问题上，充分反映出班固的"德主刑辅"思想。

三　关于立法与司法的观点

从《汉书·刑法志》中可以看出，在阐述西汉法制历史时，班固提出的一系列有关封建国家立法、司法的见解，多是采取他人的论点，其中主要是儒家的一些论点，并无许多新意。但由于班固是总结西汉法制的历史经验而概括出来的，有具体事例为依据，因而有丰富、生动的内容，对后世立法、司法有较大影响。

1. 立法设刑，动缘民情

《汉书·刑法志》开篇论证人君享有立法权力之后，随即提出了一项重要的立法原则，那就是"立法设刑，动缘民情"。班固说："圣人既躬明哲之性，必通天地之心，制礼作教，立法设刑，而则天象地。"

所谓"动缘民情"，即要求统治者立法定制应当合情合理，符合民心。对于这一原则，《刑法志》虽未展开论述，但在评论西汉法制时，却体现出了这条原则的精神。班固颂扬汉高祖蠲削秦代苛法，而"兆民大说"。称赞高后、惠帝除夷三族、妖言令；文帝废除收孥的法令以及高祖颁布的"狱疑谳"诏，景、宣帝颁布的减免老、幼、孕妇等犯罪的刑罚的诏令，皆属于"近古而便民"之举。至于班固所说的统治者"必通天地之心"、"则天象地"等，并无实际意义，无非是借天威，以期臣民能够以敬畏天的心情对待法律。另一用意，也想借天象告诫统治者立法应当符合天意，所谓"温慈惠和，以效天之生殖长育也"。

2. 罪刑相应，轻重适当

《汉书·刑法志》引《荀子·正论》语："凡爵列官职，赏庆刑罚，皆以类相从者也，一物失称，乱之端也。"特别强调要"罪刑相应"："杀

---

① 《汉书·循吏传》。

人者死，伤人者刑，是百王之所同也。"反对无原则的从轻处刑，认为"杀人者不死，伤人者不刑，是惠暴而宽恶也"，"乱莫大焉"。即是根据荀子的这一主张，班固对于文帝除肉刑提出批评。《汉书·刑法志》载，文帝十三年规定出了徒刑刑期，并决定以笞刑代替肉刑。班固认为废除肉刑之后，刑制轻重失当，不合"罪刑相应"原则。他说："且除肉刑者，本欲以全民也，今去髡钳一等，转而入于大辟。以死罔民，失本惠矣，故死者岁以万数，刑重之所致也。至乎穿窬之盗，忿怒伤人，男女淫佚，吏为奸藏，若此之恶，髡钳之罪又不足以惩也。故刑者岁十万数，民既不畏，又曾不耻，刑轻之所生也。"

3. 蠲除烦苛，法制简明

班固主张立法应当简明。他呼吁削除繁杂而又严酷的法令，对于武帝时期"禁罔浸密"的状况，给予了尖锐抨击。他指出法令繁多，不仅不便于使用，而且有利于奸吏舞文弄法，营私作弊。班固认为武帝时的法制状况就是这样："文书盈于几阁，典者不能遍睹。是以郡国承用者驳，或罪同而论异。"考察了西汉历代王朝修定律令的活动之后，班固指出元、成年间几次修律之举，很不认真。承担修律任务者，"徒钩摭微细，毛举数事，以塞诏而已"，没有达到"蠲除烦苛"，清晰简明的目的。

在《刑法志》中，班固联系现实，认为东汉初期，就法制状况而言，断狱虽"少于成、哀之间什八"，"然而未能称意比隆于古者"。究其原因，仍然是由于"疾未尽除，刑本不正"。他说："网密而奸不塞，刑蕃而民愈嫚"，"清源正本之论"，在于"删定律令"。并且提出了一个修订律令的具体意见，即把现行法令，"撰二百章，以应大辟。其余罪次，于古当生，今触死者，皆可募行肉刑，为三千章。诋欺文致微细之法，悉蠲除"。班固的这种所谓"近古而便今"的主张，是否符合实际，另当别论。但是应当承认，他提出法制要简明、严谨，对于维护封建社会的法制的统一，不失为一正确主张。

4. 与其杀不辜，宁失有罪

《尚书》有语："与其杀不辜，宁失不经。"这一论点一直被儒家奉为指导司法审判活动的重要原则。春秋时期，楚国子声论治国之道时，曾引用此语为确定"善为国者"的重要理论根据。他说："善为国者，赏不僭而刑不滥。赏僭，则惧及淫人；刑滥，则惧及善人。若不幸而过，宁僭无滥。与其失善，宁其利淫。……故《夏书》曰：'与其杀不辜，宁失不经'。"①

西汉贾谊论慎赏罚时，也曾引用此语为根据，并改"宁失不经"为"宁失于有罪"。从而使一论点由儒家的一种政治观点而改变为一项司法原则了。他说："诛赏之慎焉，故与其杀不辜也，宁失于有罪也。故夫罪也者，疑则附（付）之去已；夫功也者，疑则附（付）之与已。"②

在《尚德缓刑》疏中，路温舒据此理论，对于西汉审判活动中遗存的秦时的恶劣风气，给予了深刻批判。班固完全同意路温舒的观点，认为西汉时的一些司法官吏根本背离了"与其杀不辜，宁失有罪"。他说："今之狱吏，上下相驱，以刻为明，深者获功名，平者多后患。"不言而喻，班固继承、发展了体现儒家思想的司法原则，对于维护封建社会法制统一有重要意义。司法官吏如能遵循这一原则，对于清除锻炼周纳、罗织人罪的恶习，以及在证据不足、法无明文规定为罪的情况下，防止发生冤、假、错案，都会起到重要作用。

四　关于"狱刑"繁多的原因

西汉武帝以后，"狱刑"逐年增多。《汉书·刑法志》统计："昭、宣、元、成、哀、平六世之间，断狱殊死，率岁千余口而一人，耐罪至右止，三倍有余。"至西汉末，"郡国被刑而死者岁以万数，天下狱二千余所，其冤死者多少相复，狱不减一人"。"狱刑"繁多的原因何在？显而易见，对于当时的统治者来说，如能找出原因，并制定出相应的对策，是非常必要的。然而，对于这类问题的分析，统治者往往由于阶级偏见，或为了掩盖政策上的失误，因而不能或不愿得出正确答案。有些学者对此问题的判断，也常囿于学派之见，而失之偏颇。

相比之下，在考察西汉法制沿革的历史之后，班固对于"狱刑"繁多

---

① 《春秋左传·襄公二十六年》。这段文字也见于《荀子·致士》。
② 贾谊：《新书·大政》。

的原因所作分析，较符合实际，实属难得。他说："原狱刑所以蕃若此者，礼教不立，刑法不明。民多贫穷，豪杰务私，奸不辄得，狱犴不平之所致也……凡此五疾，狱刑所以尤多者也。"

从《汉书》的有关论述中，可以清楚知道所谓"五疾"的具体内容。

1. 堤防凌迟，礼制未立

本文在论述"德主刑辅"问题时已经说到，班固认为"安上治民，莫善于礼"，强调制礼作乐可以"绝恶于未萌"，预防犯罪。他援引《礼记·经解》的观点，具体分析了"礼废"可能产生的各种犯罪。他说："故婚姻之礼废，则夫妇之道苦，而淫辟之罪多；乡饮之礼废，则长幼之序乱，而争斗之狱蕃；丧祭之礼废，则骨肉之恩薄，而背死忘先者众，朝聘之礼废，则君臣之位失，而侵陵之渐起。"① 所以，"礼制未立"是造成"狱刑"的首要原因。他对于终西汉之世未能制定礼制，深为遗憾，不无感慨地说道："大汉继周，久旷大仪，未有立礼成乐，此贾谊、仲舒、王吉、刘向之徒为发愤而增叹也。"②

2. 死刑过制，生刑易犯

西汉时期，律令繁多，刑法不明，处罚轻重乖异，的确是形成"狱刑"繁多的原因之一。然而班固把"刑法不明"，说成是由于文帝废除肉刑而形成的，所以"死刑过制，生刑易犯"。这种看法不全面。后人对西汉法制沿革历史考察后而得出的结论是，汉初因袭秦法颁布"九章律"后，二百多年又制定了许多律令，从未经过系统整理，因而"宪令增多，科条无限"，从而造成"刑法不明"。③ 这种看法，较符合实际。

3. 饥寒并至，民多贫穷

儒家一贯认为，贫困是形成"狱刑"繁多的基本原因。孔子曾说："贫而无怨难。"④ 有怨恨就可能产生犯罪，破坏封建社会秩序。所以孔子说："好勇极贫，乱也。"⑤ 董仲舒也认为贫穷是犯罪的原因之一。他说：

---

① 《汉书·礼乐志》。
② 同上。
③ 《晋书·刑法志》。
④ 《论语·宪问》。
⑤ 《论语·泰伯》。

"穷急愁苦而上不救，则民不乐生。民不乐生，尚不避死，安能避罪？此刑罚之所以蕃而奸邪不可胜者也。"①

班固承袭了儒家上述观点。《汉书·刑法志》论述西汉各时期的犯罪问题时，总是联系当时的社会经济状况来考察。例如他说，孝惠、高后时，"曹为相，填以无为，从民之欲，而不扰乱，是以衣食滋殖，刑罚用稀"。文帝时，其所以"刑罚大省，至于断狱四百，有刑错之风"，重要原因之一，即这一时期，"吏安其官，民乐其业，蓄积岁增，户口寝息"。至于武帝时，"穷民犯法，酷吏击断，奸轨不胜"，则是因为这时"外事四夷之功，内盛耳目之好，征发烦数，百姓贫耗"。武帝以后，"群盗"时起，无不是"民困于饥寒而吏不恤"所致。

班固关于西汉时代，"民多贫穷"是"狱刑"繁多的基本原因的论述符合历史实际。

4. 豪杰务私，奸不辄得

豪杰，又称豪强、豪右、豪民、强宗大姓等，主要指横行不法、称霸乡里的地主、权贵。他们倚仗财富、权势，豢养宾客或指使宗族、奴僮，侵凌小民，盗掠财物，杀人越货。有些豪强的势力甚至大于地方官府。所以当时有人说，"宁负二千石，无负豪大家"。西汉王朝一贯对豪强采取限制和打击政策。武帝时，为了加强中央对地方的督察和控制，曾设置部刺史，允许以"六条行事"。刺史的任务第一条就是察巡"强宗豪右田宅逾制，以强凌弱，以众暴寡"。第六条规定监察地方官吏"阿附豪强，通行货赂，割损正令"。②然而有汉一代地方豪强的势力从未彻底清除，成为违法乱纪，破坏社会秩序的重要因素。

5. 狱犴不平，奸有所隐

《汉书·刑法志》谈到"狱刑"繁多的第五个原因时，班固认为是"狱犴不平"，又因此而"奸有所隐，则狃而浸广"。这主要指司法官吏执法不公，纵容犯罪。班固对此问题极为重视，在《刑法志》中不仅揭露了官吏执法不公的种种表现，并探索了它存在的原因。

---

① 《汉书·董仲舒传》。
② 《汉书·百官公卿表上》颜师古注。

　　以上"五疾"基本上概括出了西汉"狱刑"繁多的原因。然而所谓的"五疾"，是封建社会固有矛盾的反映，是当时的统治者无法解决的矛盾。

　　从以上所述，可以看出《汉书·刑法志》是中国古代法律文化的一种载体。它对于中国古代法律文化的发展起了很重要的作用。而撰写《刑法志》本身就是对法律文化的发展。每一部断代史的《刑法志》，都是后代人对于前代王朝的立法、司法以及与其有关的法律活动进行的较全面、系统的总结，其中有褒，有贬，有肯定，有否定。可以说，每撰写一代《刑法志》，都是那个时代对于中国古代法律文代进行的一次扬弃、一个发展，尽管这个过程非常曲折、缓慢。《刑法志》不仅体现出中国古代法律文化的丰富，并且清楚显示出中国古代法律文化形成、发展过程的复杂性。其间充满反映不同阶级、阶层利益的理论、学说之间的对立和斗争。而同时又是一个各种理论、学说相互吸收、融合的过程。体现中国古代法律文化发展、变化的《刑法志》又以生动的事例说明，只有适应社会发展需要，不断充实、修正的法律理论、观点以及依据这些理论、观点制定的各项具体制度，才能存在、发展。可以认为，历代《刑法志》是一幅描绘着中国古代法律文化，色彩斑斓的历史长卷。当然也应该看到，如果把《刑法志》作为中国古代法律文化的一种载体来看，其不足之处也是明显的。那就是历代《刑法志》的作者都是为统治者总结统治经验而撰写的。它基本上没有正面、直接地反映和总结人民群众的法律意识或法律观念的发展、变化。这不能不使这幅历史长卷有所失色。

　　虽然如此，我们仍要为拥有记载着两千多年的法制沿革、发展的《刑法志》而自豪。在谈到作《春秋》的意义时，孔子说："我欲载之空言，不如见之于行事之深切著明也。"① 《春秋》虽是一部史书，然而诚如司马迁所言："《春秋》文成数万，其指数千，万物之散聚皆在《春秋》。"② 它全面深刻地反映出了孔子的思想。因而可以说，以史载论，以史明理，是

---

　　① 转引自《史记·太史公自序》。《索隐》案："孔子言我徒欲立空言，设褒贬，则不如附见于当时所因之事。人臣僭侈篡逆，因就此笔削以褒贬，深切著明而书之，以为将来之诫者也。"
　　② 《史记·太史公自序》。

中国古代文化继承和发展的一个重要方式。撰写《刑法志》，继承和发展中国古代法律文化，这是中华民族特有的一种法律文化。它本身就值得我们继承发扬！

（原载《儒学与法律文化》，复旦大学出版社 1992 年版。）

张斐的《律注要略》及其法律思想

　　张斐，[1] 魏末晋初人。晋武帝时任明法掾，因注解晋《泰始律》闻名于世。著有《律解》二十卷、《杂律解》二十一卷、《汉晋律序注》等。原书均失传，仅存《律注要略》一篇，载《晋书·刑法志》。[2]

　　张斐注释的《泰始律》，开始制定于司马氏代魏之前。曹魏元帝咸熙元年七月，晋王司马昭认为，汉代律令"本注烦杂"，经陈群、刘邵等人制定的魏律又"科网本密"。于是，奏请贾充、羊祜、杜预等名儒十四人，以汉律为基础，制定新律。该律于晋武帝司马炎泰始四年（公元 268 年）制成，故称《晋律》，亦名《泰始律》。

　　与汉律相比，晋律有很大变化。在立法指导思想方面，汉《九章律》与秦律一脉相承，以法家思想为理论基础。[3] 至晋时为之一变，新制定的晋律，已不是以法家思想作为理论根据，而是在儒家思想指导下制定出来的。如历史学家陈寅恪所说："古代礼律关系密切，而司马氏以东汉末年之儒家大族创造晋室，统治中国，其所制定之刑律尤为儒家化。"[4] 与《唐律》相比，《晋律》虽不能说"一准乎礼"，但大体上是以儒家思想作为理论根据。在内容方面《晋律》删除了许多严刑峻法的条款。《晋书·刑法志》称《晋律》"条纲虽设，称为简惠"。它在汉魏律的基础上，"蠲

---

　　① 《晋书·刑法志》作"裴"，系"斐"之误。吴任签《晋书斠注》："'裴'误。按：《南齐书·孔稚珪传》、《隋书·经籍志》二、《新唐书·艺文志》二、《书钞》、《御览》六三八、六四二，皆作'斐'。"

　　② 《晋书·刑法志》所载的张斐律注要点，通常被称为"律注表"、"律表"或"律序"。案：《晋书·刑法志》云，泰始四年颁新律，"明法掾张斐又注律，表上之，其要曰……""其要"，是指张斐"律注"的要略，并非指"表"的要点。再者，这段文字的内容与体例，也与"表"、"序"不类。因而称《律注要略》较妥。

　　③ 参见瞿同祖《中国法律与中国社会》，中华书局 1981 年版，第 330 页。

　　④ 陈寅恪：《隋唐制度渊源略论稿》，中华书局 1977 年版，第 100 页。

其苛秽，存其清约，事从中典，归于益时"。所谓"中典"，即比严峻的汉魏律宽大。在体例方面，《晋律》也较汉魏律严谨、周详。第一，篇目体系严谨，为中国封建法典体系的变化、发展奠定了基础。第二，律、令的区分明确，列入《晋律》的仅是较稳定的法律规范。《晋书·刑法志》云，一切临时性的条款，"不入律，悉以为令，施行制度，以此设教，违令有罪则入律"。第三，法律名词、术语，明确、概括。总之，《晋律》是一部较为完备、周详的法典，经张斐、杜预注释后，更加符合封建统治者的需要了。

张斐的《泰始律》注，或即《新唐书·艺文志》所载《律解》二十卷。此书宋以后亡佚，无从知晓其具体内容。但据有关史籍记载，张斐对《晋律》的注文约有千条以上。① 《晋书·刑法志》所载张斐的《律注要略》全文近两千字，对《晋律》所体现的基本精神、篇章体例、主要法律名词、术语，以及司法审判原则等，都有所论述，是中国古代律学中的一篇重要理论著作。

一　法律观及论证方法

在研究《律注要略》中的具体问题之前，有必要先对张斐的法律观及其论证问题的方法作简要评述。

1. 法与理的关系

法是"理"的体现，"理"是法的灵魂。因此，无论立法、司法，或解释法律都要以"理"为指导原则。在《律注要略》中，张斐分析"理"与法的关系时说："夫理者，精玄之妙，不可以一方行也；律者，幽理之奥，不可以一体守也。"② 这就是说，"理"非常神秘、奥妙，而且"变无常体"。因而，立法与执法时，都不可以用一种原则、一种方式实现"理"的精神。法律条文其所以千差万别，有时甚至相互抵牾，就是为了适应"理"的变化。因此，不可仅从字面上理解法律条文，而应当探讨法

---

① 参见《南齐书·孔稚珪传》。
② 《晋书·刑法志》。以下凡未注明出处的引文，均见《晋书·刑法志》，不另注。

律的精神实质，去领悟其中的"理"。有时甚至需要到法律制度之外，所谓"幽于未制之中"，以发现法律所体现的"理"。为此，张斐要求执法者适用法律时，应深入、细致地分析、比较，即他所谓的"采其根牙之微，致之于机格之上，称轻重于豪铢，考辈类于参伍"。只有如此，才能够做到"理直刑正"。

张斐所谓的"理"是一种与现实相脱离的、先验的东西。他说："形而上者谓之道，形而下者谓之器，化而裁之谓之格。"这是《易·系辞》中的三句话。张斐将原文"化而裁之谓之变"，改为"化而裁之谓之格"。"格"，指法律规范。"形而上"即无形，"形而下"即有形。《易·系辞》的作者把无形的"道"，即事物变化的规律，与有形的"器"，即具体事物，作了明显区分。但却唯心主义地认为"道"在"器"上，并且是相互脱离的，也就是承认有不依赖于具体事物的、先验的规律。张斐以此说明法与所谓的"理"的关系，则更加荒谬。他认为法律只不过是根据自然存在的"理"的要求制定而成的。他举例说："刑杀者是冬震曜之象，髡罪者似秋凋落之变，赎失者是春阳悔吝之疵也。"春夏秋冬及其变化，是一种自然现象。而法律是统治阶级意志的反映。决定法律的性质及其变化的主要因素是社会经济基础及阶级斗争状况，与自然界的变化无关。张斐将法律与自然现象相比拟，把它说成是受某种自然、先验的规律所决定，无非是企图证明，封建地主阶级的法律是合理的、永恒的，并以此掩盖它的阶级本质。

尽管张斐采用客观唯心主义手法，将所谓的"理"描绘为超阶级的、先验的东西。但从《律注要略》中不难发现，这个"理"，实际就是封建统治阶级的意志。例如，他认为《晋律》是"礼乐抚于中"。在谈到法律的作用时，他又说："礼乐崇于上，故降其刑；刑法闲于下，故全其法。"闲，防也。这就是说，贯穿于法律之中的是"礼乐"，制定和适用法律是为了维护"礼乐"。所谓"礼乐"，指封建社会制度和纲常伦理。这些都是封建统治阶级的观念形态。原来张斐所谓的"理"，并不是玄妙不测的东西，它就是封建统治阶级的意志。

张斐的法本于自然，体现自然之理的法律观，与魏晋时代的哲学思潮不无关系。汉代盛行的阴阳谶纬等神学思想，先后经过桓谭、王充等人批判之后，在理论上已经站不住脚，实践上也很难起到迷惑人的作用。于是封建统治者另编制了一套更精致的唯心主义学说来为他们的政治服务。以何晏、王弼为代表的门阀士族知识分子，把《老子》、《庄子》、《周易》贯通起来，形成了一个唯心主义哲学流派"玄学"。这个学派认为"自然"为本，"名教"为末。但"名教"出于"自然"，符合"自然"。也就是说，封建社会的政治制度和伦理道德等封建意识形态，是符合"自然"，符合"道"的。这种"名教"出于"自然"说，为封建制度的合理性制造了一条理论根据。

张斐关于法律是"理"的体现的观点，与"名教"本于"自然"说，如出一辙，也是用一种先验的、凌驾一切事物之上的"规律"，证明封建法律的合理性。这说明当时盛行的"玄学"对法学理论有一定的影响。当然也应当看到，张斐的法律观与董仲舒把政治法律制度宣布为"天"意的说教相比，也算前进了一步。他摒弃了西汉以来羼入法学理论中的神学观念。

2. 律学研究方法

在律学研究的方法上，张斐也有自己的特点。例如，他将一部法典视为有机的整体，特别注意篇章、条文之间的内在联系。在阐述具体问题时，已不限于简单地举例说明，而且能够使用抽象的概括的方法。强调研究"无常之格"，注意从变化之中找出特殊规定的原因。总之，在张斐的唯心主义思想体系中，也包含有某些朴素辩证的因素。

（1）一部法典是具有内在联系的整体。

张斐认为一部法典具有内在的联系，各篇章、条目相辅相成，混若一体，表现在以下两方面：

第一，法律所体现的基本精神一致。张斐认为《晋律》兼有"三才"之意，也就是有三点基本精神。这三者"相须而成，若一体焉"。他说："（晋）律始于《刑名》者，所以定罪制也；终于《诸侯》者，所以毕其政也。王政布于上，诸侯奉于下，礼乐抚于中，故有三才之义焉，其相须而成，若一体焉。""王政布于上"，包含两点意思：一是强调立法权属于皇帝。二是立法的目的在于实行政治统治。"诸侯奉于下"的意思是，臣民的义务是认真执行和遵守法律。至于"礼乐抚于中"，是说法典应体现封建的等级制度和道德观念。以上三者协调一致，贯彻法典始终。

第二，篇章、条目相互联系，相辅相成。张斐说，《晋律》的篇章虽各有其特殊意义，但相互间又有密切的关系："《刑名》所以经略罪法之轻重，正加减之等差，明发众篇之多义，补其章条之不足，较举上下纲领。其犯盗贼、诈伪、请赇等，则求罪于此。作役、水火、畜养、守备之细事，皆求之作本名。告讯为之心舌，捕系为之手足，断狱为之定罪。名例齐其制，自始及终，往而不穷，变动无常，周流四极，上下无方，不离于法律之中。"① 在这里，张斐分《晋律》篇章为三类。《刑名》、《法例》为一类。规定具体罪名的篇章为一类。有关司法审判的篇章为一类。其中，《刑名》、《法例》篇是统率全律的纲领。这两篇所规定的基本精神与原则贯彻全律始终，所谓"名例齐其制"。张斐说："律之名例，非正文而分明也。"因此对于律文的解释与适用，都要参酌律之名例。有关司法审判的《告劾》、《系讯》、《断狱》等篇，相当于人的"心舌"、"手足"，执行某种职能的器官，是规定执行、适用法律程序的篇章。总之，法典的篇章既各有特殊意义，又相互联系。因此，在解释或适用某一具体篇章、条目时，应注意它在全律中的地位及与其他篇章、条目之间的关系。

张斐关于法典各篇章相互联系、混为一体的观点，尤其是他关于《刑名》、《法例》篇重要性的论述，对我国封建法典体例的定型，提出了理论根据。曹魏制定新律时，已经注意到法典的体例问题。《晋书·刑法志》载，《魏律序略》云："旧律（指汉律）因秦《法经》，就增三篇，而《具律》不移，因在第六。罪例既不在始，又不在终，非篇章之义。"于是，魏新律"集罪例以为《刑名》，冠于律首"。张斐的论述从理论上回答了为什么将《刑名》篇"冠于律首"的问题。从此，历代法典无不是将《刑名》、《法例》，或《名例》篇视为全律的纲，置于律首。

（2）着重探讨名词的含义，强调区别条文的异同。

秦代禁止私人讲授、解释法令，明文规定："若欲有学律令，以吏

---

① 据《唐六典》，《晋律》二十篇的篇目为"一刑名，二法例，三盗律，四贼律，五诈伪，六请赇，七告劾，八捕亡，九系讯，十断狱，十一杂律，十二户律，十三擅兴，十四毁亡，十五卫官，十六水火，十七厩律，十八关市，十九违制，二十诸侯"。《晋书·刑法志》所载与此略有出入，无"关市"。

为师。"① 秦亡后，律学研究逐渐兴起。治律者聚徒讲授，世传其业。如南齐崔祖思所云："汉末治律有家，子孙并世其业，聚徒讲授，至数百人。"② 东汉后期，律注蜂起，著名注释者就有"十有余家，家数十万言"。③ 但这一时期的"法律之家，也为儒生"。④ 他们注律，即是以儒家经义解律，使其符合儒家伦理观念。如王充所说，董仲舒的解释，是"表《春秋》之义，稽合于律，无乖义者"。⑤ 因而当时的律注，着重于阐述法律条文所体现的精神，其中不少是"缘饰以儒术"，牵强附会。对于法典体例以及名词，概念的含义，则研究不够。更少运用抽象、概括的方法，对所注释的法律作出合乎逻辑的解答。例如，东汉末期的法律名家郑玄，对于一些重要法律名词的解释，往往只举例说明而已，未能以简练的语言说明名词、术语的内在含义。如他注释《周礼》时，对"过失"一词作的三次解释："过，无本意也。"⑥ "过失，若举刃欲斫伐，而轶中人。"⑦ "过失，亦由邪恶酗酱（酒）、好讼，若抽拔兵器，误以行伤害人丽于罪者。"⑧

三次解释，三种说法，都未用抽象方法，分析出"过失"这种违法现象的规律性，然后下一个确切、简明的定义。

晋代的律学有重大发展。张斐、杜预等人的律注，虽仍是以儒家思想为理论基础，但在解释具体法律条文、名词时，却不是简单地贴标签。杜预说："今所注皆网罗法意，格之以名分。"⑨ 这就是说，他注律是从法理上进行推究，使所注释的名词、术语符合"名分"，也就是符合封建的伦理观念和等级制度。张斐注律也如此。

（3）注律的特征。

从《律注要略》中可以看出，他注律有以下两个特征：

① 《史记·秦始皇本纪》。
② 《南齐书·崔祖思传》。
③ 《晋书·刑法志》。
④ 《论衡·谢短》
⑤ 《论衡·程材》。
⑥ 《周礼·地官·调人》注。
⑦ 《周礼·地官·司救》注。
⑧ 《周礼·地官·司刺》注。
⑨ 《晋书·杜预传》。

第一，运用逻辑思维，抽象概括事物的规律，然后作出简单、明确的定义。在《律注要略》中，张斐特别列举了他对《晋律》二十个名词所作的解释。在这些解释中，既没有引儒家经义作简便的附会，也不是像郑玄注《周礼》那样，引汉法以"况之"。而是以简明语言，表达出名词、术语的含义（详见下文）。

第二，注意区别名词，特别是罪名的同异。张斐特别强调，在注释或适用法律时，要注意那些"事状相似而罪名相涉"的法律条文，认真区别它们的同异。他举例说："律有事状相似而罪名相涉者，若加威势下手取财为强盗，不自知亡为缚守，将中有恶言为恐猲，不以罪名呵为呵人，以罪名呵为受赇，劫召其财为持质。此六者，以威势得财而名殊者也。"所谓"威势"，指暴力和权势两种情况。上述六种罪名虽都是以"威势得财"，但情节不同，因而罪名也不同。在注释或适用法律时，就要区分其间的差异。当然，要做到这一点，必须先研究每种罪名的特征。

（4）魏晋学风的影响。

张斐的方法论与他的法律观一样，也受到魏晋学风的影响：

第一，从汉末清议发展起来的考核名实和辩名析理之学，即名理学在魏晋时期颇盛行。名理家大都采用名辩之术来考察名与实的关系，著论时很重视逻辑推理。《三国志·魏志·钟会传》云，钟会"博学，精练名理"。《文心雕龙·论说》篇云："魏之初霸，术兼名法，傅嘏、王粲校练名理。"《太平御览》卷五九五引李充《翰林论》云："研至名理，论贵于允理，不求支离，若嵇康之论文矣。"所谓"精练名理"、"校练名理"、"研至名理"，无不是说，论辩名理以精当有条理，合乎逻辑为贵。[1] 张斐善于运用逻辑思维，以精练明确的语言表达法律名词的含义，与当时流行的名辩之术的学风不无关系。

第二，历史学家认为，汉代对儒家经典的研究以"《春秋》为中心，支配了时代的学风"。魏晋时"退《春秋》而进《论语》与《周易》"。[2]

---

① 见唐长孺《魏晋玄学之形成及其发展》，载《魏晋南北朝史论丛》，三联书店1955年版，第321—322页。

② 侯外庐主编：《中国思想通史》第三卷，人民出版社1957年版，第96页。

《易》学的盛行，对于张斐的律注确有一定影响。在《律注要略》中，他不仅多次直接引用《易·系辞》中的一些论点，作为自己论证问题的理论根据，而且常摹仿《易·系辞》的语句。《易》与《易·系辞》注意事物之间的联系，"观物取象"的抽象、概括的方法，对张斐注律确有影响。

二　对重要法律名词的解释

在《律注要略》中，值得特别提出的是张斐对于《晋律》的二十个名词的解释。张斐的解释不仅突出了《泰始律》封建法典的阶级性，明确了法律名词的含义，有利于封建法制的统一；而且也是对中国古代律学的重大发展。为了便于分析，现将这段文字抄录如下：

"其知而犯之谓之故，意以为然谓之失，违忠欺上谓之谩，背信藏巧谓之诈，亏礼废节谓之不敬，两讼相趣谓之斗，两和相害谓之戏，无变斩击谓之贼，不意误犯谓之过失，逆节绝理谓之不道，陵上僭贵谓之恶逆，将害未发谓之戕，唱首先言谓之造意，二人对议谓之谋，制众建计谓之率，不和谓之强，攻恶谓之略，三人谓之群，取非其物谓之盗，货财之利谓之赃。凡二十者，律义之较名也。"

较，略也。①"律义之较名"，即体现《晋律》精神的基本名词。二十个名词中有罪名五：谩、诈、不敬、不道、恶逆。有认定犯罪性质、区分犯罪情节的名词十五：戏、斗、贼、盗、强、略、故、失、过失、戕、造意、谋、率、群、赃。现分述如下：

1. 谩、诈

谩，即欺谩。诈，即诈伪。汉律中已有这两罪名。欺谩与诈伪有相似之处，即都是以欺骗为特征。但二者之间区别何在？张斐之前，未曾有人作过明确解释。张斐说："违忠欺上谓之谩"，"背信藏巧谓之诈"。简明的定义表明谩、诈的区别在于所侵犯的对象不同。"违忠欺上"，显然是指臣民对君主的欺骗行为。而"背信藏巧"，则是指一般人民之间以欺骗手段进行犯罪的行为。根据张斐的定义，就可以清楚地看出谩、诈是不同性

---

① 《史记·货殖列传》："此其大较也。"《索隐》："大较，犹大略也。"

质的两种罪。按照封建法律的规定，欺谩比诈伪罪要严重得多。

2. 不道、不敬、恶逆

这三个罪名也曾见于汉律，非晋人新创。《唐律疏议·名例》："汉制九章，虽并湮没，其不道、不敬之目见存，原夫厥初，盖起诸汉。"至于"恶逆"罪，也见于汉代史籍。①

以上三罪名，汉时既未规定"正法"，也无确切的解释，因而在适用时引起很多混乱。严酷之吏常借此为奸，随意以"不道"、"不敬"罪名，治人死罪。《汉书·杜周传》载，廷尉杜周对于久系而不能断决的案件，"大氐尽诋以不道"，即诬为"不道"，处酷刑。《叹书·冯野王传》，大司马大将军王凤陷害冯野王，"假不敬之法"而定罪。不法官吏所以能随便"尽诋以不道"、"假不敬之法"，就在于这种罪名均无确切的解释。基于这种原因，汉成帝时的廷尉赵增寿曾建议，凡犯"不道"罪的案件，如无相应的条文可以参照判刑时，由廷尉报请皇帝裁决。《汉书·陈汤传》："廷尉（赵）增寿议，以为'不道'无正法，以所犯剧易为罪，臣下承用失其中，故移廷尉，无比者先以闻，所以正刑罚，重人命也。""恶逆"罪与"不道"、"不敬"罪一样，也无确切解释。

张斐对"不道"、"不敬"、"恶逆"下的定义，虽也很笼统，不过基本上抓住了特征，从而避免了适用时发生混乱。

（1）"逆节绝理谓之不道"。

这就是说，"不道"罪的要件是"逆节绝理"。"节"，即"礼"。②"理"，指所谓的"性"，③ 即人的本性。这里所说的"理"，实际上是指封建社会的纲常伦理。张斐的意思是，违反天然之性，即违反封建纲常伦理的行为，即为之"不道"。他对于"不道"的解释，或是根据汉律的律义推究出来的。魏人如淳说："（汉）律，杀不辜一家三人为不道。"④ 就是说，杀一家无辜的三人，称为"不道"。张斐所说的"绝理"，与这条律文的意思相符，但不够明确、具体。《唐律疏议》对于"不道"罪的解

① 见《后汉书·梁竦传》。
② 《礼·文王世子》："兴秩节。"注："节犹礼也。"
③ 《礼·乐记》："好恶无节于内，知诱于外，不能反躬，天理灭矣。"郑注："理犹性也。"
④ 《汉书·翟方进传》注。

释，较张斐的定义明确多了。《唐律·名例》规定，"不道"为"十恶"之一。本注："谓杀一家非死罪三人，及支解人，造畜蛊，毒厌魅。"《疏议》曰："安忍残贼背违正道，故曰不道。"这里没有因袭张斐"绝理"的笼统说法，而是明确指出，凡用残忍的办法杀害人，就谓之"不道"。

（2）"亏礼废节谓之不敬"。

张斐给"不敬"下的定义也很笼统。按照他的解释，所谓"不敬"，即违反了封建社会的等级制度，以及与此相适应的一套礼节仪式。"节"，指礼节。有关记载说明，汉代凡定为"不敬"、"大不敬"罪的，一般都是冒犯皇帝尊严的严重违礼、失礼行为。[①]

（3）"陵上僭贵谓之恶逆"。

陵，侵犯，欺侮，一般指下对上而言。《潜夫论·交际》："少而好陵长。"僭，超越本分，过分。张斐对《晋律》中的"恶逆"罪所作的解释，包括"陵上"与"僭贵"两种情况。关于"僭贵"，《后汉书》中有一例。《后汉书·梁竦传》："肃宗纳（梁）竦二女，皆为贵人，小贵人生和帝。窦皇后养以为子，而竦家私相庆。后诸窦闻之，恐梁氏得志终为己害。建初八年逐潛杀二贵人而陷竦等以恶逆，诏使汉阳太守郑据传考。"所谓"陷竦等以恶逆"，即诬陷梁竦等企图以贵人生的儿子充当太子，犯了"僭贵"的"恶逆"罪。《唐律》中的"恶逆"罪，仅指"陵上"行为，不包括"僭贵"行为。[②]

3. 故、失、过失

以上是表示行为人违法犯罪时心理状态的三个法律术语。中国古代刑法早已注意到了犯罪主体对他所实施的犯罪行为及其危害性后果所持的故意或过失的心理状态问题。并把犯罪主体犯罪时的心理状态作为定罪量刑的一个标准。例如：

西周刑法区分"非眚"（故意）与"眚"（过失）。《尚书·康诰》载，周公代表成王对康叔封说："人有小罪非眚，乃惟终，自作不典式尔，

---

① 见《汉书·灌夫传》、《汉书·陈汤传》、《汉书·功臣表》、《汉书·肖望之传》等。

② 《唐律·名例》"四曰恶逆"本注："谓殴及谋杀祖父母、父母，杀伯叔、父母姑兄姊、外祖父母、夫之祖父母、父母者。"

有厥罪小，乃不可不杀。乃有大罪非终，乃惟眚灾，适尔既道极厥辜时，乃不可杀。"这就是说，故意和一贯，虽小罪也处重刑；过失和偶犯，虽有大罪亦可减刑。

秦律中有"端"（故意）与"不端"之分。《睡虎地秦墓竹简·法律答问》："甲告乙盗牛若贼伤人，今乙不盗牛，不伤人，问甲可（何）论？端为，为诬人；不端，为告不审。"一件犯罪事实，根据犯罪主体犯罪的不同心理状态，可能定为"诬人"和"告不审"（控告不实）两种不同的罪。

汉代法律也有"故"、"误"之分。故意犯罪处罚重，过误犯罪处罚轻。《后汉书·郭躬传》："法令有故误，误者其文则轻。"

尽管我国古代法律早已区分故、误，但何为"故"、何为"误"？一直未见有人从理论上作出明确的解释。张斐说："其知而犯之谓之故"，"不意误犯谓之过失。"他从犯罪主体行为时的心理状态入手，来区分"故意"与"过失"，抓住了问题关键。从而使这两个重要法律名词有了较明确的含义。

此外，张斐对"过失"的两种情况，又分别作出确切解释，也是对古代刑法学的一个发展。他所说的"不意误犯谓之过失"，相当现代法学中所谓的"疏忽大意的过失"。其特点是，应当预见自己的行为可能发生危害社会的结果，因为疏忽大意而没有预见。另一种是张斐所说的"意以为然谓之失"。这种过失犯罪即现代法学中所谓的"过于自信的过失"。所谓"意以为然"，即行为人已经预见到自己的行为可能发生危害社会的结果，但是轻信可以避免，以致发生了这种后果。东汉郑玄也曾注意到法律中两种不同的"过失罪"。他在解释《周礼·秋官·司刺》中的"不识"与"过失"时说："识，审也。不审若今仇当报甲，见乙，诚以为甲而杀者。过失，若举刃欲斫伐（草木），而轶中人者。"按照郑玄的解释，"不识"即过于自信的过失。"过失"，指疏忽大意的过失。郑玄虽意识到了两种"过失"的不同，但没有简单明确地指出区别所在。显而易见，张斐以抽象方法对两种"过失"下的定义，要比郑玄的举例说明准确多了。

4. 贼、斗、戏

在《律注要略》中，张斐对贼、斗、戏三个名词所作的解释，为准确地区分不同性质的杀伤罪，提出了理论根据。兹分述如下：

（1）"无变斩击谓之贼"。

古代"贼"字的含义很广。《左传·文公十八年》："毁则为贼。"杜预注："毁则，坏法也。"《左传·昭公四年》："叔向曰：杀人不忌为贼。"《孟子·梁惠王下》："贼仁者谓之贼。"《荀子·修身》："保利非义谓之贼。"《荀子·解蔽》："有勇非以持是，则谓之贼。"《荀子·修身》："害良曰贼。"从以上所列文献对"贼"字的解释中可以看出，凡是故意破坏法制、杀人越货以及违反伦理道德、不坚持原则等等，都可称为"贼"。但有一点相同，即凡称为"贼"的行为，都是故意行为。如沈家本所说，"贼"，即故意。①

张斐说："无变斩击谓之贼"，是指杀伤罪而言的，也含有故意的意思。变，突然、非常。② "无变斩击"，即无端杀伤他人。按照张斐的解释，贼杀伤即无端的故意杀伤，也即是非因被害人的言行而引起的故意杀伤。他这样解释贼杀伤，是为了与斗杀伤相区别，因而将"无变"作为贼杀伤罪的要件是恰当的。

（2）"两讼相趣谓之斗"。

斗，指斗杀伤，为杀伤罪的一种。按照张斐的解释，斗杀伤是双方斗殴引起的杀伤。讼，争辩。趣，读为趋。"两讼相趣"，即争辩的双方相互殴打而杀伤对方。斗杀伤虽也是故意杀伤，但与贼杀伤的故意明显不同。斗杀伤原无杀伤人的动机，而是因相互斗殴而引起的杀伤。张斐对"斗杀伤"的解释，为唐人所接受。《唐律疏议·斗讼》："斗殴者原无杀心，因相斗而杀人者，绞。"

（3）"两和相害谓之戏"。

戏，指戏杀伤，杀伤罪的一种。汉律中已有此罪名。③ 戏，即嬉戏。

---

① 沈家本：《汉律摭遗·贼律一》："汉律凡言贼者，并有心伤害之事，视无心为重。""贼，害也。《唐律》：'有害心者名故杀'。汉之贼杀，当唐之故杀。"

② 《白虎通义·灾变》："变者，非常也。"汉代常称贼杀伤为"变杀伤"。《急救篇》："变斗杀伤捕伍邻。"其中的"变"即指"贼"。

③ 唐段成式《酉阳杂俎》："（汉）律，有甲娶，乙丙共戏甲，旁有柜，比之为狱，举置柜中，复之。甲因气绝，论当鬼薪。"

在嬉戏时误将对方杀伤称为戏杀伤。张斐认为戏杀伤罪的要件是"两和相害"。和，顺、睦。两和，即双方同意进行的游戏，本无伤害对方的意思。强调"两和"，将戏杀伤与其他过误杀伤人区别开了。张斐在解释戏杀伤时，还注意到一种情况，即如果嬉戏时使用明显能够致人伤亡的器械或方式，而造成一方伤亡，不能称为戏杀伤。他说："斗之兵刃水火中，不得为戏，戏之重也。"

5. 戕

"戕"的原意是杀害、残害。但《晋律》中的"戕"表示另一种意思。张斐说："将害未发谓之戕"，即已经准备犯罪，但尚未实行。称作"戕"。按照这种解释，《晋律》中的"戕"，是指故意犯罪的预备行为，与现代刑法学中所说的"犯罪的预备"相当。

张斐特别把"戕"字列出，作为体现律义的"较名"之一，并加解释，说明这个名词在法律中具有重要意义。犯罪的预备行为虽然尚未引起实际损害结果，但只要行为人完成了必要的准备，就可能随时实行犯罪。秦汉时的统治者即认为犯罪的预备行为，对社会有危害性。秦、汉律中都有对重大犯罪的预备行为，实行惩罚的规定。不过秦汉时称"犯罪的预备"为"谋"。如秦律中有"臣妾牧（谋）杀主"，应受惩罚的规定。《睡虎地秦墓竹简·法律答问》解释"谋"，即"欲贼杀主，未杀而得，为牧（谋）"。就是说，奴婢准备杀主人，尚未动手杀，即认为是犯罪。汉律也有类似的规定。如《汉书·外戚恩泽侯表》载，嗣章武景侯窦常生，"元狩元年，坐谋杀人，未杀，免"。所谓"未杀"，即尚未着手杀害。由于犯罪预备行为毕竟还未造成实际损害，因而对其处罚一般比未遂轻。但封建法律对谋反、谋叛逆等严重危害封建社会秩序的预备行为的处罚，则与已行者同刑。

如上所述，秦汉时是用"谋"字表示"犯罪的预备"。但秦汉法律中的"谋"字有三种含义。① 一、表示预谋故意，即有预谋的故意杀伤人，区别于突然起意的故意杀伤。二、表示共同犯罪的谋议（详见以下"谋"条）。三、表示犯罪的预备行为。《晋律》用"戕"字表示犯罪的预备，

① 参见戴炎辉《中国法制史》，台北：三民书局1979年版，第73页。

或有意避免与"谋"的其他含义相混。但"戕"字本无预备的意思，因而不为晋代以后的法律所沿用。

6. 造意、谋、率、群

以上是《晋律》中有关共同犯罪的法律术语。张斐对这几个法律术语的解释，不仅对共同犯罪的定罪量刑有意义，而且也是对古代刑法学中的共同犯罪理论的一个贡献。

（1）"唱首先言谓之造意"。

"造意"，指在共同犯罪中首先提出犯罪意图的行为。我国古代各王朝的法律都注意区分共同犯罪中的首从。但古代刑法确定首从的原则与现代不同。现代，一般将共犯中的组织者、指挥者、主谋者定为首犯。古代仅把造意者作为首犯。如《汉书·孙宝传》载，益州刺史"谕告群盗，非本造意，渠率皆得悔过自出"。所谓"群盗"，是封建统治者对起义农民的蔑称。"渠率"，指"群盗"首领。从谕文中可以看出，汉代是把造意者定为首犯，对造意者的处罚，甚至重于共犯中的组织、领导者。[①] 由此可见，确定"造意"的含义，对于区分共犯中的首、从有重要意义。张斐认为"造意"的特征，是"唱首先言"，即最先提出犯罪意图，给"造意"下了一个简单、明确的定义。

（2）"二人对议谓之谋。"

谋，指共谋、通谋，即共犯中共同谋划犯罪的行为。秦时已将通谋作为认定是否共同犯罪的一个重要条件。例如，《睡虎地秦墓竹简·法律答问》中有一则答问："甲乙雅不相智（知），甲往盗丙，才到，乙亦往盗丙，与甲言，即各盗，其臧（赃）直（值）各四百，已去而偕得。其前谋，当并臧（赃）以论；不谋，各坐臧（赃）。"所谓"其前谋，当并赃以论；不谋，各坐赃"，即有"前谋"，按共同犯论罪，无"前谋"，各按一般的偷盗论罪。

因此，何谓"谋"？这对于认定是否有通谋的共同犯罪很重要。按照张斐的解释，必须具备以下两点，才构成有通谋的共同犯罪：一是二人或

① 后魏及唐代法律明文规定"造意者"为共犯中的首犯。《通典》卷一百六十七，后魏律："诸共犯罪，皆以发意为首。"《唐律·名例》："诸共犯罪以造意为首，随从者减一等。"

二人以上；二是对议，即互相经过商议，而不是一人指挥或教唆他人。张斐给"谋"下的定义，对《唐律》有一定影响。《唐律·名例》："称谋者二人以上。"①

（3）"制众建计谓之率。"

率，率领。这里指犯罪集团的首领。《汉书·孙宝传》中的"渠率"，即指"群盗"的大首领。如何理解"率"，对于认定犯罪集团的首领有重要关系。按照张斐的解释，具有策划、组织集团犯罪活动能力的人，才可以定为首领。

（4）"三人谓之群。"

古代法律中的"群"，常用来泛指集合一起从事某种活动的群体。如"群盗"，指合聚一起，共同进行"盗贼"活动的群体。"群饮"，指聚集一起饮食。②"群"字对于确定是否"群盗"、"群饮"有重要关系。但"群"是一个虚义、有形容作用的集合性单位量词，本身并不表示确切的数量。因此，将多少人称为"群"，需要另作规定。张斐说："三人谓之群"，即凡称"群"者，最少要有三人。

《唐律》或参考了张斐对"群"的解释而有修改。《唐律·名例》："称众者三人以上。"《疏议》曰："称众者。断狱律云：'七品以上犯罪不拷。据众证定刑。'必须三人以上始成众，但称众者皆准此文。"《唐律》改"群"为"众"，改"三人"为"三人以上"，比张斐的说法更确切。

7. 强、略、盗

"强"、"略"、"盗"是用来确定是否侵犯财产或侵犯人身犯罪的三个法律名词。

（1）"不和谓之强"。

按照张斐的解释，"强"的特征是"不和"，即违反被害者的意愿。也就是说，凡以暴力或权势迫使被害者作为或不作为违反本人意愿的行为，即为之"强"。张斐没有从行为人犯罪手段的角度来说明"强"，而

---

① 《唐律·名例》该条本注："谋状彰明，虽一人同二人之法。"本注把有预谋的故意犯与有通谋的共同犯，混为一事了。

② 《汉书·文帝纪》文颖注："汉律，三人以上无故群饮酒，罚金四两。"

着眼于是否违反被害者的意愿。从而概括出了一切与"强"有关罪名的特点。如《晋律》中的强取、强乞、强盗、强奸等违法犯罪行为，无不是违反被害者意愿的行为。显而易见，把握住"强"的这一特征，对于有关罪行就能够较容易地作出判断。

（2）"攻恶谓之略。"

攻，抨击，指责。《论语·先进》："小子鸣鼓而攻之。"恶，过失、缺点。《说文》："恶，过也。"《易·大有》："君子以遏恶扬善。"所谓"攻恶"即指责他人的过失。

略，同掠，即掠夺。① 所谓"攻恶谓之略"，即用攻击他人过失的方式取得财物，如同掠夺一样。略，还可解释为谋略、方略。② 按此义，"攻恶谓之略"，即用攻击他人过失的方式，迫使其作为或不作为的行为，为之经略，施展阴谋诡计。两种解释均可。《唐律·贼盗》："诸略人、略卖为奴婢者，绞。"本注云："不和为略，十岁以下虽和亦同略法。"所谓"不和为略"，即强迫将他人卖掉，就是略夺。略，解释为掠。而《疏议》则将律文中的略，解释为谋略、方略："略人者谓设方略而取之。略卖人者或为经略而卖之。"

（3）"取非其有谓之盗。"

"盗"，一般解释为偷窃。《荀子·修身》："窃货曰盗。"《左传·僖公二十四年》："窃人之财，尤谓之盗。"《左传·文公十八年》："窃贿为盗。"有时也将公开抢劫，称为"盗"。《庄子·盗跖》："天下何故不谓之为盗丘。"而张斐在解释"盗"字时，却没有考虑取财的方式问题，仅着眼于财物的所有权。他认为，凡是获取不属于个人所有的财物，即为之"盗"。应该指出，张斐给"盗"下的定义是不够确切的。

8. 赃

张斐说："货财之利谓之赃。"按此说法，凡非法获得的财物，包括盗窃、抢劫、贪污、受贿等方式所得，一切财物，即为之"赃"。因"货财之利"而犯的罪，称为"赃罪"。

---

① 《左传·宣公十五年》："晋侯治兵于稷，以略狄土。"杜预注："略，取也，夺也。"
② 《史记·外戚世家》："少君年四五岁，家贫，为人略卖。""略卖"，即拐骗。略，解为方略。

《盐铁论·刑德》："古者，伤人有创者刑，盗有臧（赃）者罚，杀人者死。""盗有赃者罚"是古代刑罚的一条原则。凡是"赃罪"一般都是计赃论罪，赃多处刑重，赃少处刑轻。由此可见，张斐所谓"货财之利谓之赃"的说法，对具体案件的定罪量刑有很大关系。

以上是张斐对《晋律》二十个重要名词的解释。尽管其中有些见解不是他最先提出的，有些解释也过于笼统，不够确切。但总的来看，在所阐述的问题上，他为我国古代法学理论的发展作出了贡献。

三　审判原则及法律的适用

在中国古代法律思想史中，张斐是第一个从理论上系统地论述封建司法审判活动的学者。他对于司法审判活动应遵循的原则，适用法律应注意的问题以及审判官吏应具有的能力与品德等问题，都提出了自己的见解，企图从理论上论证封建司法审判魂是合理的、公正的，以掩盖它的野蛮、专横的反动本质。

1. 审判活动应遵循的原则

（1）以理求情。

在论述审判问题时，张斐首先强调"理"对于审判活动的指导意义。他认为不仅立法应体现"理"，而且审判活动也要贯彻"理"的精神。他说："夫刑者，司理之官；理者，求情之机。"刑，指刑罚。理，即我们前面所说的封建纲常伦理。张斐的意思是说，既然适用刑罚是为了实现"理"，那么在"求情"，即分析判断案情时，就应当以"理"作为准绳，也就是要求审判活动按照"理"的精神进行。显而易见，他提出"以理求情"的目的，在于将审判活动纳入封建统治阶级的思想轨道之上。

"以理求情"与西汉统治者主张的"春秋决狱"的目的是相同的。所谓"春秋决狱"，即要求审判案件时直接引用儒家的具体经义作理论依据，实际上也是要求审判活动，不仅合乎封建的法，而且合乎封建的伦理道德观念。但这种方法，既麻烦，又不利于法制的统一。张斐将封建统治者的伦理道德概括为"理"，并以它作为"求情之机"，既掩盖了封建审判活动的阶级本质，也有利于在审判实践中遵循。

（2）本心、审情、精事。

张斐认为审判活动应遵循的另一条原则是本心、审情、精事。他说："论罪者务本其心、审其情、精其事，近取诸身，远取诸物，然后乃可以正刑。"

心，即心神。这里指行为人的心理状态。所谓"本其心"，即定罪量刑务必要以行为人对其行为的危害结果所持的心理状态（故意、过失，目的、动机等）为根据。张斐说："喜子杀怒子当为戏，怒子杀喜子当为贼。"同样是杀子，由于嬉戏而误杀人，应当定为"戏杀人"。由于愤怒而有意杀人，则定为"贼杀人"。目的、动机不同，所定的罪也就不同。

情，指行为人的表情、表现。所谓"审其情"，即观察行为人的表情，并据此判断他的心理状态。张斐说："情者，心神之使。心感则情动于中，而形于言，畅于四支（肢），发于事业。"就是说，行为人的表情是由其心理状态所促使的。他的心理活动必然会表现于言谈举止之中："喜怒忧欢，貌在声色，奸真猛弱，候在视息。"张斐认为根据表情，就可以断定行为人的心理状态，因而要"本其心"，先应"审其情"。

事，指犯罪的客观事实。"精其事"，即详细查明案情。在谈到这一点时，张斐引用了《易·系辞》上的一句话："近取诸身，远取诸物。"借此说明，判断犯罪者的心理状态，查明犯罪事实，不仅要观察行为人的表情，所谓"近取诸身"。而且要收集一切有关的证据，所谓"远取诸物"。这样，就可以"正刑"。

应当说，张斐提出"本其心，审其情，精其事"的审判原则，有其合理因素，在当时有一定的进步意义。他强调论罪"本其心"，定罪量刑要考虑犯罪的主观要件，有助于防止只根据行为的危害结果，不分析行为人心理状态的"客观归罪"。但这位封建时代的法律理论家，由于阶级和时代的局限性，不可能提出一条完全合乎科学的审判原则。"本其心"说将犯罪的主观要件作为定罪量刑的唯一依据是不全面的。定罪量刑时应主、客观结合，除行为人的心理状态之外，还必须考虑行为的结果，如已遂与未遂、赃物数额、伤势轻重等。再者，张斐所说的"审其情"办法，也是形而上学的。人的表情虽是内心的反映，但作案后的表情并不一定是作案时内心活动的真实反映。审判案件最重要的是收集和分析证据，查明案情。而在这一点上，张斐虽提出要"精其事"，应当"远取诸物"，收集一切证据，但却未作进一步的阐述。

还应当指出，张斐的上述论点也并不全是他的发明。例如，他的"本其心"说，就是渊源于西汉董仲舒的"原心定罪"论。① 至于他关于"审其情"的论述，则是周秦以来通行的审案方法。《周礼》中有"五听"之说："以五声听狱讼，求民情。一曰辞听，二曰色听，三曰气听，四曰耳听，五曰目听。"② 郑玄注："观其出言，不直则烦"、"观其颜色，不直赧然"、"观其气息、不直则喘"、"观其听聆、不直则惑"、"观其眸子，视不直则眊然。"《易·系辞》中有根据言辞判断人的内心状况的论断："将叛者其辞惭，中心疑者其辞枝，吉人之辞寡，躁人之辞多，诬善之人其辞游，失其守者其辞屈。"张斐就是按照上述判断是非的逻辑提出他的"审其情"之说的。

2. 关于适用法律的问题

张斐十分注意法律的适用问题。他说："夫奉圣典者若操刀执绳，刀妄加则伤物，绳妄弹则侵直。"适用法律应当慎重、准确，不可乱施刑罚，伤害无辜。因此，适用法律时首先要做到以下两点：

（1）深入领会法律条文的精神实质。

张斐认为法律条文的含义，如同《易》的含义一样，邃远精深："其旨远，其辞文，其言曲而中，其事肆而隐。"③ 所以在适用法律时，要慎律之变，审律之理，尤其要注意其中的"无常之格"，且不可仅从字面上理解律文的含义。

张斐举例说："若不承用诏书，无故失之刑，当从赎。谋反之同伍，实不知情，当从刑。此故失之变也。"对这段话，需要作点解释。

所谓"不承用诏书"，即不按诏令行事。这里指的是为了办好事情，有意或无意地违反了诏令。犯罪分故、误，本是一项法律原则。但"不承用诏书"者的本意是为了办好事情，因而就无须再问是故意或是过失违反

① 《春秋繁露·精华》："春秋之听狱也，必本其事，而原其心，志邪者不待成，首恶者罪特重，本直者其论轻。"

② 《周礼·秋官·小司寇》。

③ 《易·系辞》。

诏书，处不同的刑罚，只可一律处赎刑。① 《晋律》有一条适用刑罚的原则："意善功恶，以金赎之。"对"不承用诏书"罪处赎刑，符合这项规定。

"不知情"，按一般法律原则，本应以过失犯罪论处。但这一原则不适用于"谋反之同伍者"者。也就是说，依《晋律》规定，凡参与谋反，勿论是否知情，均按谋反罪论处，即"当从刑"。张斐提醒司法者注意，对"谋反之同伍者"，不要机械地区分故、失。

（2）适用法律须考虑形势的需要。

张斐说："理者，精玄之妙，不可以一方行也；律者，幽理之要，不可以一体守也。或计过以配罪，或化略以循常，或随事以尽情，或趣舍以从时，或推重以立防，或引轻而就下。公私废避之宜，除削重轻之变，皆所以临时观衅。"衅，间隙。② 观衅，即掌握时机。这就是说，适用法律或轻或重，或繁或简，须根据形势而定，"不可以一体守"之。显然，张斐主张适用法律要考虑封建统治阶级斗争的需要，不能就事论事。他认为只有这样，才能达到"提纲而大道清，举略而王法齐"的政治目的。

3. 对司法者的要求

为了正确地理解和适用法律，张斐对封建司法审判官吏提出了很高的要求。他说："通天下之志唯忠也，断天下之疑唯文也，切天下之情唯远也，弥天下之务唯大也，变无常体唯理也。非天下之贤圣，孰能与于斯！"这就是说，司法者要能够掌握和贯彻"理"的精神，就应具备"贤圣"的品德，做到"忠"、"文"、"远"、"大"。

张斐对司法者提出的上述要求，是摹仿《易·系辞》的作者对人君的要求而演绎出来的。《系辞》描绘了一个理想的封建社会。在这样的社会中，治理国家的"圣人"只要掌握《易》道，就能"以通天下之志，以定天下之业，以断天下之疑"，以"成天下之务"。③

《系辞》的作者认为，人君要"通天下之志"，应当"吉凶与民同

---

① 汉律规定，凡"不承用诏书"，一律"腰斩"。《晋书·刑法志》："汉氏施行有小愆之反不如令，辄以不承用诏书，乏军要斩。"处刑过重，魏新律已作修改。《晋律》规定处赎刑。

② 《左传·宣公十二年》："会闻用师，观衅而动。陆文明引服虔注：'衅，隙也。'"

③ 《易·系辞》。

患"。而张斐认为，司法者只要忠于君主，就可以"通天下之志"，所谓"通天下之志唯忠"。显然，张斐把"忠君"当作司法者的最高品德。

《系辞》的作者要求人君用"蓍龟占卜"以"断天下之疑"。也就是用"神道设教"之法统治人民。① 张斐没有谈论所谓的"蓍龟占卜"，而要求司法者以"文断天下之疑"，即执行法律，运用法律统治人民。

至于张斐所说的"切天下之情唯远"、"弥天下之务唯大"，无非是要求司法者适用法律时，胸怀封建地主阶级的整体观念，目光远大。

（原载《中国法学》1984 年第 3 期。）

---

① 《观卦·象传》。

沈家本与中国古典律学终结[*]

　　沈家本毕生从事律学研究和立法工作，论著丰富，对于中国古代律学的发展作出了重大贡献。这篇文章不打算对此作全面阐述，仅着重谈谈他研究律学的主要特点。

　　关于中国古代律学的发展与演变，早已有学者作过专门论述。一般都认为法学盛于春秋战国。这一时期不仅长于法理探讨，而且律文整理也很盛行。不过这一时期兴起的法学，一开始即是政治学的一部分。秦统一六国后，焚诗书，坑儒生，学法令者，"以吏为师"，私人不许著述。秦亡汉兴，律学研究逐渐兴起。这时研究律学者大致可分为两类。一类是儒者，如王充说："法律之家，也为儒生。"① 他们提倡以儒家经义作为研究律学和审理案件的理论依据，所谓"经义决狱"。王充说：董仲舒解律，是"表《春秋》之义，稽合于律，无乖义者"。② 这些儒者解律，实际上是将儒家学说注入律文，其中不少是牵强附会，对律文"缘饰以儒术"。另一类是律学家，多出身文吏。他们解释法律，着重于阐明条文本义，探讨名词、术语的含义。这类律学，滥觞于西汉中期，至东汉后期已非常盛行。南齐崔祖思说： "汉末治律有家，子孙并世其业，聚徒讲授，至数百人。"③ 如西汉杜氏父子。杜周起于文墨小吏，致位三公。所注法律，世称"大杜律"。④ 其子杜延年亦精法律，时有"小杜律"之名。⑤ 东汉郭躬字仲孙，"家世衣冠。父弘，习小杜律"。"躬少传父业，讲授徒众常数百

---

　　*　本文原题目为《沈家本与古代中国律学》，今改。

　　①　《论衡·谢短》。

　　②　《论衡·程材》。

　　③　《南齐书·崔祖思传》。

　　④　《九朝律考·汉律考·律家考》。

　　⑤　同上。

人。""郭氏自弘后，数世皆传法律，子孙至公者一人……"① 又顺帝时，"廷尉河南吴雄，季高，以明法律，断狱平"，"及子诉，孙恭，三世廷尉，为法名家"。②

上述两类律学，从西汉起就逐渐合流。东汉末期，许多名儒如马融、郑玄等注释法律，已不是"缘饰儒术"，附会"古义"，而着重阐述律文的本义。不过这时的儒者又将研究儒家经典的章句学，引入了律学研究之中。章句的特点是"离章辩句，委曲支派，而语多傅会，繁而不杀"。③ 解释法律的章句，当也如此。《晋书·刑法志》说，东汉儒者解释法律，"各为章句。叔孙宣、郭令卿、马融、郑玄诸儒章句十有余家，家数十万言"。于是使本来就已繁杂的汉律，"言数益繁，览者益难"。④ 他们虽然对一些具体法律名词也有所解释，但方法简单，往往都是采用比较法，举例说明而已。远未能以抽象法，概括出事物的本质，找出规律，然后用简练语言，明确表述出法律条文的确切含义。

魏晋时律学有重大发展。杜预、张斐的律注反映出了这一时期律学水平。他们解律，虽然仍是以儒家思想为理论基础，但却不是简单地贴标签。杜预说："今所注皆网罗法意，格之以名分。"⑤ 这就是说，他注律是从法理上进行推究，使所注释的名词、术语符合"名分"，也就是符合封建的伦理观念和等级制度。这一时期的律学，大致有下列特点：

第一，与政治学相分离，成为独立学科。

第二，注重研究法典的篇章、体例，以及法律名词、术语。

第三，注意从法理上推究律文的含义。提倡运用逻辑思维，抽象概括其规律，然后作出简明、确切的说明。

晋代业已成为独立学科的中国古代律学，发展到隋唐愈益致密。《唐律疏议》既是现存最完整的古代法典，也是现存最早、最为严谨的学术著作。它充分反映出了这时律学发展水平。唐以后律学研究虽代不乏人，然

---

① 《后汉书·郭躬传》。

② 同上。

③ 王利器：《风俗通义校注》，中华书局1981年版，第5页。

④ 《晋书·刑法志》。

⑤ 《晋书·杜预传》。

而无大发展。明清时，统治者虽一方面仍标榜"为政以德"，贬低律学；另一方面却又强调官吏必须"讲读律令"，用此规范人民。因而这一时期，注释、论述律令的律学又渐盛行。仅就清代的律例研究来看，当时就出现了大量专著。如沈之奇《大清律例辑注》、万枫江《大清例集注续编》、胡凤丹校《读律要略》、杨荣绪《读律提纲》、刘衡《理论提要》。偏于考证的著作有出自律学家吴坛的《大清律例通考》，薛允升的《读律存疑》等。薛允升的《唐明律合编》则是一部进行比较研究的名著。专门研究秋审的著作有：阮葵生《秋谳志稿》，王白香《秋审指掌》，谢信斋《秋谳条疑》、《秋审比案》等。供立法、司法参考的资料汇编，较著名的有祝松庵的《刑案汇览》以及沈家本的《刑案汇览》三编。为了便于宣传普及法律知识，还出版了大量有关清律的通俗读物，如同治年间，刑部侍郎志和撰写的《大清刑律择要浅说》、《大清律例歌诀》、《大清律七言集成》等。此外，为了考察律令沿革，追溯其源，有清一代，对汉律、唐律、明律，以及有关立法、司法的专门问题的研究也颇有成绩。

晚清众多律学家中，沈家本先生出类拔萃，堪称律学巨擘。他胜于其他律学家之处，不在于他有渊博知识，著作丰富，主要在于他给中国古代律学研究注入了新的思想。他在律学研究中首先突破（不是完全摆脱）儒家伦理观念的束缚，用现代资产阶级的新思维来系统考察中国古代法制体系。从而将中国古代律学推向新的发展阶段。然而以儒家思想为理论基础是中国古代律学的基本特征。摆脱儒家伦理观念束缚的律学也就不成其为中国古代律学了。这样看来，沈家本对中国古代律学的发展，同时也就是将其导致终结。

一 弘扬律学，改革法制

沈家本处于西方新思想、新学说在中国日益兴起的时代。近代西方发生的社会变革对他有很大影响。从中他体察到西方研究政治、法律的思想家，对于政治、法律制度的改进发挥了重要作用。他说："近世纪欧洲学者孟德斯鸠之伦，发明法理，立说著书，风行于世，一时学者遵衍，流派各持其是，遂相与设立协会，讨论推寻，新理日出，得以改革其政治，保安其人民。"① 东邻日本，明治维新，对他的影响尤为深刻。他说："日本旧时制度，唐法为多。明治以后，采用欧法，不数十年，遂为强国，是岂徒慕欧法之形式而能若是哉？其君臣上下，同心同德，发愤为雄，不惜财力以编译西人之书，以研究西人之学，弃其糟粕而撷其英华，举全国之精神，胥贯注于法律之内，故国势日张，非偶然也。"② 他积极提倡研究西学，变法修律，以张国势。

但是生于半殖民地半封建社会的沈家本，所处的社会条件，本人所受的教育和经历，都决定了他不可能像西方资产阶级启蒙思想家卢梭、孟德斯鸠那样，"把理性当做一切现存事物的唯一的裁判者"，"要求建立理性的国家、理性的社会。要求无情地铲除一切和永恒理性相矛盾的东西"。③ 他始终主张保存旧的封建政治法律制度。所以，在奉命修律的活动中，沈家本基本上奉行的是"中学为体，西学为用"方针，即他所说的"保守经常，革除弊俗，旧不俱废，新亦当参"。④ 因此，在积极提倡学习西方改革法制的同时，沈家本又主张研究旧律和弘扬古代律学。他说："当此法治时代，若但征之今，而不考之古，但推崇西法，而不探讨中法，则法学不全，又安能会而通之以推行于世。"⑤ 又说，制定新法，若"不深究夫中律之本原，而考其得失，而遽以西法杂糅之，正如枘凿之不相入，安望其会通哉"。⑥

为了提倡弘扬律学，改革法制，沈家本还必须批判各种轻视律学的观念。

一是持儒家传统观念者。他们仍然是侈谈"为政以德"，反对任用刑罚，甚至把法律视为洪水猛兽，与虐政等同。如明代尊崇程朱理学的袁黄就持如此看法。依他之见，不仅不能研究律学，即使持有法律书籍，也是罪过。他说："流传法律之书，多招阴谴。"⑦ 这种看法，至晚清仍有一定

---

① 《寄簃文存·法学会杂志序》。
② 《寄簃文存·新译法规大全序》。
③ 恩格斯：《社会主义从空想到科学的发展》，《马克思恩格斯选集》第三卷，第401页。
④ 《寄簃文存·法学名著序》。
⑤ 《寄簃文存·薛大司寇遗稿序》。
⑥ 《寄簃文存·大清律例讲义序》。
⑦ 王肯堂：《明律笺释序》。

影响。如沈家本所说，有人不仅把律令视为"无足重轻之书，屏弃勿录，甚至有目为不祥之物，远而避之"。① 有些对律学颇有研究的学者也不愿公开承认法律对社会的积极作用。如著名律学家薛允升说："律令专为断狱而设，重律令实所以重刑狱也。"② 因而不能重视法律。他在讲解《明律》时，一方面强调官吏应当通晓法律，另一方面，却又唯恐别人把他看做法家，说什么："律令一书专为犯法者而设。凡官吏之营私舞弊及人民之作奸犯科固已详晰俱备矣。然惩之于已然，何如禁之于未然。专事刑法，何如崇尚礼教。"③

沈家本虽自许是一位儒家信奉者，但不讳言功利，不空谈性命、义理、仁爱。他说："法令为政治得失之所系"，④ 应当重视律学，研究律令。他对纪昀的"刑为盛世所不能废，而亦盛世所不尚"⑤ 观点，进行了尖锐批评。他说这种说法不符合实际。从中国历史来看，唐虞三代堪称盛世，然而《尚书》中不乏有关三代敬狱、恤刑、慎罚的记载。如此盛世，"尚赖有刑以辅治，未能废刑而不用"。⑥ 怎可以说，"刑乃盛事所不尚"呢？沈家本还认为，这种论点也与他所理解的儒家一贯主张相悖。他说："孔子言道政齐刑，又言道德齐礼，乃谓政刑之当进之以德礼，方臻郅治耳，非谓政刑之竟可置为后图也。故又言：'礼乐不兴则刑罚不中，刑罚不中则民无所措手足'。是刑罚之中不中，关于民者若斯之重要。"⑦ 又怎能轻视律令呢？

沈家本还认为，即使法家的学说，也应当研究，不能"灭其籍"，不许流传。他说："若夫周季刑名法术之学，刻薄寡恩，非帝王之道，诚为圣世所不取。然即其言以考其行事，正足以资鉴，诚设并灭其藉，则其言不著，而行事之是非亦无从定矣。"⑧

---

① 《寄簃文存·法学会杂志序》。
② 《唐明律合编》卷十。
③ 同上。
④ 《寄簃文存·书四库全书提要·政书类后》。
⑤ 同上。
⑥ 《寄簃文存·书四库全书提要·考书类后》。
⑦ 同上。
⑧ 《寄簃文存·书四库全书提要·政书类序》。

在批驳受儒家思想影响而轻视法律的观点的同时，沈家本还对那些深诋中国古律不当于用，"步亦步、趋亦趋"的学习西方的人进行斗争。这些人对"古胜于今者亦议之"，认为"今日法理之学，日有新发明"，中国旧有的典章、制度，以及有关立法、司法的经验总结都已成为"陈迹"、"故纸"，① 因而没有必要再研究它了。沈家本从各方面对这种似是而非的论调进行驳斥。他在这方面的一些见解，虽有牵强附会之处，但亦有正确、合理的意见。概括起来，有以下两点。

二是中国古代法律渊远流长，博大精深，凡律之要旨，尽已包含。改革法制时，应研究旧律，弘扬旧律学，而不能一概否定。沈家本说："吾国旧学，自成法系，精微之处，仁至义尽。新学要旨，已有包涵之内，乌可弁髦等视，不复研求。"② 他认为"古法"之中以下规定，与今法同，应当继续保留、发扬的。他说："抑知西法之中，固有与古法相同者乎。如刑之宣告，即周之读书用法，汉之有鞫乃论，唐之宣告犯状也。狱之调查，即周之岁终计狱，弊讼登中于天府；宋之类次大辟，奏上朝廷也。至若大司徒所属之乡、遂大夫诸官，各掌乡、遂之政教禁令，而大司寇所属之乡士、遂士、县士分主国中、遂、县之狱，与乡、遂诸大夫分职而理，此为行政官各有攸司，不若今日州县官行政、司法混合为一，尤西法与古法相同之大者。"③

再者，从认识论的角度来说，也不能将旧律一概否定。沈家本说："（法）理固有日新之机，然新理者，学士之论说也。若人之情伪，五洲攸殊，有非学士之所能尽发其覆者。故就前人之成说而推阐之，就旧日之案情而比附之，大可与新学说互相发明。"④ 这就是所谓，"术愈研而愈精，理愈推而愈出"。⑤ 以上论述是符合认识的发展过程。人对事物的认识是一个逐渐深化过程。在一定的历史时代，人们对无限的物质世界的认识，只能达到一定的深度和广度。人对法的现象和问题的认识也是如此，

---

① 《寄簃文存·刑案汇览三编序》。

② 《寄簃文存·法学名著序》。

③ 《寄簃移文存·裁判访同录序》。

④ 《寄簃文存·刑案汇览三编序》。

⑤ 《寄簃文存·无冤录序》。

即使是正确的认识，是真理，"也非学士之所能尽发其覆者"。任何一学说，都只能是在以往认识（包括错误的认识）的基础上的发展、深化。沈家本说旧律、古代律学"大可与新学说互相发明"，无疑是正确的，不能视为"陈迹"、"故纸"。

二 融会新旧，极深研究

沈家本研究律学有以下特点。

1. 以西方学理为研究旧律的指导思想

沈家本一再强调应当"新"、"旧"并重。他说"旧有旧之是"，"新有新之是"，律学研究以"究其真是"为宗旨，不能偏袒一方。然而细检沈氏著述，不难发现，无论是鸿篇巨制、律文分析，或是名词考证，资料整理，他总是以新的学理作为评论标准，即他所说的以西方学理"会通"中学。这样客观上就导致他不自觉地否定他要保守的"经常"，即旧的政治体制和封建伦理观念。以至于在修律活动中使他最终与礼教派发生了冲突。这或是他始料所不及。例如：

在拟定新律篇章、条文的体例顺序时，沈家本很注意贯彻西学的精神。如有人质问沈家本，制定《新刑律草案》时，为什么不遵循儒家"名教"，将"杀祖父母、父母及期亲等项，移置于前"。沈家本答道："此次法律馆所定律文次序，亦颇参以学说"，故将这类内容的条款，"列于通常杀人之后"。①拟定《新刑律草案》时，曾参考什么"学说"，沈家本没有说明。但略浏览一下这部新刑律，就会发现该律的体例与旧律大不相同，有"总则"、"分则"之分。"凡杀尊亲属者"一条，属分则内容，列在法典的后面，而不是遵循礼教原则，列在前面。沈家本按现代法学理论制定新律，即使与礼教相悖也不顾。

对于旧的司法制度，沈家本以新的学说（他称为法理）一一作了衡量。例如，制定新刑律时，他对"比附援引"制作了认真研究，提出废除这项实行两千余年的制度。原因是"比附援引"违反"罪刑法定主义"

---

① 《寄簃文存·答戴尚书书》。

原则。资本主义发展初期，刑法学家为反对封建的罪刑擅断主义，提出"罪刑法定"。这一理论，既反对类推的适用，也反对对法律的扩大解释。在沈家本之前，也曾有人反对"比附援引"制度，但仅认识到，允许司法官吏"比附援引"，容易造成"畸重畸轻"、"审判不能统一"、"恣意出入人罪"等问题。沈家本批判"比附之弊"时，不仅认识到它对司法的危害，而且认为这项制度违背现代西方资产阶级法学的基本理论。如沈家本主持的法律馆撰写的《刑律草案》原奏中，批判"比附援引"时，即是以孟德斯鸠的"三权分立"说为根据。其中说："立宪之国，立法、司法、行政之权鼎峙，若许司法者以类似之文致人于罚，是司法而兼立法矣。"① 沈家本有此认识，表明他使中国古代律学发展到了一个新水平。

在考证中国旧律中的一些名词、术语时，沈家本也是以新学说加以评论。例如，中国古代法律规定"罢癃"、"笃疾"、"蠢愚"、"侏儒"等有生理缺陷的人，违法犯罪，可免减刑罚。以往人们在论述这类法律制度时，多称颂为"仁政"。沈家本谈到这一问题时，不是笼而统之诩之以"仁"，而是以现代医学观点作出具体分析。他说："至今日东西各国之刑法，以癫狂为精神病，若有所犯，皆病使之然，故不为罪。其生而聋哑者，精神实不完备，故亦在宥恕减轻之列。其余形体虽不具，而知识无异常人，皆不得与前二者同论，与中律之笃疾、废疾一概可邀矜恤之仁者，不尽相同。此新学之异于古说者。"② 这就是说，法律规定某一类犯罪可以减免刑罚，是用医学观点分析、判断他是否有刑事责任能力，而后作出的科学规定，而不是出于"怜恤"、"同情"。

在研究古代案例时，沈家本也能以现代人的伦理道德观念作为判断是非的标准。凡是违背这一标准的，即使曾受到皇帝的赞许，他也不以为然。《初学记》、《搜神记》等书记载，汉宣帝时，"燕赵之间有三男共娶一妻，生四子。长，各求离别，争财分子。至闻于县，县不能决断，谳之于廷尉"。廷尉判决，"以为'悖逆人伦，比之禽兽，生子属其母，以子并付母，尸三男于市'。皇帝称之，"事何必古，若此则可谓当于理而厌于

---

① 《明律目笺》卷一。
② 《寄簃文存·答王仁山问笃疾废疾》。

人情也"。对此，沈家本"大惑不解"。他从维护"人格"的角度，提出"以禽兽处之，何其轻视人格哉"。①"人格"说，显然是当时由西方传入的新的法律观念，与汉宣帝及其廷尉所说的"人伦"、"人情"有本质区别。此外，沈家本呼吁废除买卖人口制度时，还提出"尊重人口"、维护"公民权"等新的法律概念。这些事例说明，沈家本研究法律时，主要不是用儒家伦理道德观作为判断问题的理论根据。

《洗冤录》是我国古代法医学名著，也是世界最早的一部法医学专著。从如何评价《洗冤录》中，也可以看出沈家本律学思想与其他人有很大不同。他反对某些"西学者，深诋《洗冤录》之无当于用"，"数典而忘其祖"。他说，自宋代"撰《洗冤集录》，检验之事，始有专书"。凡审理案件者"莫不习之，非此书无以决难决之狱，是以群奉为圭臬焉"。② 然而，他并不迷信此书，认为"术愈研而愈精，理愈推而愈出。古疏今密，凡事皆然"。③ 成书于数百年前的《洗冤录》，自然有不足之处。如果"保其所有而益其所无"，以西学"会其通"，这部法医学著作将会愈加精密。因而，对于王佑新注《无冤录》时，"校正之余，附以新说"，即与现代医学、地质学、解剖学、生理学、胎产学等，相互印证，沈家本极为称赞，并为之作序。

据以上所述，可以认为，用现代自然科学和社会科学理论，作为研究律学的准则，确是沈家本律学研究的重要特点。

2. 注意法律名词、术语的研究

中国古代律学是一门严谨的学科，有其自己的专门术语、概念。运用正确方法，揭示这些反映古代律令本质、规律的概念、定义、范畴的含义，是律学研究的基本内容。沈家本正是持如是观。他十分注意法律名词、术语的研究。这也是他律学研究的一大特点。

沈家本认为法律名词、术语必须严谨、周密、统一。他曾指出，由于中国文字发展是由简到繁的，立法者在确定法律名词、术语时必须注意到

---

① 《汉律摭遗》卷八。
② 《寄簃文存·王穆伯佑新注无冤录序》。
③ 《寄簃文存·无冤录序》。

这一特点。他说："古人文简，未尝概立义例，故或一名而兼数义，或一义而得数名，或析言之而各有专称，或浑言之而可以通称，论转注、假借之用广，由于文字少也。迨后来文字日繁，立法者不能不详定义例，一义必有一名，一名不兼他义，泛言之或可通称，切言之必有专称，条理分明，斯遵行画一，此古今文词之所以不能尽同也。"① 一个法律名词的含义，不仅在一部法典中要一致，在所有法令中都必须统一、一致。沈家本说："律法字义须全部贯通，若此律如此解，彼律又不作如此解，非律也。"② 所以，他主张研究律令应当"逐字逐句，反复研究，务得其解"。③ 沈家本对于律学家薛允升细心研究律令的治学态度极为称赞。他说薛允升"研精律学，于历代之沿革，穷源意委，观其会通。凡今律、今例之可疑者，逐条为之考论，其彼此抵牾及先后歧异者，言之尤详。"④ 本着考沿革，明义理，究同异的精神，沈家本对于古代律令中的概念、术语、名词的研究相当深刻，从而大大发展了古代律学。本文仅谈谈沈家本对有关犯罪主观要件的几个名词的研究，以明他对古代律学所作的贡献。

现代刑法学科学地概括出任何社会的一种具体犯罪行为，都是当时的法律规定的由客观的危害社会的行为和主观的罪过、犯罪的主体和犯罪的客体诸方面在一定条件下结合而构成。中国古代律学对于犯罪构成问题，尚未有完整、明确的概念。法律从未规定出犯罪必须具备哪些要件。然而在实践中为了确定犯罪性质，区别罪与非罪，考虑量刑轻重，对于犯罪的各个要件，也形成了共同认识。例如，中国古代法律早已注意到，无论是定罪或量刑，都要考虑犯罪者对其实行的危害社会行为及其后果所采取的故意或过失的心理状态。为了说明沈家本在这方面所作的贡献，有必要简要介绍一下中国古代法律的有关规定和古代律学对此研究的情况。

早在西周，刑法即对"非眚"（故意）与"眚"（过失）作了区分。《尚书·康诰》："人有小罪非眚，乃惟终，自作不典式尔，有厥罪小，乃不可不杀。乃有大罪非终，乃惟眚灾，适尔既道极厥辜，时乃不可杀。"

---

① 《寄簃文存·答王仁问山笃疾废疾》。
② 《寄簃文存·论故杀》。
③ 《请求筹备立宪档案史料》下册，第838页。
④ 《寄簃文存·读例存疑序》。

秦律中有"端"（故意）与"不端"之分。汉律有"故"、"误"之别。至西晋，明法掾张斐对于何为"故"、"过失"、"失"并作出了简明定义（详后）。此后，历代法典对某些种类的犯罪均规定在定罪量刑时应考虑到犯罪者行为时所采取的故意或过失的心理状态。但是唐以后的法律始终没有将故意和过失作为构成一切刑事案件的共同要件来考虑。法律多是在区分杀伤罪时涉及故意和过失。律学家们为了区分"六杀"而谈"故"、"失"，于是把"故"、"失"等本来的含义弄得混乱不堪了。例如：

《唐律·斗讼》："诸斗殴杀人者，绞。以刃及故杀人者，斩。虽因斗，而用兵刃杀者，与故杀同。"《疏议》解释说："非因斗争，无事而杀，是名故杀。""事"，指"斗争"之事。因斗殴而杀，称作"斗杀"，无事而杀，称作"故杀"。《宋刑统》亦沿用《唐律疏议》，尚未产生异议。《明律》"故杀"一条，不全用《唐律》。《明律》注释家在解释这一条时，为了使"故杀"与"谋杀"、"斗杀"相区别，又作了种种多余的说明，更增加了混乱。例如：

《明律琐言》："故杀人者，故意重殴而杀之。原其凶心，已欲致人于死，而其人果即时身死。"又说："言故杀者，故意杀人。意动于心，非人之所能知，亦非人之所能从。意欲杀人，先以告于为从者，使随我而杀之，则为谋杀，非故杀也。故杀出于一人之意，此故杀之不可以从论也。"

《清律注》："临时有意欲杀，非人所知，曰故"。《辑注》："'临时有意欲杀，非人所知。'此十字乃故杀之铁板注脚，一字不可移，一字不可少。有意欲杀，乃谓故杀。若先前有意，不在临时，则是独谋于心矣，若欲杀之意，有人得知，则是共谋于人矣。临时，谓斗殴共殴之时。故杀之心，必起于殴时。故杀之事，即在于殴内。故列于斗殴，共殴之中。"

自清顺治年间将《明律琐言》的解释纂入《律注》之后，"临时有意欲杀，非人所知"，即奉为"故杀"确不可移的定义。这样不仅给司法带来了危害，而且也弄混了"故意"的含义。这一问题为薛允升所发现。他在《读律存疑》中对此作了批评，但未对"故意"罪作理论上的探讨。

继薛允升之后，沈家本对"故意"罪作了进一步研究。他不仅澄清了古代法律中"故意"杀人罪的含义，找出明代以后"故杀"罪概念不清的原因，而且弄清楚了"故杀"，仅是"故意"罪的一种，把"故意"当作犯罪构成的要件来考察。沈家本主观上虽未认识到这一点，但他研究问题的方法，探索问题的思路，由此而得出的结论，都与现代刑法理论相近。这一点非常可贵，即使与和他同时代的西方和日本法学家相比，也毫不逊色。

第一，沈家本从研究"故意"的"义例"入手，这就使律学的研究进到一个新的层次。他说的"究其义例"，即为"故意"下一定义，概括出一切故意罪的特征。因此，他主张恢复"故意"的古义，即张斐所说的"知而犯之谓之故"。他说："律法字义须全部贯通，若此律如此解，非律也。夫知而犯之谓之故，古义本不可移"，如此理解"故意"的含义，其他规定，如故纵、故禁、故勘、故出入人罪诸条，皆可通。

第二，沈家本指出，以"知而犯之"，即《唐律》所说的"有害心"而论，故伤与故杀，同是故意罪，"事本相因，难分为二"，"临时有意杀，与独谋心而杀，同为有意"，不可以"强事区分。"① 沈氏这一看法，反映出他已将《唐律》的"谋杀"，看做是故意罪的一种。

沈家本"融会《唐律》及英、日刑法之意"，② 牢牢把握住"犯罪者实行犯罪行为时的心理状态"，作为认定故意罪的根据。这就找到了问题的关键。在这个问题上，他使中国古代刑法学又得到进一步发展。尤其难能可贵的是，沈家本经过对故意罪的研究之后指出，问题出自《唐律疏议》。他说："自《疏议》有'无事而杀'之文，说者辩论纷如，转生出许多疑障。"并进而得出结论说："治律家亦有谓《唐律》可议而不必拘泥者。"③ 当时的律学家敢于对《唐律疏议》表示疑议，也是一重大突破。

此外，还应该指出，在研究故意罪时，沈家本已朦胧地意识到了"故意"应有"直接故意"与"间接故意"之分。在《死刑惟一说》一文中，他分析有关法律条文时，每当发现"间接故意"杀人罪的条文时，都提出处刑应当轻于"直接故意"杀人罪。例如，他说：

"贼犯遗落火煤，或燃烧门闩板壁，或用火煤上亮，致火起延烧，不

---

① 《寄簃文存·论故杀》。
② 同上。
③ 同上。

期烧毙事主一家三命以上者。（罪应斩决）。"

"沈按：此非出于有心，似可改为绞决，庶有区别。"

"挟仇放火，致死一家三命以上者，首犯（罪应斩决）。"

"沈按：此指并非有心杀人者，似可改为绞决。"

《故杀余论》中又列举以下律文："放火故烧人房屋律云：杀伤人者，以故杀伤论"。

"沈按：此律'故'字即'知而犯之'之谓。本有害心，故杀伤人以故杀伤论。因放火而杀人，有出于有心者，有并非有心者，依律均以故杀论，可见故杀之事，非必皆出于有心。"

关津留难律云："不顾风浪，故行开船，至中流停船，勒要船钱，因而杀人者，以故杀论。"

"沈按：此系有心吓诈，重在勒要船钱，初无杀人之意而亦以故杀论者，为其明知风浪之险而不顾风浪，即有害心也。"

上述条文所说的"以故杀论"，非出于有心。沈家本据此而认为，依律以故杀论者，"有出于有心者，有并非有心者"。他说，此律"故"字即"知而犯之之谓"。依现代刑法理论，沈家本所说的"出于有心"的故杀，即直接故意。而"并非有心者"，即间接故意。以"关津留难"这条律文来说，行为人虽然不希望结果的发生，但也不否定结果的发生，"不顾风浪，故行开船，至中流停船，勒要船钱"，因而造成死亡事件。这是行为人"对结果的发生抱着一种漠不关心或者满不在乎的态度"造成的。这是典型"间接故意"杀人。所以，沈家本对于这种"非有心者"的杀人，看做是"有害心"，不是"过失"杀人。

根据以上所述，沈家本虽没有明确指出"直接故意"和"间接故意"的特征，但已经看出"故意"分两种，区别点在于一是有心，二是"虽非有心"，但"有害意"。这种"并非有心"的杀人，又不同于"过失"杀人。这一看法，对于中国古代刑法学也是重要贡献。

现在再谈谈沈家本对于"过失"与"误"这两个法律术语的研究。他的研究对于当时的司法与修律都有重要意义。

沈家本曾专门撰写了一篇文章《误与过失分别说》。该文开头就指出，"误与过失，古人每不分别"。此说甚是，唐以前的确如此。例如汉、晋时的法律即是"误"与"过失"混用。《后汉书·郭躬传》："法令有故、误，误者其文则轻。"此"误"字，明显是指"过失"。《论衡·答佞》："圣君原心省意。故诛、故贳误。故贼加增，过误减损。"此处则"过"、"误"混用。西晋时也是"误"、"失"不分。《晋书·刑法志》"赎罚者误之诫"，又说"赎失者是春阳悔吝之疵也。"

　　沈家本指出《唐律·斗讼》所说的"误"与"过失"的含义不同。该律所说的"误杀伤"的特征是"元有害心"。律文说："诸斗殴而误杀伤傍人者，以斗杀伤论。"《疏议》："'斗殴而误杀傍人者'，假如甲共乙斗，甲用刃、杖欲击乙，误中于丙，或死或伤者，以斗杀伤论，不从过失。以其元有害心，故各依斗法。"而该律所说的"过失"的特征是"不意误犯"，或如沈家本所说，"初无恶意"。律文规定："诸过失杀伤人者，各依其状，以赎论"。律本注："谓耳目所不及，思考所不到，共举重物，力所不制；若乘高履危足跌及因击禽兽，以致杀伤之属，皆是。"

　　依现代刑法理论，唐律所说的"元有害心"的"误杀伤"是间接故意。本文前面曾说过，所谓间接故意，就是明知自己的行为会发生危害社会的结果，而有意放任结果的发生。犯罪者虽不希望结果的发生，但也不否定结果的发生，而是对结果的发生抱着一种漠不关心或者满不在乎的态度。所以《唐律疏议·斗讼》："'斗殴而误杀伤傍人，以斗杀伤论'。杀伤傍人，坐当'过失'。行为本为缘斗，故从'斗杀伤'。"

　　考察了《唐律》中"过失"与"误"的区别之后，沈家本参考"今东西各国法律"，而提出意见说，《唐律》中的"误"虽不是"过失"，但也不与"故意"罪等同。"诸斗殴而误杀伤人"，性质虽是按斗杀伤论，但《唐律》规定"至死者减一等"，并不完全按斗杀罪论处。这是因为"究其所杀者非其本欲杀之人"。他说，对"误杀伤案"，审判官应该按其情节，酌量减轻。这一见解，无疑是正确的。

（原载《博通古今学贯中西的法学家》，陕西人民出版社 1992 年版。）